suhrkamp taschenbuch 162

Theodore Lidz, 1910 in New York geboren, studierte Medizin an der Columbia University, New York, an der er auch promovierte. Von 1929 bis 1930 hielt er sich an den Universitäten München und Bonn auf. Sein medizinisches Praktikum in Innerer Medizin absolvierte er am Yale-New Haven Hospital. Anschließend studierte er Neurologie am National Hospital in London. Von 1940 bis 1951 gehörte er dem psychiatrischen Fachbereich der John Hopkins University an, die ihn zum Associate Professor of Psychiatry ernannte. 1951 erhielt er einen Ruf auf den Lehrstuhl für Psychiatrie an der Yale University, deren Fachbereich für Psychiatrie er von 1967 bis 1969 als Vorsitzender leitete. – Wichtige Veröffentlichungen: *The Family and Human Adaptation*, 1963 (*Familie und psychosoziale Entwicklung*, 1971); *Schizophrenia and the Family*, 1966; (*Schizophrenie und Familie*, 1969); *The Person*, 1968 (*Das menschliche Leben*, 1969).

Dieses Buch von Theodore Lidz stellt in gemeinverständlicher, aber nicht simplifizierender Form dar, was psychoanalytisch orientierte Anthropologie und Ich-Psychologie in den letzten Jahrzehnten von Freud über Sullivan, Erikson und Piaget bis zu Lidz selbst ermittelt haben über die Entwicklung der Persönlichkeit, über den spezifischen Lebenszyklus, den man von der Geburt bis zum Tode durchläuft, über die Bedingungen seelischer Gesundheit und Störung.

»Dieses Buch ist außerordentlich lebendig geschrieben und angenehm zu lesen, also mit üblichem Lehrbuchstil nicht zu vergleichen. Der Anfänger wird es genauso leicht lesen können wie der Fortgeschrittene. Es wäre wünschenswert, wenn bei uns nicht nur Studenten und Ärzte, sondern auch Pädagogen und Juristen, darüber hinaus aber auch Sozialarbeiter und die Heilberufe im ganzen mit diesem Buch bekannt würden.« *Deutsches Ärzteblatt*

Theodore Lidz

Das menschliche Leben

Die Entwicklung der Persönlichkeit im Lebenszyklus

Zweiter Band

Suhrkamp

Titel der Originalausgabe:
The Person. His Development throughout the Life Circle
Aus dem Amerikanischen von Ludwig Haesler

Meiner lieben Ruth

suhrkamp taschenbuch 162
Erste Auflage 1974

Druck: Nomos Verlagsgesellschaft, Baden-Baden
Umschlag nach Entwürfen von
Willy Fleckhaus und Rolf Staudt

2 3 4 5 6 7 – 92 91 90 89 88 87

Inhalt

Erster Band

Vorwort 9

Anmerkungen für den Medizinstudenten 18

Teil I Die Ausgangslage

1. Die Ausstattung des Menschen 27

Das doppelte Erbe des Menschen 28 Gedanken zur Evolution 29 Selektive Paarung und Evolution 32 Die Evolution menschlicher Attribute 33 Werkzeuge und Sprache 33 Das menschliche Gehirn 34 Sprache, Kommunikation und Kultur 37 Die kulturelle Ausstattung 41 Kultur und menschliche Anpassung 42 Kultur und Persönlichkeit 44 Sprache und Denken 45 Geist und Seele des Menschen 50 Biologische Triebe 57 Emotionen 71 Die Aufeinanderfolge von Reifung und Alterung 74 Rasse und physische Ausstattung 75 Die familiär gebundene biologische Ausstattung 77 Zusammenfassung 80

2. Die Familie 82

Die Erziehung des Kindes zum Mitglied der Gesellschaft 84 Einflüsse von seiten der sozialen Klasse und der ethnischen Herkunft 87 Ethnische Unterschiede 90 Akkulturation und Persönlichkeit 92 Die amerikanische Negerfamilie 93 Die Persönlichkeit der Eltern und die Familie 94 Die Aufgaben der Familie bei der Erziehung des Kindes 95 Die Familienstruktur und die Integration der Persönlichkeit 99 Familienform und Kindererziehung 107

3. Der Lebenszyklus 115

Persönlichkeitsentwicklung und Lebensablauf als Phasenprozeß 116 Progression, Fixierung und Regression 119 Die Lebensabschnitte 122 Freuds Phasen der psychosexuellen Entwicklung 124 Die Vorstellungen von Sullivan und Erikson 129 Piagets Theorie der kognitiven Entwicklung 133 Panphasische Einflüsse auf die Persönlichkeitsentwicklung 138 Bewußte und unbewußte psychische Prozesse 139 Es, Ich und Über-Ich 140

Teil II Der Lebenszyklus

4. Das Neugeborene und die junge Mutter 145

Die werdende Mutter 145 Die Gestalt des Neugeborenen 147 Die physiologische Instabilität des Neugeborenen 148 Fähigkeiten und Reaktionen des Neugeborenen 149 Unterschiede bei Neugeborenen 151 Totale Abhängigkeit 152 Die Familienstruktur 153 Die Befähigung der Mutter zur Aufzucht ihres Kindes 154 Die Wechselbeziehung zwischen Mutter und Kind 157 Pränatale Einflüsse 159 Maßnahmen zur Förderung der Mutter-Kind-Beziehung 160 Das ungewollte Kind 167 Emotionale Unfähigkeit zur Mutterschaft 168 Intrafamiliäre Probleme 170 Das Geschlecht des Säuglings 173

5. *Die Säuglingszeit* 176

Das Bedürfnis nach totaler Umsorgung 179 Die Mutter-Kind-Beziehung 181 Das Ur-Vertrauen 185 Die Säuglingszeit als »orale« Phase 186 Andere wesentliche Ziele der Säuglingszeit 188 Die Pflege und Aufzucht des jungen Säuglings 191 Anlehnung und Anhänglichkeit 195 Die kognitive Entwicklung in den ersten vier Lebensmonaten 198 Die Welt des sehr jungen Säuglings 203 Vom vierten zum achten Lebensmonat 204 Die zweite Hälfte der Säuglingszeit 208 Die Mutter als individuelles Objekt 209 Die Anfänge räumlicher Bewegung und des Sprechens 213 Selbstbefriedigung 215 Das Abstillen 216 Vom zwölften bis zum fünfzehnten Lebensmonat 217 Frühe Determinanten späterer Charakterzüge 220 Einige Entwicklungsschwierigkeiten 222 Säugling und Kleinkind unter Hospitalisierung 226 Der Einfluß infantiler Verhaltensmuster auf die Persönlichkeit des Erwachsenen (Orale Charakterzüge) 227

6. *Das Kleinkind: Laufen, Sprechen, primäre Sozialisation* 234

Anforderungen und Aufgaben 234 Fähigkeiten und Verhalten des Kleinkindes 239 Kontrolle und Konflikt 243 Kleinkind und Familie 245 Beziehungen zu Gleichaltrigen 246 Das Erlernen der Sprache 248 Das Ringen um Selbstbeherrschung 260 Analerotik 263 Frühe ethische und ästhetische Einflüsse 265 »Anale« Charakterzüge 266 Schwierigkeiten beim Füttern 269 Der Einfluß der Eltern und ihrer Beziehungen auf das Kind 271

7. *Die ödipale Phase* 275

Die grundlegenden Aufgaben und Ziele der ödipalen Phase 275 Fähigkeiten und Eigenschaften des drei- bis vierjährigen Kindes 287 Soziales Verhalten 281 Ängste 284 Kognitive Entwicklung 285 Präoperationale Intelligenz 293 Die Entwicklung des Vertrauens in die verbale Kommunikation 298 Geschlechtsidentität 302 Stabilität der Geschlechtsidentität 315 Wissen und Phantasien um Geburt und Empfängnis 317 Die Beziehungen zwischen den Geschwistern 318 Die Lösung der ödipalen Bindung 326 Ödipale Fixierung 337

8. *Integration in der Kindheit* 341

Das Familiengefüge 341 Die Internalisierung elterlicher Gebote 343 Über-Ich-Bildung 347 Die unbewußten psychischen Prozesse 350 Bewußtes, vorbewußtes und unbewußtes Denken 355 Die primären und sekundären psychischen Prozesse 356 Die unbewußten Prozesse und das Verhalten 360 Vorbewußtes Primärprozeßdenken 363 Angst und Abwehrmechanismen 365

9. *Das Kind im Schulalter* 374

Die entscheidenden Aufgaben und Ziele der Präadoleszenz 374 Die sich erweiternde Umwelt 379 Die kognitive Entwicklung 385 Die Schulklasse als Sozialisationsfaktor 390 Familiäres Milieu und Intelligenz 396 Die Entwicklung des moralischen Urteilvermögens 398 Die Gemeinschaft der Spielkameraden 402 Der besondere Freund 409 Das alleinstehende Kind 410 Neue Ideale und Vorbilder 412 Neue Quellen der Angst und Verzweiflung 413 Fixierung in der Präadoleszenz 417

Zweiter Band

10. Die Adoleszenz 420

Einführung 420 Drei Abschnitte der Adoleszenz 426 Die frühe Adoleszenz: Der präpubertäre Wachstumsschub 428 Umgruppierungen in den Gleichaltrigengruppen 430 Die Pubertät des Mädchens 431 Die Pubertät des Jungen 439 Schuldgefühle wegen Masturbierens 441 Die kognitive Entwicklung des Adoleszenten 443 Schwärmereien des jungen Adoleszenten 448 Die Sublimierung der Sexualität 450 Das Wiederaufleben ödipaler Gefühle 451 Die mittlere Adoleszenz: Die Ablösung von den familiären Bindungen und Kontrollen 454 Auflehnung und Konformismus 455 Die Überwindung der sexuellen Verdrängung 457 Die Reaktivierung ödipaler Bindungen 459 Die Überwindung von der Abhängigkeit von der Familie 461 Die tiefe Enttäuschung über die Eltern 464 Sorgen und Nöte der Eltern 465 Die Jugendlichengruppe und ihre Kultur 468 Die Moral der Jugendlichengruppe 470 Die Prägung der männlichen und weiblichen Persönlichkeit 472 Erste Begegnungen zwischen Jungen und Mädchen 473 Hemmnisse gegenüber frühzeitigen sexuellen Beziehungen 475 Erste Liebe und sexuelle Identität 477 Unerfüllte Sexualität und das Unbewußte 478 Abwehrmechanismen des Adoleszenten 480 Die späte Adoleszenz 483 Die Identitätskrise 484 Die Identitätsbildung 485 Identität und Selbstbeschränkung 490 Adoleszenzkonflikte und Ich-Diffusion 492 Die Identifikationsprobleme des Mädchens 494 Identität und Intimität 496 Intimität und Liebe 500 Der Wandel der Sexualmoral 502 Unterschiedliche sexuelle Gewohnheiten 504 Das Ende der Adoleszenz 505

11. Der junge Erwachsene 508

Die Integration des jungen Erwachsenen 510

12. Die Berufswahl 517

Motive bei der Berufswahl 519 Berufswahl und Persönlichkeitsentwicklung 525 Persönlichkeitsmerkmale und Berufswahl 529 Der Einfluß des Berufes auf die weitere Persönlichkeitsentwicklung 530 Moral und Wertvorstellungen in verschiedenen Berufsgruppen 534 Die Berufswahl bei Frauen 535

13. Die Wahl des Ehepartners 538

Die Wahl des Ehepartners: Liebe und unbewußte Prozesse 542 Die Stellung der Ehe im Lebenszyklus 544 Motive und Gründe zum Heiraten 547 Die Bereitschaft zur Ehe 552 Partnerwahl und Persönlichkeitsentwicklung 553 Die Verlobung 555 Verschiedene Heiratsgründe 558 Die aus

»Rache« und Feindseligkeit geschlossenen Ehe 562 Rettungsphantasien und sado-masochistische Ehen 564

14. Die Anpassung in der Ehe 569

Der Einfluß der Ehe auf die Struktur der Persönlichkeitsmerkmale 572 Die Übertragung elterlicher Persönlichkeitsmerkmale und Eigenschaften auf den Ehepartner 576 Elterliche Rollen der Ehepartner 578 Ehespezifische Abwehrmechanismen 579 Die Verschmelzung der Einflüsse von seiten der Ursprungsfamilien 580 Wechselseitige und parallele Partnerrollen 582 Die Autonomie der jungen Familie 583 Die Ehe als Stütze für die Partner 584 Die sexuelle Anpassung 585 Sexuelle Schwierigkeiten bei Jungverheirateten 586 Das viktorianische Erbe 587 Intimität und Sexualität 588 Die Hochzeitsnacht 590 Physische Ursachen sexueller Frustration 591 Die sexuelle Erregung bei der Frau 592 Klitoraler oder vaginaler Orgasmus? 594 Der Orgasmus der Frau 596 Der Orgasmus des Mannes 596 Mögliche sexuelle Schwierigkeiten der Frau 598 Häufige Probleme des Mannes 600 Die Erlangung einer wechselseitigen sexuellen Befriedigung 602 Einige allgemein verbreitete Mißverständnisse 603 Unterschiede in der Sexualmoral 604 Ehen ohne sexuelle Beziehungen 606 Sexualität und emotionale Reife 607 Das Leben in der Ehelosigkeit 608

15. Die Elternschaft 610

Elternschaft und Persönlichkeitsentwicklung 612 Die Umgestaltung von Leben und Ehe der Eltern 616 Das auf Kinder ausgerichtete Zuhause (chil-centered home) 628

16. Das mittlere Lebensalter 632

Eine Zeit der Bilanz 634 Die physischen Veränderungen 635 Befriedigung im mittleren Lebensalter 637 Die entscheidenden Probleme 638 Die Menopause 640 Die Geborgenheit in der glücklichen Ehe 644 Restitutive Bemühungen 646 Belastungen der Ehe 648 Berufliche Probleme 649 Krankheit 651 Kinder und Enkel 652 Das mittlere Lebensalter des Unverheirateten 653

17. Das Alter 656

Die entscheidenden Probleme der alten Menschen 657 Die alten Menschen als soziales Problem 660 Der ältere Mensch: Ruhestand 663 Zunehmende Abhängigkeit und Seneszenz 667 Senilität 669 Die Notwendigkeit stabiler Umweltverhältnisse 674 Die Notwendigkeit adäquater sozialer Maßnahmen 675

18. Der Tod 682

Der Wandel der Einstellung gegenüber dem Tod im Verlauf des Lebenszyklus 683 Die Entscheidung zwischen Leben und Tod 685 Die Beeinflussung der Lebensweise durch das Bewußtsein vom Tode 686 Der sterbende Patient 690

Teil III Allgemeine Perspektiven

19. Lebensentwicklungen 697

Ein Beispiel für ein Wiederholungsphänomen 698 Wiederholungsphänomen und Trauma 701 Wiederholungsphänomene, Persönlichkeit und Ich-Funktion 702 Psychosexuelle Fixierungen und Charakter 703 Charakterologische Typen 705 Lebensentwicklung und Fixierung 708 Defensive Lebensentwicklungen und Lebensmuster 708 Lebensentwicklungen und Familie 709 Lebensentwicklungen und Mythologie 713

20. Persönlichkeitsentwicklung und physiologische Funktionen 715

Persönlichkeit und Körperbau 718 Persönlichkeitsentwicklung und physiologische Funktion 720 Funktionelle Symptome 722 Emotionen und physischer Schaden 724 Die doppelte Funktion des autonomen Nervensystems 727 Lebensentwicklungen und physiologisches Ungleichgewicht 730 Das Versagen von Abwehrmechanismen 733 Die Alarmreaktion und das allgemeine Adaptationssyndrom 734 Physiologische Reaktionen auf Hoffnungslosigkeit und Hilflosigkeit 736

21. Die therapeutische Beziehung 738

»Übertragung« 739 Die Stellung und Rolle des Therapeuten 743 Die Übertragungsbeziehung 744 Mißbrauch von Übertragungsphänomenen 746 Übertragung in der Psychotherapie 746 Gegenübertragung 749 Die Anwendung der Übertragungsbeziehungen außerhalb der Psychotherapie 754

Literaturverzeichnis 759

Sachwortverzeichnis 783

Zweiter Band

Kapitel 10

Die Adoleszenz

Einführung

Es ist schwer, einen umfassenden Eindruck von dem Entwicklungsgeschehen dieser Jahre zu vermitteln, in denen das Kind – um die Erhaltung seiner Selbstkontrolle ringend, bedrängt von gegeneinander gerichteten Emotionen, Empfindungen und Impulsen, die, kaum begriffen, dennoch beharrlich ins Bewußtsein drängen – nach Eigenständigkeit und Selbstverwirklichung strebt und dabei schließlich zum Erwachsenen heranreift. Es ist eine Zeit der physischen und emotionalen Metamorphose, die wegführt von dem bisherigen Eigenverständnis des Kindes, eine Zeit des Suchens nach Selbsterkenntnis, nach dem eigenen Standort im Leben, eine Zeit des Verlangens nach dem anderen, um mit ihm in der Zweisamkeit die Sehnsucht nach Zärtlichkeit und Liebe zu erfüllen, eine Zeit der stürmischen Liebe und Schönheit, aber auch der Betrübnis und Einsamkeit, des sorgenfreien Träumens im Reich der Phantasie, der schwärmerischen Ideale, aber auch der Desillusionierung und der Abscheu vor der Welt und sich selbst, eine Zeit der Abenteuer mit herrlichen Stunden unbekümmerter Ausgelassenheit, aber auch des lang anhaltenden Kummers und der Beschämung, – eine Zeit des Himmelhoch-Jauchzens und des Zu-Tode-betrübt-Seins. Meist vermag die in der Kindheit erworbene emotionale Stabilität sowie die Stabilität der Familienbeziehungen die Schwankungen aufzufangen, so daß die Entwicklung nicht vom Ringen um die eigene Integrität und Ich-Kontrolle beeinträchtigt wird.

Unter Adoleszenz versteht man in der Regel die Zeit zwischen dem Einsetzen der Pubertät und der vollen körperlichen Reife. Von der Persönlichkeitsentwicklung her gesehen, umfaßt der Begriff Adoleszenz jedoch mehr, nämlich die Zeit des Übergangs von der Kindheit zum Erwachsenenalter, die mit dem präpubertären Wachstumsschub beginnt und über die durch hormonell gesteuerte Veränderungen der Pubertät geprägten Entwicklungsstufen bis hin zur Unabhängigkeit des Erwachsenenalters mit seinen Rechten und Pflichten führt, eine Zeit, in der die mit der körperlichen Reifung einhergehenden Triebe zur Fortpflanzung bereits nach Erfüllung drängen, bevor die physischen, emotionalen und sozialen Voraussetzungen oder die Bereitschaft zu intimer Bindung und zur Übernahme von mit der Aufzucht einer neuen Generation verbundenen Pflichten gegeben sind. Vor allem in den Industriegesellschaften ist die Adoleszenz, der Übergang von der Kindheit in die Generation der Erwachsenen, eine Zeit vielfältiger und langjähriger Erfahrungen. Sie umfaßt in der Regel das zweite Lebensjahrzehnt, wenn auch gewisse konstitutionelle Unterschiede hinsichtlich ihres Beginns bestehen und ihre Dauer wesentlich von sozio-ökonomischen und weiteren kulturellen Faktoren abhängig ist. Bei einem Jugendlichen aus einer Arbeiterfamilie, der die Schule mit 16 verläßt, um als angelernter Arbeiter ins Berufsleben zu treten, und der mit 18 heiratet, umfaßt die Adoleszenz nur eine sehr kurze Zeitspanne. Dagegen muß man einen 23jährigen Studenten, der sich noch immer nicht für einen bestimmten Beruf entschieden hat und der noch weitere drei bis vier Jahre studieren wird, in gewisser Hinsicht noch als Adoleszenten ansehen, denn er ist in diesem Alter noch immer nicht in der Lage, Pflichten eines Erwachsenen auf dem von ihm angesteuerten Bildungsniveau zu übernehmen.

Die Adoleszenz ist ein entscheidender Lebensabschnitt, in deren Verlauf aus dem Spielkind mit seiner noch engen Bindung an die Familie und mit einer noch unklaren Zukunft der für sich selbst verantwortliche Erwachsene mit festen Vorstellungen über sein zukünftiges Leben heranwächst. Dabei ist vor allem die letzte Phase der Adoleszenz von Bedeutung, aus der auf dem Boden der bisherigen Entwicklung die in sich geschlossene und gefestigte Persönlichkeit hervorgehen muß. Ohne eine erfolgreiche Bewältigung aller vorangegangenen Entwicklungsphasen, aber auch ohne die Überwindung verschiedener adoleszenzspezifischer Probleme, mit der eine Reintegration und Reorganisation der Persönlichkeitsstruktur verbunden ist, wird diese Entwicklung zur unabhängigen Persönlichkeit des Erwachsenen nur schwer möglich sein. Erikson hat in einem seiner wichtigsten Beiträge zur psychoanalytischen Entwicklungspsychologie vor allem auf die besondere Bedeutung der späten Adoleszenz hingewiesen. In diesem Entwicklungsabschnitt muß der junge Mensch zu einer Ich-Identität finden, zu einer Identität seiner selbst als eigenständiger Mensch, der nicht einfach nur jemandes Sohn oder Tochter ist; eine Ich-Identität im Sinne einer eigenständigen, individuellen Konsistenz des Verhaltens, das anderen gestattet, sich in ihren Erwartungen auf spezifische Reaktionen und Verhaltensweisen einzustellen. Der junge Mensch muß für sich die Frage, wer er ist, beantworten, damit auch die anderen wissen, wen sie vor sich haben. Die Entwicklung der Ich-Identität geht in der Regel einher mit der Entwicklung der Fähigkeit zur Interdependenz mit einem Menschen des anderen Geschlechts, – eine Fähigkeit und Bereitschaft zur Intimität, die recht verstanden mehr umfaßt als nur die Fähigkeit zu geschlechtlichen Beziehungen und zur Empfindung von Lust beim Geschlechtsakt, nämlich die Bereitschaft, das Eintreten in eine engere zwischenmenschliche Beziehung zu wagen, ohne Angst, dabei sich selbst zu verlieren.[1] Die Adoleszenz ist aber ein langdauerndes Entwicklungsstadium, in dem noch viele andere Entwicklungsprobleme zu überwinden sind, bevor schließlich eine Ich-Identität erworben und die Fähigkeit zur Intimität voll entwickelt ist. Die der Pubertätsentwicklung zugrundeliegenden biologischen Veränderungen erschüttern jedes auch noch so stabile Gleichgewicht der bisherigen noch relativ ruhigen Latenzphase. Zuerst muß das Kind sehen, wie sein Körper mit dem Einsetzen des präpubertären Wachstumsschubes aus der Kindheit herauswächst, wie seine Augenhöhe zunimmt und wie es allein schon körperlich dem Erwachsenen ähnlicher wird. Dann folgt die Entwicklung der sekundären Geschlechtsmerkmale, die das Kind noch mehr seinem eigenen Körper entfremden, bis sehr bald darauf sexuelle Empfindungen in Phantasien, Träumen und Gedanken sowie in das Verhalten einbrechen, die die Gefühle und Einstellungen des jungen Menschen sich selbst und den ihm nahestehenden Menschen gegenüber, die Vorstellung seiner selbst sowie sein Weltbild von Grund auf verändern. Mit dem Auftauchen der die Affekte und Empfindungen nachhaltig beeinflussenden neuartigen Gefühle und drängenden Triebimpulse kommt es zugleich auch zu einem grundlegenden Wandel der intellektuellen Funktionen. Der Adoleszent lernt

1 Für Erikson ist die Entwicklung der Ich-Identität die primäre Aufgabe der Adoleszenz und eine der entscheidenden Voraussetzungen für die Fähigkeit und Bereitschaft zur Intimität (4). Aus Gründen, die bei der Erörterung der späten Adoleszenz noch ausführlicher diskutiert werden, halte ich die Ich-Identität und die Fähigkeit zur Intimität für einander zugeordnet, weil sie sich im Laufe der Entwicklung jeweils wechselseitig bedingen und fördern, bis schließlich mit dem Ende der Adoleszenz nach Erlangung einer unabhängigen Identität auch die Fähigkeit und Bereitschaft zur Intimität voll entwickelt ist.

begrifflich zu denken oder, wie Piaget es formuliert, er tritt ein in das Stadium der formalen Denkoperationen, der formalen Intelligenz. Es ist wichtig, daß im Zusammenhang mit biologischen Reifungsvorgängen nicht nur neue Aufgaben und Konflikte auftauchen, sondern auch die intellektuellen Möglichkeiten erweitert werden, um die neue Situation auch entsprechend bewältigen zu können.

In der Adoleszenz kann sich der junge Mensch allmählich auf seine spätere Eigenständigkeit und Unabhängigkeit vorbereiten, ohne bereits auf den Schutz und die Unterstützung seiner Familie verzichten zu müssen. Dabei erwachsen jedoch aus seinem Bedürfnis nach größerer Unabhängigkeit von den Eltern mitunter schwerwiegende Probleme und Konflikte, sowohl für den Jugendlichen selbst als auch für seine Familie. Seine Situation wird zunehmend paradoxer, denn er gehört, auch wenn er in die Generation der Erwachsenen hineinwächst, innerhalb seiner Familie nach wie vor zur Generation der Kinder, der bestimmte Möglichkeiten und Vorrechte der Erwachsenen vorenthalten sind. Hinter seinem Streben, aus dem engen Kreis der Familie herauszukommen, stehen jetzt auch die sexuellen Triebimpulse. Diese sind im Gegensatz zu den erotisierten, sinnlichen Wünschen der ödipalen Phase hormonell gesteuert. Sie lassen sich dementsprechend nicht ohne weiteres verdrängen. Die triebgesteuerten Gedanken und Gefühle sind natürlicherweise zunächst auf diejenigen Personen gerichtet, von denen bisher alle Liebe und Zuwendung ausging. Dem stehen aber die Generationsschranke, das Inzesttabu und die Schuldgefühle und Ängste entgegen, die bereits früher in Erscheinung getreten waren und zur Überwindung der ödipalen Problematik beigetragen hatten. Jetzt kann jedoch die Verdrängung nicht mehr so erfolgreich sein wie bisher, so daß die sexuellen Gefühle auf Personen außerhalb der Familie gerichtet werden müssen.

In diesem Zusammenhang müssen wir noch einmal ausdrücklich hervorheben, daß sich die genitale Sexualität der Adoleszenz grundlegend von der ödipalen und präödipalen Sexualität unterscheidet. Freud hat die Bedeutung dieses Unterschiedes eher etwas heruntergespielt, wohl um die außerordentliche Bedeutung der Sexualität an sich in der Zeit vor der Pubertät stärker hervorzuheben. Bei der präpubertären Sexualität stehen vor allem die erotischen und sinnlichen Aspekte von Zuneigung und Zuwendung einschließlich der Stimulierung erogener Zonen im Vordergrund. Sie haben zwar auf die allgemeinen Einstellungen des Kindes, auf seine Gefühle und Verhaltensweisen Einfluß, jedoch nicht in der Weise, wie bei der triebgesteuerten Sexualität der Adoleszenz und des Erwachsenenalters, bei der Sexualhormone, der Drang zur Ejakulation, der menstruelle Zyklus sowie die spezifische erogene Empfindungsfähigkeit der in der Pubertät herangereiften Sexualorgane im Mittelpunkt stehen. Keine Theorie der Persönlichkeitsentwicklung, die Anspruch auf Widerspruchsfreiheit und Kohärenz erhebt, darf an dieser Unterscheidung zwischen prä- und postpubertärer Sexualität vorbeisehen.

Sowohl das Streben nach größerer Unabhängigkeit von der Familie als auch die Notwendigkeit der Beherrschung und Umlenkung der sexuellen Impulse machen eine Umstrukturierung des Über-Ichs erforderlich. Zwar wird der Jugendliche auch weiterhin in gewissem Umfange die Normen der Eltern akzeptieren und sich ihnen unterordnen. Aber auch wenn dies in vielen Bereichen gut und sinnvoll ist, sollten sie von ihm doch nicht mehr so sehr nur als auferlegte, sondern mehr als eigene Normen empfunden und verstanden werden, d. h. sie sollten mehr und mehr internalisiert und, soweit Verhaltensgebote betroffen sind, mehr als Ich-Funktionen und weniger als Über-Ichgebote wirksam sein (9). Auch das Über-Ich muß sich wandeln, um nicht, wie bisher, das Verhalten eines Kindes, sondern das eines Erwachsenen mitzubestimmen und sexuelle Befriedigung und Intimität zu erlauben.

Ganz entscheidend für die Erlangung einer Identität als Erwachsener, der zu Intimität fähig ist, ist die Klärung und Festigung der Geschlechtsidentität. Wie wir bereits ausführlich an anderer Stelle gehört haben, wird die Geschlechtsidentität in den ersten Jahren des Lebens begründet und durch die Überwindung der ödipalen Probleme sowie durch Identifikationen innerhalb der Gleichaltrigengruppen in der Latenzphase wesentlich gefestigt. In der Adoleszenz gelingt es jedoch erst durch die Wahl eines Liebesobjektes des Gegengeschlechts, die Residuen von Identifikationen mit dem Elternteil des Gegengeschlechts und Wünsche nach körperlichen Attributen und sozialen Vorrechten des Gegengeschlechts endgültig zu überwinden. Hierbei gehen Junge und Mädchen getrennte Wege. Der Junge muß in der Vorbereitung auf seine Rolle als erwachsener Mann vor allem seine Abhängigkeit von der Mutter überwinden, um später einmal seine Rolle als Beschützer seiner Frau übernehmen und aktiv in Familie und Gesellschaft seinen Mann stehen zu können. Das Mädchen überwindet jetzt endgültig seine ödipalen Neigungen zum Vater und lernt, Befriedigung und erotische Bindungen außerhalb der Familie zu suchen. Seine soziale Rolle gestattet ihm jedoch auch weiterhin eine gewisse Abhängigkeit von den Eltern. Wir werden auf die Dynamik dieser Veränderungen in der Wahl des Liebesobjektes und ihre Bedeutung für die Entwicklung einer festen Geschlechtsidentität weiter unten noch ausführlich eingehen.

Die wesentlichen Aufgaben und Ziele der Adoleszenz führen zu Konflikten zwischen Adoleszenten und Familie, die in unserer Gesellschaft fast notwendig zu diesem Lebensabschnitt gehören. Aber nicht nur das Kind, auch die Eltern müssen umdenken, denn die Adoleszenz des Kindes führt nur allzu oft auch bei ihnen und zwischen ihnen zu innerer Unruhe und Konflikten. Wir werden versuchen, die Zusammenhänge und Ursachen der Konflikte des Heranwachsenden mit seinen Eltern und die Konflikte in ihm selbst näher aufzuhellen. Wenn wir bei der Darstellung der Persönlichkeitsveränderungen des Adoleszenten der *strukturalistischen Theorie* folgen, dann müssen wir die tiefgreifende Umgestaltung als notwendige Folge der zunehmenden Kraft sexueller Impulse verstehen, als Folge der dem Ich neu zugänglichen intellektuellen Möglichkeiten, als Folge aber auch der Veränderungen und Wandlungen der Über-Ich-Funktion sowie der neuen Möglichkeiten, sich an Idealen und Ideologien zu orientieren. Die inneren Konflikte zwischen den neuartigen intensiven Es-Regungen und dem Über-Ich erzeugen Angst, da das Ich gewissermaßen zwischen beide gerät, so daß Abwehrreaktionen, und zwar neue Formen der Abwehr, erforderlich werden. Darüber hinaus erwachsen bei Adoleszenten Ängste auch daraus, daß sie die eigenen Möglichkeiten abstecken und sich über ihr zukünftiges Leben klar werden müssen.

Die Adoleszenz hat als Lebensphase für die Psychiatrie eine ganz besondere Bedeutung, denn in diesem Alter tauchen zum ersten Mal schwerwiegende psychische Störungen in signifikanter Zahl auf, wie auch z. B. die ersten Anzeichen jener schwerwiegenden Erkrankung, die wir Schizophrenie nennen. Obwohl die Schäden möglicherweise weit früher im Leben entstanden sind, treten sie doch erst jetzt in Erscheinung, indem solche Menschen sich mehr und mehr von den anderen zurückziehen, sich von der Logik und Sprache ihrer Kultur lösen und geleitet von ihrem Wahn mehr in ihrer

Phantasie als in der Realität leben. Andere wenden sich rebellisch gegen die jeglichem sozialen Leben zugrundeliegenden Normen und Gebote der Gesellschaft und versuchen, sich ihren Gesetzen zu entziehen.

Wie diese einführenden Bemerkungen gezeigt haben, ist die Adoleszenz ein außerordentlich komplexer Lebensabschnitt, dessen entscheidende Aufgaben und Ziele sich nicht einfach nur im Sinne der Erlangung einer Ich-Identität zusammenfassen lassen. Die zahlreichen in diesen Lebensjahren notwendig zu erwerbenden Eigenschaften und Fähigkeiten sind Voraussetzung für ein Leben als relativ unabhängiger und eigenständiger Mensch, der zu intimer Partnerschaft mit einem anderen Menschen des Gegengeschlechts fähig ist und dadurch schließlich Erfüllung als Mann und Frau finden kann. Diese komplexen Aufgaben und Ziele können nur allmählich bewältigt werden. Die Adoleszenz ist heute ein recht langer Lebensabschnitt, der zwischen fünf und zehn Jahre, gelegentlich sogar noch länger dauert. Im Grunde ist sie noch immer eine Periode der Abhängigkeit, in der der Heranwachsende neue tragfähige Formen der Beziehung zu anderen und dabei seine eigenen Fähigkeiten und emotionalen Grenzen prüft, eine Lebensphase, in der er noch immer in der Lage ist, neue Rollen anzunehmen und andere wieder abzulegen, in der er aber auch einem anderen seine Liebe zu schenken vermag, ohne damit sich bereits innerlich auf Dauer binden zu müssen. Es ist eine Periode des Ausprobierens, in der noch nicht Ernst gespielt wird. So erforscht der Adoleszent seine Welt und lernt dabei zugleich sich selbst kennen. Seine Eltern stehen ihm dabei nach wie vor mit Rat und Tat zur Seite und lassen ihm die Möglichkeit offen, nach Fehlschlägen oder Enttäuschungen vorübergehend wieder zu regressiver Abhängigkeit Zuflucht zu nehmen.

Drei Abschnitte der Adoleszenz

Um die Darstellung und Diskussion der Dynamik dieses langen Lebensabschnittes ein wenig zu ordnen, werden wir die Adoleszenz in drei Abschnitte untergliedern. Man darf jedoch diese Unterteilung nicht für definitiv halten, denn Adoleszenten unterscheiden sich erheblich in der Art und Weise, in der sie jeweils bestimmte adoleszenzspezifische Probleme und Konflikte überwinden, und in der bei ihnen der Übergang zum Erwachsenenalter erfolgt. Während man bisher häufig eine präpubertäre Vorbereitungsperiode von einer in zwei Unterabschnitte gegliederten eigentlichen Adoleszenzperiode unterschieden hat, werden wir eine etwas andere Unterteilung wählen und die Adoleszenz in drei ineinander übergehende Abschnitte gliedern. Die *frühe Adoleszenz* umfaßt hiernach die präpubertäre Phase, in der der präpubertäre Wachstumsschub den Beginn der körperlichen Veränderungen der Pubertät signalisiert, sowie die Zeit um den Beginn der eigentlichen Pubertät, in der es noch nicht zu entscheidenden psychischen Veränderungen kommt. In dieser ersten Zeit der Pubertät hält sich das Kind noch sehr stark an bisherige Verhaltensweisen, lebt noch in den Gleichaltrigengruppen überwiegend des eigenen Geschlechts, und sein Zuhause bleibt nach wie vor der eigentliche Mittelpunkt in seinem Leben. Etwa 10 bis 18 Monate nach dem Einsetzen der Pubertät beginnt dann die Periode der *mittleren Adoleszenz*, in der der Heranwachsende aus der Familie herausdrängt und sein Interesse für das andere Geschlecht die typischen Gleichaltrigengruppen der Kindheit und die ersten engeren Freundschaften zur Auflösung bringt. In diesem Alter beginnt die für die Adoleszenz so charakteristische Phase des Aufbegehrens gegen die Normen und Gebote der Eltern und Erwachsenen. Es ist die Zeit der Flegeljahre, zugleich aber auch der jugendlichen Schwärmerei sowie der begeisterten Konformität und Anpassung an Normen und Vorstellungen seiner Altersgenossen. Häufig kommt es in diesem Alter zu ersten sexuellen Erfahrungen, bei denen es sich zunächst mehr um ein Übertreten von Geboten und Tabus und um ein Prüfen der eigenen Grenzen handelt als um ein wirkliches Interesse und Verlangen nach Intimität; und meist werden noch Liebe und Sex sehr wohl voneinander geschieden. Es ist ein Alter, in dem sich dem jungen Menschen viele neue Horizonte, die er erforschen möchte, eröffnen, in dem viele neue Interessen geweckt werden, ein Alter aber auch, das von einer ausgeprägten Ambivalenz gekennzeichnet ist, wobei seine Stimmung sehr häufig plötzlichen Schwankungen unterworfen bleibt. Früher oder später beginnt dann der letzte Entwicklungsabschnitt, die *späte Adoleszenz*, in der der Heranwachsende beginnt, seine eigene Position zu bestimmen und seinen Weg in die Zukunft festzulegen. Der Junge macht sich um seinen zukünftigen Beruf Gedanken, das Mädchen um seine zukünftige Rolle als Ehefrau und um den Mann, den es später einmal heiraten wird. Schließlich kommt die adoleszenzspezifische Umstrukturierung zum Abschluß. Die eigene Position ist abgegrenzt und akzeptiert, und der junge Mensch beginnt, seine Berufswahl und die Entscheidungen für die Wahl des zukünftigen Ehepartners zu treffen. Beruf und Ehe werden seine Ich-Identität konsolidieren und die Fähigkeit zu wirklicher Intimität voll zur Entfaltung bringen. Vielfach gehören jedoch diese Probleme nur noch zum Teil in die Adoleszenz, weswegen wir sie in den später folgenden Kapiteln über den jungen Erwachsenen noch ausführlicher erörtern werden.

Die frühe Adoleszenz

Mit dem Einsetzen der Pubertät kommt durch die fundamentalen Umwandlungsprozesse starke Unruhe in den bisher stetigen Gang der Entwicklung. Der Körperbau des Kindes, seine Triebe, seine intellektuellen Fähigkeiten, aber auch seine sozialen Beziehungen zu seiner Umwelt verändern sich von Grund auf, womit eine tiefgreifende psychische Umstrukturierung erforderlich wird, die wegführt von der Kindheit, hin zu Reife und voller Individualität. Neue Erfahrungen mit neuartigen Gefühlen des Verlangens tauchen auf, die aus einem bisher unbekannten inneren Drang erwachsen und eine Impulsivität und Irrationalität mit sich bringen, die zu bewältigen das Kind kaum imstande ist, mit denen es sich aber, mehr oder weniger auf sich allein gestellt, auseinanderzusetzen hat, – denn es muß im Verlauf dieser Entwicklung mehr oder weniger eigenständig werden, um die enge Bindung an seine Eltern schließlich aufgeben zu können. Es ist eine Zeit der Metamorphose, an deren Ende die körperlichen Unterschiede der beiden Geschlechter voll entwickelt sind, zugleich aber auch starke Neigungen der beiden Geschlechter zueinander erwachsen, die eine neue Form der Intimität und Befriedigung motivieren, die zum Ursprung intensiven Glückes und zur Triebkraft allen Strebens wird.

Der präpubertäre Wachstumsschub

Die adoleszenzspezifischen Umwandlungsprozesse nehmen ihren Anfang noch vor dem Einsetzen der Pubertät, und zwar mit einer plötzlichen Beschleunigung des körperlichen Wachstums. Körpergewicht und Körpergröße, die seit dem zweiten Lebensjahr nur langsam und stetig zugenommen hatten, das Körpergewicht um etwa 3 kg jährlich, zeigen etwa zwei Jahre vor dem Einsetzen der Pubertät einen jährlichen Anstieg bei Mädchen um etwa 5-6 kg und 7-10 cm und bei Jungen um etwa 6-7 kg und 10-12 cm jährlich. Diese Wachstumsphase dauert ungefähr sechs Jahre. Beim Jungen kommt es darüber hinaus zwischen dem 12. und 17. Lebensjahr zu einer Verdoppelung der Muskelmasse und Muskelkraft, was selbstverständlich einen entscheidenden Einfluß auf sein Verhalten und seine Selbsteinschätzung haben wird. Die Vorstellungen, Einstellungen und Ansichten des Kindes wandeln sich allein schon aufgrund der Veränderung seiner Körpergröße. Es entwächst der Kindheit und den anderen Kindern und wird in seinem Äußeren den Erwachsenen ähnlich. Aber auch die innere Distanz zu ihnen schwindet mehr und mehr. Zwei Gesichtspunkte sind im Zusammenhang mit dem präpubertären Wachstumsschub von besonderer Bedeutung für die Gemeinschaft der Kinder dieses Alters. Erstens beginnt die Pubertät bei Mädchen um etwa zwei Jahre früher als bei den Jungen, und zweitens gibt es weitgestreute individuelle Unterschiede hinsichtlich des Beginns der präpubertären Wachstumsphase. Bei Mädchen liegt der durchschnittliche Pubertätsbeginn im 13. Lebensjahr (bei 80 Prozent zwischen dem 11. und 15., »normalerweise« zwischen dem 10. und 17. Lebensjahr, in ganz seltenen Fällen auch einmal um ein Jahr früher oder später).[2] Bei Jungen läßt sich der Pubertätsbeginn nicht so eindeutig bestimmen. Er liegt jedoch im Vergleich zu Mädchen etwa zwei Jahre später bei einem durchschnittlichen Alter von 15 Jahren. Entsprechend liegt bei den meisten Mädchen der Beginn des präpubertären Wachstumsschubes zwischen dem 10. und 11. und bei den Jungen zwischen dem 12. und 13. Lebensjahr. In der Schule sind in den 6. bis 8. Klassen die Mädchen meist größer als die Jungen, einige sehen bereits wie junge Damen aus, während die Jungen noch ausgesprochen kindlich sind. So verhindern allein schon der Größenunterschied und dann die unterschiedliche körperliche Reife, daß sich Jungen und Mäd-

2 Hierüber gibt es in den verschiedenen Ländern unterschiedliche Angaben. In den USA ist das durchschnittliche Menarchenalter 12,9 ± 1,4 Jahre, in Florenz 12,5 und in Frankreich 13,5 Jahre (3).

chen gleichen Alters und gleichen intellektuellen Entwicklungsniveaus allzufrüh füreinander interessieren.

Umgruppierungen in den Gleichaltrigengruppen

Wenn der präpubertäre Wachstumsschub und der Beginn der Pubertät selbst außergewöhnlich früh oder spät einsetzt, dann kann dies ein Kind sehr beunruhigen. So hat ein Mädchen, bei dem die Reifungsvorgänge früher als bei seinen Kameradinnen einsetzen, häufig große Angst, daß es körperlich viel zu groß werden könnte, und angesichts seines sich verändernden Körpers und der sexuellen Gefühle, die plötzlich und unerwartet auftauchen, ist es unter Umständen außerordentlich bestürzt. So berichtete eine Mutter, wie sie in Wut über die Männer geriet, die mit lasziven Blicken ihrer zehnjährigen Tochter nachschauten, deren Brüste und Hüften sich mehr und mehr zu weiblichen Formen rundeten, und meinte, daß sie alle diese Männer anschreien könnte, um ihnen zu sagen, daß ihre Tochter doch noch ein kleines Mädchen sei. Demgegenüber beginnt sich das spätentwickelnde Mädchen allmählich darüber zu beunruhigen, ob es wohl überhaupt je eine Frau werden wird, ob nicht vielleicht das Endokrinium gestört sein könnte. Bei den Jungen steht der Frühentwickler besonders hoch im Kurs, denn Sport und sportlicher Wettbewerb stehen im Mittelpunkt des Interesses der Jungen. Der Spätentwickler hat hier wenig zu sagen, so daß seine Interessen vielfach andere Wege gehen. Durch diese individuell unterschiedlichen Wachstums- und Reifungsvorgänge zerbrechen viele enge Freundschaften und Gruppenbeziehungen. Das Mädchen, das schon menstruiert und sich körperlich zu Jungen hingezogen fühlt, hat damit neue, seiner noch nicht so weit entwickelten Freundin noch unbekannte Interessen, so daß es ihr gegenüber verbergen muß, daß es ihr, der bisher engsten Freundin, die »noch ein Kind« ist, nicht mehr alles anvertraut. So bleibt häufig das noch nicht so weit entwickelte Kind allein und einsam, während sich die anderen zu neuen Gruppen und zu neuen engeren Freundschaften zusammenschließen. Mädchen haben in der Zeit vor der Pubertät häufig ein größeres Interesse an sexuellen Dingen als Jungen, vielleicht, weil der Wandel vom Mädchen zur Frau mit tiefgreifenderen körperlichen Veränderungen verbunden ist. Vor allem interessiert sie die Menstruation, der Geburtsvorgang oder auch jenes faszinierende Thema der Prostitution. So kommt es zu einem regen Austausch dessen, was sie wissen, glauben oder auch falsch verstanden haben. Aber auch die Jungen interessieren sich für sexuelle Dinge. Meist gibt es den einen oder anderen Freund, dessen Entwicklung bereits weiter fortgeschritten ist, von dem man etwas erfahren kann, gibt es das Interesse an schmutzigen Witzen und Geschichten oder schweinischen Ausdrücken, die für den Jungen eine sexuelle Bedeutung haben. Viele der Geschichten kann der Junge noch nicht voll verstehen, erzählt sie aber dennoch als verstanden weiter, um dem Konsensus der Gruppe Genüge zu tun. Früher oder später wissen alle mehr oder weniger gut über die Vorgänge beim Geschlechtsverkehr Bescheid, wenn auch vielfach noch nicht so recht begriffen wird, wann und wie die Erwachsenen dabei erotische Lust erleben können, weil das Kind noch nicht den intensiven Drang des Sexualtriebes kennt. Häufig kann es sich noch nicht vorstellen, daß auch die eigenen Eltern diese »unschicklichen« Dinge tun, und wehrt solche Gedanken, die seine Eltern in seinen Augen herabwürdigen, ab.

Mit der Pubertät gerät zunächst noch kaum Unruhe in die monosexuellen Gleichaltrigengruppen, denn das Interesse für das andere Geschlecht beginnt erst ein oder zwei Jahre nach dem Einsetzen der Pubertät zu erwachen. In gewissem Umfang sind die Interessen und Energien des jungen Adoleszenten noch narzißtisch gefärbt, denn angesichts der rapiden Veränderungen seines Körpers und seiner Gefühle sucht er zunächst eine neue Vorstellung seiner selbst zu finden, was ihn den Vergleich mit den gleichaltrigen Kameraden und die enge Bindung an einen Freund seines Geschlechts suchen läßt. Da die Entwicklung der sekundären Geschlechtsmerkmale bei Mädchen früher einsetzt und diese stärker verändert als die Jungen, werden wir hier zunächst über die Entwicklung des Mädchens sprechen.

Die Pubertät des Mädchens

Die Pubertät beginnt beim Mädchen strenggenommen mit der Vergrößerung der Ovarien und dem Heranreifen der Graafschen Follikel, aus denen später die Eizellen hervorgehen werden. Als

erste sichtbare Manifestation der beginnenden Pubertät vergrößern sich die Areolae um die Brustwarzen bis zur »Brustknospe«. Daneben kommt es durch das Breitenwachstum des knöchernen Beckens sowie durch die Einlagerung von subkutanem Fett zu einer Abrundung der Hüften. Allmählich wird dann auch im Bereich der Brustknospen, einhergehend mit dem Wachstum des Drüsenkörpers und seiner Gangsysteme, mehr und mehr Subkutanfett eingelagert, so daß auch die Brüste an Größe zunehmen. Auch die Beinlänge nimmt zu, wodurch sich die Körperproportionen stark verschieben und die Oberschenkel schließlich eng aneinanderliegen. Um die Mitte der Pubertät beginnen auch die Scham- und Achselhaare zu wachsen, Labien und Klitoris entwickeln sich, und die Klitoris wird erigierbar. Daneben verändert sich auch die Zusammensetzung der Hautdrüsensekrete, wobei der Talganteil stark zunimmt, der mit für die fast alle Adoleszenten plagende Pubertätsakne verantwortlich ist. Auch die Sekretion der Schweißdrüsen nimmt mitunter bis zur Hyperhidrosis zu, wodurch ein Schweißgeruch entsteht, der dem Mädchen außerordentlich unangenehm werden kann, wenn es mit Jungen in näheren Kontakt kommt. Pubertätsakne und Schweißgeruch sind scheinbar triviale Probleme, aber sie haben dennoch für beide Geschlechter eine große Bedeutung.
Bald nach dem Auftreten der ersten körperlichen Veränderungen setzen die Menstruationen ein, und das Mädchen empfindet sich als Frau. Häufig gehen der ersten richtigen Regelblutung, der Menarche, einige »Perioden« mit geringem, bräunlichem Ausfluß voraus, und auch nach der Menarche bleiben die Perioden noch für etwa ein Jahr unregelmäßig und in ihrer Intensität unterschiedlich. Diese ersten Periodenblutungen erfolgen noch ohne den vorangegangenen Eisprung. Demzufolge ist das Mädchen auch noch nicht empfängnisfähig, und zwar bis zu zwei Jahren nach der ersten Menstruation.
In der Regel sind es weniger die tiefgreifenden körperlichen Veränderungen als der Beginn der Menstruationen, die das Mädchen beunruhigen – oder ihm ein Gefühl der Befriedigung geben. Obwohl heutzutage fast alle Mädchen aufgeklärt werden – wobei man ihnen allerdings häufig auch falsche Vorstellungen vermittelt –, ist es doch nicht ungewöhnlich, wenn ein Mädchen über das Blut zutiefst erschrickt und vielleicht glaubt, daß dies ein Zeichen einer furchtbaren Krankheit oder eine Folge des Masturbierens sei, und deshalb alles

ängstlich zu verbergen sucht. Aber auch wenn Eltern das Mädchen richtig vorbereitet haben, kann es doch geschehen, daß die Menarche überraschend einsetzt, z. B. in der Schule oder auf einer Party, so daß das Mädchen in eine außerordentlich unangenehme Lage gerät. Die Menarche ist ein entscheidendes Ereignis im Leben des Mädchens, und die große Zahl emotional bedingter Regelstörungen weist uns darauf hin, wie oft sie zum Ursprung mehr oder weniger ausgeprägter psychischer Störungen werden kann. In der Regel versuchen Eltern, ihre Tochter dadurch auf die bevorstehende Menarche vorzubereiten, daß sie ihr sagen, sie müsse stolz darauf sein, eine richtige Frau zu werden und die Organe in sich zu tragen, die ihr erlauben werden, später einmal Mutter zu sein. Viele Schulen unterrichten die Mädchen heute über die Physiologie und die Bedeutung der Menstruation, da häufig die Mütter entweder selbst nicht richtig informiert oder aus emotionalen Gründen unfähig sind, ihre Töchter entsprechend aufzuklären. Häufig werden die Menses von den Frauen mit negativen Ausdrücken belegt, worin mehr oder weniger umschrieben oder auch scherzhaft das Gefühl zum Ausdruck kommt, daß Menstruation ein Symbol der weiblichen Bürde, der weiblichen Inferiorität sei. Trotz derartiger Gefühle und Vorstellungen wird die Menstruation jedoch auch positiv als ein wichtiges Zeichen der Weiblichkeit empfunden. In einer an Frauen mit virilisierendem Pseudohermaphroditismus durchgeführten Untersuchung, die zu einer Zeit stattfand, als man gerade herausgefunden hatte, daß sich dieser krankhafte Zustand mit Hilfe einer Cortisontherapie bessern ließe, fand ich es außerordentlich interessant, daß die betroffenen Frauen, bei denen sich weder Brüste noch andere sekundäre Geschlechtsmerkmale entwickelt hatten und denen ihre dunkelpigmentierte Haut und die etwas gekräuselten Haare ein negroides Aussehen gaben, die große Hoffnung äußerten, daß sie durch die neue Therapie, wenn auch vielleicht nicht geheilt werden, so doch möglicherweise würden menstruieren können.

Durch die Menarche werden häufig der alte Kummer, die alte Unzufriedenheit, weiblich zu sein, reaktiviert; bei manchen Frauen geschieht dies sogar regelmäßig bei jeder Menstruation. So hat mitunter die alte Vorstellung aus der frühen Kindheit, daß die Mutter für den Verlust des Penis verantwortlich sei, von neuem Zugang zum Bewußtsein. Die Realität zwingt aber zur Auseinandersetzung mit der bei sehr vielen Mädchen mehr oder weniger ausgeprägten

Phantasie, eigentlich ein Junge zu sein.[3] Manche Mädchen sind von dem Gefühl, körperlich nicht vollwertig zu sein, so eingenommen, daß sie wenig oder sogar überhaupt nichts über ihre Geschlechtsorgane wissen wollen, und viele Frauen behalten dieses tiefe Desinteresse an ihrem eigenen Körper auch dann noch, wenn sie geheiratet oder sogar schon Kinder geboren haben.

Die Akzeptierung der Weiblichkeit

Die Art und Weise, wie das Mädchen schließlich die Veränderungen seines Körpers und die Menstruation akzeptiert, wird in erster Linie von der Stabilität seiner Geschlechtsidentität bestimmt, von der Art und Weise, wie diese durch die Eltern in den ersten Lebensjahren begründet, in der ödipalen Phase bis zur festen Identifikation mit der Mutter durchgearbeitet und schließlich in der Latenzphase durch die Identifikation mit den Idealen und Vorstellungen der Gleichaltrigengruppe stabilisiert worden ist. Darüber hinaus sind aber auch in den ersten Jahren der Adoleszenz, in denen das Mädchen erst noch mit seinem weiblichen Körper, mit der Tatsache, Frau zu sein, vertraut werden muß, die Einstellungen der Eltern ihrer Tochter gegenüber aber auch zueinander als Ehepartner von besonderer Bedeutung. Wenn die Mutter ihr Leben als Frau nicht nur akzeptiert, sondern als Frau auch Erfüllung findet, und wenn der Vater seiner Frau liebevoll zugetan ist, sie verehrt und achtet, dann kann das Mädchen auch die Zeichen der heranreifenden Weiblichkeit ohne Furcht und Unzufriedenheit akzeptieren und sicher sein, daß es als Frau geliebt und begehrt sein wird. Auch wenn heute die Frau nicht mehr so sehr wie früher allein aufgrund ihres Geschlechts sich in ihrem Leben und Wirken beschränken muß, sieht dennoch so manches Mädchen neidvoll auf die Jungen und deren größere Freiheiten

3 So berichtete eine junge Frau, die an einer schweren Colitis ulcerosa erkrankt war – wir haben von ihr schon an anderer Stelle gehört –, daß die Menarche für sie ein unüberwindbares Trauma gewesen sei. In ihrer Kindheit war ihr Vater für sie der gute »Kumpel« gewesen. Sie hatte immer geglaubt, daß sie eigentlich ein Junge sei und nur als Mädchen gekleidet herumlaufen müsse, weil ihre Mutter das so wollte. Als dann die Menarche kam, hatte sie endgültig kapitulieren müssen. Gegenüber ihrer Mutter entwickelte sie jedoch tiefe Gefühle der Feindseligkeit, weil sie, wie sie glaubte, durch die Schuld der Mutter zum Mädchen geworden sei. Später versuchte sie ihre Sexualität und die Gefühle gegen die Mutter dadurch zu neutralisieren, daß sie Nonne wurde.

und mit Verdruß auf die eigene Zukunft als Hausfrau und Kindermädchen, wie die Gesellschaft diese der Frau zuteilt. Derartige Gefühle sind jedoch, wenn sie stärker prävalieren, mehr als ein Zeichen dafür zu werten, daß das Mädchen zu keiner stabilen Geschlechtsidentität gefunden hat und glaubt, daß jeder, der keinen Penis hat, eine Null und wertlos sein müsse. Im Verlauf der kulturellen Entwicklung hat sich die Stellung der Frau grundlegend gewandelt, wobei die Frau in gewissen Bereichen gegenüber dem Mann sogar im Vorteil ist. Im Einklang damit ist auch die Tendenz geringer geworden, die Tatsache, als Frau geboren zu sein, dem »zweiten Geschlecht« anzugehören, unbewußt als verhängnisvolles Schicksal zu akzeptieren. Damit wurde schließlich die Möglichkeit eröffnet, sich mit der weiblichen Rolle bewußter auseinanderzusetzen und auf annehmbare Weise auch nach männlichen Rollen im Leben zu streben. Obwohl es hin und wieder zu solcher Unzufriedenheit mit der Rolle der Frau kommt, tritt sie doch gewöhnlich mehr und mehr in den Hintergrund, wenn das junge Mädchen die in ihm sich vollziehenden Veränderungen wirklich wahrnimmt und schließlich stolz ist, zur wirklichen Frau herangewachsen zu sein, mit ihrer körperlichen Erscheinung die Aufmerksamkeit von anderen auf sich lenken zu können und fähig zu sein, selbst Kinder zu haben. Wenn ihr schon versagt ist, einen Penis zu haben, so hat sie doch einen attraktiven Körper, den sie mehr und mehr in einem unbewußten kompensatorischen Narzißmus pflegt. In ihr wächst der Wunsch, später einmal ein Baby zu haben, und meist wünscht sie sich einen Sohn. Auch wenn wahrscheinlich wohl jedes Mädchen irgendwann einmal bedauert, nicht als Junge geboren zu sein, und sich am Ende auf irgendeine Weise mit seiner weiblichen Rolle abfinden muß, was einen tiefgreifenden Einfluß auf seine psychische Struktur hat, finden früher oder später die meisten Mädchen doch auch den einen oder anderen Vorteil in der weiblichen Rolle und gelangen auf dem Boden solch möglicher Vorteile zu Befriedigung und Erfüllung. In den letzten Jahren ist zunehmend deutlicher geworden, daß viele Männer starke, allerdings weit verborgenere Wünsche haben, als Frau geboren zu sein, was in diesen Jahren auch an der Kleidung und dem Verhalten von heranwachsenden Jungen recht deutlich zutage getreten ist.[4]

4 Der Wunsch der Frau, Mann zu sein, ist bisher weitaus eher akzeptierbar gewesen als das Umgekehrte. Dennoch lassen sich sehr viel mehr Männer operativ

Der Einfluß des menstruellen Zyklus

Mit dem Einsetzen der Menstruationen taucht ein neues Element von großer Bedeutung im Leben des Mädchens auf, das nicht immer nur ihm selbst, sondern auch allen, die mit ihm leben, vielfach außerordentlich fremd und rätselhaft erscheint, denn die zyklischen Veränderungen der Hormonspiegel im Blut haben auf direktem und indirektem Wege starken Einfluß auf Stimmung und Verhalten. Benedek und Rubenstein (1) haben sich eingehender mit diesem Problem beschäftigt und hormonelle Untersuchungen bei Frauen durchgeführt, die sich zugleich in psychoanalytischer Behandlung befanden, wobei sie vor allem die Träume und Trauminhalte in verschiedenen Phasen des menstruellen Zyklus untersuchten. Nach ihren Befunden mobilisiert in der ersten Zyklusphase, in der das Follikel im Ovar heranreift, die Östrogensekretion vor allem die heterosexuellen Tendenzen. Mit dem Eisprung, der Ovulation, erreichen diese schließlich ihren Höhepunkt, – ungefähr 12 Tage nach dem Beginn der letzten Regelblutung. Nach der Ovulation stehen infolge der Progesteronsekretion mehr und mehr die passiven, rezeptiven Einstellungen im Vordergrund, als ob die Frau nicht nur physisch, sondern auch psychisch auf die mögliche Schwangerschaft vorbereitet würde. Kurz vor dem Einsetzen der nächsten Regelblutung geht die Progesteronsekretion dann abrupt zurück. Dabei fühlt sich die Frau häufig innerlich leer, und sie wird mehr oder weniger reizbar und launenhaft.[5]

in Frauen verwandeln als Frauen in Männer. Die Plains Indians institutionalisierten die »berdache«, das waren Männer, die lieber als Frauen lebten, die aber im Kampf außerordentlich tapfer waren, als Mitglieder der Crazy Horse Societies.

5 Während man bei sehr vielen Frauen die zyklischen Veränderungen kaum an Stimmung und Verhalten erkennen kann, gibt es andere, bei denen der Zyklus fast das Leben bestimmt, so daß Verhaltensschwankungen wenig verständlich sind, wenn man sie nicht im Zusammenhang mit dem menstruellen Zyklus sieht. So zeigte eine sehr schwer gestörte Frau, die sich in intensiver Psychotherapie befand, Monat für Monat in Abhängigkeit von ihrem Zyklus außerordentlich unterschiedliche Einstellungen gegenüber dem Therapeuten, ihrem Ehemann und auch ihren Kindern. In der postmenstruellen Phase kleidete sie sich sehr sorgfältig, legte ein außerordentlich gewinnendes Wesen an den Tag und versuchte immer wieder, durch die Kleidung, die sie zur Therapiestunde anzog, sowie durch ihr gesamtes Verhalten ihrem Therapeuten zu gefallen. In der zweiten Zyklushälfte vernachlässigte sie ihre Kleidung, fühlte sich mit ihrem Leben unzufrieden und von allen und allem gekränkt, wobei sie häufig auch den Therapeuten verbal

Solcherart zyklusabhängige Stimmungsschwankungen versteht man schon seit langem als eine Art inneren Gezeitenwechsel, von dem entscheidende Einflüsse auf das Leben der Frau, auf ihr bewußtes und unbewußtes Denken und Verhalten ausgehen. Die Ergebnisse von Benedek und Rubenstein sind bisher wohl von niemandem ernsthaft angezweifelt worden, es hat allerdings wohl auch nie ernsthafte, systematische Ansätze gegeben, diese zu widerlegen. Auch wenn sich bei manchen Autoren der Zeitpunkt der größten sexuellen Erregbarkeit nicht mit dem deckt, was Benedek und Rubenstein gefunden haben, bleibt doch die Tatsache unbestritten, daß Frauen ganz entscheidend von dem Zyklusgeschehen beeinflußt und vielfach auch in ihrem Wohlbefinden beeinträchtigt werden, – sowohl aufgrund der physiologischen Zyklusbedingungen als auch durch die von der Menstruation aktivierten unbewußten Einstellungen. Darüber hinaus kann auch die bei manchen Frauen auftretende Einlagerung von Wasser in die interstitiellen Gewebe in der Zeit vor der Menstruation zu einem inneren Unbehagen und zu Reizbarkeit führen, aber dies ist kein spezifisches Problem der Adoleszenten. Vielfach folgen die jungen Mädchen in ihren Einstellungen zur Menstruation der warnenden Stimme der Mutter, die mitunter der Meinung ist, daß ein junges Mädchen in diesen »kritischen Tagen« inaktiv zu sein und die Last und Plage der Menstruation als ein gegebenes Übel zu akzeptieren habe. So kommen in der Einstellung des jungen Mädchens zur Menstruation auch die Einstellungen und Verhaltensweisen der Mutter zu diesem Problem zum Ausdruck. Ein Mädchen, das Monat für Monat sehen muß, wie die Mutter einige Tage lang leidet und schlecht gelaunt ist, wird ganz selbstverständlich der eigenen Menarche mit gemischten Gefühlen oder gar mit Angst entgegensehen, wobei es dann später unter Umständen die eigene Menstruation als Mittel einsetzt, um von der Mutter die entsprechende Fürsorge und Zuwendung zu erhalten. Schmerzen und Schwierigkeiten mit der Menstruation treten in vielen Familien auf, ohne daß dabei körperliche Ursachen verantwortlich zu machen wären. Aber auch ohne derartige Schwierigkeiten ist der menstru-

außerordentlich heftig attackierte. Kurz vor dem Einsetzen der Regelblutung verzweifelte sie dann und wünschte in ihrer Hoffnungslosigkeit entweder in ein neues Leben fortzulaufen oder aber sich hilflos wie ein Kind zu fühlen und abhängig zu sein, nicht nur von ihrem Ehemann und von ihren Kindern, sondern auch vom Therapeuten.

elle Zyklus ein Element der Periodizität im Leben des Mädchens, das im Bewußtsein der Monat für Monat ablaufenden periodischen Veränderungen, im Gefühl des periodisch zunehmenden und abnehmenden Selbstwertes die weibliche Psyche von Grund auf prägt und damit grundsätzlich von der des Mannes unterscheidet.

Die körperlichen Veränderungen

Auch die über längere Zeit erfolgenden körperlichen Veränderungen beschäftigen selbstverständlich das heranwachsende Mädchen zutiefst. Es ist sich bewußt, daß sein sich veränderndes Äußeres ganz wesentlich mit darüber zu entscheiden hat, ob es bei anderen beliebt ist und ob es attraktiv genug ist, um später einmal den erwünschten Ehemann zu heiraten. Allerdings gibt es kaum Mädchen, die nicht wissen, daß Attraktivität nicht primär nur eine Frage des Äußeren ist und daß man, wenn man nicht eine absolute Schönheit ist, nicht etwa das, was sich nicht verbergen läßt, zu maskieren versuchen sollte, sondern statt dessen andere Eigenschaften und Vorzüge entwickeln muß, um für andere attraktiv zu sein. Dennoch wird sich das junge Mädchen, auch wenn es sich immer wieder im Spiegel betrachtet und sich in seinem Äußeren mit den anderen Freundinnen oder auch mit Filmschauspielerinnen vergleicht, seiner selbst und seiner äußeren Reize nicht so sehr durch das bewußt, was es an sich selbst beobachtet, als vielmehr durch das, was es in der Art und Weise, wie andere ihm gegenübertreten, zu erkennen vermag. Hierbei spielt der Vater eine besondere Rolle. Vielfach zieht sich der Vater von seiner Tochter ein wenig zurück, wenn diese in das Backfischalter kommt, häufig in dem Gefühl, daß er ihr körperlich nicht mehr so nahe kommen dürfe wie bisher, wobei er versucht, sich gegen die sexuellen Empfindungen zu wehren, die sie bei ihm auslöst. Die Tochter spürt ihrerseits häufig, daß ihr Vater sich etwas von ihr abwendet, – wie sie meint, weil sie nicht genügend attraktiv sei oder weil ihm an ihrem Äußeren etwas mißfalle.[6] Für den

6 In intensiver Psychotherapie oder Psychoanalyse sind Frauen häufig überrascht, wenn sie zu erkennen beginnen, daß sich ihr Vater von ihnen nicht etwa zurückgezogen hatte, weil sie für ihn unattraktiv geworden waren, sondern gerade umgekehrt, weil er sich gegen die sexuellen Gefühle wehren mußte, die sie in ihm aktiviert hatten, – eine Einsicht, die bisweilen eine entscheidende Wende in der Therapie signalisiert.

Vater ist es mitunter außerordentlich schwierig, und es erfordert von ihm ein außergewöhnliches Feingefühl, der Tochter verständlich zu machen, daß er der Meinung ist, sie sei sehr hübsch geworden, und daß sie ihm gefalle, ohne daß er dabei die entsprechende Distanz zu ihr verliert. Aber nicht nur Freude, sondern auch Furcht, Verlegenheit und Verwirrung können bei dem Mädchen durch die ungewohnte Art und Weise ausgelöst werden, in der sich plötzlich andere Jungen und Männer ihm gegenüber verhalten. So errötet das Mädchen häufig, wenn Jungen auf der Straße seinetwegen pfeifen, oder es ist beunruhigt, wenn sie dies nicht seinetwegen, sondern wegen eines anderen Mädchens tun. Allmählich gerät es in das typisch weibliche Dilemma. Wenn Jungen wegen seiner äußeren Erscheinung kein Interesse an ihm haben und es nicht zum Tanzen einladen, wird es beunruhigt und traurig sein, aber in Wut geraten, wenn die Jungen sich nur für sein Äußeres und nicht für sein »Selbst« interessieren. Später wird sich gleiches wiederholen, wenn Jungen ihr sexuelles Interesse dem Mädchen gegenüber zeigen, ohne sich zugleich auch für sein in ihren Augen so wenig faßbares Innerstes zu begeistern.

Die Pubertät des Jungen

Auch beim Jungen kommt es in der Pubertät zu ausgeprägten körperlichen Veränderungen, mögen diese auch die äußere Erscheinung nicht so tiefgreifend verwandeln wie beim Mädchen. Körperliches Wachstum und die Zunahme der Muskelkraft bereiten den Jungen darauf vor, seine primäre Rolle als Beschützer und Ernährer zu übernehmen. Möglicherweise sind diese körperlichen Veränderungen mit dafür verantwortlich, daß der Heranwachsende in Sport und sportlichem Wettbewerb besonders aktiv ist, was ihn auf das vom Wettbewerb gekennzeichnete Leben unserer modernen Gesellschaft vorbereiten hilft, ihn zugleich aber auch in Ablösungskonflikte mit seinen Eltern bringt, als deren »Kind« er weiterhin gilt. Die Genitalien des Jungen haben im Laufe der Kindheit nicht wesentlich an Größe zugenommen. Jetzt, zwischen dem 11. und 13. Lebensjahr, beginnen zunächst die Hoden zu wachsen, die Skrotalhaut wird faltiger, bis schließlich auch der Penis zu wachsen anfängt. Bald erscheinen dann die ersten Schamhaare, denen kurz darauf die ersten Achsel- und Barthaare folgen. Daneben reifen Prostata und Samenbläschen heran, und in den Samenkanälchen des Hodens erscheinen die ersten Samenzellen. Später nimmt dann der Bartwuchs zu und die Stimme schlägt um, was gewöhnlich etwa vier Jahre nach den ersten Pubertätsveränderungen geschieht, zu einer Zeit, wenn das körperliche Wachstum schon fast vollständig abgeschlossen ist. Als eine der letzten Pubertätsveränderungen treten in der Stirnhaargrenze über den Schläfen Einbuchtungen auf, die als Zeichen der nun abgeschlossenen Reifung zu werten sind. Gewöhnlich ist dies mit dem 17. bis 18. Lebensjahr der Fall, während bei manchen Jungen die Reifung schon mit 15, bei anderen erst mit 20 beendet ist (11).

In der Regel haben Jungen schon vor der Adoleszenz masturbiert, jedoch nicht mit solcher Frequenz wie in der Pubertät. Zu Ejakulationen kommt es erst, wenn Prostata und Samenbläschen herangereift sind. Zunächst sind in dem Ejakulat nur wenige, meist immobile Samenzellen enthalten, so daß der Heranwachsende noch nicht befruchtungsfähig ist, was erst etwa ein bis zwei Jahre nach den ersten Ejakulationen der Fall sein wird. Zwischen dem 14. und 16. Lebensjahr treten dann erstmalig auch Pollutionen, nächtliche Samenergüsse, auf, die den Jungen außerordentlich beunruhigen können, wenn er nicht von seinen Eltern darüber aufgeklärt worden ist. Die meisten Jungen haben jedoch über diese Dinge bereits von Freunden gehört und sind demzufolge entsprechend informiert. Mitunter glaubt der Junge, daß wegen der Pollutionen mit ihm etwas nicht stimme, daß vielleicht das Masturbieren zu diesem körperlichen »Schaden« geführt haben könne. Auch der ausreichend informierte Junge erlebt mitunter Angst wegen der mit den Pollutionen verbundenen sehr lebhaften Träume, die viel realer zu sein scheinen als andere Träume. In ihnen kommen häufig die verdrängten sexuellen Wünsche des Adoleszenten unverhüllt zum Ausdruck, die in diesem Alter vielfach homosexuelle und inzestuöse Elemente enthalten.

Allmählich gewinnt der Sexualtrieb mehr und mehr Einfluß auf das Denken und Verhalten des Adoleszenten, und die bisherige Unschuld der Kindheit kann schließlich nur noch durch intensive Abwehr aufrechterhalten werden. Am Ende brechen in Gedanken und Phantasien, wenn nicht sogar auch im Handeln, die inneren Kräfte durch und verschaffen sich Geltung, da sie sich nicht vollständig verdrängen oder auch verleugnen lassen. Im allgemeinen empfinden Jungen den Drang nach sexueller Betätigung sehr viel früher als Mädchen. Hormonelle Faktoren, aber auch die Stimulierung durch Prostata und Samenbläschen sowie Empfindungen in den Geschlechtsorganen selbst erzeugen eine innere Unruhe, die alle Gedanken auf sexuelle Dinge lenkt und nach Befriedigung drängt. Zu Erektionen ist es hin und wieder schon in der Kindheit gekommen. Jetzt treten sie jedoch sehr viel häufiger auf, sind intensiver, bisweilen sogar schmerzhaft und verstärken den Drang nach sexueller Befriedigung und Lösung der sexuellen Spannungen. Unerwartete Erektionen können dem Jungen außerordentlich unangenehm sein, vor allem, wenn er diese vor anderen verbergen muß. Sexuelle Gedanken und Phantasien, in denen der Junge sich verliert, brechen immer wieder über ihn herein, beunruhigen ihn und lassen ihn schon bei der geringsten Gelegenheit erröten, was in diesem Alter häufig geschieht. Praktisch alle Jungen masturbieren in diesen Jahren, und die Psychiater sind der Meinung, daß das Fehlen einer masturbatorischen Betätigung in diesem Alter Anlaß zu Besorgnis gibt, da es als Hinweis auf eine intensive Verdrängung – oder als Selbsttäuschung gewertet werden muß. In manchen sozialen Gruppen ist die Masturbation jedoch derart verpönt, daß der frühzeitige voreheliche Geschlechtsverkehr bevorzugt wird.[7]

Schuldgefühle wegen Masturbierens

Obwohl bei heranwachsenden Mädchen die Masturbation nicht in dem Maße verbreitet ist wie bei Jungen, dürfte der von Kinsey angegebene Prozentsatz von 40% aller Mädchen, die in der Pubertät masturbieren, wohl zu niedrig gegriffen sein (8). Viele Mädchen können dadurch masturbieren, daß sie ihre Oberschenkel eng zusammenpressen; manche wissen dabei überhaupt nicht, daß sie

7 Kinsey hat in diesem Zusammenhang besonders auf die Unterschiede zwischen den sozialen Klassen in den USA hingewiesen. Ein Polizist, der aus der Unterklasse stammt, wird unter Umständen einen Jungen, der masturbiert, einsperren, während der Richter dieses Vergehen als unbedeutend abtut, – wohingegen bei Jugendlichen, die Geschlechtsverkehr miteinander haben, wahrscheinlich umgekehrt geurteilt werden wird. (Siehe Kapitel 10 in Kinsey et al., *Sexual Behavior in the Human Male* (7).

masturbieren. Bei Mädchen ist der physiologische Drang nach sexueller Befreiung nicht so intensiv wie bei Jungen, da für die lokale Stimulierung durch Prostata und Samenbläschen beim weiblichen Geschlecht kein entsprechendes Äquivalent existiert. Das Mädchen wird eher durch äußere Reizung erregt und masturbiert deshalb vielfach erst, wenn es beim Zusammensein mit anderen zum ersten Mal selbst sexuelle Erregung erlebt hat.

Gewöhnlich treten in Verbindung mit dem Masturbieren Besorgnis und Schuldgefühle auf, besonders beim jungen Adoleszenten. Derartige Gefühle entstehen meist aus mit dem Masturbieren einhergehenden Phantasien, aber auch aufgrund direkter oder indirekter Hinweise von Erwachsenen oder Gleichaltrigen, daß ein solches Tun schlecht und schädlich sei. Lange Zeit war in der Bevölkerung die Vorstellung verbreitet, daß durch Masturbieren Schwachsinn hervorgerufen würde, eine Vorstellung, die nicht nur früher, in der viktorianischen Ära, von den gebildeten Schichten und der Wissenschaft geteilt, sondern die von Psychiatern als allgemein anerkannte Tatsache sogar aktiv verbreitet wurde.[8] Jungen wie Mädchen glauben vielfach, daß die fortgesetzte »Selbstbefleckung« die Gefahr von Impotenz, Sterilität, Schwachsinn, Haarausfall oder Sehschwäche heraufbeschwören könne und daß sie als eine der entscheidenden Ursachen für die Entstehung der Akne verantwortlich sei. Obwohl die Jugendlichen heute etwas besser informiert sind und sich nicht mehr so leicht durch negative Urteile über die Masturbation beunruhigen lassen, bleibt sie doch für viele Jugendliche nach wie vor eine Quelle großer Angst und Beunruhigung. Häufig entwickelt sich ein Circulus vitiosus, der damit beginnt, daß sich der Junge oder das Mädchen fest vornimmt, die »schlimme Gewohnheit« nun »für immer« aufzugeben, wobei dann schließlich im Ringen mit dem Drang nach sexueller Befriedigung doch nachgegeben wird, wodurch der Jugendliche an Selbstachtung verliert und sich für

8 Unter den bedeutenderen Psychiatern war es kein anderer als Freud, der zunächst neurasthenische Symptome auf den exzessiven Verlust sexueller Flüssigkeiten zurückzuführen versuchte, und Adolf Meyer, der dabei allerdings etwas skeptisch war, meinte, daß er nie einen Patienten mit Schizophrenie gesehen habe, der nicht masturbierte oder masturbiert hatte, – was wahrscheinlich richtig war. In Büchern über Kindererziehung und den Büchern, die den Jugendlichen mit den »Tatsachen des Lebens« vertraut machen wollen, werden immer wieder die vermeintlichen Gefahren der Masturbation für die charakterliche Entwicklung und für die Gesundheit herausgestrichen.

einen Schwächling und Nichtsnutz hält. Hierdurch kann die Persönlichkeits- und Charakterentwicklung unter Umständen großen Schaden nehmen. In den meisten Fällen werden derartige Schuldgefühle und Ängste aber überwunden. Sie gewinnen in der Regel nur dann an Bedeutung, wenn zugleich auch andere Kräfte zu einem asozialen Verhalten führen. Vielfach entwickelt der Jugendliche wegen solch unnötiger Sorgen und Ängste die in der Resignation geborene Vorstellung, niemals heiraten zu können oder frühzeitig schwachsinnig zu werden; diese Vorstellungen verlieren sich jedoch bald, wenn er erst einmal den ersten Wirrnissen entwachsen ist und sich seiner Normalität bewußter und sicherer wird. Ein positiver Aspekt des Masturbierens scheint in der Tatsache zu liegen, daß es durch die Befreiung von sexuellen Spannungen die für das Lernen in der Schule erforderliche Ruhe und den Aufschub der Eheschließung ermöglicht, so daß sich der junge Mensch auf seinen zukünftigen Beruf angemessen vorbereiten kann.[9]

Innerhalb der ersten zwei Jahre nach dem Einsetzen der Pubertät rückt das sexuelle Verlangen als neue, mächtige Triebkraft des Es so weit in den Vordergrund, daß es bewußt und unbewußt allmählich zu einem bestimmenden Faktor wird, mit dem sich der junge Mensch in irgendeiner Form auseinandersetzen muß. Wir werden in diesem Kapitel einige Fragen noch ausführlicher behandeln, wie z. B. den Einfluß der Pubertät auf die Familienbeziehungen, auf das soziale Leben des Heranwachsenden sowie auf die Umstrukturierung seiner Psyche. Zunächst müssen wir jedoch ausführlicher die mit der Pubertät einhergehenden Veränderungen der intellektuellen Fähigkeiten beleuchten.

Die kognitive Entwicklung des Adoleszenten

Es ist eine bemerkenswerte Tatsache, daß in der Zeit des größten körperlichen Wandels, in der der erwachende Sexualtrieb mit ungewohnter Impulsivität in das Leben des Kindes einbricht und dies in

9 Nach Kinsey ist die Masturbation bei Jugendlichen aus gebildeteren Schichten stärker verbreitet als bei Jugendlichen aus den unteren Schichten. Aber auch die Jugendlichen aus den unteren Schichten mit höherem Bildungsstand masturbieren häufiger als die entsprechenden Gleichaltrigen ohne höheren Bildungsstand. (Siehe Kapitel 14 in Kinsey et al., *Sexual Behavior in the Human Male* (7).)

allen seinen Bezügen von Grund auf verändert, sich auch seine intellektuellen Fähigkeiten und Funktionen grundlegend wandeln und erweitern, so daß das Kind in die Lage versetzt wird, sich erfolgreich mit den neuartigen Trieben und Empfindungen auseinanderzusetzen. So lernt es mehr und mehr logisch zu denken, sich über das Jetzt und die Zukunft Gedanken zu machen und darüber hinaus sein Verhalten an den Maßstäben von Idealen und Ideologien zu messen. Man kann es natürlich auch anders herum sehen, wonach der Sexualtrieb gerade zu der Zeit, wo das Kind eigenständig denken lernt und seine weitere Zukunft zum ersten Mal bewußt vor Augen hat, als eine neue Macht in sein Leben einbricht, die das Irrationale und Impulsive begünstigt. Das körperliche Verlangen nach sexueller Befriedigung, das der Adoleszent zügeln und zumindest teilweise auch verdrängen muß, stärkt die Macht der unbewußten Prozesse und Motive. Man hat einmal gesagt, daß der Adoleszent ein Mensch mit zwei Häuptern sei und daß dabei oft genug der Penis als Haupt sein Verhalten bestimme.

Die Phase der formalen Denkoperationen nach Piaget

Die Steigerung und Erweiterung der kognitiven Fähigkeiten des Adoleszenten ist nicht nur einfach eine Frage der quantitativen Steigerung seiner Intelligenz. Inhelder und Piaget (5) sowie Vygotski (12) haben eindeutig gezeigt, daß es in der Intelligenzentwicklung ungefähr um die Zeit der Pubertät zu Veränderungen auch in qualitativer Hinsicht kommt, womit der Adoleszent in eine neue Phase der kognitiven Entwicklung eintritt, – nach Piaget die Phase der *formalen Operationen*. Diese nimmt ihren Anfang im Alter von etwa 12 Jahren und konsolidiert sich schließlich einige Jahre später, meist um das 15. Lebensjahr, wobei allerdings der Vorgang der »Dezentrierung« noch bis ins frühe Erwachsenenalter hinein andauert.

Das Wesen des formalen Denkens ist der abstrakte Gedanke, das Denken in von der Realität abstrahierten Begriffen, die auf Thesen und Lehrsätzen aufbauende abstrakte Logik. Der Jugendliche kann jetzt argumentieren: »wenn x wahr ist, dann muß sich y entsprechend verhalten«, oder auch: »wäre x wahr gewesen, dann hätte y möglich sein müssen«. Darüber hinaus lernt er die Sprache so weit beherrschen und anwenden, daß er Begriffe von der Realität zu abstrahieren und diese in Gedanken zu manipulieren vermag, und zwar nicht einfach nur im Dienste der Phantasie, sondern im Dienste der Lösung und Bewältigung realer Aufgaben und Probleme und zukünftiger Ereignisse. Inhelder und Piaget stellen als besonderes Kriterium des formalen Denkens vor allem die Fähigkeit zum Denken über Gedanken und zur Umkehrung der logischen Beziehung zwischen dem Wirklichen und dem Möglichen heraus. In der Phase des konkreten Denkens konnte das Kind zwar den Gedankenschritt vom Wirklichen zum Möglichen vollziehen – z. B. bei der Anordnung von Objekten in einer Folge gemäß deren Größe die Reihe in Gedanken um mögliche größere Objekte weiter vergrößern, ohne diese real vor sich zu haben –, nicht aber umgekehrt. Dem Adoleszenten steht hingegen eine ständig wachsende Zahl möglicher Denkoperationen zur Verfügung, die er der jeweiligen realen Situation entsprechend einzusetzen vermag; d. h. er verfügt über präformierte Gedankengänge, die er an einer vor ihm liegenden Aufgabe erprobt.[10]

Ideen, Ideale und Ideologien

Mit der neugewonnenen Fähigkeit, über das Gegenwärtige hinaus zu denken, verläßt der Adoleszent endgültig die Zeit seiner Kindheit. Er kann sich jetzt an seinem eigenen Denken orientieren, an selbstentwickelten Gedanken und Vorstellungen über sein zukünftiges Handeln, aber auch über alternative Möglichkeiten zukünftigen Handelns, die er in Abwägung seiner eigenen Möglichkeiten und der Zufälligkeiten, auf die er keinen Einfluß hat, gegeneinander zu gewichten lernt. Darüber hinaus beginnt er Systeme und Theorien zu entwickeln, in die er eigene Wahrnehmungen und Vorstellungen von der Realität einzuordnen lernt. Er hat Interesse für Ideen, Ideale und Ideologien, denn diese können ihn der Unmittelbarkeit des Augenblicks, den Triebansprüchen seines Körpers und den Wünschen nach hedonistischer Befriedigung entziehen, wobei er sich mitunter an Zielen orientiert, die weit über das hinausgehen, was

10 Inhelder und Piaget haben die formalen Denkoperationen sehr sorgfältig nach den Kriterien der symbolischen und der mathematischen Logik analysiert. Es müßte jedoch den Rahmen dieses Buches sprengen, wenn wir auf diese Arbeiten hier ausführlicher eingehen würden. Der Leser sei deshalb auf *The Growth of Logical Thinking from Childhood to Adolescence* (5) von Inhelder und Piaget sowie auf Piagets *Logic and Psychology* (10) verwiesen.

ein Mensch in einem Lebensalter zu vollbringen vermag. Und so durchlebt der Heranwachsende häufig diese Jahre der Adoleszenz mit fest auf ein fernes, für ihn unerreichbares Ziel gerichteten Augen, während zugleich sein Körper die Befreiung von den ihn beherrschenden sexuellen Spannungen begehrt. Der Adoleszent lernt aber auch soziale und logische Systeme zu begreifen und zu formulieren. So orientiert sich sein Verhalten mehr und mehr an den Wertvorstellungen sozialer Systeme statt wie bisher ausschließlich an den interpersonellen Beziehungen und Wertvorstellungen, wie er sie in seiner Familie kennengelernt hat, und er vermag allmählich seine Familie, seine Eltern und Geschwister, aber auch sich selbst in einen größeren sozialen Zusammenhang zu stellen, in dem die Wertvorstellungen und Wertsysteme der Gesellschaft schließlich denen der Familie übergeordnet sind.[11]

Die Entwicklung der neuen kognitiven Fähigkeiten bis hin zum formalen Denken darf man nicht einfach nur als Entwicklung jenes hochdifferenzierten Abwehrmechanismus deuten, den man *Intellektualisierung* nennt und der dazu dient, Emotionen abzuwehren oder sexuelle Triebe zu sublimieren. Sie muß vielmehr wesentlich weiter

11 Inhelder und Piaget (*The Growth of Logical Thinking from Childhood to Adolescence* (5), S. 337) sind der Meinung, daß der Entwicklung vom Stadium der konkreten Operationen zum Stadium der formalen Operationen eine weitere Ausreifung des Zentralnervensystems in der Zeit um das 11. bis 12. Lebensjahr zugrunde liege. Allerdings geben sie zu, daß diese Zusammenhänge »alles andere als einfach sind, da die Entwicklung und Organisierung formaler Denkstrukturen auch von dem sozialen Milieu abhängig sind ... Die entsprechende spezifische soziale Umwelt ist für die Realisierung dieser letzten Stufe der Intelligenzentwicklung unerläßlich. Hieraus folgt, daß eine solche Realisierung in Abhängigkeit von kulturellen und pädagogischen Bedingungen beschleunigt oder auch verzögert werden kann ... Die Entwicklung des formalen Denkens ... ist ebenso und mehr von sozialen wie von neurologischen Faktoren abhängig.« Im Grunde genommen liefern sie keinerlei Beweise für ihre Annahme, daß der Fähigkeit zum formalen Denken eher eine weitere Ausreifung des zerebralen Cortex zugrunde liegen könnte als die Schritt für Schritt verlaufende Entwicklung der intellektuellen Prozesse selbst, das bereits erreichte Niveau formalen Denkens sowie die Notwendigkeit, mit dem Ende der Adoleszenz Verantwortlichkeit des Erwachsenen zu übernehmen. Mit der gleichen Argumentation könnte man annehmen, daß jene spezifisch neue Form wissenschaftlichen Denkens, die in der Spätrenaissance aufkam, als Folge einer weiteren Evolution des Gehirns aufzunehmen sei und nicht als Folge der kulturellen Evolution des Menschen und der Entwicklung vieler neuer, für das Denken unerläßlicher Werkzeuge, wie z. B. das Dezimalsystem oder die Algebra.

gefaßt verstanden werden als eine allgemeine Erweiterung des intellektuellen Gesichtskreises des Individuums, die auch die Ich-Kontrolle mit einschließt.

Die letzte Phase der kognitiven Entwicklung verläuft bei jedem Menschen anders, wobei das erreichte Niveau formalen Denkens ganz wesentlich vor allem von der sozialen Klasse und dem erzielten Bildungsniveau abhängig ist. Bei bestimmten primitiven Völkern, die weder schreiben noch lesen können, erreicht möglicherweise niemand je das Niveau formalen Denkens.[12] Aber auch in unserer Gesellschaft gibt es viele Menschen, vor allem jene, die nicht über die Grundschule hinausgekommen sind, bei denen die Fähigkeit zu formalen Denkoperationen, wie z. B. die Begriffsbildung und das Durchdenken der eigenen Möglichkeiten im Zusammenhang mit zukünftigen Zielen, nur sehr schwach entwickelt ist. Die neuen kognitiven Fähigkeiten geben der Adoleszenz im Verlauf eines sehr komplexen Entwicklungsprozesses, der sich über mehrere Jahre hin erstreckt, in vieler Hinsicht erst ihr spezifisch eigenes Gesicht. Sie lassen den Jugendlichen Ideologien begreifen, sich mit seiner Gegenwart kritisch auseinandersetzen und nach einer besseren Zukunft streben, in seiner Phantasie Befriedigung finden, die ihm in der Realität noch verwehrt ist, und im Geiste dem grauen Alltag mit seinen Mühen und Plagen entfliehen. Mit der Erweiterung seiner kritischen Fähigkeiten wird er sich und sein Weltbild mehr und mehr an der Realität orientieren, und er wird in der Lage sein, auch die Wertvorstellungen anderer in sein Denken miteinzubeziehen. Dabei wird sein Über-Ich durch die Inkorporierung neuer Ich-Ideale sowie durch die Übernahme der an sich willkürlichen, aber von der Gesellschaft allgemein anerkannten Gebote und Normen, ohne die kein soziales System geordnet funktionieren kann, in vieler Hinsicht modifiziert. Wir werden uns mit einigen der wesentlichen Aspekte dieser neuen kognitiven Möglichkeiten noch eingehender zu beschäftigen haben und ihr Zusammenwirken mit anderen Faktoren bei der Umgestaltung der Persönlichkeit des Heranwachsenden und seines Lebensgefüges im Hinblick auf das bevorstehende Erwachsenenalter mit seinen Erfordernissen und Pflichten näher untersuchen müssen. In den ersten Jahren der Adoleszenz, in denen die

12 Die Unfähigkeit primitiver Völker, abstrakte Denkoperationen auszuführen, wird heute als ein Fehlen der für abstraktes Denken erforderlichen Begriffswerkzeuge gedeutet.

neuen kognitiven Fähigkeiten erst noch voll zur Entfaltung kommen müssen, haben sie naturgemäß noch kein besonderes Gewicht; d. h. die Fähigkeit, eigene Gedanken zu entwickeln und diese an der Realität zu prüfen, ist erst im Ansatz entwickelt. Dennoch haben die neuen intellektuellen Möglichkeiten schon für den jungen Adoleszenten eine eigene Bedeutung, da sie ihm helfen, mehr und mehr die übermächtigen sexuellen Impulse zu bewältigen, so daß er andere Ziele vor Augen haben und seiner Phantasie und Einbildung Raum lassen kann, wodurch sich ihm neue Möglichkeiten des Handelns und der Befriedigung seiner Interessen und Wünsche eröffnen. Die intellektuelle Entwicklung des jungen Adoleszenten ist Teil jenes Erwachens zu neuen Ufern, das neue Horizonte erschließt und damit zum ersten Mal den Blick auf das bevorstehende Leben in der Welt der Erwachsenen in vollem Umfange freigibt.

Schwärmereien des jungen Adoleszenten

In den ersten Jahren nach dem Beginn der Adoleszenz ändern sich die Interessen und das Verhalten des Jugendlichen zunächst nur wenig. Es ist eine Zeit der inneren Unruhe, des sexuellen Erwachens, in der Jungen und Mädchen noch nicht auf die in ihnen entstehenden Impulse und Empfindungen entsprechend reagieren können, da sie zunächst noch völlig mit ihren eigenen Phantasien rund um die gewaltigen körperlichen und seelischen Veränderungen beschäftigt sind. So bleibt der Adoleszent zunächst noch wie in der Latenzzeit den monosexuellen Gleichaltrigengruppen verbunden, wobei sich allerdings einige Umschichtungen allein schon dadurch ergeben, daß nicht alle Kameraden in der Gruppe zum selben Zeitpunkt in die Pubertät eintreten, aber auch dadurch, daß an die Stelle enger Freundschaften Schwärmerei und Begeisterung für andere treten. Diese ersten Jahre der Pubertät sind eine Zeit intensiver Schwärmerei, in erster Linie für Menschen, die dem eigenen Geschlecht angehören. Mitunter denkt der Jugendliche an nichts als an die bewunderte Person, möchte über sie alles wissen und mit ihr jede Stunde verbringen. In der Regel ist diese Art von Schwärmerei und Begeisterung bei Mädchen stärker ausgeprägt als bei Jungen, die sich wohl auch mehr scheuen, ihre Begeisterung und Bewunderung offen zu zeigen. Bei der bewunderten Person handelt es sich um jemanden, der in vieler Hinsicht dem Bewunderer gleicht, oder um jemand, mit dem der Jugendliche sich intensiv identifiziert. In gewisser Hinsicht ist zunächst noch keine eindeutige Abgrenzung von Identifikation und Objektwahl zu erkennen, denn der Jugendliche schwärmt und begeistert sich für einen anderen eher deshalb, weil er so sein möchte wie dieser, als deshalb, weil er ihn zur Erfüllung seines eigenen Daseins für sich begehrt. Der Jugendliche versucht noch immer, sich selbst zu finden, mit seinem sich wandelnden Körper vertraut zu werden, um schließlich ein eigenständiges Individuum sein zu können. Dabei ist er noch sehr in narzißtischer Weise mit sich selbst, mit seinen Gefühlen, Wünschen und Sehnsüchten beschäftigt. Der Weg von der Eigenliebe zur Liebe zu einem anderen Menschen führt über die Liebe zu einem Menschen, der dem Selbst gleicht. Der Jugendliche ist sich seiner selbst noch nicht genügend sicher, um sich bereits innerlich auf einen Menschen des anderen Geschlechts einstellen zu können. So sind die Bindungen an einen Menschen des eigenen Geschlechts Teil jenes Entwicklungsprozesses, an dessen Ende die Selbsterfüllung und Selbstvollendung stehen. Die heute so weit verbreitete Schwärmerei junger Mädchen für langmähnige Beat-Musiker, für die sich häufig auch die Jungen begeistern, läßt sich als Ausdruck jenes Übergangsstadiums werten, das schließlich zur Findung des Liebesobjektes des Gegengeschlechts führen wird. Mädchen beginnen sich viel früher für Jungen zu interessieren und zu begeistern als Jungen für Mädchen, nicht nur, weil bei ihnen die Pubertät früher einsetzt, sondern auch, weil sie ein Liebesobjekt suchen, das all das besitzt, was ihnen fehlt, – und weil der Junge, wie in der Latenzzeit, noch immer gegen die eigene Abhängigkeit von Mutterfiguren ringt und fürchten muß, in der engen Beziehung zu einem weiblichen Wesen seines Alters seine Identität zu verlieren.

Die schwärmerische Begeisterung ist in der Regel auf Ältere gerichtet, auf den Lehrer, den Ferienlagerleiter, den Pfadfinderführer, die ältere Schwester der Freundin usw. Zunächst werden sie nur aus der Ferne bewundert, dann aber auf Schritt und Tritt verfolgt, so daß es den Älteren mitunter sogar unangenehm werden kann, denn die Jugendlichen suchen und finden immer wieder Möglichkeiten, um die Aufmerksamkeit oder gar Zuneigung der bewunderten Person auf sich zu lenken, und fühlen sich vielfach zutiefst verletzt, wenn sie bewußt oder unbewußt zurückgewiesen werden. Derartige

Schwärmereien Jugendlicher für Ältere bergen in gewisser Hinsicht die Gefahr der Verführung durch Homosexuelle in sich, denn Menschen, die sich in homosexueller Weise zu jungen Adoleszenten hingezogen fühlen – zu Menschen, die weder eindeutig Junge noch Mädchen sind –, ergreifen häufig Berufe, durch die sie in engen Kontakt mit Jugendlichen dieses Alters kommen. Trotz solcher Gefahren erfüllt diese schwärmerische Begeisterung des Jugendlichen für den Älteren eine wichtige Funktion in der Persönlichkeitsentwicklung, indem sie die Ablösung aus dem Abhängigkeitsverhältnis von den Eltern fördert. Die neuen Objekte, denen sich der Jugendliche zuwendet, sind Ideale, für die er sich begeistert, denen er nachzueifern sucht, wobei er zu neuen Ich-Idealen findet, die das Über-Ich, das ursprünglich auf das Vorbild, die Gebote und die Anweisungen der Eltern gegründet war, wesentlich modifizieren.

Die Sublimierung der Sexualität

Die sexuellen Impulse werden beim Jungen zum großen Teil in andere Betätigungsbereiche abgeleitet, zumindest werden intensive Anstrengungen zur Sublimierung der Sexualität unternommen. Der Junge strebt im Kreise seiner Freunde nach Anerkennung und eifert sportlichen Vorbildern nach, denn für ihn ist das Streben nach Prestige und Sicherheit als männliches Wesen noch immer wichtiger als das Streben nach Liebesobjekten. Er braucht die Anerkennung und Bewunderung seiner gleichaltrigen Kameraden, um sich immer wieder in seinem Selbstwertgefühl bestätigt zu wissen, und erst allmählich dient der sportliche Erfolg dazu, auch die Bewunderung der Mädchen zu erlangen.

Selbstverständlich gibt es viel Tagträumerei über das andere Geschlecht und häufig auch ein beträchtliches Maß an geheimer Schwärmerei. Besonders das Mädchen kann Stunden damit verbringen, vor sich hinzuträumen, von dem Helden, der es retten wird, wobei es sich noch immer in die Hofdame zu verwandeln vermag, die vom Ritter umworben wird, wie in den Geschichten und Sagen von Minnesang und Ritterzeit.

In der Regel versucht die Gesellschaft, den Heranwachsenden in der Zeit vor und während der Pubertät verstärkt auf sittliche und moralische Normen zu verpflichten. Bei den Pfadfindern werden besonders die idealistischen Tendenzen des Jugendlichen gefördert und sein Interesse für die Natur geweckt, während ihm zugleich in der organisierten Gemeinschaft mit Gleichaltrigen ein Moralkodex vermittelt wird, der antisozialen Gruppenbildungen entgegenwirkt. Von seiten der Kirche werden durch Konfirmationszeremonien, denen Vorbereitungskurse vorausgehen, die das Wissen um moralische und sittliche Maßstäbe festigen sollen, die religiösen Gefühle des Jugendlichen gestärkt und gefördert. Diese sind bei seinem neuen Interesse für Ideale und Ideologien leicht weckbar, auch wenn er bisher keinerlei Interesse für religiöse Dinge gezeigt hat. Der Jugendliche braucht eine solche Stärkung und Festigung seines Über-Ichs. Allmählich beginnt er dann auch nach dem Sinn des Lebens zu fragen und sich über das, was Wert und Bestand im Leben hat, Gedanken zu machen. In primitiven Gesellschaften dienen die Pubertätsriten eher dazu, das Kind bei Erreichen eines bestimmten Alters in die Gemeinschaft der Erwachsenen als Erwachsener aufzunehmen, während die Konfirmationszeremonien den Jugendlichen in erster Linie darauf hinweisen sollen, daß er ein Alter erreicht hat, in dem er allmählich selbst die Verantwortung für sein sittliches und religiöses Handeln übernehmen muß. Häufig fühlt sich der Jugendliche in diesem Alter ganz besonders der Religion und Gott verpflichtet und stützt und verläßt sich auf die Führung und Hilfe, die ihm von dieser Seite bei der Abwehr gegen die lockende Versuchung zuteil wird. Die Bindung an die Kirche wird noch lange Zeit eine Art indirekter Bindung an die Eltern bleiben, von denen er sich nun langsam lossagt.

Das Wiederaufleben ödipaler Gefühle

Obgleich sich das Verhältnis des Adoleszenten zu seiner Familie allmählich zu wandeln beginnt, bleibt er doch noch lange Zeit in seinem Denken sehr auf die Familie gerichtet, wobei er nach wie vor seine Rolle als Mitglied der Kindergeneration akzeptiert, auch wenn er sich vielleicht nicht mehr so wohl in ihr fühlt. Mit dem Durchbruch sexueller Gefühle zu Beginn der Pubertät kommt es aber zugleich auch zu einer gewissen Reaktivierung ödipaler Bindungen. Es liegt auf der Hand, daß die neu auftauchenden sexuellen Empfindungen sich zu allererst auf den gegengeschlechtlichen Elternteil richten, auch wenn eine derartige Zuneigung unter dem Bann der Verdrängung steht. So muß die ödipale Problematik erneut durchgearbeitet werden, allerdings auf einer anderen Ebene. Schließlich werden die sexuellen Empfindungen nicht mehr so sehr verdrängt als vielmehr vom gegengeschlechtlichen Elternteil auf das gegengeschlechtliche Liebesobjekt umgelenkt werden. Der Junge beginnt in diesem Alter häufig seine Mutter zu idealisieren, wird nicht müde, immer wieder zu sagen, wie schön sie sei, und versucht ihr auf verschiedene Weise zu gefallen und ihre Zuneigung zu gewinnen. Beim Mädchen ist die Situation ein wenig anders, wie wir bereits gehört haben. In der Regel beginnt es kurz vor dem Einsetzen der Pubertät sich von seinem Vater abzuwenden; aber auch der Vater zieht sich von der Tochter zurück. Dies ist gewöhnlich weniger eine Wiederholung der ödipalen Situation aus der Kindheit als vielmehr die primäre, die eigentliche Ablösung vom Vater.

Erst wenn die sexuellen Empfindungen wirklich manifest und dem Jugendlichen ihrem Wesen nach bewußt werden, beginnt er sich aus dieser neuen Bindung an den gegengeschlechtlichen Elternteil wieder zu lösen, wobei er gelegentlich bewußt wegen der sexuellen Aspekte dieser Bindung beunruhigt ist. Die Eltern erregen allmählich beide seinen Unwillen; vor allem der gegengeschlechtliche Elternteil wird kritisiert, und der Jugendliche gewinnt schließlich die Überzeugung, daß seine Eltern – vor allem der geliebte Vater für das Mädchen, die geliebte Mutter für den Jungen – nicht mehr attraktiv und somit wohl auch keine Objekte seien, um die es sich zu bemühen lohnte. Die Kritik gilt schließlich beiden Eltern, denn der Jugendliche beginnt sich nicht nur aus der Bindung an den gegengeschlechtlichen Elternteil zu lösen, sondern auch aus den Fesseln der Diktate seines Über-Ichs, das zum großen Teil durch Introjektion der Eltern und ihrer Gebote entstanden war. Dies versucht er dadurch zu erreichen, daß er vor sich selbst den Wert seiner introjizierten Eltern herabsetzt, was im weiteren Verlauf der Adoleszenz mit zunehmender Intensität geschieht. Wir werden diese Vorgänge noch ausführlicher untersuchen, wenn wir uns näher mit der mittleren Adoleszenz befassen. Das Mädchen träumt davon, eine Frau zu sein, hinter der die Mutter zurücksteht, eine Frau, an der der Vater mehr Gefallen findet, und es beginnt mitunter, seiner Mutter gegenüber in einer sehr herablassenden Art und Weise zu reden und sie gelegentlich sogar abfällig zu bedauern, daß sie schon »jenseits von Gut und

Böse« sei und den schönsten Teil ihres Lebens bereits hinter sich habe. Die Mutter sollte wissen, daß dem Mädchen und seiner Entwicklung sehr damit gedient ist, wenn sie sich über diesen Ton nicht aufregt und ihrer Tochter derartige Phantasien, als Frau begehrter und als sexueller Partner erfolgreicher zu sein als sie, nicht abschneidet. Denn durch solcherart Phantasien wird das Mädchen in seinem Selbstwertgefühl gestärkt und damit fähig, sich im Umgang mit Jungen sicher zu fühlen. Da die Problematik der Adoleszenz in erster Linie das Erwachsenwerden und die Emanzipation von der Familie betrifft, ist die Adoleszenz fast unausweichlich von intrafamiliären Konflikten begleitet. Wir werden hierauf weiter unten noch ausführlicher eingehen.
Der junge Adoleszent steht jetzt am Beginn des langen Prozesses seiner Emanzipation. Er beginnt Gefühle und Empfindungen zu erleben, die er nur schwer zu beherrschen vermag, während man ihn zugleich mehr und mehr als Erwachsenen behandelt. Es ist für ihn eine sehr schwierige Zeit, die er anfangs noch nicht allein in eigener Verantwortung bewältigen kann, da er noch nicht fähig ist, seine Triebe und Phantasien auf sich allein gestellt selbständig zu kontrollieren. Deshalb ist er zunächst noch immer auf den Schutz und die Anleitung der Älteren angewiesen. Auch wenn er allmählich gegen deren Bevormundung rebelliert, fühlt er sich doch ungeliebt und zurückgewiesen, wenn die Eltern nicht seinem Verhalten Grenzen setzen und ihn davor bewahren, seine eigenen Möglichkeiten zu überschreiten.

Die mittlere Adoleszenz

Ein bis zwei Jahre nach dem Beginn der Pubertät kommt es durch die Steigerung der sexuellen Triebimpulse zu einer Beschleunigung der Entwicklung zum Erwachsenen. Nach dem kurzen Wiederaufleben der ödipalen Bindungen zwingt die zunehmende Intensität der sexuellen Gefühle den Jugendlichen schließlich dazu, gegenüber seinen Eltern emotionale Distanz einzunehmen. Er muß nun Liebesbeziehungen und sexuelle Bindungen zu Menschen außerhalb seiner Familie finden und dabei zum ersten Mal in seinem Leben seine affektiven und sexuellen Empfindungen bewußt auf ein und denselben Menschen richten. Dabei darf er nicht länger wie ein Kind sich von seinen Eltern abhängig fühlen, sondern muß sein Leben selbst in die Hand nehmen. Diese Veränderungen in seinem Lebensgefüge machen eine tiefgreifende innere Umschichtung und Neuorientierung sowie eine völlige Umgestaltung seiner aktuellen Beziehungen zu seinen Eltern erforderlich. Da in diesem Lebensabschnitt in erster Linie die Erlangung der Unabhängigkeit von der elterlichen Aufsicht sowie von den emotionalen Bindungen an die Eltern im Mittelpunkt steht, ist es nur natürlich, daß die Familie zum Mittelpunkt von Auseinandersetzungen wird. Auch wenn der Jugendliche dabei vielfach darum ringen muß, daß seine Eltern ihm genügend Freiheiten zugestehen, dreht sich doch ein Großteil der Konflikte um seine eigene Ambivalenz, die ihn gefangenhält in der Auseinandersetzung zwischen dem Drängen nach Eigenständigkeit und Unabhängigkeit und dem Verlangen nach Sicherheit und liebevoller Zuwendung, die er schließlich hinter sich lassen muß.

Die Ablösung von den familiären Bindungen und Kontrollen

Die mittlere Adoleszenz ist von entscheidender Bedeutung für das spätere Leben des Jugendlichen. Es ist die Zeit der Abwendung und Ablösung von der Familie, die bisher, in den vergangenen 14 oder 15 Jahren, für den Jugendlichen Mittelpunkt seines Daseins gewesen ist. Wenn er allen Anforderungen dieser Zeit gerecht werden soll, muß er, wie auch in den früheren Lebensabschnitten, die vorangegangenen Entwicklungsphasen mit Erfolg und möglichst konfliktfrei überwunden haben. Dies gilt ganz besonders für die ödipale Phase, denn ihre Problematik hat sich erneut gestellt, und der Jugendliche muß erneut seine erotisierten Bindungen an den gegengeschlechtlichen Elternteil überwinden, um frei und unabhängig werden zu können. In der eigentlichen ödipalen Phase war das Ziel der Überwindung des ödipalen Konfliktes allerdings die Findung einer relativ konfliktfreien Position innerhalb der Familie gewesen, während jetzt die Ablösung und Verselbständigung von der Familie bevorsteht. Der Jugendliche muß nicht nur die Verdrängung seiner sexuellen Gefühle und Empfindungen überwinden, die ödipalen Bindungen zerbrechen und sein Über-Ich dahingehend modifizieren, daß er in eigener Verantwortlichkeit seinem eigenen Gewissen folgend leben kann, wenn er sich der elterlichen Aufsicht und Kontrolle entledigt hat, sondern er muß auch lernen, sich selbst und seine Fähigkeiten, Möglichkeiten und Grenzen so zu begreifen, daß er in der Welt der Erwachsenen bestehen kann, und er muß mit den Verhaltensweisen des anderen Geschlechts vertraut werden, um sich dadurch von letzten inneren Hemmungen gegenüber der sexuellen Intimität mit einem Partner freizumachen. Diese Odyssee verläuft selten ruhig und ungestört. Immer wieder müssen Engen zwischen Scylla und Charybdis durchfahren werden, muß sich der Jugendliche selbst an den Schiffsmast fesseln, um dem Gesang der Sirenen zu widerstehen, müssen Gefahren mit Circen gemeistert werden, die ihn in ein Schwein zu verzaubern drohen.

Auflehnung und Konformismus

Es ist eine Zeit, die von Auflehnung und Konformismus gekennzeichnet ist, einer merkwürdigen, allerdings nicht uninteressanten Mischung von Gegensätzen, wie sie für den Höhepunkt der Adoleszenz typisch ist. Indem der Jugendliche versucht, seine eigenen Wege zu gehen und die sich ihm stellenden Probleme auf eigene Weise zu lösen, muß er zugleich die Eltern und deren Gebote und Normen in Frage stellen. Dabei scheinen ihn die Eltern mit ihren in seinen Augen merkwürdig konservativen Anschauungen und Sorgen um seine Zukunft nicht zu verstehen. Wohl noch nie hat ein Adoleszent geglaubt, daß Eltern die Probleme der neuen Generation verstehen könnten. Der Konflikt zwischen den Generationen ist ein Kennzeichen jeder lebendigen Gesellschaft und Voraussetzung für soziale Veränderungen. Die Auseinandersetzungen mit den Eltern als Vorbildern und Autoritäten springt bald über auf die Auseinandersetzung mit den Lehrern und dann oft genug auch mit allen Erwachsenen. Dies erzeugt beim Heranwachsenden eine gewisse Unsicherheit und Unbesonnenheit bei der Erprobung seiner eigenen Fähigkeiten und der Suche nach den eigenen Grenzen.

Gleichzeitig gehören diese sich gegen die Erwachsenen auflehnenden Jugendlichen mit zu den konsequentesten aller Konformisten, indem sie sich möglichst vollständig an die Gewohnheiten und Eigenarten der Gleichaltrigengruppe anpassen, um nicht als Außenseiter zu gelten und isoliert dazustehen. Gegenwärtig herrscht bei den Jugendlichen der Konformismus vor, sich non-konformistisch zu geben, womit zum Ausdruck gebracht werden soll, daß man frei sei und die nutzlosen Konventionen der Gesellschaft verachte, während man sich zugleich loyal zur Gruppe der Jugend bekennt und sich deren Kultur unterordnet. Die Gesellschaft der Adoleszenten kennt Normen und Gebote, die von dem einzelnen ein erhebliches Maß an Unterordnung verlangen. Zugleich vermittelt sie mit ihrem Milieu dem Heranwachsenden ein Gefühl der Zugehörigkeit, das ihm die Ablösung von seiner Familie wesentlich erleichtern kann und ihn deshalb alle äußeren Zeichen dieser Zugehörigkeit bereitwillig und widerspruchslos übernehmen läßt. Die Art und Weise, in der er sich kleidet, redet, mit den anderen umgeht und vieles mehr, werden so zu Zeichen, die einen Hinweis darauf geben können, daß der Heranwachsende noch nicht zu einer festen inneren Identität gefunden hat. Umgangsformen und Kleidung wechseln von Jahrzehnt zu Jahrzehnt, und sie sind in jeder sozioökonomischen und ethnischen Gruppe verschieden. So gibt es die »Hoods« und »Rockers«, die Gefallen an Straßenkämpfen haben und mit einer gewissen sexuellen Promiskuität prahlen, die sie zusammen mit ihren schwarzen Lederjacken und dem Entenhaarschnitt als »harte Typen« ausweisen soll. So gibt es die jugendlichen »Hippies«, die »teeny-boppers« und wie sie alle heißen, die auf eine etwas unreife Art und Weise den älteren, bereits völlig eigenständigen Adoleszenten folgen oder diese imitieren, und viele andere Adoleszentengruppen mehr, einschließlich jener Heranwachsenden, die sich auf das Studium an der Universität vorbereiten, sich selbst als Elite empfinden und eine besondere Art von Kleidung tragen, die sie zum Teil in einer sorgfältig auf die Wirkung hin berechneten Nachlässigkeit zusammenstellen. Wie andere Subkulturen hat auch die der Adoleszenten eigene Sprachgewohnheiten, mit vielen eigenen Worten, die nur ihnen verständlich sind und sehr schnell wieder abgelegt werden, wenn Jüngere oder Erwachsene doch deren Sinn erkennen. Bis das geschieht, werden solche Worte mit einem verachtenden Blick auf jene Nichteingeweihten benutzt. Auch Schüler- und Schülerinnenverbindungen können dem Heranwachsenden ein Gefühl der Zugehörigkeit und allein schon dadurch eigenen Status und Selbstvertrauen vermitteln, daß der Jugendliche zum Mitglied einer »in-group« wird und deshalb auf jene, die nicht dazugehören, herabschauen kann. Es gibt aber auch die nur locker organisierten »Bruderschaften«, die weniger strenge Initiierungsriten haben und deren Mitglieder häufig an bestimmten Straßenecken stehen, wo sich immer der eine oder andere Gleichgesinnte für ein Kartenspiel oder zum Pokern einstellt. Und es gibt jene City-Banden, bei denen die Mitgliedschaft erst durch die Teilnahme an antisozialen Handlungen erworben werden kann. Solche Gruppen sind als Vorstufe der späteren kriminellen und semikriminellen Gruppen zu werten. Allerdings ziehen sich die meisten Jugendlichen nach einiger Zeit von allein aus solchen Gruppen wieder zurück, so daß nur ein geringer Teil später wirklich kriminell wird.

Die Überwindung der sexuellen Verdrängung

Das akute Hereinbrechen libidinöser Triebe in die bisherige Ruhe der Latenzzeit bringt das Kind, dem solche Impulse bisher unbekannt waren, zunächst völlig aus seinem inneren Gleichgewicht. Aber auch die Homöostase der Familie gerät hierdurch ins Wanken. Das intensive Drängen des Sexualtriebes ist dem Kinde noch völlig fremd, so daß es in Angst geraten kann. Anders als bei den anderen triebbedingten Bedürfnissen können die Eltern ihrem Kind bei der Beherrschung und Befriedigung des autonomen Sexualtriebes kaum helfen. Sie können das Kind zwar auf die bevorstehenden Ereignisse vorbereiten, mit ihm vieles besprechen, ihm mit ihrem Rat zur Seite stehen, aber im wesentlichen bleibt das Kind doch auf sich allein gestellt und muß es bleiben, denn die zu bewältigenden Probleme umfassen selbst seine allmähliche Trennung und Ablösung von den Eltern. Die erotischen Neigungen der frühen Kindheit waren auf einen der beiden Elternteile gerichtet und aufgrund von Ängsten vor Liebesverlust und Feindseligkeit von seiten des dem eigenen Geschlecht zugehörenden Elternteils (beim Jungen häufig auch aufgrund von Ängsten vor Kastration) mit der Überwindung der ödipalen Phase schließlich verdrängt worden. Jetzt muß der Bann der Verdrängung, der in der Latenzzeit auf der Sexualität gelegen hatte, gebrochen werden, dabei aber zugleich das Verbot der Verknüpfung von Sexus und Zuneigung zu den übrigen Familienmitgliedern bestehen bleiben. Darüber hinaus muß auch die Verknüpfung von erotischen Empfindungen und der Zuneigung zu den Kameraden des gleichen Geschlechts gelöst werden, um den Weg freizumachen für die Verschmelzung von Sexus und Liebe in der heterosexuellen Beziehung.

In der späteren Kindheit war die Verdrängung der sexuellen Impulse, verstärkt durch zahlreiche Abwehrmechanismen, voll wirksam gewesen. Deshalb kann jetzt das Verbot nicht allein schon dadurch überwunden werden, daß der Jugendliche gegen das Gebot seiner Eltern verstößt oder daß die Eltern ihrem Kinde absolut freien Lauf lassen, denn das Verbot ist fest im Über-Ich verankert. Der Aufhebung der Verdrängung muß sowohl eine Veränderung der Einstellungen des Kindes seinen Eltern und ihrer Autorität gegenüber vorangehen als auch eine Modifizierung seines Über-Ichs selbst, um schließlich die Sexualität von den bisher hemmenden Schranken freizumachen. Anders gesagt: das Es, nachdem es aus der sexuellen Reifung gestärkt hervorgegangen ist, gibt dem Ich Impulse, diejenigen Über-Ichbeschränkungen und -normen umzustoßen, die in der Latenzphase noch angemessen waren. Ein Großteil der Ich-Stärke und der Sicherheit in der Steuerung und im Umgang mit dem Selbst waren aber vom Kind dadurch erworben worden, daß es sich mit den Eltern identifiziert und deren Autorität akzeptiert hatte. Demzufolge muß jeder Versuch, das Über-Ich in Frage zu stellen, notwendig auch zu einer Ablösung und Aufhebung jener Identifikationen führen, durch die bisher Stabilität und Stärke gesichert waren. Ein allzu jäher Bruch mit diesen Identifikationen kann jedoch die Stabilität des Selbst aushöhlen und zu intensiven Schuldgefühlen sowie einer Schwächung des Selbstwertes führen. Auch das Infragestellen von Über-Ichgeboten kann schwerwiegende Ängste auslösen, vor allem die Angst, daß das Ich ohne Unterstützung des Über-Ich die Gewalt über das Es verlieren könnte. Nach den vielen Jahren, in denen das Kind seine Eltern akzeptiert und bewundert und in denen es immer dann, wenn es gegen sie ungehorsam gewesen war, Schuldgefühle empfunden hatte, ist es nur verständlich, daß jetzt bei der Bestrebung, sich über die elterliche Autorität oder die internalisierte Autorität in Gestalt des Über-Ich hinwegzusetzen, das Über-Ich intensive Schuldgefühle und Verstimmungszustände auszulösen vermag. Die feindselige Einstellung gegenüber den Eltern wird dabei mit einem feindseligen Akt gegen sie gleichgesetzt, für den es meint, bestraft werden zu müssen, und es bestraft sich deshalb auch vielfach selbst. Die Stellung des Heranwachsenden innerhalb der Familie darf sich aus diesem Grunde nur langsam und allmählich wandeln. Er muß erst Selbstsicherheit und Vertrauen in seine eigene Fähigkeit der Beherrschung seiner sexuellen Triebe gewinnen, muß erst lernen, sich in realistischer Weise selbst zu schützen, muß durch Ängste und Schuldgefühle allmählich seine eigenen Grenzen ausloten, sein Über-Ich auch in der Auseinandersetzung mit den Gleichaltrigen in der Gruppe modifizieren und schließlich die Erfahrung machen, daß die sexuelle Befriedigung in der Realität nicht zu einer Katastrophe führt, – bevor er sich endgültig von den Normen und Geboten seiner Eltern lossagen darf.

Die Reaktivierung ödipaler Bindungen

Mit der Ablösung des Adoleszenten von der Familie, die bisher Grundlage und Mittelpunkt seines Lebens gewesen war, kommt es naturgemäß auch zu zahlreichen Konflikten mit den Eltern. Vielen dieser Konflikte liegen nicht so sehr vordergründige und offen zutage tretende Konfliktursachen zugrunde – diese sind vielfach nur oberflächliche Manifestationen, Rationalisierungen und Verschiebungen – als vielmehr Ursachen, die sich aus dem sexuellen Ringen des Jugendlichen ergeben, das ihn sich einerseits zu den Eltern hingezogen, zugleich aber auch von ihnen abgestoßen oder gar angewidert fühlen läßt. Aber da über einem Großteil dessen, was im Jugendlichen tatsächlich vor sich geht, der Bann der Verdrängung liegt und es demzufolge im Unbewußten geschieht, mit all den damit verbundenen irrationalen und widersprüchlichen Komponenten und Tendenzen, kann der Versuch, die Entwicklungsvorgänge dieser Lebensperiode in eindeutigen und logischen Aussagen zu formulieren, naturgemäß nicht die in ihr enthaltene Ambivalenz, Unbeständigkeit und Widersprüchlichkeit, wie sie für die mittlere Adoleszenz so charakteristisch sind, zum Ausdruck bringen.
Wie wir bereits erwähnt hatten, werden mit dem Einsetzen der Pubertät die ursprünglichen ödipalen Bindungen reaktiviert. Der Adoleszent gibt sich mitunter sehr lebhaften, vielfach nur wenig maskierten Phantasien hin, in denen er von liebevoller Zuneigung zum gegengeschlechtlichen Elternteil träumt und seine Wünsche, über den gleichgeschlechtlichen Elternteil Gewalt zu haben oder ihn zu beseitigen, auslebt. Bei den in derartigen Phantasien erscheinenden Personen handelt es sich in der Regel um Phantasiecharaktere oder um Elternersatzpersonen, wobei man dann aber am Verhalten des Jugendlichen sehr deutlich die wiederauflebende Zuneigung zu

dem Elternteil des Gegengeschlechts erkennen kann. Gelegentlich wird die Verdrängung damit durchbrochen, daß der Jugendliche selbst seine sexuelle Zuneigung erahnt oder daß ein sexueller Traum mit bestimmten, die wirkliche Situation enthüllenden Inhalten sein Bewußtsein weckt und alarmiert. Gewöhnlich bleiben jedoch derartige Ahnungen verschwommen, oder sie erzeugen ein nicht näher erklärbares Unbehagen, das den Jugendlichen schließlich dazu veranlaßt, gegenüber dem geliebten Elternteil Schranken zu errichten und größeren Abstand einzunehmen. Die Situation ist in vieler Hinsicht ähnlich der zur Zeit der Überwindung der ödipalen Phase, und vielfach wird die Art und Weise, das Muster, in der das kleine Kind seine intensiven Bindungen zu dem geliebten Elternteil überwunden hatte, in dieser Lebensphase mit ihrer ähnlichen Problematik erneut sichtbar. Allerdings ist der Adoleszent kein fünfjähriges Kind und weiß, daß Kinder ihre Eltern nicht heiraten können, sondern sich Partner außerhalb der Familie suchen müssen. Dennoch können die Phantasien, mit denen derartige Realitätseinsichten umgangen werden, doch beträchtliche Ausmaße annehmen, so daß sie sogar im Verhalten des Adoleszenten sichtbar werden. So stellte sich z. B. ein junges Mädchen in der Pubertät in seiner Phantasie vor, daß es seinen Vater dadurch vom Trinken abhalten könne, daß es ihm verständnisvoller als die Mutter gegenübertrete und sich für seine Arbeit und seine Hobbies interessiere. Darüber hinaus richtete es sich in seinem Leben völlig darauf ein, als Retter des Vaters aufzutreten, wenn sich die Mutter von ihm würde scheiden lassen. Ein Junge wollte sich in ganz ähnlicher Weise in allem darauf vorbereiten, für seine Mutter zu sorgen, damit diese endlich den ehebrecherischen Vater aus dem Hause werfen könnte. Aber nicht nur die Fähigkeit zur Realitätseinsicht unterscheidet dieses Alter von der ödipalen Phase, sondern auch die körperliche Entwicklung, aufgrund derer der heranwachsende Junge nicht nur vor Feindseligkeit und Zurückweisung von seiten seines Vaters, sondern auch umgekehrt vor seinen eigenen feindseligen, gegen den Vater gerichteten Gefühlen Angst haben muß, da er mitunter bereits ebenso stark wie er oder gar noch stärker ist. Zwischen der Tochter und dem Vater kann es dadurch zu Spannungen kommen, daß beide sich der Gefahren ihrer gegenseitigen Zuneigung bewußt werden und sich entsprechend um eine Desexualisierung ihrer Beziehung zueinander bemühen. So wird auf die eine oder andere Weise die ödipale Zuneigung erneut verdrängt. Vorübergehend kann die Notwendigkeit der Verdrängung zu Schuldgefühlen wegen der Sexualität überhaupt führen und so die sexuellen Schranken noch vergrößern; letztlich ist es dann aber doch die ödipale Zuneigung zum gegengeschlechtlichen Elternteil als sexuellem Objekt, die schließlich verdrängt wird. Die sexuellen Schranken werden erst dann fallen, der Heranwachsende erst dann frei sein für die heterosexuelle Partnerschaft, wenn die Sexualität sich von der Familie auf Personen außerhalb seiner Familie verlagert hat und die erotischen Komponenten der Zuneigung zum Elternteil des Gegengeschlechts erneut vollständig verdrängt worden sind. Dies ist allerdings mitunter ein sehr langer und langwieriger Prozeß. Wenn die Familienmitglieder mehr oder weniger bewußte Anstrengungen unternehmen müssen, um wegen der gegenseitigen sexuellen Zuneigung Distanz zueinander zu halten, dann muß notwendigerweise die Spontaneität des Familienlebens leiden und die Familie schließlich in ihrem Gefüge schwerwiegende Belastungen erfahren. Wenn dagegen im günstigsten Fall zwischen den Eltern eine stabile, auf gegenseitiger Achtung und Zuneigung fußende Beziehung besteht und wenn die Eltern untereinander vor dem Kind und dem Kind gegenüber die entsprechenden Grenzen wahren, dann kann der Heranwachsende seinerseits zu einer befriedigenden Überwindung seiner erotischen Zuneigung zu den Eltern finden, wie dies schon einmal bei der Überwindung der ursprünglichen ödipalen Problematik der Fall gewesen ist. Wenn er dann den endgültigen Verlust seines primären Liebesobjektes innerhalb der Familie erkannt und realisiert hat, wird sich in ihm zunächst ein Gefühl der Leere und Niedergeschlagenheit breit machen, das ihn dann schließlich dazu führt, eine stabile und dauerhafte Liebesbeziehung außerhalb der Familie zu suchen.

Die Überwindung der Abhängigkeit von der Familie

Da der junge Mensch sich von seiner Zuneigung zu einem der beiden Eltern freimachen muß, versucht er in der Regel, dem geliebten Elternteil alle Reize abzusprechen und ihn herabzusetzen. Es gibt aber auch noch andere, im Unbewußten verankerte Gründe, die den Jugendlichen dazu veranlassen, die eigenen Eltern abzuwerten. Auf dem Weg ins Erwachsenenalter muß er vor allem seine Wünsche nach Abhängigkeit überwinden, aber auch die Vorstellung, daß seine Eltern ihn besser anzuleiten und sein Leben zu bestimmen in der Lage wären als er selbst. So muß er sich selbst beweisen, daß er zu Eigenständigkeit und Unabhängigkeit fähig ist und den guten Rat der Eltern und ihr Urteil für sich selbst nicht braucht. Allerdings sind seine eigenen inneren Wertvorstellungen, nach denen er sein Handeln bestimmt, zum größten Teil internalisierte Gebote und Normen der Eltern, so daß der junge Mensch sich von derartigen inneren Beschränkungen ebenso lösen muß wie von den ihm äußerlich auferlegten Grenzen und Schranken. Sein Über-Ich muß, um das Verhalten des späteren Erwachsenen bestimmen zu können, von Grund auf umgestaltet werden. So müssen einerseits Über-Ich-Schranken fallen, um den Weg für die größere Unabhängigkeit des Erwachsenen freizumachen, andererseits aber auch neue Grenzen errichtet werden, denn der junge Mensch soll in der Lage sein, als Erwachsener unabhängig von der Aufsicht seiner Eltern in Eigenständigkeit sein Leben zu führen.

Obwohl es sich bei der Umgestaltung des Über-Ichs um einen intrapsychischen Vorgang handelt, sind dabei doch auch die Art und Weise der Wahrnehmung und Bewertung der Eltern, deren Wertsysteme im Über-Ich internalisiert worden sind, betroffen. Der Jugendliche beginnt zu begreifen, daß seine Eltern weder immer wissen, was richtig ist, noch die unerreichbare, absolute Tugend selbst sind. Auch sie haben gesündigt, und auch sie können sich irren. Vielleicht sind ihre Wertvorstellungen und Normen früher einmal richtig gewesen, aber sie stammen eben aus jener Zeit vor dem Zweiten Weltkrieg, in der die Welt nur von Spießern bewohnt war. Der Jugendliche beginnt sich selbst wie seine Eltern allmählich davon zu überzeugen, daß sowohl er selbst als auch sie als Eltern sich gegenüber damals, als er noch Kind war, von Grund auf verändert haben. Es dauert dann nicht mehr lange, bis er alles, was seine Eltern tun und reden, als unmöglich und dumm abtut. Er muß dabei sich selbst immer wieder dieser seiner eigenen Einstellung versichern, denn er ist gefangen in Ambivalenz, in dem Wunsch nach Unabhängigkeit und Abhängigkeit von den Eltern zugleich. So schwingt das Pendel immer wieder von der einen in die andere Richtung, und den Phasen der absoluten Auflehnung gegen die Eltern folgen stets Phasen der Regression, in denen der Jugendliche sich um eine Linderung seiner Sorgen und Nöte bemüht, indem er mit seinen Eltern, die er liebt, Frieden schließt. In der Regel ist die Heftigkeit der Auflehnung gegen die Eltern eher Ausdruck der zur Erlangung von Freiheit und Unabhängigkeit erforderlichen Intensität des inneren Ringens als Ausdruck einer grundsätzlichen Feindseligkeit gegenüber den Eltern. Vielfach beginnt der junge Mensch aus heiterem Himmel, ohne rechte Ursache und mit zum Teil außerordentlich unvernünftigen Argumenten zu streiten, um dadurch die Widersprüche in ihm selbst, vor allem aber sein Verlangen nach Abhängigkeit und Geborgenheit mit Hilfe der provozierten Ablehnung seiner Eltern zu überwinden, die ihr Kind kaum noch verstehen zu können glauben. Es kommt zum Krach, zu Ängsten und Sorgen auf beiden Seiten. Die Adoleszenz ist die Zeit, in der der Heranwachsende abhängig und unabhängig zugleich sein möchte und ist.

Sehr bald versucht der Jugendliche bei seinen Eltern schwache Stellen zu finden. Dies kann unter Umständen bereits mit der fundamentalen Desillusionierung beginnen, die das Kind erfährt, wenn es von dem Sexualleben seiner Eltern hört und erkennen muß, daß sie heuchlerisch das tun, was sie für verboten erklärt hatten. In der Regel sucht er aber bei seinen Eltern nach Fehlern, die er auch in aller Offenheit attackieren und über die er sich ohne eigene Gefährdung ärgern kann. Derartige kritische Angriffe gegen das Verhalten und, vielfach schlimmer noch, gegen die Persönlichkeit und den Charakter der Eltern führen zu einer schwerwiegenden Erschütterung ihrer Autorität, aber auch ihres Selbstwertgefühls. Unter Umständen reagieren sie deshalb auf seine, wie sie sagen, Undankbarkeit mit empfindlichem Groll und feindseligen Gefühlen, die in einen Zyklus von Mißverständnissen und Bitterkeit einmünden. Am Ende steht der Heranwachsende vor dem Problem, sich zwar von der Kontrolle und Beherrschung durch seine Eltern freimachen zu wollen, ohne sie jedoch dabei zugleich zu zerstören, denn er braucht die Eltern auch jetzt noch als Objekte zur Identifikation und als Objekte, die er bewundern und denen er sich liebevoll zuwenden und anschließen kann. Sein eigenes Selbstwertgefühl bleibt, auch wenn er sich bereits stärker von den Eltern abgelöst hat, abhängig von der Achtung, die er ihnen entgegenbringt. Erst spät in der Adoleszenz, wenn das innere Ringen um Eigenständigkeit und Selbstkontrolle überwunden ist, werden die Eltern wieder objektiver – nun schon mehr aus der Sicht des Erwachsenen – beurteilt, und

viele ihrer Normen als Teil des eigenen Ichs und Über-Ichs von neuem übernommen.
Die Jugend hat in der Regel ungewöhnlich strenge Maßstäbe und Normen. In dem Ringen um Beherrschung der drängenden sexuellen und Es-Impulse, die den jungen Menschen zwingen, nach neuen Möglichkeiten zur Erlangung von Sicherheit und Stabilität zu suchen, kommt es vielfach mit dem Ziel einer Verstärkung der Verdrängung zu einer Stärkung der Über-Ich-Einflüsse. So neigt der junge Mensch vielfach dazu, seine Eltern nach denselben Maßstäben und Normen zu beurteilen, die er mit dem Ziel der Abwehr sich selbst auferlegt hat, wobei weder sie noch andere je seinen Erwartungen genügen können. Erst wenn der Heranwachsende sich selbst gegenüber toleranter wird, wird er auch über seine Eltern toleranter urteilen. Die Mißverständnisse und kritischen Auseinandersetzungen mit den Eltern schwinden gewöhnlich erst dann, wenn der junge Mensch sich selbst für fähig hält, unabhängig und eigenständig zu leben, und wenn er die anderen nicht mehr so ausgesprochen egozentrisch sieht und beurteilt.

Die tiefe Enttäuschung über die Eltern

Unglücklicherweise ergeben sich in manchen Fällen schwerwiegende und bleibende Störungen im Verhältnis zwischen den Eltern und dem Heranwachsenden, wenn er bei dem Versuch, negative Seiten in Verhalten und Charakter der Eltern zu finden, plötzlich auf negative Tatsachen stößt, die ihn außerordentlich desillusionieren müssen. Er erringt dann sozusagen einen Pyrrhussieg, bei dem ihm der Glaube an die Eltern zerstört wird, womit er gleichzeitig auch in seiner eigenen Entwicklung nachhaltig Schaden nehmen muß. So wurde z. B. ein heranwachsendes Mädchen wegen ungehemmter Promiskuität in psychiatrische Behandlung gebracht, für das die Mutter, die von den Erlösen eines gutgehenden Versicherungsgeschäftes lebte und ihm z. B. Winterferien in Florida und wunderschöne Kleider schenken konnte, lange Zeit die Idealperson und in jeder Hinsicht Vorbild gewesen war, bis es dahinterkam, daß das Geschäft doch nicht so gut ging, wie die Mutter immer vorgab, und daß die Mutter ein bis zwei Mal in der Woche nicht über Nacht auf Geschäftsreise ging, sondern die Nacht mit einem reichen Industrie-

manager verbrachte, der schon zwei Mal »rein zufällig« im selben Hotel abgestiegen war, in dem das Mädchen mit seiner Mutter die Ferien verbracht hatte. Das Mädchen mußte darüber hinaus erkennen, daß der Vater, der nicht in der Lage war, die Familie finanziell entsprechend den Erwartungen zu versorgen, bemüht war, die Untreue seiner Frau nicht zu sehen, obwohl fast jeder in der kleinen Gemeinde davon sprach. Es ist etwas grundsätzlich anderes, ob ein Kind aufgrund des unausweichlichen und darüber hinaus auch notwendigen Abbaus kindlicher Idealisierungen, aus dem Versagen der Eltern gegenüber seinen überstrengen Maßstäben und Normen Enttäuschungen erlebt oder ob es, wie das Mädchen in dem geschilderten Beispiel, nachhaltig desillusioniert wird, wobei das Bild von den Eltern und der Glaube an sie zerstört und damit dem Über-Ich des Heranwachsenden ein schwerer Schlag versetzt wird.
Gerade in diesem Stadium der Entwicklung, in dem die ödipale Problematik von neuem durchgearbeitet werden muß und der junge Mensch auf wirkliche Vorbilder angewiesen ist, denen er auf seinem Weg ins Erwachsenenalter folgen kann, ist es von besonderer Bedeutung, daß das Kind ein richtiges Verhältnis zu seinen Eltern hat, daß es weiß, wer seine Eltern sind und wie sie miteinander umgehen. Für den Adoleszenten nehmen die Eltern, von denen er bisher eher idealisierte Vorstellungen hatte, mehr und mehr reale Gestalt als reale Vorbilder an, an denen er sich selbst mißt und bis ins Erwachsenenalter und als Erwachsener orientiert. Die innere Übereinstimmung zwischen den Eltern, ihre Zuneigung und Liebe, die sie einander entgegenbringen, sind für den Adoleszenten wichtige Stützen auf seinem Weg durch die für ihn so schwierige Zeit des inneren und äußeren Wandels.

Sorgen und Nöte der Eltern

Die Adoleszenz bringt nicht nur für das Kind, sondern auch für die Eltern ein beträchtliches Maß an Schwierigkeiten und Problemen mit sich. Ihr Kind, dem sie soviel Liebe geschenkt, für das sie soviel getan haben, rückt von ihnen ab, und ihr Vertrauen zu ihm, aber auch ihr Vertrauen in sich selbst, in ihre eigenen Erziehungsfähigkeiten, wird einer außerordentlich großen Belastungsprobe unterworfen. Sie können ihr Kind nicht länger in allem beaufsichtigen und schützen und müssen darauf bauen, daß alles, was sie ihm in der bisherigen Erziehung mitgegeben haben, Früchte trägt. Dennoch sind sie sich bewußt, daß ihr Kind noch nicht über die genügende Erfahrung verfügt, daß es in seinem Urteil noch nicht gefestigt ist, um alle die neu auf ihn zukommenden Situationen adäquat meistern zu können. Sie müssen befürchten, daß ein einziger Augenblick der Unachtsamkeit, daß ein vorschnelles Urteil alle ihre Mühe der vergangenen Jahre vergeblich machen oder sogar das Leben ihres Kindes gefährden könnte. Häufig liegt einer übertriebenen Besorgnis der Eltern der Wunsch zugrunde, ihr Kind vor den Fehlern der eigenen Jugendzeit zu bewahren. Es gibt wohl kaum Eltern, die nicht schlaflose Nächte durchleben, wenn der Sohn sich zum ersten Mal ans Steuer setzt oder wenn sie sehen müssen, wie ihre Tochter um einen etwas dümmlich dreinschauenden, ungepflegten jungen Mann den Verstand verliert. Irgendwo müssen Grenzen gesetzt werden, aber wo? Es ist nur natürlich, daß Adoleszenten sich gegen Beschränkungen und ihnen gesetzte Grenzen wehren, die sie als ein Zeichen dafür werten, daß die Eltern ihnen nicht genügend trauen oder ihnen sogar mißtrauen. Umgekehrt werden sie sich aber auch bei der Gewährung einer allzu großen Freizügigkeit nicht recht wohl fühlen und glauben, daß die Eltern nicht genügend Interesse für sie hätten. So beginnt der Adoleszent vielfach auf seinem Weg zu größerer Unabhängigkeit die von den Eltern gesetzten Grenzen zu überschreiten, um auszuloten, wie weit er gehen darf. Er ist noch nicht erwachsen, und wenn die Eltern allzu früh auf ihre Verantwortung verzichten, werden sie ihn ohne Schutz und Unterstützung lassen, die er noch immer braucht, – trotz der von ihm immer wieder zum Ausdruck gebrachten gegenteiligen Wünsche und Impulse.

Der junge Mensch neigt dazu, seine Traurigkeit und schlechte Laune an den Eltern auszulassen. Er ist dann außerordentlich reizbar, ärgert sich über diese und jene Kleinigkeit und weist seine Eltern, die ihm die Zuwendung entgegenbringen, die er in ihren Augen zu brauchen scheint, schroff und ärgerlich zurück, denn er kann es sich gerade in solchen Augenblicken offensichtlich nicht leisten, sich wie ein kleines Kind behandeln zu lassen, sondern muß sich von dem losreißen, was er so gerne hätte. Er braucht etwas, wogegen er sich auflehnen kann, und zeitweilig scheint sogar alles leichter für ihn zu sein, wenn die Eltern ihm gegenüber strenger sind und ihm einen

Anlaß geben, wütend zu sein. Gelegentlich kommt es auch zu plötzlichen Stimmungsschwankungen, die nicht nur den Eltern, sondern auch dem Jugendlichen selbst rätselhaft bleiben. Wenn er sich selbst beweisen kann und bewiesen hat, daß er seine Eltern nicht braucht, ist er zufrieden und fühlt sich bestätigt, nur um in Verzweiflung zu geraten, wenn er unbewußt befürchten muß, daß sein Vater mit ihm nicht mithalten und ihn nicht stützen kann, oder wenn feindselige Gefühle gegen die Eltern zu Gewissensbissen und Schuldgefühlen führen, denn für den Jugendlichen sind Todeswünsche gegen die Eltern fast noch gleichbedeutend mit Mord. So setzt er sich über sein Über-Ich hinweg, was ihn stolz und übermütig macht, ihn himmelhoch jauchzen läßt; und er wird von seinem Über-Ich gestraft, was ihn in tiefe Verstimmung und Verzweiflung stürzt, ihn zu Tode betrübt. All dies gehört mit zu jenem entscheidenden Ringen um die Macht des Über-Ichs, um das neue Gleichgewicht zwischen Es, Ich und Über-Ich.

Unglücklicherweise fällt die Krise des Adoleszenten oft mit einer kritischen Phase im Leben der Eltern zusammen. An sich ist schon die Adoleszenz selbst geeignet, eine Krise im Leben der Eltern hervorzurufen, da mit ihr grundlegende Veränderungen im Familiengefüge verbunden sind, das Kind aufhört, seine Eltern ausschließlich zu bewundern, und mit seiner sexuellen Vitalität den Eltern das Nachlassen ihrer eigenen sexuellen Potenz nachhaltig vor Augen führt. Viele Eltern haben aber in diesem Alter auch eigene Probleme. Sie sehen sich in der Mitte ihres Lebens, wissen, daß sie den Höhepunkt bereits überschritten haben, daß sie sich klar werden müssen, was sie im Leben noch erreichen wollen und können, daß die Kräfte nachlassen, daß für die Frau die Menopause mit ihren Problemen näherrückt und vieles mehr. Über diese Probleme werden wir in einem anderen Kapitel noch ausführlicher sprechen. Für den Adoleszenten ist entscheidend, wie die Eltern als Partner mit diesen entscheidenden Lebensproblemen fertig werden. Von besonderer Bedeutung mag sein, daß die Eltern sich gerade zu der Zeit mit den »Realitäten des Lebens« abzufinden beginnen, wenn der Adoleszent in Phantasie und Realität gegen die Grenzen anrennt, die die Erwachsenen und ihre Gesellschaft in ihrem Konservativismus und ihrer Trägheit errichtet haben. Dies wird die Gegensätze zwischen den Generationen nur noch verstärken, und in der Tat erreicht der uralte Generationenkonflikt jetzt seinen Höhepunkt.

Indem der Jugendliche sich von seinem Elternhaus entfernt, gewinnen die Gleichaltrigengruppen zunehmend an Bedeutung. Die bisherigen Kinderspielgruppen werden zu Jugendgruppen, die Träger der Jugendkultur sind. Sie unterscheiden sich wesentlich von den Kindergruppen, da sie gegen die Erwachsenen gerichtet und heterosexuell zusammengesetzt sind. In ihnen finden nicht mehr nur die Kinder aus der Nachbarschaft zusammen, sondern Freunde und Kameraden auch aus anderen Lebensbereichen, die gemeinsame Interessen und gemeinsame Ziele miteinander verbinden und die darum meist aus relativ gleichgearteten Familien stammen. Sie schließen sich zu Gruppen zusammen, um einander zu stützen, aber auch um der Kameradschaft willen. Im Mittelpunkt stehen einige wenige Jugendliche, die eine enge Freundschaft verbindet, – Freundespaare oder auch kleine Freundesgruppen, die füreinander durchs Feuer gehen. Hier in der Gruppe fühlt sich der Jugendliche wohl, weil er von seinen Freunden akzeptiert wird, hier braucht er nicht um Anerkennung und Beurteilung aufgrund von eigenen Leistungen zu ringen, wie sie von ihm in der Schule, aber auch zu Hause von den Eltern, vielfach sogar von ihm selbst mehr und mehr gefordert werden. Innerhalb seiner Gruppe ist er frei von elterlicher Aufsicht und Kontrolle, hier kann er sich wie ein Erwachsener geben und Dinge ausprobieren, die ihm als Kind bisher verwehrt waren. Hier findet er Kameraden, die ihn bewundern, die ihn gern haben und ihm den Verlust ersetzen können, den er mit der Ablösung von seinen Eltern erleiden muß. Alle sind in der gleichen Situation wie er, und jeder stützt den anderen in der neuen Unabhängigkeit. Die Gruppe hat darüber hinaus wichtige Aufgaben bei der Modifizierung der Über-Ich-Kontrolle. Denn dadurch, daß der junge Mensch andere junge Menschen in der Gruppe und die Reaktionen der Gruppe ihm selbst und anderen gegenüber erlebt und beobachtet, Maßstäbe und Normen der anderen für sich akzeptiert oder diese mit den anderen immer wieder diskutiert, macht er sich entscheidend neue Verhaltensmuster zueigen. Zunächst finden sich in den Jugendlichengruppen nur Jugendliche des gleichen Geschlechts zusammen, und noch in der gesamten mittleren Adoleszenz werden Freundschaften mit Kameraden des gleichen Geschlechts im Vordergrund stehen. Identifikation und Objektwahl sind noch immer eng miteinander verflochten, d. h. der Jugendliche schenkt jenen Menschen das größte Vertrauen, mit denen er sich auch identifizieren kann. In der Bewunderung, die er anderen entgegenbringt, ist noch ein beträchtliches Maß an Narzißmus enthalten, und Freunde halten zum Teil auch deswegen zusammen, weil sie beide mit denselben fremdartigen Gefühlen in der Auseinandersetzung mit dem anderen Geschlecht zu kämpfen haben. Freunde sind nicht nur da, um einander zu stützen und zu helfen, sondern auch um »Freund zu sein«, einander gern zu haben, um sich miteinander zu vergleichen und zu messen. Die meisten Freundschaften Jugendlicher sind von einer erheblichen Rivalität gekennzeichnet. Wenn auch in der Regel nicht um dieselben Objekte gerungen wird, versuchen die Freunde doch immer wieder, im Wettbewerb um Leistungen einander zu übertreffen. Das »Sage mir, wen du zum Freunde hast, und ich sage dir, wer du bist« ist in vieler Hinsicht richtig, denn der Jugendliche empfindet sich selbst als den, der er ist, nicht so sehr durch seine Familie, denn in die ist er ja »nur« hineingeboren worden, sondern durch seine Freundschaften, seine Freunde, die ihn in der Gruppe akzeptiert haben und akzeptieren. Hier in der Gruppe kann er endgültig seinen Standort außerhalb der Familie bestimmen, kann seine Fähigkeiten abschätzen und beurteilen, kann seine Grenzen respektieren lernen. Wenn er in der Gruppe Stabilität und Sicherheit gefunden hat, wird er von sicherer Warte aus die Begegnung mit dem anderen Geschlecht suchen können. Derartige Bedürfnisse nach der Bestimmung des eigenen Standortes, nach Sicherheit und Stabilisierung außerhalb der eigenen Familie haben Vorrang vor den Bedürfnissen nach realer sexueller Befriedigung. Die Ablösung von der Familie und der Prozeß der Selbstfindung, der über die Jugendlichengruppe schließlich zu Unabhängigkeit und Eigenständigkeit führt, hat in der mittleren Adoleszenz gewöhnlich eine größere Bedeutung als die Entwicklung von Liebesbeziehungen oder die Suche nach heterosexueller Befriedigung.[13]

13 Die Jugendlichengruppe und ihre Kultur spielt wahrscheinlich im Leben und in der Entwicklung des Adoleszenten in den USA eine wesentlich größere Rolle als in europäischen Ländern. Wahrscheinlich gibt es auch nirgendwo sonst eine derart ausgeprägte Vorbereitung auf die autonomen Jugendgruppen wie hier durch die Kinderspielgruppen. In europäischen Ländern, und dort vor allem in den mittleren Schichten, stehen die Kinderspielgruppen, aber auch die Jugendgruppen sehr viel mehr unter der Aufsicht der Eltern, wodurch es möglicherweise zu einem definitiveren und ausgeprägteren Bruch mit den Erwachsenen kommt,

Der Jugendliche orientiert sich allmählich mehr und mehr an dem, was seine Gruppe für richtig hält. Dies bereitet den Eltern mitunter außerordentlich große Sorgen und Kummer. Aber obgleich die Normen und Moralgebote der Gruppe bisweilen gegen die von den Eltern gesetzten Schranken stoßen, üben sie am Ende doch einen modifizierenden und regulierenden Einfluß auf den jungen Menschen aus, indem sie ihn über den Kreis seiner Familie hinaussehen lassen und seine Entwicklung zur Unabhängigkeit fördern, auch wenn vielleicht bisweilen Grenzen überschritten werden, die von den Eltern bisher streng bewacht worden sind. Die Moralvorstellungen der Gruppe, die Vorstellungen von recht und unrecht, von dem, was erlaubt und was verboten ist, unterscheiden sich nicht wesentlich von denen, die in den Familien der Gruppenmitglieder akzeptiert werden. Allerdings gibt es bestimmte Unterschiede. So steht in der Gruppe z. B. eine gewisse Waghalsigkeit hoch im Kurs, die andernorts wahrscheinlich als Leichtsinn angesehen würde. Auch wenn der junge Mensch jene Dinge tut, die gegen die Ansichten seiner Eltern verstoßen, wird er doch zögern, etwas zu tun, was das Mißfallen seiner Freunde auslösen oder gar zu einem Ausschluß aus der Gruppe führen könnte. So setzt der Junge sich vielleicht mit seinen Freunden zu einem Glücksspiel um Geld zusammen, würde es aber nie wagen, falsch zu spielen, und ein Mädchen trifft sich vielleicht mit einem Jungen, den die Eltern nicht mögen, würde sich aber nie mit einem Jungen zeigen, durch den sie die Achtung ihrer Freundinnen verlieren könnte. In diesem Sinne bewahrt das Bedürfnis, mit den anderen konform zu sein, den jungen Menschen vielfach vor Schaden.

Kriminelle Jugendlichengruppen in Großstädten gibt es zwar vor

wenn vom jungen Menschen in der späten Adoleszenz schließlich die Unabhängigkeit und Eigenständigkeit durchgesetzt wird. Das frühzeitige Abrücken von der Familie, wie es in Amerika üblich ist, läßt den Adoleszenten in seinem Streben nach Erhaltung und Stärkung seines Selbstwertgefühls mehr darauf sehen, von den anderen gleichaltrigen Kameraden anerkannt zu werden, populär zu sein. Auch wenn die Gruppenloyalität und das Entscheidungentreffen innerhalb der Gruppe möglicherweise in vieler Hinsicht eine gute Vorschule für das spätere Leben in der Demokratie darstellt, fördert doch eine derartige Gruppenabhängigkeit zugleich auch die Abhängigkeit von den Überzeugungen der übrigen Gruppenmitglieder.

allem in Slumgebieten, wo die äußeren Verhältnisse das antisoziale Verhalten noch fördern. Die Kernmitglieder der Gruppe, die deren Gesicht entscheidend prägen, kommen aber in der Regel aus schwer gestörten Familien. Wenn ein Jugendlicher aus einer besseren sozialen Gegend oder aus einer sogenannten »guten Familie« sich einer Jugendlichengruppe mit kriminellen Tendenzen anschließt, liegt auch bei diesem fast immer ein Elternhaus zugrunde, das gewissen antisozialen Tendenzen Vorschub leistet oder in dem überstrenge Gehorsamsansprüche der Eltern dem Jugendlichen nicht die seinem Alter angemessene Freiheit gewähren, die er für seine Entwicklung zum Erwachsenen braucht.

Die Annäherung an das andere Geschlecht erfolgt aus der Sicherheit der monosexuellen Jugendlichengruppe heraus. Zunächst müssen Jungen und Mädchen in ihrer eigenen Geschlechtsidentität genügend Stabilität erlangen, bevor sie es wagen können, sich mit dem anderen Geschlecht näher zu beschäftigen. Das Interesse für das andere Geschlecht erwächst nicht allein aus dem Geschlechtstrieb, sondern auch aus dem narzißtischen Bedürfnis nach Anerkennung, die der Jugendliche zur Erhaltung und Stärkung seines Selbstwertgefühls braucht und die ihm eher das andere als das eigene Geschlecht zuteil werden lassen kann. Zunächst ändert sich nicht viel im Verhalten von Jungen und Mädchen; es finden nur erste Versuche statt, kurze Begegnungen zwischen den Jugendlichengruppen beiderlei Geschlechts. Häufig kommt es bald zu gegenseitigen Neckereien, die das Interesse am anderen verbergen sollen, es zugleich aber auch zeigen, denn »was sich neckt, das liebt sich«. Doch weder Junge noch Mädchen zeigen sehr viel mehr als ein nur flüchtiges Interesse aneinander, obwohl das andere Geschlecht bereits im Mittelpunkt aller Gedanken und Tagträume steht.

Da der Jugendliche sich seiner selbst nicht sicher ist, sucht er sich Eigenschaften zuzulegen, die ihn populär machen, um die man ihn beneidet. So pocht er mitunter stolz auf den Beruf seines Vaters, die Gegend, wo er wohnt, das sportliche Auto, das sich die Familie zugelegt hat, etc., oder er legt Wert darauf, genau die richtigen Schuhe, den richtigen Schlips, die richtige Frisur zu tragen. Beide Geschlechter können sich stundenlang vor den Spiegel stellen, um sich genau zu betrachten. Mädchen probieren make-up aus und üben sich darin, ihren Gesichtsausdruck zu beherrschen, damit sie in der entsprechenden Situation das passende Gesicht machen können. Jungen streben vielfach nach sportlichen Erfolgen und wünschen, von den Mädchen als Helden gefeiert zu werden. Sie schließen sich Klubs an und kandidieren für Ämter in der Schule. Um sich seiner selbst bewußt zu sein, braucht man die Anerkennung der anderen.

Die Prägung der männlichen und weiblichen Persönlichkeit

Mit neuem Wissen und neuen Kenntnissen ausgestattet, versucht der Junge mehr und mehr herauszufinden, was er allein bewerkstelligen kann. Indirekt bereitet er sich jetzt auf den späteren Beruf vor. Im ganzen ist dieses Verhalten jedoch bereits in der frühen Kindheit vorgezeichnet, wo der Junge sich lebhaft für alles interessiert und Aktivität außerhalb seines Zuhause sucht, während das Mädchen im ganzen eher passiv ist und sich mehr für die Menschen und deren Beziehungen untereinander interessiert. Das Mädchen wird in der höheren Schule häufig zur großen Organisatorin, zum »Mädchen für alles«, nicht etwa, weil es aktiv nach Ämtern drängt, sondern weil es gerne und bereitwillig Verantwortung übernimmt und durch sein ausgesprochenes Interesse für andere Menschen und deren Beziehungen Anerkennung findet. Beide, Jungen und Mädchen, geben sich immer wieder intensiven Phantasien und Tagträumen hin, Jungen allerdings etwas weniger als Mädchen. Vielfach versuchen die Mädchen mit Hilfe der neuen intellektuellen Möglichkeiten, die ihnen zur Verfügung stehen, die subtilen Zusammenhänge in den zwischenmenschlichen Beziehungen zu ergründen, und grübeln darüber nach, wie sie die Welt verbessern könnten. In der mittleren Adoleszenz beginnt sich die Art und Weise des Denkens bei Jungen und bei Mädchen grundsätzlich zu unterscheiden. Das Mädchen hat allmählich weniger Interesse an abstrakten Problemen und will auch nicht mehr Weltverbesserin spielen. Die vielen mit Grübeln über die eigenen Gefühle und die Gefühle und Empfindungen der anderen verbrachten Stunden fördern die Entwicklung jener vielgerühmten weiblichen »Intuition« und Einfühlungsgabe. Selbstverständlich sind solcherart Eigenschaften nicht nur den Frauen vorbehalten, aber man kann wohl sagen, daß Jungen, bei denen sich derartige Tendenzen zeigen, in vieler Hinsicht feminine Züge haben, die ihrem Wesen und ihrer Art, anderen Menschen gegenüberzutreten, etwas Weiches geben. Gelegentlich geht beim Mädchen in dieser Phase des Wartens auf reale Erlebnisse mit Jungen die Phantasie durch, es erzählt sich lange Geschichten mit romantischen Begegnungen, von denen es mitunter so gefangen genommen ist, daß diese ihm realer als die Realität selbst erscheinen. Die Freundinnen hören sich gespannt all das an, was ihnen da von anderen Liebhabern berichtet wird, bis sie gewahr werden, daß alles nur Traum und Träumerei ist. Derartige Phantasien können unter Umständen als eine Art Vorbereitung für spätere reale Liebesabenteuer dienen; die gedachten Gespräche, Begegnungen und Umarmungen mit dem gedachten Liebhaber reißen die Träumende derart mit, daß sie das Gefühl haben kann, schön und anziehend zu sein, womit sie sich gewissermaßen für die zukünftigen Liebesabenteuer übt. Da derartige Phantasien vielfach das noch immer dominierende Interesse des Mädchens für den Vater, jenen älteren Mann, in den es insgeheim verliebt ist, maskieren, kann der Sprung in die Realität, in die weniger romantische Begegnung mit dem Jungen gleichen Alters, mitunter recht schwierig sein. In manchen europäischen Ländern kommt es im Gegensatz zu den USA, wo die Jugendlichengruppe eine besondere Rolle spielt, häufig vor, daß Mädchen neben derartigen Tagträumereien keine Jugenderlebnisse mit Jungen haben, da sie bereits in einem Alter, wo sie ihren Phantasien um den älteren Geliebten kaum entwachsen sind, einen Mann heiraten, der eine ganze oder fast eine ganze Generation älter ist.

Erste Begegnungen zwischen Jungen und Mädchen

Es vergeht noch einige Zeit, bis sich Jungen und Mädchen zum ersten Mal richtig ineinander verlieben, und es dauert dann noch einmal sehr lange, bis sie auch in intimer sexueller Beziehung zueinanderfinden. Die ersten Begegnungen finden im Rahmen der Gleichaltrigengruppen statt, aus denen sich bald kleinere Gruppen und schließlich einzelne Pärchen lösen, die ein wenig abseits von den anderen, aber noch immer in deren Nähe die ersten zaghaften Versuche unternehmen, in die Geheimnisse des anderen Geschlechts einzudringen. Den ersten näheren Berührungen und Küssen liegt nicht so sehr der Wunsch nach sexueller Befriedigung, nach Lösung sexueller Spannungen, nach Liebe zugrunde als vielmehr der Wunsch, die eigenen drängenden Gefühle und Empfindungen zu erkunden und schließlich auch zu kontrollieren, die eigene Phantasie auszuleben und dabei das erregend Fremde am anderen Geschlecht für sich zu entdecken und zu erleben. Das echte »Petting« mit Orgasmuserlebnissen bleibt mehr der späten Adoleszenz vorbehalten, wenn der junge Mensch sich seiner selbst genügend sicher geworden ist, um sich in intensivere sexuelle Kontakte vorzuwagen, wenn er auch die Wünsche und das Verlangen von anderen verstehen kann und sicher ist, daß er sich Grenzen zu setzen vermag, wenn dies erforderlich werden sollte.

Allmählich werden die von den Gruppen losgelösten Pärchenbeziehungen stabiler. Häufig verabredet man sich jetzt in kleineren Grüppchen und hat damit noch die Gewißheit, andere in der Nähe zu haben, um sich allein nicht allzuweit über das hinaus, was die Gruppe für erlaubt hält, vorwagen zu müssen. Jungen haben ihre ersten sexuellen Erlebnisse häufig mit zufälligen Bekanntschaften, mit Mädchen aus anderen Orten, die schon mehr Erfahrung haben und meist von sich aus die Initiative ergreifen. Dabei ist bei den Jungen der Wunsch, ein wenig von jenen Mädchen abzurücken, die sie näher kennen und zu denen sie ein näheres persönliches Verhältnis haben, häufig sehr groß. Mädchen überwinden ihre ersten Hemmungen oft damit, daß sie sich mit älteren Jungen verabreden, die ihnen mit ihren forschen Anträgen das Gefühl geben können, daß sie auch sexuell für Jungen anziehend sind. Selbstverständlich gibt es da keine festen Regeln und Gesetze, und wie am Ende jeder einzelne seine Hemmungen und Verdrängungen überwindet, bleibt seine sehr persönliche Angelegenheit. Zu allen Zeiten und in allen Kulturen hat es Jugendliche gegeben, die nicht in der Lage sind, ihre Triebimpulse zu beherrschen, und die deshalb schon in sehr jungen Jahren volle sexuelle Beziehungen aufnehmen. Andere, und dies ist vor allem in den letzten zwei Jahrzehnten häufiger geworden, versuchen frühzeitig durch festere und engere Bindungen an einen Partner ihres Alters die mit der Ablösung von den Eltern verbundene Leere und Unsicherheit zu überwinden, im Vertrauen darauf, daß ihre erste feurige Liebe Bestand haben werde. Derartige frühzeitige, mehr oder weniger feste Partnerschaften findet man naturgemäß häufiger in Vorortgegenden, wo die Kinder beider Geschlechter die gleiche Schule und Schulklasse besuchen und damit die Vermischung der Gleichaltrigengruppen beider Geschlechter schon sehr frühzeitig und ohne größere Schwierigkeiten erfolgt. Auch wenn bei all dem letztlich die individuellen Persönlichkeitsmerkmale entscheiden, sind doch auch die Sitten des Landes, der sozialen Schicht und der Zeit, in der die jungen Menschen leben, nicht ohne Bedeutung. Jedes Land hat seine eigenen Sitten und Gewohnheiten, deshalb sollte man jegliche verallgemeinernde Aussagen über das Verhalten der Jugendlichen vermeiden.

Hemmnisse gegenüber frühzeitigen sexuellen Beziehungen

In unserer derzeitigen Gesellschaft dauert es in der Regel nach dem Hervortreten der sexuellen Triebe in der Pubertät noch mehrere Jahre, bis sie Äußerung und Erfüllung finden. Wahrscheinlich haben nicht mehr als ein Viertel bis ein Drittel aller männlichen College-Studenten Geschlechtsverkehr vor dem 20. Lebensjahr, denn unsere Kultur hat den vorehelichen Geschlechtsverkehr, vor allem für das Mädchen, für unanständig und unmoralisch erklärt, und diese doppelte Moral, die dem Jungen sexuelle Beziehungen zur Befriedigung seines drängenden Triebes erlaubte, dem Mädchen aber die Wahrung seiner Jungfräulichkeit vorschrieb, verlor erst in den allerletzten Jahrzehnten allmählich ihren gebieterischen Einfluß. Es ist aber nicht nur die Moral, die einer allzu frühzeitigen sexuellen Betätigung entgegenstand und heute noch steht.

Die Jugendlichen beider Geschlechter müssen zunächst vor allem die fest geprägte Verdrängung ihrer Sexualität überwinden und den Trieb von frühen inzestuösen Wünschen ablösen. Vor allem der Junge muß erst die unbewußten Ängste bannen, daß mit der sexuellen Betätigung die Gefahr der Kastration durch den eigenen Vater oder den Vater des Mädchens oder aber eine gefährliche Feindseligkeit von seiten dieses oder jenes Vaters ihm gegenüber heraufbeschworen werden könnte. Darüber hinaus muß er auch Gefühle und Ängste überwinden, daß weibliche Wesen in Verkörperung der Mutter ihre Macht auf ihn ausüben und ihn umschlingen wollten, daß er verloren gehen könnte, wenn er den eigenen Bedürfnissen nachgibt. Aus derartigen Sorgen und Ängsten vor Mutterfiguren und Kastration können schließlich auch unbewußte Befürchtungen erwachsen, den Penis in der Vagina zu verlieren, wobei die Vagina vielfach unbewußt als ein mit Zähnen und Beißwerkzeugen bewaffnetes Organ empfunden wird, – eine recht weitverbreitete Phantasie, die bisweilen sogar bis in das Bewußtsein vordringt. Auch das Mädchen muß bestimmte Ängste überwinden, Ängste, verletzt oder durchbohrt oder mit dem Orgasmus vernichtet zu werden, Befürchtungen, daß man ohne Penis ein Nichts sei und darum von niemandem begehrt werden könne, aber auch Gefühle der Scham, des Ekels über die eigenen Genitalien, die in seinen Augen für jeden Mann ebenso abstoßend sein müßten wie für es selbst. Das Über-Ich trägt seinen Teil dazu bei, die Es-Impulse zu verdrängen, indem es die Gefahren ins Bewußtsein hebt, die mit einer allzu großen sexuellen Freizügigkeit verbunden sein könnten. So gibt es mehr oder weniger begründete Befürchtungen, schwanger oder auch mit einer Geschlechtskrankheit angesteckt zu werden, obwohl deren Bedeutung in den letzten 10 bis 20 Jahren sehr stark abgenommen hat. Mögen die Geschlechtskrankheiten auch noch immmer relativ weit verbreitet sein, so birgt doch weder die Gonorrhoe die Gefahr der Sterilität in sich, noch ist die Ansteckung mit Syphilis mit einer langwierigen Behandlung oder gar dem Verzicht auf Ehe und eigene Kinder verbunden. Gerade in den letzten Jahren haben sich die sexuellen Praktiken so gewandelt, daß die Gefahr, schwanger zu werden oder sich mit einer Geschlechtskrankheit anzustecken, relativ gering geworden ist. Dies sind allerdings mehr Probleme, die den älteren Adoleszenten betreffen. Auch beim Mädchen dauert es lange, bis es bereit ist, seine Jungfräulichkeit aufzugeben, und in manchen Volksgruppen ist noch heute das unverletzte Hymen eine der Kardinalvoraussetzungen für die Heirat. Dem liegt vielfach die Angst zugrunde, sich als Frau völlig zu verlieren, nicht in der Lage sein zu können, dem sexuellen Begehren zu widerstehen, wenn diesem erst einmal nachgegeben worden ist. Der Junge wiederum fürchtet sich vielfach vor der Intensität des Erlebens, die er nicht bewältigen zu können glaubt.[14]

14 Darüber hinaus helfen noch verschiedene andere, weit irrationalere Ängste, das Über-Ich zu stärken. Wir haben bereits erwähnt, daß die Vorstellung des Mannes von der Vagina mit Zähnen praktisch in allen Kulturen zu finden ist. In anderer, nicht so ausgeprägter Form kommen derartige Vorstellungen in den Geschichten zum Ausdruck, die sich Jugendliche immer wieder fasziniert erzählen, vor allem von jenen Partnern, die sich nach dem Geschlechtsverkehr nicht mehr trennen können und in dieser peinlichen Stellung ins Krankenhaus gebracht werden müssen. In diesem Zusammenhang ist nicht uninteressant, daß derartige Geschichten im Mittelalter dazu dienten, die Heiligkeit der Kirchen zu wahren, indem man die Menschen glauben machte, daß sie bei einem in einer Kirche vollzogenen Geschlechtsverkehr in eben jene verfängliche Situation geraten würden. Dieser

Die Begegnung der beiden Geschlechter bringt dem jungen Menschen nicht nur sexuelle Erlebnisse, sondern auch eine Erweiterung seines sozialen Bewußtseins. Die Mitglieder des anderen Geschlechts werden in ihren Problemen, Wünschen und Schwächen zunehmend realistischer gesehen, das eigene Verhalten wird mehr und mehr darauf ausgerichtet, ihnen zu gefallen, womit sich auch das Bedürfnis nach Anerkennung auf sie verlagert. Dabei werden immer neue Illusionen aufgebaut und wieder umgestoßen. Allmählich beginnen sich dann die grundsätzlichen Persönlichkeits- und Charaktermerkmale der beiden Geschlechter, das aktiv drängende Männliche und das mehr passiv rezeptive Weibliche herauszukristallisieren. Das Mädchen ist für den Jungen jetzt nicht mehr Rivale, es nimmt mehr und mehr an seinem Erfolg teil, freut sich an seinem Prestige und vermittelt ihm, indem es seine narzißtischen Bedürfnisse befriedigt und ihn gleichzeitig zu neuen Leistungen anspornt, ein Gefühl des Stolzes und der Zufriedenheit. Aber auch die Rivalität mit anderen Mädchen verliert jetzt mehr und mehr an Bedeutung, da das Mädchen sehen kann, daß es von den Jungen beachtet wird, daß man es gern hat, so wie es ist – als Mädchen. Indem es an der Leistung der anderen teilhat und ihnen Interesse und Verständnis entgegenbringt, gewinnt es jene weiblichen Eigenschaften, die das Mädchen liebenswert und begehrt werden lassen.

Erste Liebe und sexuelle Identität

Irgendwann gegen Ende der mittleren oder in der ersten Zeit der späten Adoleszenz hat der Jugendliche seine erste große Liebe. Es nimmt nicht wunder, daß diese erste heterosexuelle Liebe narzißtische Komponenten enthält. So verliebt sich der Junge unter Umständen in ein Mädchen, in dem er unbewußt jenes Mädchen wiedererkennt, daß er selbst hätte sein wollen, wäre er als weibliches Wesen auf die Welt gekommen. Gleiches gilt umgekehrt auch für die Mädchen. Diese ersten Liebeserlebnisse sind zur Stärkung und Stabilisierung der Geschlechtsidentität außerordentlich wichtig. Sie

Glaube wurde noch gestärkt durch die Legende, daß aus einem solchen Geschlechtsverkehr – wie auch aus der »schwarzen Messe«, einem antichristlichen Hexenritus, bei dem sich Paare auf dem Altar miteinander vereinigen – ein Werwolf hervorgehen würde.

enthalten zwar noch, als ein weiterer Schritt auf dem Wege von der narzißtischen zur heterosexuellen Liebe, gewisse narzißtische und homosexuelle Komponenten, aber im ganzen geschieht in dieser neuen Form der Objektliebe etwas grundsätzlich Neues, das für die Identitätsbildung signifikante Bedeutung hat. Der Junge überträgt die in ihm enthaltenen weiblichen Komponenten – Residuen seiner Identifikation mit der Mutter – auf das Mädchen, das er liebt. Er braucht diese Elemente, diese Introjektionen nicht mehr länger zu beherrschen und für sich zu bewahren, sondern kann sie auf das Mädchen übertragen, das er liebt und das er besitzen möchte. So wird die frühe Objektliebe, die der Mutter galt, auf die heterosexuelle Objektwahl verlagert. Damit wird seine Männlichkeit gestärkt und gefestigt, so daß er eine stabile Ich-Identität entwickeln kann, die ihn zu wirklicher Intimität befähigt. Ähnliches geschieht auch beim Mädchen, hier vielleicht in einer noch etwas dramatischeren Art und Weise. Indem das Mädchen sich in einen Jungen verliebt und dabei erfährt, daß es für den Jungen begehrenswert ist, braucht es nicht länger Phantasien darüber zu haben, daß es keinen Penis oder andere Merkmale und Vorrechte der Jungen besitzt. So kann es in der Liebe zum Jungen, der den Penis besitzt und diesen nur allzu bereitwillig mit ihm teilen möchte, zufrieden sein. Es empfindet sich selbst nicht mehr als unvollkommen und wird damit fähig, in seinem Leben als Frau, in der Interdependenz mit einem Mann und durch Kinder Erfüllung zu finden.

Unerfüllte Sexualität und das Unbewußte

Das Verliebtsein, ein Zustand, den man wohl kaum wirklich beschreiben oder analysieren kann, ist dadurch gekennzeichnet, daß die Grenzen zwischen dem Selbst und dem anderen erneut schwinden, so daß das eigene Glück und Wohlbefinden davon abhängig wird, daß man für den erwählten Menschen im Mittelpunkt von dessen Denken und Empfinden steht. Wir werden hierüber an anderer Stelle noch ausführlicher sprechen. In diesen letzten Jahren der Adoleszenz, in denen der physiologische Trieb nach sexueller Äußerung so außerordentlich intensiv ist, wahrscheinlich intensiver als zu jeder anderen Zeit im Leben, ist in unserer derzeitigen Industriegesellschaft – zumindest in den mittleren und oberen Schichten – dem Jugendlichen vor allem die Erfüllung in der heterosexuellen Liebe verwehrt. Zunächst geht der Adoleszent in diesen Jahren durch alle notwendigen, in gewisser Weise vorbereitenden Phasen, bis er zu sexueller Erfüllung gelangt. Die Masturbation hilft vielen, zumindest vorübergehend Befreiung von den drängenden Spannungen zu finden. Dies führt aber bei manchen zu erheblichen Konflikten, während andere sich kaum Gedanken darum machen. Daneben kommt es immer wieder zu mehr oder weniger ausgedehntem sexuellem Spiel, das allerdings die Spannung eher noch steigert. Auch wenn die Sexualität den jungen Menschen intensiv beschäftigt, bleibt doch ein Großteil der sexuellen Gedanken und Phantasien jenseits der Schwelle des Bewußtseins und bricht nur dann in Gedanken und Phantasien durch, wenn der Jugendliche nicht unmittelbar mit der realen Welt und ihren Problemen konfrontiert ist, – z. B. abends vor dem Einschlafen und morgens nach dem Aufwachen, wenn er vor sich hinträumt. Zum größten Teil sind solche Gedanken aber dem Zensor unterworfen, sie werden verdrängt und bleiben im Unbewußten, von wo sie einen starken Einfluß auf das Verhalten ausüben und hin und wieder auch in Träumen durchbrechen. So ist der Junge, der seine Mutter anschnauzt, ihr heftige Vorwürfe macht und irgendwie immer wieder Gründe findet, stets dann nicht nach Hause zu kommen, wenn der Vater abends noch im Büro arbeiten muß, sich selbst nicht bewußt, daß er sich gegen seine Neigungen der Mutter gegenüber wehrt. Und das Mädchen, das plötzlich mit einer Gruppe von Jungen herumläuft und sich bei intensivem Petting sehen läßt, kann nicht wissen, was es erst in der Psychotherapie erkennen wird, daß es nämlich versucht, vor anderen die eigene Heterosexualität zu demonstrieren und sich dabei selbst zu bestätigen, während im Grunde seine intensiven Neigungen und alle seine Phantasien einer bestimmten Lehrerin gelten.

Die neue Macht sexueller Triebimpulse führt in Verbindung mit der zu ihrer Beherrschung erforderlichen Verdrängung zu einer erheblichen Erweiterung und Intensivierung der unbewußten psychischen Prozesse. Der gesteigerte Trieb lenkt gewissermaßen die Interessen und Wahrnehmungen auf das, was verboten ist, und zieht – wie der Magnet die Eisenspäne – immer mehr Assoziationen in seinen Anziehungsbereich. Darüber hinaus werden die neuen unbewußten sexuellen Motivationen noch verstärkt durch die bereits seit früher

Kindheit aus dem Bewußtsein verbannten prägenitalen erotischen und sinnlichen Strebungen. So aktivieren sich in dieser Zeit des sexuellen Unerfülltseins wieder orale und anale Wünsche und Phantasien, masochistische und sadistische Vorstellungen, voyeuristische und exhibitionistische Tendenzen, homosexuelle Neigungen und Gedanken, Vorstellungen von den Eltern beim Zeugungsakt etc., so als ob die von den sexuellen Impulsen motivierten Strebungen sich vor allem solcherart Möglichkeiten der Triebäußerung suchen wollten, um irgendeine Form der Befriedigung zu finden.

Abwehrmechanismen des Adoleszenten

Die neu erworbenen kognitiven Werkzeuge, die den Jugendlichen befähigen, mit von der Realität abstrahiertem Gedankenmaterial umzugehen, führen nicht nur zu einer Stärkung der intellektuellen Kontrolle durch das Ich, sondern auch zu einer Vervollkommnung der Abwehrmechanismen sowie zu einer Erhöhung ihrer Wirksamkeit. Der Jugendliche findet zwar noch nicht in der Realität zu einer adäquaten sexuellen Befriedigung, aber er kann dies mit Hilfe seiner Phantasie bewältigen, die ihn vor impulsiven Handlungen bewahrt, durch die er in reale Gefahr geraten oder »Triebangst« vor dem Verlust der Ich-Kontrolle im sexuellen Akt erfahren könnte. Beim Masturbieren erlebt er in der Regel intensive Phantasien, die die Leere und Einsamkeit bei dieser Art sexueller Betätigung ausfüllen helfen. Sie dienen außerordentlich unterschiedlichen Zielen, wie z. B. der Verknüpfung zwischen genitaler Betätigung und dem ersehnten Liebesobjekt, der Vorbereitung auf zukünftige sexuelle Begegnungen, als Möglichkeit der Äußerung von prägenitalen oder polymorph perversen erotischen Strebungen, Residuen aus vorangegangenen Phasen der Entwicklung. Andere Phantasien, die nicht so direkt mit der sexuellen Stimulierung verbunden sind, können die Ableitung unbewußter Assoziationen erleichtern, die dann in romantischen Tagträumereien um das Lieben und Geliebtwerden, um zukünftige Erfolge, die Bewunderung und Ruhm und damit Ansehen und Liebe mit sich bringen, zum Ausdruck kommen.
Zwischen *Phantasiebildung* und *Sublimierung* besteht ein enger Zusammenhang. Mit Hilfe der Sublimierung werden sexuelle Impulse in andere, geistige, »sublimere« Bahnen umgelenkt. Der etwas

empfindsame Jugendliche, der sich noch nicht wirklich in einen bestimmten Menschen verlieben oder der zumindest durch eine solche Liebe noch nicht zu einer realen sexuellen Befriedigung finden kann, erlebt für sich vielfach eine etwas verschwommene Form der Liebe, der Natur, dem Menschen oder der gesamten Menschheit entgegengebracht, in der ein unbestimmtes Verlangen nach Äußerung und Erfüllung der in ihm wogenden Gefühle mitschwingt. Natur und Menschheit seien, wie er glaubt, die Ideale, für die er alles geben könnte, die im Mittelpunkt seines Fühlens stehen und mitunter in Lyrik und Malerei Ausdruck finden. Hinter solcherart Interessen, die durch die neuen kognitiven Fähigkeiten im Umgang mit der Phantasie möglich geworden sind, steht im Grunde genommen der Sexualtrieb.

Die neuen kognitiven Fähigkeiten erlauben dem Adoleszenten aber auch, seine Impulse mit Hilfe der *Intellektualisierung* mit seinem Denkvermögen zu beherrschen. Dies geschieht nicht unbedingt durch rationales Denken und rationales Suchen nach der Lösung seiner Probleme, sondern eher dadurch, daß er seine Interessen auf die verschiedensten intellektuellen Bereiche ab- und umlenkt. Die Intellektualisierung äußert sich im allgemeinen in endlosen Diskussionen um das Wesen der Dinge, über den Sinn des Lebens, über falsche Vorstellungen der Eltern. Häufig sucht der Jugendliche sich einer bestimmten Idee oder Ideologie anzuschließen, um damit eine Äußerungsmöglichkeit für seine Energien, zu denen auch seine Sexualität und seine Aggressivität beisteuern, zu finden. Er sucht dabei aber auch nach neuen Leitbildern, die seinem Leben einen neuen Inhalt geben können. Die Ideologien haben mitunter eine größere Bedeutung als die von den Eltern mitgegebenen Leitbilder, die dadurch in beträchtlichem Umfang modifiziert werden können, womit sich auch die Struktur seines Über-Ichs wandelt. Die neue Ideologie wird vielfach mit einer Leidenschaftlichkeit verteidigt, die alle Energie und alle Aufmerksamkeit des Jugendlichen fordert und alle Ideen, aber auch alle Bedürfnisse, die ihr im Wege stehen, beiseite drängt. Der Jugendliche ist, um mit Piaget zu sprechen, mehr oder weniger in der egozentrischen Phase formaler Operationen, in der er nicht akzeptiert, daß andere von anderen Voraussetzungen ausgehen können oder daß es andere Ideale gibt, die unter Umständen eine noch größere Bedeutung haben als die eigenen. So liegt über dem Verhalten des Jugendlichen ein gewisser Hauch von Fanatismus, den sich politische und religiöse Bewegungen schon oft genug nutzbar gemacht haben. Der Kinderkreuzzug, die Hitlerjugend und gegenwärtig die Roten Garden in China sind deutliche Beispiele dafür, wie die ideologische Abhängigkeit der Jugend für Massenbewegungen mobilisiert werden kann.

Eine andere, allgemein verbreitete Form der Abwehr zur Beherrschung der sexuellen und aggressiven Impulse ist der *Asketizismus*, der der Selbstverleugnung im Dienste der Ideologie sehr nahe steht. Im Asketizismus scheint die Macht der erotischen Triebe gegen diese selbst gerichtet zu sein, wobei das Über-Ich, das mit seinen Geboten vom Es fast überwältigt zu werden drohte, gestärkt wird und dem Ich nun jegliche Lust versagt. Der asketische Jugendliche versagt sich alle Formen sinnlicher Befriedigung und versucht durch eine derartige Kasteiung seines Fleisches alle erotischen Bedürfnisse zu begraben, zugleich auch alle damit verbundenen Schwierigkeiten und Probleme. Dennoch bleibt die erotische Motivation bei einer derartigen Selbstkasteiung von Fleisch und Geist oft nur allzu deutlich sichtbar, auch und vor allem wenn sie schließlich zum Extrem der masochistischen Selbstgeißelung führt.

Obwohl der Adoleszent erst Mittel und Wege finden muß, um seinen Sexualtrieb zu beherrschen, bis er in der Lage ist, sich mit ihm in realistischer Weise auseinanderzusetzen, hilft der Trieb ihm aber auch, Vorrechte der Erwachsenen für sich zu erwerben. Es ist eine Zeit, in der der Jugendliche seine Interessen immer weiter steckt, über seine Familie, über die Gleichaltrigengruppe, über seine Schulumwelt hinaus, eine Zeit, in der er seine Welt und ihre Menschen zu erforschen und die Regeln des Zusammenlebens in seiner und anderen Gesellschaften zu erkennen, die Lebensweisen von anderen Menschen zu verstehen sucht, die ihm nicht so vertraut sind, daß er sich ihnen sofort bereitwillig unterordnen könnte.

Obwohl viele Adoleszenten in diesem Alter, auch wenn sie noch weiter zur Schule gehen, zum ersten Mal mithelfen, den Lebensunterhalt für ihre Familie zu verdienen, ist es im großen und ganzen doch eine Zeit, in der noch keine besondere Verantwortung auf ihnen lastet. Der Adoleszent muß seine überschießenden Energien noch nicht allzusehr beherrschen und auf jene für ihn so eintönige, Schritt für Schritt erfolgende Lösung von realistischen Problemen konzentrieren, die später seine Tagträume einschränken, ihn jedes Risiko vorsichtig abwägen und die Unfähigkeit der Erwachsenen, die Welt im Sinne seiner Ideale zu verändern, verstehen lassen. Er kann nur schwerlich begreifen, warum »nichts« zur Beseitigung der Ungerechtigkeiten dieser Welt geschieht, warum das Leben der Erwachsenen so prosaisch und niemand bereit ist, Risiken zu tragen. Er schwebt noch immer über der Welt, verloren in seinen Träumen von Liebe, Schönheit und Ruhm. Da ist aber auch das Gefühl der Einsamkeit, des Verlassenseins von Freunden, die sich jetzt mehr und mehr mit ihren Freundinnen beschäftigen und keine Zeit mehr für ihn haben. Die Welt belastet ihn bisweilen mehr, als er ertragen kann. So steht er vor der Fülle seiner Möglichkeiten, zögernd und schwankend, in Erwartung dessen, was die Zukunft ihm zu bringen verspricht. Ob er in der späten Adoleszenz dann alle seine Möglichkeiten noch weiter ausbauen und entwickeln oder aber seine Fühler einziehen und sich mit dem Erreichten zufrieden geben wird, ist von vielen anderen Zufälligkeiten abhängig.

Die späte Adoleszenz

Im Mittelpunkt der späten Adoleszenz stehen in erster Linie die Entwicklung der Ich-Identität und die der Fähigkeit zur Intimität. Wenn der junge Mensch sich endgültig von den Bindungen an seine Familie befreit und genügend eigenen Bewegungsraum sowie innere Stabilität gewonnen hat, um sich die Äußerung seiner sexuellen Triebimpulse zu gestatten, dann hält er noch einmal inne, bevor er definitive Verpflichtungen eingeht. So weicht allmählich der Drang nach Erweiterung des eigenen Bewegungsraumes, wie er für die mittlere Adoleszenz so charakteristisch war, dem Bedürfnis, das Erreichte zu konsolidieren und in Phantasie und Realität unterschiedliche Möglichkeiten der Gestaltung des zukünftigen Lebens, aber auch der erfüllten Beziehung zum anderen Geschlecht zu erproben und zu prüfen. Es ist eine von Unruhe erfüllte Zeit des Zögerns, denn der Jugendliche weiß, daß die Zeit ihm unter den Händen zerrinnt und daß man von ihm sehr bald erwarten wird, seinen Platz als Erwachsener einzunehmen. Sein Leben bedarf noch einer definitiveren Integration als bisher, damit er zu einer Identität als Individuum in allen seinen Rechten finden kann und fähig wird, über die Unabhängigkeit hinaus in der intimen Abhängigkeit der Partnerschaft Erfüllung zu finden.

»Wer bin ich?« ist eine Frage, die sich der Jugendliche in der späten Adoleszenz ungezählte Male immer wieder von neuem stellt und die ihn im Bewußten, noch mehr aber im Unbewußten quält. Er steht jetzt mitten im Prozeß der Selbstfindung, ohne sich darüber immer im klaren zu sein. So muß der Junge sich allmählich entscheiden, was mit seiner Zukunft geschehen soll, während das Mädchen sich mehr und mehr darauf konzentriert, welchen Partner es später einmal heiraten wird. Keiner der beiden aber kann solche Fragen für sich beantworten, ohne sich genau zu kennen. Bei manchen führt die Erkenntnis, daß ein Wendepunkt im Leben erreicht ist, an dem in vieler Hinsicht unwiderrufliche Entscheidungen getroffen werden müssen, zu einer ernsten Krise. Der Jugendliche wird sich bewußt – beim einen bleibt dies eher im Dunkeln, während der andere diese Situation mit einer oftmals angstauslösenden Schärfe sieht –, daß jetzt Entscheidungen getroffen werden müssen, damit die Zeit ihm diese nicht entwindet. Freunde kommen weiter, gehen ihre eigenen Wege, erklimmen die ersten Stufen beruflichen Erfolges und heiraten. Die Zeit des Zögerns kann mitunter lange dauern, denn das Bewußtsein der Verantwortung, wie sie jetzt die eigenständige Entscheidung mit allen ihren Konsequenzen mit sich bringt, führt vielfach zu Verwirrung und Bestürzung, der mitunter eine lange Phase der Unentschlossenheit folgt, die manchmal auch in eine tiefe Verzweiflung umschlagen kann. Gelegentlich sucht der Adoleszent durch Flucht aus seiner gewohnten Umwelt, aus Elternhaus und Schule, sich seiner Probleme zu entledigen, so als ob ihm dies durch räumliche Entfernung gelingen könnte. Der Wechsel tut ihm möglicherweise gut, auch wenn es wenig wahrscheinlich ist, daß sich damit alle Probleme, die er in sich trägt, überwinden ließen, und hilft ihm, eine kurze Zeit des Aufschubs zu gewinnen, in der er neue Erlebnisse und Erfahrungen sammeln, den eigenen Horizont erweitern oder sogar ein wenig mehr emotionale Reife finden kann, die ihn wieder auf den richtigen Weg zurückführt.

Die Identitätskrise der späten Adoleszenz nimmt in der psychiatrischen, aber auch in der Romanliteratur einen breiten Raum ein. Vielfach haben Romanschriftsteller selbst ernsthafte Identitätskrisen durchstehen müssen, und der Psychiater wird immer wieder mit Problemen von Patienten konfrontiert, die ihre Adoleszenz nur unter größten Schwierigkeiten überwunden haben. In der Regel wird jedoch der letzte Schritt ins Erwachsenenalter als ein natürlicher Übergang empfunden, der zu einer stabilen Identität führt. Der College-Student, der bereits weiß, daß er in das Geschäft seines Vaters einsteigen wird, hat letztlich nur intellektuelle Schwierigkeiten mit verschiedenen, aus seinem Studium erwachsenden Problemen, ohne daß diese seine Ziele berühren. Das Mädchen, das den zukünftigen Ehemann bereits gefunden hat, zweifelt nicht daran, daß es sich auf dem Teachers-College zur Lehrerin ausbilden lassen wird, um in der Schule zu unterrichten, bis der Freund es sich leisten kann, zu heiraten und sie und die Familie zu ernähren. Der muskulöse junge Mann, der glaubt, für das Jugend-Fußball-Team nicht gut genug zu sein und den das College nicht sonderlich interessiert, findet in den Weihnachtsferien zur Polizei, zufrieden, daß er einen alten Traum realisiert hat. Und das Mädchen, das sich in seiner sehr großen und unglücklichen Familie nicht wohl fühlt und nach dem Abitur nicht länger im Elternhaus bleiben will, aber zu wenig gesichert ist, um, auf sich allein gestellt, weiterzustudieren, meldet sich zur Krankenpflegeschule, in der es finanziell unabhängig ist und in einer Umwelt leben kann, die Schutz und Geborgenheit gewährt. Mit sich verbreiternder Bildung und dem schnellen sozialen Wandel wird es zunehmend erforderlich, daß der junge Mensch seine Identität relativ unabhängig von seiner Familie findet. So bleibt der junge Erwachsene nicht mehr, wie früher häufig, von seiner Familie und ihren Traditionen abhängig, was allerdings auf der anderen Seite zu einer erheblichen Zunahme von Identitätskonflikten geführt hat.

Die Identitätsbildung

Mit der letzten Phase der Adoleszenz, die schließlich ins Erwachsenenalter führt, muß sich der junge Mensch endgültig zu einer von den Bindungen seiner Familie unabhängigen Persönlichkeit entwickeln, um sich in seinen Ansprüchen als Individuum – und nicht mehr nur als jemandes Sohn oder Tochter – mit allen seinen individuellen Rechten gegenüber der Gesellschaft durchsetzen zu können. Dabei kommt es im Verlauf dieser Phase des Entwicklungsprozesses zu einer Um- und Neugestaltung, in deren Folge sich schließlich ein Individuum herauskristallisiert, das seine Identität trotz der zahlreichen Wechselfälle des vor ihm liegenden Lebens zu wahren vermag. Bis jetzt hat der Adoleszent bereits eine Folge von Entwicklungsphasen durchlaufen und auf jeder Stufe eine spezifisch eigene Identität besessen, wobei auch zwischen den Identitäten der einzelnen Phasen ein innerer Zusammenhang bestand und weiter besteht. Jede dieser Identitäten war allerdings nur vorübergehender Natur, war nicht auf Dauer angelegt. Jetzt aber gilt es eine bleibende Identität zu gewinnen. Der Begriff der Ich-Identität geht auf Erikson zurück, der damit zum Ausdruck bringen wollte, daß es sich bei den jeweiligen Entwicklungsabschnitten der Kindheit nicht um in sich abgeschlossene Phasen handelt, sondern um Einzelstufen im Verlauf der Persönlichkeitsentwicklung, an deren Ende die stabile, in sich geschlossene und eigenständige Persönlichkeit steht, die fähig sein muß, die Rolle des Erwachsenen auszufüllen und sich in das soziale System seiner Umwelt einzuordnen. Die Integration wird nicht allein schon dadurch gewonnen, daß jedes einzelne Stadium der psychosexuellen Entwicklung regelrecht und ohne Trauma oder falsche Fixierungen durchlaufen wird; es ist darüber hinaus im Verlauf der gesamten Entwicklung eine ständige innere Umstrukturierung und in der Adoleszenz dann auch eine Neuorganisierung und Reintegration erforderlich, damit schließlich die Ablösung aus der Abhängigkeit des Kindes zur Verantwortung und Verantwortlichkeit des Erwachsenen möglich wird.[15] Dabei ist aber nicht nur von Bedeutung, daß und wie sich die innere Strukturierung vollzieht, sondern auch, daß und wie die gewonnene Struktur das Individuum schließlich befähigt, als Erwachsener die dem Erwachsenen zugewiesenen Rollen entsprechend den Erwartungen seiner Gesellschaft und ihrer Subsysteme einzunehmen.

Der Begriff der Ich-Identität läßt sich nur schwer präzise definieren; ein gewisses Maß an Unbestimmtheit braucht aber nicht von Nachteil zu sein, denn es ist immer noch besser, sich auf die Umschreibung von Sinn und Inhalt dieses Begriffs zu beschränken, als anfechtbare

15 »Der Prozeß der Identitätsbildung geht aus einer sich entwickelnden Struktur hervor, einer Struktur, die im Verlauf der gesamten Kindheit in der Aufeinanderfolge von Ich-Synthesen und -Resynthesen allmählich Gestalt gewinnt und in die nach und nach konstitutionelle Gegebenheiten, spezifisch individuelle libidinöse Bedürfnisse, günstige Eigenschaften, signifikante Identifikationen, wirksame Abwehrformen, erfolgreiche Sublimierungen und konsistente Rollen integriert werden.« (E. Erikson, »The Problem of Ego Identity« (4), S. 116).

Definitionen im Detail zu versuchen, die möglicherweise an dessen Sinn und Bedeutung vorbeigehen. Mit Ich-Identität wird all das umschrieben, was im Individuum im Laufe der Zeit trotz aller Wechselfälle des Lebens Bestand hat und ihm bei all den vielen Rollen, die es in seinem Leben ausfüllen muß, als Individuum kennzeichnet.[16] Auf den jungen Menschen übertragen, bedeutet dies, mit dem Ende der Adoleszenz eine Identität zu erlangen, die anderen erlaubt, aus seinem Namen – wie dies auch bei den Worten, den Namen von Dingen sein muß – bis zu einem gewissen Grade vorhersagen zu können, wie er sich in unterschiedlichen Situationen verhalten und wie er reagieren wird. In gleicher Weise muß auch

16 In den Bereich der Ich-Identität gehören darüber hinaus auch jene Mechanismen, die mit dem Ziel der Homöostase des Selbst oder der Persönlichkeit störende Einflüsse auf die Persönlichkeit abfangen und damit radikalen Veränderungen entgegenwirken. Diese Mechanismen der Homöostase sind außerordentlich komplexer Natur und in vielem noch völlig unbekannt. Außer den Identifikationen, denen eine besondere Bedeutung zukommt, spielen noch viele andere Faktoren und Zusammenhänge eine Rolle, von denen wir an dieser Stelle einige näher aufführen wollen. 1. Die Art und Weise der Wahrnehmung und die Wahrnehmungsinhalte haben einen großen Einfluß auf die weitere Entwicklung von Charaktereigenschaften und Persönlichkeitsmerkmalen. Umgekehrt, und das ist ein Prozeß wechselseitiger Bedingtheiten, ist die Wahrnehmung aber ihrerseits zum Teil abhängig von der Projektion von Persönlichkeitsmerkmalen und Charaktereigenschaften, – eine Erkenntnis, die den Projektionstests zugrunde liegt. 2. Mit dem Ende der Adoleszenz rückt die Familie zwar aus dem unmittelbaren Feld zwischenmenschlicher Beziehungen des jungen Menschen heraus. Die in ihr begründeten Strukturen prägen aber alle weiteren zwischenmenschlichen und Gruppenbeziehungen außerhalb der Familie. 3. Die elterlichen Gebote sind am Ende der Adoleszenz im Über-Ich internalisiert. Zum Teil sind sie aber auch in das Ich, in den Ich-»Kern« mit einbezogen worden, gehören damit weniger zum Über-Ich als zu den Ich-Funktionen und bestimmen so das Verhalten auf eine ungezwungenere und natürlichere Art und Weise. 4. Die Art und Weise, in der die verschiedenen Abwehrmechanismen zur Abwehr von Angst und Depression eingesetzt werden, aber auch kognitive Strukturen und emotionale Reaktionsformen sind am Ende der Adoleszenz relativ unabänderlich festgelegt. 5. Am Ende der Adoleszenz sind sowohl die kulturellen Regeln, Normen und Instrumente als auch ein Großteil des sozialen Systems, in dem das Individuum lebt, in sein Selbst assimiliert, womit in Verhalten und Wahrnehmung sowie in den zwischenmenschlichen Beziehungen eine diesen Normen entsprechende Stabilität begründet ist. 6. Die Annahme einer Rolle für das spätere Leben, z. B. des Arztes oder zumindest des zukünftigen Arztes, des Juristen, aber auch einer Rolle in negativem Sinne, die den jungen Menschen außerhalb oder zumindest abseits von der übrigen Gesellschaft stellt, stabilisiert das Lebensgefüge und stärkt die Widerstände gegen Veränderungen.

er selbst eine gewisse Vorstellung von sich haben, von seinem Verhalten, seinen Reaktionen und Gefühlen gegenüber anderen Menschen unter unterschiedlichen Bedingungen. Natürlich ist das menschliche Verhalten so komplex und so vielen Zufälligkeiten und bewußten wie unbewußten Einflüssen unterworfen, daß die Vorhersagbarkeit menschlicher Reaktionen in ungewohnten Situationen nur sehr begrenzt ist (wobei der Psychiater natürlich ein wenig weiter sehen kann). Identitätsbildung hat sehr viel zu tun mit früheren Identifikationen und deren Umgestaltung und Eingliederung in einen neuen, größeren Zusammenhang. So bleiben die Identifikationen mit den Eltern trotz der vielen Veränderungen, die sie im Laufe der Entwicklung erfahren haben, nach wie vor entscheidend, werden aber um weitere Identifikationen mit verschiedenen anderen, freundlich oder auch feindlich gestimmten Vorbildern erweitert und modifiziert.[17] Die signifikanten Vorbilder, die verlorengingen oder, wie die Eltern, mehr oder weniger verlassen und aufgegeben wurden, gehen gewissermaßen in die Persönlichkeit mit ein, sie bleiben im Selbst erhalten. Neben den Identifikationen mit einzelnen Personen sind für die Identitätsbildung aber auch die Identifikationen mit Gruppen von Bedeutung, mit der Familie und ihren spezifischen Traditionen und ungeschriebenen Gesetzen, mit der sozialen Klasse, in der das Individuum aufgewachsen ist, mit der ethnischen und religiösen Gruppe sowie der Nation und ihrer Geschichte. Alle diese Gruppen werden vom Individuum gewöhnlich als gegeben und selbstverständlich akzeptiert, wie dies auch für die Zugehörigkeit zur Gruppe des eigenen Geschlechts der Fall ist, die, wie wir ausführlich dargelegt haben, eine Schlüsselstellung bei der Bildung einer stabilen Identität einnimmt. Identifikationen und Identifikationsbereiche, die mit dem Ganzen unvereinbar, die Ich-fremd sind, müssen entweder aufgegeben oder aber verdrängt werden, um nicht die innere Geschlossenheit der Persönlichkeit und ihrer Funktionen schon im Entstehen zu gefährden. »Identitätsbildung beginnt dort«, sagt Erikson, »wo Identifikationen unbrauchbar werden. Sie geht hervor aus der selektiven Aufgabe und Assimilierung von Identifikationen der Kindheit und deren Aufgehen in einer neuen Konfiguration, die ihrerseits von jenem Prozeß be-

17 Die Identifikation mit dem Aggressor ist ein wichtiger Abwehrmechanismus, bei dem die Eigenschaften des gehaßten und gefürchteten Objektes übernommen werden.

stimmt wird, in dem eine Gesellschaft (vielfach vertreten durch deren Subsysteme) dem jungen Individuum seine Identität zuweist und ihn so, wie er geworden ist und als der er ist, anerkennt und akzeptiert.«[18]

Der Adoleszent sucht nach festen Orientierungspunkten, nach Grundlagen, auf die gestützt er seinen Weg durchs Leben gehen, die sich ihm stellenden Probleme lösen und tragfähige Beziehungen zu anderen Menschen aufbauen kann. Er hat das Gefühl, wie Archimedes nur einen festen Punkt zu brauchen, um die Welt in ihren Angeln zu bewegen oder zumindest sich ihr stellen zu können. Sein Weg in die Zukunft wird aber nicht nur von der Stabilität seiner früheren Identifikationen und deren Re-Synthese bestimmt, sondern auch von Normen und Maßstäben, mit deren Hilfe er über das, was recht und unrecht ist, zu urteilen vermag. Wir haben gesehen, daß der Adoleszent allmählich unabhängiger wird von dem gebieterischen Einfluß der als Über-Ich-Gebote internalisierten elterlichen Gebote. Diese waren durch die Verschmelzung mit Ich-Idealen sowie durch die Assimilierung von Normen und Regeln der Gleichaltrigengruppen und von Gesetzen der Gesellschaft modifiziert worden. Wenn er jetzt über seinen Weg in die Zukunft entscheidet, ohne dabei hinter sich das unmittelbare elterliche Gebot zu wissen, dann ist es nicht verwunderlich, wenn er eine Richtung einschlägt, die ihm nicht nur Auskunft darüber zu geben verspricht, was er mit seinem Leben anfangen soll, sondern die ihm darüber hinaus auch Maßstäbe an die Hand geben kann, Maßstäbe für die Beurteilung dessen, was recht und unrecht ist und was Bedeutung im Leben hat. Allerdings ist die Zahl derer, die glauben, daß ihre Probleme gelöst würden, wenn sie sich einer politischen Partei, einer religiösen Gruppe oder einer sozialen Bewegung anschließen, nur gering. Für die Mehrzahl sind weder Politik noch Religion eine Lebensgrundlage, und wenn sich junge Menschen entscheiden, dem Friedenscorps beizutreten oder sich einer Rassengleichheitsbewegung anzuschließen, so gilt dies in der Regel doch nur für wenige Jahre. Entscheidend für das weitere Leben des jungen Menschen ist eher die Wahl des zukünftigen Berufes. Wenn diese Entscheidung erst einmal getroffen ist, dann ist damit ein Großteil der Probleme des jungen Menschen gelöst, so daß er fortan seine Aufmerksamkeit und Energien auf diese neu gesetzten Ziele richten kann. Was er

18 E. Erikson, »The Problem of Ego Identity« (4), S. 113.

aus seinem Leben schließlich macht, wird ihm helfen, seine alte Frage nach dem »Wer bin ich?« zu beantworten.[19]

Identität und Selbstbeschränkung

Allerdings ist eine der wichtigen Aufgaben der Adoleszenz, den Weg in die Zukunft offenzuhalten, um zu verhindern, daß endgültige Entscheidungen getroffen werden, bevor der junge Mensch genügend Erfahrungen gesammelt hat, um richtig beurteilen zu können, was er mit seinem Leben anfangen soll. Einer der Gründe, die Universität zu besuchen, liegt ja gerade darin, den eigenen Horizont über den zu Hause gewohnten Rahmen hinaus zu erweitern und neue Erkenntnisse über die Welt und das Leben in ihr vermittelt zu bekommen. Bisher hatte der Adoleszent ohne Verpflichtung, gewissermaßen stichprobenartig sein Wissen, seinen Horizont erweitert. Jetzt, unmittelbar vor dem letzten Schritt ins Erwachsenenalter, der ihn vor Entscheidungen über seine zukünftigen Interessen und Arbeitsgebiete stellt, ändern sich die Dinge von Grund auf. Mitunter ist es jetzt für ihn schwierig, die eine Möglichkeit aufzugeben und eine andere zu ergreifen, wohl wissend, daß er nur ein Leben zu leben hat. So sieht er sich gezwungen, sich wie nie zuvor in seinem Leben beschränken zu müssen. Des Zauderns überdrüssig sucht er ein zukünftiges Ziel, das alle Unentschlossenheit beseitigt und ihn von der Notwendigkeit, sich immer wieder entscheiden zu müssen, befreien kann, wobei er jedoch weiß, daß alles noch in der Schwebe ist, daß er sich die eigene Zukunft aber auch verbauen kann, wenn er sich unüberlegt entscheidet, denn es ist ein Alter, wo eine einzelne Entscheidung den Ablauf des gesamten weiteren Lebens zu bestimmen vermag, während später, wenn erst ein fester Weg eingeschlagen ist, nur noch eine größere Um- und Neuorientierung das determinierte Lebensgefüge verändern kann. Viele junge Menschen sind deshalb angesichts der Notwendigkeit, Entscheidungen zu treffen, von Unentschlossenheit paralysiert. So war ein junger Student in der Absicht zur Universität gekommen, wie sein Vater Arzt zu werden, wobei dies allerdings weniger den eigenen Interessen entsprach als vielmehr den in ihn gesetzten Erwartungen. In den drei

19 Ein Thema, über das im Kapitel über die Berufswahl noch ausführlicher gesprochen werden wird.

Jahren seines Studiums hatte er sich mehr und mehr für Literatur und Geschichte interessiert und deshalb das Studium der Naturwissenschaften, die ihn nicht sonderlich fesseln konnten, vernachlässigt. Als dann sehr bald darauf sein Vater starb, gab er seinen Entschluß, Arzt zu werden, auf, blieb aber hin- und hergerissen, ob er nun die Universitätslaufbahn einschlagen oder in den diplomatischen Dienst eintreten solle, denn es bereitete ihm keine Schwierigkeiten, einen Tätigkeitsbereich zu finden, der ihn interessieren würde, nur konnte er sich nicht entscheiden, was ihn nicht interessieren sollte. In dieser Lage kommen viele wie Goethe schließlich zu der Überzeugung, daß es wirklich gleichgültig sei, was man tut, denn das eigene Genie werde schon dafür sorgen, daß am Ende alles gut geht.[20]

Für die Entwicklung einer stabilen Identität bedarf es aber auch der Anerkennung durch andere, z. B. durch den Lehrer, der vielleicht mit anerkennender Ermunterung den Schüler veranlaßt, sich einem bestimmten Gebiet mit mehr Energie zuzuwenden. Eine solche Anerkennung hilft dem jungen Menschen vielfach, später schließlich einen Platz in der Gesellschaft zu finden, den er ohne innere Konflikte auch auszufüllen vermag. Manchen wird erst allmählich bewußt, daß man ihnen Anerkennung entgegenbringt, daß man sie mit Verantwortung betraut, die sie in dem Gefühl, noch zu den jungen, abhängigen Mitgliedern der Gesellschaft zu gehören, für sich eigentlich noch nicht erwarten. So arbeitete ein junger College-Student in seinen Sommerferien bei einem Vermessungstrupp, wurde, als der Truppführer plötzlich erkrankte, als dessen Stellvertreter eingesetzt und errang sich trotz seiner Jugend die Anerkennung der übrigen Trupparbeiter. Am Ende der Ferien schlug ihm deshalb die Baufirma vor, bei der Firma zu bleiben, man würde ihm auch eine Stellung mit guten Zukunftsaussichten verschaffen. Obwohl der Student dieses Angebot ausschlug und wieder zum College zurückkehrte, war in ihm doch der Entschluß gereift, Ingenieur zu werden, und er wußte, daß ihm nach seinem Studienabschluß eine gute Stellung sicher sein würde. Zu Beginn des Som-

20 Entwicklungs- oder *Erziehungsromane* handeln meist von der Krise, die der Autor auf der Suche nach einem Lebensziel zu überwinden hatte. Sie sind für das Studium der Persönlichkeitsentwicklung von besonderer Bedeutung. Hier seien vor allem Goethes *Wilhelm Meister*, Samuel Butlers *The Way of All Flesh*, Somerset Maughams *Of Human Bondage*, Strindbergs *Das Rote Zimmer* und James Joyces *Jugendbildnis des Dichters* genannt.

mers hatte er sich noch keine Gedanken über seine Zukunft gemacht, sein Leben und seine Zukunft waren noch ungewiß gewesen; nun, wo er zum Studium aufs College zurückkehrte, hatte er eine feste Vorstellung von seinem zukünftigen Beruf gewonnen, hatte er einen Plan, nach dem er sich in den kommenden Jahren würde richten können, womit ein Großteil seiner Probleme überwunden war.
Der junge Mensch sucht nicht nur nach außen hin in seiner äußeren Umwelt die eigenen Möglichkeiten des zukünftigen Lebens abzustecken, sondern auch in ihm selbst die eigenen Fähigkeiten und Neigungen zu gewichten. Wo liegen die Begabungen und welche Wünsche gilt es zu erfüllen? Wird der Vergleich mit anderen, bei dem es allerstrengste Maßstäbe anzulegen gilt, ihm weiterhelfen? So hält er sich selbst fast unbarmherzig den Spiegel vor, prüft seine Anlagen und Fähigkeiten und zählt nur die, die spätere Vollkommenheit versprechen. Unbewußtes bricht hervor und inneres Chaos droht, denn wenn der Fluß der Entwicklung nur einen Augenblick zum Stehen kommt, taucht von allein viel Altes an die Oberfläche auf. So wird der junge Mensch vielleicht beunruhigt sein von der erotischen Natur seiner Gefühle für die Mutter, von sadistischen Impulsen, von der Unsicherheit um seine Männlichkeit, die ihn sich fragen läßt, ob er nicht homosexuelle Neigungen habe, und von vielem mehr. Er gewinnt tiefe Einblicke in sein Unbewußtes, was ihm an diesem Scheideweg seines Lebens jedoch nur wenig weiterhelfen kann. Für viele Adoleszenten ergibt sich dann schließlich die Lösung vieler ihrer Ängste und Nöte nicht durch weiteres Selbstprüfen und Nach-innen-Reflektieren, als vielmehr dadurch, daß sie sich endgültig entschließen und auf dem eingeschlagenen Weg das gewählte Ziel mit aller Energie verfolgen.

Adoleszenzkonflikte und Ich-Diffusion

Adoleszenzkonflikte sind gegen Ende der Adoleszenz derartig allgemein verbreitet, daß man sie vielfach als charakteristisch für diesen Lebensabschnitt ansieht. Die späte Adoleszenz ist eine Zeit der Konflikte, und neurotische Störungen sind bis zu einem gewissen Grade fast unvermeidlich. Die Gefahren liegen aber nicht so sehr in der Unfähigkeit, positive Lösungen aus den augenblicklichen Schwierigkeiten sowie eine feste Identität und klare Vorstellungen vom zukünftigen Leben zu finden – denn viele Menschen brauchen Jahre, bis sie dies erreichen –, als vielmehr in der Zufluchtnahme zu negativen Lösungen: Der Jugendliche läßt sich fallen, fühlt sich in die Ecke gedrängt und gibt auf. Schließlich kommt es zu einer »Ich-Diffusion«, die ihn allmählich ganz darauf verzichten läßt, irgend etwas an seinem Leben noch bewußt zu ändern. So lebt er unbewußten Motivationen unterworfen, läßt sich treiben und wird möglicherweise mehr oder weniger schizophren. Oder aber er wendet sich verbittert gegen die Gesellschaft und die Erwachsenen, die das Establishment vertreten, stellt sich außerhalb von jeder Ordnung und lebt als »Gammler« oder als sogenannter »Künstler«, ohne eigentlich Künstler zu sein.[21]

Die Unfähigkeit, eine positive Identität sowie eine Lebensform für sich zu finden, ist wohl weniger ein Problem der chronischen Unentschlossenheit als vielmehr der falschen Entscheidungen. Diese sind Ausdruck vielfältiger unbewußter Faktoren sowie tiefgreifender seelischer Probleme, wie bei jenem Typus des intelligenten

21 Der gegenwärtige Hang zum Gebrauch von Marihuana und LSD als Mitteln zur Selbstfindung und zur Entdeckung neuer Wirklichkeiten über den direkteren Zugang zum Unbewußten ist nicht neu. Ähnliches hat es bereits beim Dionysoskult im alten Griechenland gegeben. Dionysos war der »Befreier«, der Gott der Illusion, der es dem Menschen möglich machte, sich in Weingenuß und bacchantischer Ekstase für den Augenblick von der Last seiner selbst freizumachen, dem apollinischen Geist der Ratio zu entfliehen und Selbsteinsicht in Rausch und Lust zu suchen. Er tauchte zu einer Zeit auf, als der Mensch sich erstmalig aus der Solidarität der Familie zu lösen begann »und die Last der eigenen Verantwortung als schwer zu ertragen empfand«. Ziel des Dionysoskultes war die Ekstase, das sich selbst Verlieren, und seine psychologische Funktion war »die Befriedigung jenes Triebes der Ablehnung von Verantwortung, der in uns allen lebt und unter den entsprechenden gesellschaftlichen Bedingungen sich als ein kaum zu unterdrückendes Verlangen durchzusetzen vermag«. LSD wird mit dem gleichen Ziel genommen, vor allem von älteren Adoleszenten und jungen Erwachsenen, die die Findung einer eigenen Identität als eine allzuschwere Last empfinden. Dabei ist die Illusion der tiefen Einsicht in das Selbst und den Sinn des Universums, wie sie unter dem Einfluß von LSD vielfach erlebt wird, besonders verlockend und gefährlich, denn es ist die Illusion, sich selbst dadurch finden zu können, daß man sich verliert. Vielfach wird LSD in Verbindung mit Gruppenritualen genommen, die dem Menschen ein Gefühl vermitteln, frei von der Verantwortung für sich selbst zu sein, und ihn wie bei den bacchantischen Festen im Ritual aufgehen lassen. In diesem Zusammenhang ist nicht uninteressant, daß einige LSD-Anhänger den Gebrauch von LSD als einen religiösen Ritus verstanden wissen wollen. (Siehe E. R. Dodds, *The Greeks and the Irrational* (2), S. 76–77.)

College-Studenten, der aus seinem »bürgerlichen Leben« aussteigt, um sich Hippiegruppen in Greenwich Village oder Berkeley anzuschließen, und der mit Marihuana oder gar Heroin herumexperimentiert; der unfähig ist, sich mit seinem Vater – mit Vaterfiguren überhaupt – zu identifizieren, und darüber hinaus glaubt, sich auch beweisen zu müssen, daß er anders als der Vater sei; der vielleicht die Beziehung zu Frauen scheut, weil er diese für unzuverlässig hält und fürchten muß, von ihnen überwältigt zu werden, und der sich deshalb den Problemen einer homosexuellen Identität gegenübersieht. Bei näherer Untersuchung gelingt es immer wieder, schwerwiegende pathologische Familienverhältnisse und Entwicklungsstörungen aufzudecken, wie Keniston anhand seiner Untersuchungen an verwahrlosten Studenten zeigen konnte.[22] So ist der junge Mann vielleicht von seinen Eltern zutiefst enttäuscht und desillusioniert worden, von seiner Mutter, weil sie ihn immer wieder, wie er glaubt, mit seinem Vater »betrogen« hat, und von seinem Vater, weil dieser trotz des äußeren Scheines doch nur schwach, unfähig oder gar ein Weichling war. Andere können nicht verwinden, daß einer oder beide Eltern unehrlich, hinterhältig oder einander untreu sind.

Die Identifikationsprobleme des Mädchens

Die Identitätskrise der späten Adoleszenz ist vielfach für den jungen Mann sehr viel schwerer zu überwinden als für die junge Frau. Ihr Hauptproblem dreht sich nicht selten um die Entscheidung zwischen Beruf und Ehe. Wenn es bei ihr zu einer tiefgreifenden Identitätskrise kommt, dann sind daran fast immer auch Konflikte um die Geschlechtsidentität beteiligt, vor allem die Unfähigkeit, sich mit dem Fehlen von männlichen Vorrechten abzufinden. Unsere gegenwärtige Gesellschaft ist außerordentlich stark auf Leistung und beruflichen Erfolg ausgerichtet. Derartige Wertvorstellungen bleiben nicht ohne Einfluß auf das Mädchen, das vor allem, wenn es die höhere Schule besucht, zunächst in erster Linie den beruf-

22 Siehe K. Keniston, *The Uncommited* (6). Solche tragischen Familiensituationen sind außerordentlich eindrucksvoll und realistisch in Arthur Millers *Tod eines Handlungsreisenden* und in Eugene O'Neills *Eines langen Tages Reise in die Nacht* dargestellt.

lichen Erfolg im Auge haben wird. In dem Gefühl, vielleicht eine bessere Studentin, Musikerin, Architektin als die männlichen Kollegen sein zu können, ist es natürlich schwer, auf die berufliche Zukunft zu verzichten. Wenn es aber gegen Ende der Adoleszenz zur Entscheidung kommt, dann rücken in der Regel die Erwartungen um die zukünftige Ehe doch wieder mehr in den Vordergrund. Hierfür gibt es eine ganze Reihe von Gründen. Wie wir bereits in den vorangegangenen Kapiteln gezeigt haben, ist die gesamte Entwicklung des Mädchens darauf ausgerichtet, schließlich in der Ehe Erfüllung zu finden und eigene Kinder zu haben. Viele, wenn nicht sogar alle Mädchen haben unbewußt das Gefühl, nicht vollwertig auf die Welt gekommen zu sein, so daß sie sich trotz heftigen Protestes und Zurschaustellung ihrer Fähigkeiten doch als unvollkommen empfinden. In der Schule und auf dem College versucht das Mädchen deshalb oft, durch aggressives – phallisches – Einsetzen seiner Intelligenz den Jungen zu beweisen, daß es ihnen intellektuell nicht nachsteht. Das ändert sich, wie wir gezeigt haben, in dem Augenblick von Grund auf, wo das Mädchen seine männlichen Identifikationen auf einen Mann, den es liebt, übertragen und an dessen beruflichen Erfolgen teilhaben kann. In unserer gegenwärtigen Gesellschaft erwartet man vom Mädchen, daß es in Erfüllung seiner Rolle frühzeitig heiratet. Es ist nur zu natürlich, daß dies auf jedes Mädchen Einfluß haben muß. Wenn Klassenkameradinnen, die nie Wert auf irgendeinen beruflichen Aufstieg gelegt haben, jetzt nach dem geeigneten Ehemann Ausschau halten, oder wenn auf dem College Kolleginnen sich auf die Ehe vorbereiten, dann wird wohl jedes Mädchen auch bei allergrößten Studienerfolgen sich mit dem Gedanken an die Ehe auseinandersetzen. Es gibt nur wenige Männer, auf die intellektuelle Fähigkeiten und Leistungen bei Frauen anziehend wirken, so daß das Mädchen schließlich fürchten muß, abgeschlagen zu werden. Auch beim Mädchen gibt es vor dem letzten Schritt ins Erwachsenenalter noch einmal einen kurzen Augenblick des Innehaltens, in dem es nicht nur zu entscheiden gilt, welchen Beruf es wählen soll, sondern auch, ob es in der beruflichen Welt neben dem Mann bestehen kann. Es gibt aber für das Mädchen keinerlei Verpflichtung, ein Berufsziel zu verfolgen. Das weibliche Vorrecht, abhängig bleiben zu dürfen und Status durch den Erfolg des Ehemannes zu erlangen, läßt deshalb viele junge Frauen ihre frühe Abneigung gegen die weibliche Rolle und ihre

Verachtung gegen die Frauen, die mit dieser Rolle zufrieden sind, schließlich vergessen und die Tatsache, Frau zu sein, mit all den damit verbundenen Vorrechten akzeptieren. Wenn das Mädchen darüber hinaus in seiner Familie in positivem Sinne die Rolle der Frau und Mutter erleben konnte, dann kann es schließlich die Gewißheit haben, daß seine spätere Erfüllung als Frau in Ehe und Familie liegen wird, daß ihrem zukünftigen Ehemann und ihren Kindern ihre Kraft gehören muß. So läßt der Wunsch, als Frau vollwertig zu sein und Erfüllung zu finden, die junge Frau ihr Lebensziel weit früher ansteuern, als dies beim Mann der Fall ist. Gewöhnlich setzt die junge Frau zunächst ihr Studium fort und bereitet sich auf den zukünftigen Beruf vor. Sehr bald verlieren solche Ziele dann aber ihre zentrale Bedeutung, da die Zukunft nicht von ihnen abhängig ist.

Identität und Intimität

Aus Gründen der besseren Übersichtlichkeit haben wir die Entwicklung der Ich-Identität gesondert von der Entwicklung der Fähigkeit und Bereitschaft zur Intimität erörtert, obwohl beide in engem Zusammenhang stehen. Dies gilt naturgemäß besonders für das Mädchen. Die Antwort auf die Frage nach dem »Wer bin ich?« ist zumindest teilweise in dem Bewußtsein begründet, Liebe geben zu können und als Individuum geliebt zu werden, noch mehr aber abhängig von demjenigen, den man liebt und von dem man selbst Liebe erwartet. In die Ich-Identität gehen auch Gefühle der Erfüllung mit ein, die aus der Gewißheit, geliebt und gebraucht zu werden, und aus der Bereitschaft und Fähigkeit, das eigene Leben, das Selbst mit jemandem zu teilen, erwachsen. Bereitschaft und Fähigkeit zur Intimität kann nur entstehen, wenn Selbstvertrauen und die Gewißheit der eigenen Individualität sich allmählich konsolidieren. Die sich entwickelnde Ich-Identität des Adoleszenten wird deshalb ganz entscheidend von Sorgen um die eigenen sexuellen Fähigkeiten, um die Geschlechtsidentität, aber auch um die Bereitschaft und Fähigkeit, die intime Nähe eines anderen zu suchen und zu ertragen, beeinflußt.

Vor allem das Mädchen ist bemüht, auf seiner Suche nach der eigenen Identität sich daran zu orientieren, wen es braucht, von wem es bewundert wird und wem es etwas bedeuten kann, denn seine Fähigkeit und Bereitschaft zur Intimität sind für die Entwicklung seiner Identität von besonderer Bedeutung. Die Probleme des Mädchens sind an sich nicht so sehr von denen des Jungen verschieden, aber ihre Bedeutung und Gewichtung ist eine andere. Für das Mädchen hat die Frage nach dem »Wer bin ich?« in gewisser Weise eine spezifischere Bedeutung. Bei ihm steht vor allem die Frage nach seinem Selbst im Vordergrund und nicht in dem Maße wie beim Jungen auch die nach dem zukünftigen Beruf. Seine Erwartungen vom Leben und seiner zukünftigen Rolle sind schon allein durch seine biologische Konstitution als Frau, die Kinder gebären und aufziehen wird, determiniert – in allen Gesellschaften sind die mit dieser Rolle verbundenen Erwartungen und Aufgaben auffallend gleich. So sind die Hauptinteressen des Mädchens darauf gerichtet, zu einer intimen Beziehung zu finden, die seinen Bedürfnissen entspricht, denn für sein Leben hängt sehr viel davon ab, welchen Mann es schließlich heiraten wird. Dabei versucht es auch sich selbst und die eigenen Eigenschaften zu erkennen und sich darüber klar zu werden, welcherart Jungen und Männer ihm in seinem Leben ein Gefühl der Erfüllung zu geben vermögen. Da Mädchen heute bereits mit durchschnittlich 20 Jahren heiraten, stehen bei ihnen die Probleme um die Intimität in der späten Adoleszenz stärker im Vordergrund als bei den Jungen. Man könnte dies aber auch umgekehrt sehen und sagen, daß das Mädchen deshalb früher heiratet und dieses Ziel entschiedener als der Junge in diesem Alter verfolgt, weil die Probleme um die Intimität bei dem Mädchen eine so große Rolle spielen und im Vordergrund stehen. Und in der Tat ist seine bewußte und unbewußte Aufmerksamkeit vor allem darauf gerichtet, den geeigneten Ehemann zu finden. Da die gesellschaftliche Norm gebietet, daß das Mädchen in der Verfolgung seiner Ziele passiv und rezeptiv bleibt, sucht es mit allerlei Mitteln und Kunstgriffen die Aufmerksamkeit der Jungen auf sich zu lenken und dabei passiv zu erscheinen, während es sich doch eigentlich aktiv um sie bemüht. Es ist eine schwierige und mitunter unangenehme Rolle; oft genug bricht eine Aggressivität durch und sein Verhalten bringt so eindeutig seine Wünsche zum Ausdruck, daß mancher Junge, dem es soeben erst gelungen war, sich von der eigenen Mutter freizumachen, erschrocken zurückweicht und das Weite sucht.

Obwohl die meisten jungen Frauen sich auf einen Beruf vorbereiten und später diesen auch ausüben, ist der Beruf für sie doch eigentlich von zweitrangiger Bedeutung, da er nur dazu dient, den zukünftigen Ehemann so lange zu unterstützen, bis dieser selbst verdienen kann, oder das gemeinsame Einkommen aufbessern hilft, solange noch keine eigenen Kinder zu versorgen sind. Die Berufswahl ist bei der jungen Frau gewöhnlich frei vom Streben nach Prestige, nach Wohlstand oder Einfluß, sondern eher darauf gerichtet, andere zu unterstützen, Helfer zu sein oder Erziehungs- und Pflegeaufgaben wahrzunehmen, z. B. in der Krankenpflege, in der Schule oder in der Medizin und Sozialarbeit. Es gibt natürlich Frauen, die aus verschiedenen Gründen mehr männliche Berufe anstreben, vielfach deshalb, weil sie sich nicht mit ihrer Rolle als Frau abgefunden haben und den Wunsch hegen, im Wettbewerb mit dem Mann den Mann zu übertrumpfen, oft auch, weil sie sich vor der Ehe und Geburt oder vor der Abhängigkeit fürchten.

So ist die Fähigkeit und Bereitschaft zur Intimität für die meisten Mädchen ein zentrales Problem ihrer Identitätsbildung. Am Ende der Adoleszenz ist diese Identität fest begründet; das Mädchen tritt ein in das Erwachsenenalter mit der Erwartung, in Ehe und Familie die Erfüllung seines Lebens zu finden. Diese Erwartung und die Bereitschaft, die mehr passive Rolle zu übernehmen, muß nicht mit unangemessenen masochistischen Gefühlen verbunden sein. Das Mädchen muß aber meist noch für sich selbst den positiven Wert, eine Frau zu sein, entdecken und seine bewußten und unbewußten Einstellungen in vieler Hinsicht ändern, was häufig dann geschieht, wenn es sich erstmals richtig verliebt. Der unbewußte Penisneid verliert sich dann in dem Bewußtsein, auch ohne Penis, ja aus diesem Grunde bewundert und geliebt zu werden. Auch wenn es mitunter große eigene Schwierigkeiten hat, vor allem wegen der Zeit des passiven Wartens auf den zukünftigen Ehemann und der Beschränkungen, die es sich wegen seiner Rolle als junges Mädchen auferlegen muß, kann es doch auch sehr viel Verständnis für den jungen Mann und sein Problem, sich immer wieder von neuem beweisen zu müssen, aufbringen.[23] Es erkennt als Frau, wann und wie

23 Eine junge Frau, die am Ende ihrer Adoleszenz geheiratet hatte und einsehen mußte, daß weder sie noch ihr Mann eigentlich reif für die Ehe war, hatte außerordentlich viel Verständnis für die Situation ihres Mannes, – daß er sich nicht länger auf seine sportlichen Leistungen zur Stärkung seines Selbstwertgefühls

die eigene Mutter in ihrer Ehe in dem Gefühl, geliebt zu sein und gebraucht zu werden, Erfüllung und Befriedigung finden konnte, was es früher, als ihm die weibliche Rolle noch eher eine Last war, nie verstanden hatte. Aus seinem eigenen Erleben und im Gespräch mit seinen Freundinnen wird es sich dann schließlich voll bewußt, daß Sexualität nicht nur erlaubt ist, sondern auch für die Frau das Erleben von Lust bedeutet, ja, daß die Frau eine ebenso intensive sexuelle Befriedigung erfahren kann wie der Mann.[24]

stützen konnte, daß er auf andere, weniger offenkundige Formen des Wettbewerbs mit seinen gleichaltrigen Kollegen zurückgreifen mußte, daß er sich permanent beurteilt fühlte und selbst beurteilte nach dem, was er in seinem neuen Beruf leistete, und daß er immer dann, wenn er der Meinung war, im Beruf versagt zu haben, auch mit Schwierigkeiten beim Geschlechtsverkehr zu kämpfen hatte, daß er sich daraufhin noch weniger als Mann fühlte und sich von ihr zurückzog. Sie dagegen war glücklich, nicht um Aufstieg und Erfolg ringen zu müssen, für sich selbst Zeit zu haben und alten Interessen wieder nachgehen zu können, und sie konnte auch dann, wenn sie kein wirkliches Bedürfnis nach Verkehr mit ihrem Mann hatte oder keine so große Lust dabei empfand, doch immer wenigstens so tun, als ob sie ebenso Erfüllung finde wie sonst auch.

24 Es ist selbstverständlich unmöglich, die Befriedigung des Mannes und der Frau beim sexuellen Akt nach quantitativen Maßstäben zu vergleichen. Der einzige Mensch, von dem man sagte, daß er dies beurteilen könne, war der Seher Teiresias, eine Gestalt der griechischen Mythologie. Der Sage zufolge war Teiresias, als er zwei Schlangen bei der Begattung beobachtete, in eine Frau verwandelt worden und hatte dann viele Jahre als Kurtisane gelebt, bis er schließlich seine männliche Gestalt zurückgewann. Als Hera eines Tages Zeus heftige Vorwürfe wegen dessen Untreue machte, antwortete Zeus, sie solle sich nur nicht beklagen, denn als Frau würde sie ohnehin mehr Lust erleben. Hera gab sich mit dieser ungeheuren Behauptung von Zeus nicht zufrieden und entgegnete, daß wohl ein jeder wisse, daß dem Mann die größere Lust zuteil wird. Keiner konnte den anderen überzeugen, so daß Teiresias kommen mußte, der den Streitfall schlichten sollte, als ein Sterblicher, der etwas wisse, was nicht einmal die Götter wußten. Teiresias antwortete, daß, wenn man die Lust des Aktes in zehn Teile teilen wollte, neun Teile der Frau gehören müßten. Über diese Behauptung geriet Hera derart in Zorn, daß sie Teiresias mit Blindheit schlug. Zeus, der Heras Tat nicht ungeschehen machen konnte, ihn aber dennoch entschädigen wollte, gab ihm das innere Auge, das ihn zum größten Seher aller Zeiten werden ließ, und er verlieh ihm sieben Leben, weswegen Teiresias in mehreren Sagen aus unterschiedlichen Epochen in Erscheinung tritt.

Erst in der späten Adoleszenz wird der junge Mensch reif für die wirkliche intime Partnerschaft, auch wenn er vielleicht schon eher sexuelle Erfahrungen gesammelt hat. Diese waren aber noch nicht darauf angelegt, eine dauerhafte Beziehung zu einem anderen Menschen zur Erfüllung seiner selbst zu suchen, sie waren eher ein zögerndes, tastendes Kennenlernen der eigenen Gefühle und der des anderen Geschlechts. Wenn junge Menschen von 15, 16 Jahren bereits stabile Liebesbeziehungen zueinander haben, dann ist das häufig weniger als ein Anzeichen der vorzeitigen Reife anzusehen, sondern vielmehr der Unfähigkeit, die Ablösung und Unabhängigkeit von wichtigen Bezugspersonen zu ertragen, woraus sich ernsthafte Hindernisse auf dem Weg zur stabilen Ich-Identität ergeben können. Auch wenn in der späten Adoleszenz der Sexualtrieb gegenüber früher nicht nachgelassen hat, ist doch der Adoleszent nicht mehr so stark durch ihn beunruhigt, denn er hat gewöhnlich gelernt, in irgendeiner Weise mit seinen sexuellen Bedürfnissen fertig zu werden, wenn auch nur für kürzere Zeitabschnitte. Sein Über-Ich ist jedoch gegenüber früher toleranter geworden. Das Geheimnis der Sexualität quält ihn nicht mehr so sehr, er ist sich seiner Fähigkeiten und Möglichkeiten sicherer und verfügt über wirksame Formen der Abwehr gegen seinen Trieb, wobei er sich selbst ein gewisses Maß an Triebäußerung gestattet, ohne dabei zu sehr in Konflikte zu geraten.

Nur allmählich findet der junge Mensch zu einer weniger ich-bezogenen, narzistischen Einstellung seinen sexuellen und erotischen Bedürfnissen gegenüber. In seinen Liebesbeziehungen tritt die Bedeutung des Partners stärker in den Vordergrund, dessen Befriedigung auch ihm selbst Lust bereiten kann. Er hat das Gefühl, ohne daß dies ihm unbedingt bewußt werden muß, daß er allein unvollständig ist, daß er die Gemeinschaft mit einem Menschen des anderen Geschlechts braucht, um wirklich erfüllt zu sein. So wird in ihm der Wunsch allmählich stärker, sein Selbst mit einem anderen zu teilen, dessen Rollen und dessen Liebe die seinen ergänzen, der durch ihn und das, was er tut, Erfüllung findet, der kein Rivale ist und dem er etwas bedeutet. Er sucht dabei nicht mehr wie früher einen Menschen, der so ist wie er, nicht einmal einen Menschen des anderen Geschlechts, der Eigenschaften besitzt, die er selbst sich gewünscht hätte, sondern einen Menschen, der ihn selbst ergänzt und der ihn liebt. Bei einem Adoleszenten, der ständig einer unerwiderten Liebe nachhängt, trägt die romantische Sehnsucht meist pathologische Züge, und es scheint so, als ob der Junge oder das Mädchen dabei die Frustration der ödipalen Situation für sich zu wiederholen trachte, statt sich nach Partnern umzusehen, die ihm Erfüllung bringen können.

Jetzt, wo der junge Mensch zu seiner eigenen Identität findet, verliebt er sich zum ersten Male ernsthaft. Dabei ist die Intensität und die Bedeutung, die die Liebe für ihn hat, in vieler Hinsicht von seiner seelischen Reife abhängig, obwohl auch schon die erste Liebe in den frühen Jahren der Adoleszenz von erheblichem Gewicht sein kann. Jetzt aber sind die Partnerschaften stabiler und führen eher zu einer Durchdringung der gegenseitigen Lebensbereiche. Man möchte nie mehr auseinandergehen und alle Erlebnisse teilen. Was ohne den Partner geschieht, geschieht doch immer im Gedanken an ihn. Trennungen sind schmerzlich und der Gedanke, daß an die eigene Stelle ein anderer treten könnte, wird unerträglich. Dem geliebten Partner gelten alle eigenen Gefühle, und wenn dies auch bisweilen schmerzlich sein kann, führt das Erlebnis, über die eigenen Grenzen und das eigene Lebensgefüge hinaus sich in einer intensiven intimen Liebe zu binden, schließlich zu einer Auflösung der Grenzen des Selbst, die ein unendliches Glücksgefühl vermittelt. Zum ersten Mal im Leben kommt es zu einer Bindung, in der das Bedürfnis nach liebevoller Zuneigung und nach erotischer Befriedigung Erfüllung finden und die intensive Bindung an einen der beiden Eltern, auf die der Mensch bereits als Kind verzichten mußte, ersetzen kann. Die psychische Intimität verbindet sich mit der physischen und sexuellen Intimität, wobei die emotionalen und psychischen Bindungen noch stärker werden können als die sexuellen Triebkräfte, von denen ursprünglich derartige Gefühle ausgegangen waren.

Es bleibt wohl dem Dichter überlassen, die Seligkeit der jungen Liebe zu besingen, wenn das Selbst aufgeht in dem anderen und wenn Befangenheit der Liebe weicht. Auch wenn die erste Liebe meist nicht von Dauer ist, spielt sie doch für die Zukunft eine große Rolle. Sie ist ein Zeichen dafür, daß die Enttäuschungen um die Frustrationen innerhalb der Familie überwunden werden können, daß die Verdrängung der Sexualität nicht allzu intensiv gewesen und die Abwehr nicht zu starr ist. Die erste Liebe bricht schließlich auseinander, unter Umständen deshalb, weil der geliebte Partner doch allzusehr dem einen Elternteil gleicht oder, gerade umgekehrt, sich allzusehr von diesem unterscheidet; oder weil zu viele Aufgaben in der Zukunft warten, sexuelle Frustrationen schließlich zu größeren Schwierigkeiten führen oder der eine oder der andere Partner noch nicht bereit ist, die neu gewonnene Unabhängigkeit schon wieder aufzugeben. Dessen ungeachtet sind solche ersten Liebesbeziehungen für die Entwicklung zum Erwachsenen außerordentlich wichtig – als ein vollwertiges Ausprobieren der eigenen Fähigkeiten und Reaktionen in der intimen Partnerschaft, als wichtiger Schritt auf dem Weg zu Eigenständigkeit, aber zugleich auch zu der mit der Partnerschaft verbundenen Fähigkeit, für sich selbst zurückzustecken und zu teilen. Solcherart Beziehungen sollten aus diesem Grunde nicht auf Dauer angelegt sein.

Der Wandel der Sexualmoral

Die gewandelte Sexualmoral hat es in den vergangenen Jahren möglich werden lassen, daß Adoleszenten auch die sexuelle Beziehung in die intime Partnerschaft ihrer ersten Liebe einbeziehen können. Möglicherweise haben dennoch kaum mehr Adoleszenten bereits regelmäßig Geschlechtsverkehr, als dies in früheren Generationen der Fall gewesen sein mag. Wahrscheinlich ist aber gegenüber früher Geschlechtsverkehr häufiger als Petting bis zum Orgasmus; und überhaupt herrscht eine wesentlich freizügigere Einstellung gegenüber dem Geschlechtsverkehr vor als früher.[25] Dies gilt besonders für das Mädchen, das es sich heute leisten kann, sexuelle Beziehungen zu haben, ohne sich bereits endgültig seinem Partner verpflichtet zu fühlen, mag auch ein gewisses Gefühl des Verpflichtetseins vor Promiskuität schützen. So hat auch das Problem der vorehelichen Beziehung an Bedeutung eingebüßt. Die veränderten Hausordnungen in den Colleges haben dieser Entwicklung Rechnung getragen, womit den Studenten zugebilligt wurde, daß sie

25 In anderen Ländern haben Studenten bereits vor dem Zweiten Weltkrieg häufig sexuelle Beziehungen gehabt, und vor allem in den skandinavischen Ländern hat sich die Sexualmoral sehr viel stärker gewandelt, als dies in den USA der Fall gewesen ist. Das intensive Petting mit Orgasmus, das man hierzulande gegenüber dem Geschlechtsverkehr als etwas weniger Verbotenes ansah, hat etwas Perverses an sich, insofern dabei das Vorspiel zum Ziel der sexuellen Stimulierung wird. Für viele Europäer sind solche Praktiken kaum verständlich.

erwachsen und reif genug sind, um über ihre sexuellen Beziehungen selbst entscheiden zu können, vor allem aber, daß Geschlechtsverkehr nichts mit Unmoral zu tun hat.
Es liegt auf der Hand, daß der Adoleszent sich auch deshalb freier fühlen kann und nicht mehr so sehr auf den Schutz von Hausordnungen angewiesen ist, weil die mit dem Geschlechtsverkehr verbundenen Gefahren und Probleme geringer geworden sind und somit seine Entwicklung und Berufsausbildung sehr viel weniger gefährdet sind als früher. Ebenso braucht auch das Mädchen nicht mehr so sehr zu fürchten, in eine nicht gewollte Ehe gedrängt zu werden. Die verbesserten kontrazeptiven Methoden und die Abnahme der Gefahren von Geschlechtskrankheiten sind an der Herbeiführung dieser gewandelten Sexualmoral wesentlich mitbeteiligt gewesen. Es gibt auch zahlreiche progressive Kirchenführer, die sexuelle Abstinenz nicht länger mit Moral gleichsetzen. Einige haben sogar die Meinung vertreten, daß die größere sexuelle Freiheit zu einem Nachlassen unbewußter Motivationen zu unmoralischem Verhalten führen könnte. Diese Vorstellung, die ursprünglich von psychoanalytischen Überlegungen ausging, daß sexuelle Verdrängung für die ungestörte Entwicklung des Individuums schädlich sein könnte, hat ihre Wirkung auf Lehrer, Pastoren, Ärzte und auch Eltern nicht verfehlt. Da die Sexualität von den Älteren nicht mehr so stark als Tabu angesehen wird, kann darüber mit dem Adoleszenten sehr viel offener gesprochen werden, und es ist nicht so sehr die Frequenz vorehelicher Beziehungen, die für den Wandel der Sexualmoral in den letzten Jahren so kennzeichnend ist, als vielmehr die Offenheit, in der man über sexuelle Probleme zu sprechen gelernt hat. Es ist sehr viel natürlicher, daß ein Junge sexuelle Befriedigung bei dem Mädchen sucht, das er gern hat, als daß er zu einer Prostituierten geht oder sich mit der ersten besten Frau, die ihm über den Weg läuft, zusammentut; und ebenso ist es natürlicher, daß das Mädchen mit seinem Freund die sexuelle Lust teilt, als daß es ihn sich anderen Mädchen oder Frauen zuwenden sieht. Viele haben nichts dagegen, ihre Sexualität mit verschiedenen Partnern auszuprobieren, und empfinden keine Notwendigkeit, wegen der sexuellen Beziehungen zu heiraten. So hat die neue Freiheit auch noch den gesunden Effekt, das sexuelle Verlangen als ein wichtiges Motiv für die Entscheidung zur Ehe und für einen bestimmten Partner abzulösen, die sexuelle Verdrängung in der späten Adoles-

zenz zu mildern und damit dem jungen Menschen rationalere Entscheidungen nicht nur im Hinblick auf seine spätere Ehe, sondern auch auf seine spätere berufliche Laufbahn zu erlauben.
Die gewandelte Sexualmoral hat aber auch gewisse Probleme mit sich gebracht. Diese ergeben sich weniger aus moralischen oder ethischen als vielmehr aus emotionalen Gesichtspunkten. Die Adoleszenten beiderlei Geschlechts nehmen heute vielfach volle sexuelle Beziehungen in einem Alter auf, in dem sie noch nicht die genügende emotionale Reife besitzen. Die Moralvorstellungen der Gleichaltrigengruppen verlieren für den einzelnen an Einfluß, geben ihm bei Verzicht und Aufschub seiner Bedürfnisse nicht mehr den genügenden Halt, und die Entscheidung über das, was für den jungen Menschen richtig ist, bleibt diesem jetzt in vieler Hinsicht völlig selbst überlassen. Wenn ein junges Paar sexuelle Beziehungen aufnimmt, dann ist es nur wahrscheinlich, daß einer der Partner dabei innerlich mehr beteiligt ist als der andere und nicht verstehen kann, daß seine Zuneigung nicht entsprechend erwidert wird. So treten aktuelle sexuelle Schwierigkeiten vor allem unter denjenigen Adoleszenten auf, die sich noch nicht genügend aus ihren ödipalen Bindungen befreit haben und die deshalb noch nicht auf die Abhängigkeitsbedürfnisse eines Partners eingehen können, da sie selbst noch nicht genügend unabhängig sind. Selbstverständlich ergeben sich ähnliche Schwierigkeiten auch bei jungen Ehepaaren. Diese Schwierigkeiten sind aber nicht so sehr eine Frage des Alters als vielmehr der inneren Reife, die bei einem Paar, das sich über die Tragweite seiner Lebensentscheidung bewußt werden muß, eher zu erwarten ist. Lösungen aus solchen Problemen allzu früher Sexualität bieten sich nicht leicht an, denn es gibt dazu keine allgemeingültige Antwort. Für junge Menschen sind solche Probleme vielfach vor allem eine Frage von Anstand und Moral – die sie geändert sehen wollen –, während es sich eigentlich mehr um Probleme der Reife handelt.

Unterschiedliche sexuelle Gewohnheiten

Mancher Adoleszent sucht in der Sexualität nicht nur Befriedigung oder Erfüllung in der Intimität, sondern bedient sich ihrer, um sich zu beweisen – oder zumindest andere glauben zu machen –, daß man als Junge ein wirklicher Mann oder als Mädchen für Jungen unwiderstehlich sei. Vielfach liegt dem aber auch die Angst, homosexuell zu sein oder andere tiefgreifende Minderwertigkeitsgefühle wie auch die Flucht vor Leere und Einsamkeit zugrunde. Mancher bedient sich der Sexualität als eines Mittels, über den Partner in sadistischer Weise zu dominieren oder auch das andere Geschlecht zu erniedrigen und dem Partner das Gefühl aufzuzwingen, er sei sexuell unfähig und wertlos. Darüber hinaus kann die Lust am sexuellen Akt einem Menschen mit einer wenig gefestigten Identität auch als Zerstreuung und Trost erscheinen, so daß sie schließlich zu so etwas wie Spiel entartet. Sexualität als Spiel oder als Mittel zum Zeitvertreib ist in der späten Adoleszenz und im frühen Erwachsenenalter nur allzu sehr verbreitet. Sie kann zum Gegenstand des Wettbewerbs mit gleichaltrigen Kameraden des eigenen Geschlechts werden, oder Verführung mit den verschiedensten Raffinessen und Taktiken wird als solche zum Spiel. Viele halten derartige Praktiken in der späten Adoleszenz und im frühen Erwachsenenalter beim Mann für normal und natürlich, eine Art Zerstreuung, die so lange nicht schädlich zu sein braucht, als sie nicht zum Ersatz für das Streben nach wirklicher Intimität wird.

Das Ende der Adoleszenz

Früher oder später geht die Adoleszenz für die meisten Menschen (längst nicht für alle) zu Ende. Dies kann auf sehr verschiedene Weise geschehen. Allgemein gesehen ist das Ende der Reifezeit und damit das Erwachsenenalter dann gekommen, wenn der junge Mensch zu fühlen beginnt, daß er genügend Unabhängigkeit gewonnen und seinen Horizont genügend ausgedehnt hat. Er beginnt allmählich zu begreifen, daß die Welt für ihn zu groß ist und daß er sich beschränken muß, wenn er sich nicht verlieren will. Sein Erfolg in dem gewählten Beruf wird davon abhängig sein, wie stark er sich in seiner nun vor ihm liegenden beruflichen Laufbahn engagieren wird, und er weiß, daß er dabei im Wettbewerb mit anderen steht, gegenüber denen er nicht im Vorteil ist. Häufig entwickelt er jetzt, der er bisher so unbekümmert war, einen fast zwanghaften Arbeitseifer, der in dem Streben begründet ist, die Ängste um die eigene Zukunft zu überwinden, aber auch den in ihn gesetzten Erwartungen gerecht zu werden, denn ein Versagen glaubt er sich nicht leisten zu dürfen. Derartige Ängste und Sorgen können zu einer übergroßen Beschränkung seiner selbst führen, aus der sich schließlich sogar eine Einengung seiner Interessen und seiner Persönlichkeit entwickeln mag – das Gegenteil zur Ich-Diffusion, in seinen Folgen zwar nicht so verheerend und chaotisch, in vielem aber doch sehr hinderlich und manchmal sogar lähmend.

Jetzt, wo das Losgelöstsein von der Familie ihn etwas einsam sein läßt – vor allem, wo seine engeren Beziehungen zu Menschen außerhalb der eigenen Familie mehr und mehr an Intensität verlieren, denn ein Freund nach dem anderen löst sich und heiratet –, wird in ihm das Bedürfnis nach intimer Partnerschaft mit einem anderen Menschen wach, ein Bedürfnis, das schließlich sein ganzes Tun und Planen beherrscht. Er erkennt, daß er seine Energien nicht auf irgend welche unbestimmten Ziele vergeuden darf, sondern sich auf einen spezifischen Bereich der Berufswelt konzentrieren muß, und er beginnt allmählich zu begreifen, wenn auch vielfach nur unbewußt, daß das Streben nach Ruhm und Wohlstand oder das Eintreten für eine Ideologie weit weniger Bedeutung haben kann, als für einen bestimmten Menschen da zu sein; sein Leben erhält dadurch einen Sinn, daß er einem anderen Menschen etwas bedeutet und von diesem gebraucht wird. So vereinigen sich schließlich das Streben nach Identität und das nach Intimität, und sein Bewußtsein, eine spezifische Identität zu besitzen, wird schließlich von dem Bewußtsein getragen werden, für einen anderen Menschen da zu sein, von ihm gebraucht zu werden und ihm etwas zu bedeuten. Ebenso wie in der Kindheit das Selbst in Reaktion auf signifikante Bezugspersonen Gestalt gewann, hilft auch jetzt eine signifikante Person, das Selbst zu definieren. Wahre Intimität ist da vorhanden, wo ein Mensch fähig ist, im Geben und im Nehmen ein Gleichgewicht zu wahren und über die eigene Erfüllung hinaus auch die Befriedigung und Erfüllung des anderen im Auge zu behalten.

Jetzt, am Ende der Adoleszenz, beginnt der junge Mensch die Welt mehr und mehr mit den Augen des Erwachsenen zu betrachten. Er sieht sich nicht mehr, wie dies noch für das Weltbild des Kindes so charakteristisch war, im Mittelpunkt, sondern als Mensch in einer komplexen Welt mit ihren verwirrend vielen Menschen, deren Wege er kreuzt – nicht, wie es ihm bisher erschien, diese die seinen.[26] Er

26 Ein 19jähriger, der in die Stadt zu Besuch gekommen war, in der er seine ersten Sommerferien in seiner Collegezeit verbracht und dabei viele Menschen

wird sich seiner Endlichkeit im Raum und Zeit bewußt und lernt erkennen, daß er einen Sinn im Leben und in dieser Welt finden muß, damit auch sein eigenes Leben in seiner Geringfügigkeit und Bedeutungslosigkeit einen Sinn erhält. Dabei begreift er, daß andere Menschen oftmals die Welt mit anderen Augen und Vorstellungen betrachten als er selbst. Schließlich wird er erkennen, wenn vielleicht auch widerstrebend, daß es zwar lohnend sein kann, einer Ideologie zu folgen, daß er aber zunächst die eigene Zukunft ins Auge fassen muß. Die Egozentrizität der ersten Zeit formalen Denkens ist jetzt geschwunden. Seine Eltern werden für ihn schließlich zu Menschen wie andere auch, die ihr eigenes Leben leben, eigene Fehler und Schwächen haben und mit eigenen Problemen beschäftigt sind, vielleicht auch in gewisser Weise ihm wieder zum Vorbild werden können. So ist es nicht ungewöhnlich, daß der junge Mensch sich jetzt mit bestimmten Wesenszügen seiner Eltern erneut bewußt zu identifizieren und ihre Wertvorstellungen in sein Über-Ich zu integrieren beginnt. Wenn er auf seine Jugendzeit zurückblickt, wird er mitunter das Gefühl haben, nicht genug gewagt zu haben, nicht den selbstgesetzten Idealen, die sein Leben noch bis vor kurzem beflügelt hatten, treu geblieben zu sein. In gewisser Weise ist es immer bedauerlich, wenn ein junger Mensch schon in jungen Jahren ebenso konservativ und konventionell zu werden beginnt wie seine Eltern.

kennengelernt und Freundschaften geschlossen hatte, versuchte bei seiner Abreise auf dem Weg zum Bahnhof, sich noch einmal seiner Gefühle und Empfindungen bewußt zu werden: »Ich war irgendwie verwirrt. Die Menschen, die da durch die Straßen eilten, waren mir plötzlich völlig fremd, und mir wurde schließlich wie noch nie zuvor bewußt, daß all das, was ich vor mir sah, sich seit damals eigentlich nicht verändert hatte. Meine Bekannten und Freunde von damals hatten ihr Leben weitergelebt, hatten sich verliebt, verfolgten andere Interessen und andere Studienziele. Und bei all dem stand ich eher am Rande, ja ich zählte eigentlich nicht. Natürlich hatte ich das alles schon *gewußt,* ich hatte es aber bisher noch nie *empfunden.*«

Kapitel 11

Der junge Erwachsene

Die lange Zeit der Entwicklung kommt zum Abschluß und der junge Mensch beendet seine Lehrjahre in der Abhängigkeit, wenn er zu einer stabilen Identität gefunden hat und fähig und bereit ist, sein Leben in intimer Partnerschaft mit einem Menschen des anderen Geschlechts zu teilen und eine eigene Familie aufzubauen. Die körperliche Reife verleiht ihm nach außen hin den Status des Erwachsenen, aber auch nach innen ist er so gefestigt, daß er die Möglichkeiten seines neuen Status nutzen und die damit verbundene Verantwortung tragen kann. Er ist jetzt auf seinem Lebensweg an einem Punkt angelangt, wo Entscheidungen von ihm gefordert werden; der Lotse seines Lebensschiffes geht von Bord, er wird von nun an dessen Kurs allein bestimmen. Man hat ihm aber beigebracht, das Steuer selbst zu führen, und hat ihm Karten an die Hand gegeben, die ihm die Untiefen und Klippen aufzuzeigen vermögen, wenn auch diese Karten für ihn nur noch bedingt von Nutzen sind, da die Untiefen und Klippen ständig wechseln. Bisher hat er sich noch unter mehr oder weniger angemessener Aufsicht üben können, hat sich in geschützteren Gewässern Kenntnisse und Erfahrungen angeeignet; jetzt übernimmt er selbst Verantwortung und muß zu seinen Entscheidungen stehen. Gewöhnlich geht er nicht allein auf Reisen, sondern er bittet einen anderen Menschen, ihn zu begleiten; und bald kommen dann andere, gebeten und ungebeten dazu, und deren Wohlergehen wird von ihm selbst, von seiner Stabilität und seinen Fähigkeiten abhängig sein.

Von nun an braucht der junge Erwachsene seine Kräfte und Energien nicht mehr auf die Probleme seines Wachstums und seiner Entwicklung zu lenken, sondern er hat sie frei für seine eigenen Ziele. Seine Unabhängigkeit erlaubt ihm, in wechselseitige Abhängigkeit mit anderen zu treten und seinen Platz in dem sozialen System zu finden, in dem er lebt. Beruf und Ehe bringen ihm eine Fülle neuer Beziehungen zu anderen Menschen, lassen ihn Aufgaben finden, denen er seine ganze Kraft widmen kann, und stellen ihn vor neue Rollen, die er übernimmt und die ihm helfen, seine Identität weiter zu definieren. So wird er paradoxerweise schon allein dadurch weniger selbstbezogen sein, daß er den eigenen Interessen nachgeht.

Man kann den Zeitpunkt, zu dem der junge Mensch ins Erwachsenenleben eintritt, zeitlich nicht genau definieren, denn vielfach tritt der junge Mensch in das Berufsleben ein und heiratet, wenn seine Adoleszenz noch nicht zum Ende gekommen ist. In der Regel kommt es aber erst im frühen Erwachsenenalter zur Entscheidung über den zukünftigen Berufsweg. Dies gilt vor allem für den noch ungebundenen jungen Mann. Viele junge Menschen geben dann sehr bald ihre lang ersehnte Unabhängigkeit wieder auf und gründen eine Ehe, die sie mit der Geburt von neuem Leben wieder an den Beginn des Lebenszyklus führt. Jetzt aber sind sie Mitglied der Elterngeneration, eine Erfahrung, die eine tiefgreifende innere Reorientierung herbeiführt. Das Ende dieses neuen Lebensabschnittes – es läßt sich nur schwer genau bestimmen – kommt mit der Zeit, wo die Bedürfnisse der neuen Generation nicht mehr im Vordergrund stehen, ungefähr um das 40. Lebensjahr herum, in welchem Alter der Mann meist eine stabile Position in der Gesellschaft errungen hat und sich zu fragen beginnt, was er aus seinem einen und einzigen Leben noch machen soll.

Der junge Erwachsene ist jetzt auf der Höhe seiner körperlichen und geistigen Kraft, und er setzt gegenüber früher auch seine Energien jetzt wirkungsvoller ein. Dem Drang nach Erweiterung des eigenen Horizontes war in der späten Adoleszenz das Bemühen gefolgt, das neu Erworbene zu konsolidieren und sich selbst zu beschränken. Jetzt gilt es, die Interessen und Energien noch stärker zu konzentrieren, auf den gewählten Berufsweg, aber auch auf die Ehe und ihre libidinöse Bindung an einen anderen signifikanten Menschen. Der junge Erwachsene muß jetzt mehr als je zuvor darauf verzichten, sich Alternativen in seinem Leben offenzuhalten, denn nur so kann er, auf das gewählte Ziel konzentriert, Erfolge erringen und damit seine Identität konsolidieren. Und seine Intimität muß sich jetzt auf den einen Menschen beschränken, den er liebt, um eine tragfähige Partnerschaft entstehen zu lassen. Die feste Bindung an den anderen birgt zwar die Gefahr in sich, in dessen Mißgeschicke und Schwierigkeiten hineingezogen zu werden; aber auch die Unabhängigkeit ist mit der Gefahr der Isolierung verbunden, in der der Mensch auf die wechselseitige Ergänzung und Erfüllung verzichten muß.

Die Wahl des Berufes und die Wahl des Ehepartners gehören zu den wichtigsten Entscheidungen im Leben. Auch wenn es häufig den Anschein hat, als ob sie leicht und rein zufällig getroffen würden, liegen ihnen doch äußerst komplexe Motivationen zugrunde, die sich aus der gesamten Persönlichkeitsentwicklung eines Menschen ergeben. Sie stehen am Ende eines langen Entwicklungsweges zum Erwachsenen, und sie werden als entscheidende Determinanten den weiteren Lebensweg des Menschen, die Befriedigung und Erfüllung, die er im Leben finden wird, sowie die Schwierigkeiten und Probleme bestimmen, die sich ihm in den Weg stellen, seine Persönlichkeit belasten und vielleicht deren Gefüge verändern werden. Die eigenen Fähigkeiten, die Integration der Persönlichkeit haben entscheidenden Einfluß auf die Wahl des Berufes und die des Ehepartners, dann aber auch auf die Art und Weise, in der der Mensch diese in sein Leben integriert und schließlich Erfüllung findet – in seinem Beruf, in Ehe und Familie. Wir werden uns in den folgenden zwei Kapiteln mit der Wahl des Berufes und der Wahl des Ehepartners näher beschäftigen und daran anschließend untersuchen, welche Aufgaben und Probleme den jungen Menschen in der Ehe und als Mitglied der Elterngeneration erwarten.

Die Integration des jungen Erwachsenen

Welche inneren Voraussetzungen sind für den jungen Menschen erforderlich, um diese wichtigen Entscheidungen zu treffen und in deren Folge Erfüllung und Befriedigung zu finden? Glücklicherweise erwartet man vom Psychiater nicht, daß er hier seine Meinung kundtut, und nur sehr wenige suchen seinen Rat in diesen Fragen. Wir haben bisher die phasische Entwicklung des Menschen von der Geburt bis zu Erlangung des Status als Erwachsener im einzelnen verfolgt. Wir werden an dieser Stelle darauf verzichten, den Gang der Entwicklung, in deren Verlauf der Mensch zur Ich-Identität findet und die Fähigkeit und Bereitschaft zur Intimität entwickelt, in seinen einzelnen Phasen noch einmal kurz zusammenfassend zu wiederholen, sondern uns darauf beschränken, einige der wesentlichen Aspekte der Persönlichkeit des jungen Erwachsenen aufzuzeigen, um diese dann in den folgenden Kapiteln noch näher zu erörtern. Es ist zwar einfach zu demonstrieren, wie Persönlichkeitsmängel und Fehlentwicklungen zu schwerwiegenden Konflikten führen, so daß man glauben könnte, derartige Mängel seien vermeidbar, aber es gibt dennoch kaum, wenn überhaupt einen Menschen, der am Ende seiner Entwicklung zum Erwachsenen über alle erwünschten Eigenschaften und Fähigkeiten voll verfügt. Dies bleibt bei jedem einzelnen eine Frage des »mehr oder weniger«. Wir werden hier sozusagen über die Idealpersönlichkeit sprechen, um zu zeigen, wie die Persönlichkeit des jungen Erwachsenen im Idealfall aussehen könnte.

Wie wir in den beiden vorangegangenen Kapiteln gezeigt haben, ist der junge Mensch von seinen Eltern relativ unabhängig geworden, indem er zwischen sich und ihnen allmählich klare Grenzen abgesteckt hat. Normalerweise ergeben sich daraus keine wesentlichen Schwierigkeiten, die den jungen Menschen dazu bringen könnten, sich vor erneuter intimer Abhängigkeit zu scheuen. So kann er jetzt für sich leicht akzeptieren, daß der eigene Weg und der der Eltern auseinanderlaufen, weil jeder jetzt andere Ziele verfolgt. Wenn die frühe Entwicklung ohne Schwierigkeiten verlaufen ist, dann hat der junge Mensch auch die Phase der Auflehnung gegen seine Eltern, in der er seine eigene Identität gefunden hat, entsprechend vollständig überwunden, so daß er seine Eltern jetzt von einer realistischeren Warte aus beurteilen kann. Er ist nicht länger auf sie als notwendige Objekte, die ihm Schutz und Führung gewähren, angewiesen, denn sie wurden internalisiert und sind zum entscheidenden Teil seiner Identität geworden. Jetzt übernimmt er erneut von ihnen wichtige Wesenszüge, vor allem für sein Leben als Ehepartner und als Erzieher einer neuen Generation. In seine Identität sind aber auch andere wichtige Bezugspersonen mit eingegangen, auch die, die er nicht leiden konnte und die er abgelehnt hatte. Wenn in der frühen Kindheit schwierige Umweltverhältnisse geherrscht hatten, waren die Beziehungen zu späteren Bezugspersonen, zu Lehrern, Freunden oder auch Eltern der Freunde, die stabilisierenden Kräfte gewesen, durch die der junge Erwachsene seinerzeit zu positiven Zielen und Identifikationen hatte finden können. Die Identifikationen sind bei ihm jetzt so weit integriert, daß er für ihn signifikante Personen nicht mit Eltern oder Geschwistern zu verwechseln braucht, um an ihnen alte Familienprobleme auszuagieren. Er braucht z. B. nicht, wie der Sohn einer Mutter, die sich ihm auf eine stark erotisch gefärbte Weise genähert hatte, in der Nacht aufzuwachen und unsicher zu sein, ob er mit seiner Mutter oder seiner Ehefrau schläft, oder mit seiner Frau und seinem Sohn die alte Rivalität mit seinem Bruder um die Zuneigung und Liebe der Mutter erneut zu reaktivieren.

In der Folge der inneren Reorganisierung während der Adoleszenz haben jene Über-Ich-Anteile, die ihren Ursprung in Internalisierungen von elterlichen Geboten hatten, an Bedeutung verloren. Der junge Erwachsene folgt vielleicht noch immer den Geboten seiner Eltern, aber nicht so sehr, weil er sich davor fürchten müßte, den Eltern zu mißfallen, als vielmehr, weil diese Gebote in sein eigenes Wertsystem inkorporiert wurden und ihm auf diese Weise eine eigene Beurteilung von recht und unrecht erlauben. Wie wir an anderer Stelle deutlich gemacht haben, wird ein großer Teil des Über-Ich ins Ich, in den Ichkern mit einbezogen, als grundlegende Orientierung, auf die gestützt Entscheidungen getroffen werden. Die Gebote, die dem Menschen über Gut und Böse, über das Verbotene und Erlaubte entscheiden helfen, gehen jetzt von den sozialen, kulturellen und ideologischen Normen und Maßstäben aus, die den Geboten und Normen der Eltern übergeordnet sind. Die Eltern werden nicht länger mit den Augen des Kindes gesehen, und parallel dazu gewährt das Über-Ich jetzt größere Freiheiten der sexuellen Triebäußerung, die ihrerseits die unmittelbar drängende Kraft der Es-Impulse mindern kann. Auch wenn noch immer gewisse Impulse, Wünsche und Verhaltensweisen Schuld- oder Schamgefühle und Ängste auslösen, sind solche Emotionen eher Signale zur Änderung von Verhaltensweisen und Einstellungen als Gefühle, die zu Selbstbestrafung und depressiver Verstimmung führen.

Das Ich steht jetzt bei der Entscheidung um die Gewährung unmittelbarer Befriedigung, die von ihm in Hinblick auf das Wohlergehen des Ganzen getroffen wird, erheblich stärker im Vordergrund. Dem jungen Erwachsenen steht eine Fülle von Material aus persönlichen Erlebnissen, aber auch aus seinem kulturellen Erbe zur Verfügung, auf das er sich bei seinen Entscheidungen stützen kann. Er kann es in Gedanken manipulieren und alternative Möglichkeiten ausprobieren, deren mögliche Konsequenzen vorhersehen, aber auch in seiner Phantasie Befriedigung finden. Dabei vermag er zwischen der reinen Phantasie und dem, was für ihn möglich ist, sehr wohl zu unterscheiden. Magisches und Wunschdenken sind dem Bedürfnis gewichen, die Phantasie in die Tat umzusetzen, um dadurch die eigenen Wünsche realisieren zu können. Der junge Erwachsene kennt sich selbst und die Welt so weit, daß er zu entscheiden vermag, ob sich die Realisierung eines Wunsches oder eines Gedankens der Phantasie lohnt.

Für die Funktion des Ichs, das Verhalten im Dienste der Anpassung zu bestimmen, ist eine der wesentlichen Voraussetzungen die Fähigkeit des Menschen, Spannungen und die unvermeidlichen Ängste des Lebens zu ertragen und dabei dennoch trotz aller Schwierigkeiten ein festes Ziel zu verfolgen. Die Fähigkeit, an Bindungen und Verpflichtungen festzuhalten, gilt gewöhnlich als Zeichen des »Charakters«. Sie erlaubt Konzentration auf feste Ziele und Beständigkeit ungeachtet verlockender Ablenkungen und Reize – ob es sich nun um Ablenkungen von der Arbeit, die von den gewählten Zielen wegführen, oder um sexuelle Ablenkungen handelt. Der Erwachsene kann nicht wie Harpo Marx wegen einem Paar schöner Beine alles stehen und liegen lassen. Während noch in der Adoleszenz gelegentlich jede Weggabelung eine Entscheidung zu fordern scheint, da jeder Weg das weitere Leben entscheidend verändern kann, bestimmt jetzt, wo die Entscheidungen getroffen sind, das selbstgesteckte Ziel die Richtung, und es kann deshalb gleichgültig sein, auf welchem Weg man zu ihm gelangt.

Spannungen und Frustrationen erzeugen Ängste und depressive Episoden. Diese führen aber normalerweise nicht allzu häufig zu dem Wunsch nach regressiver Tröstung in Lust, Schlaf oder dem Verlust der Bewußtheit seiner selbst im Alkohol- oder Drogenrausch. Frustrationen werden vom jungen Erwachsenen als zum Leben gehörig angesehen, wenn er auch alles tut, um diese für sich zu vermeiden. Wenn sie dennoch erlitten werden müssen, werden sie von ihm ohne Mobilisierung von Gefühlen der Feindseligkeit und Aggressivität ertragen – die an sich dazu führen sollen, die erlittenen Frustrationen zu überwinden, nicht aber, um sich selbst oder jenen, die man braucht, zu schaden. Eine ganze Reihe von Abwehrmechanismen helfen die Ängste zu beherrschen. Sie werden aber in der Regel nicht in einem Maße eingesetzt, daß dadurch die Wahrnehmung verändert oder gar der Blick vor den realen Schwierigkeiten des Lebens, die zu bewältigen und zu überwinden sind, verstellt wird.

Jetzt, wo die Probleme um die Abhängigkeit und die symbiotischen Strebungen durchgearbeitet und die Grenzen des Selbst gefestigt sind, braucht der junge Erwachsene nicht länger unbewußt zu fürchten, in der Intimität mit einem anderen seine Identität zu verlieren, von dem anderen verschlungen und zerstört oder im Verlust des Selbst im Orgasmus völlig vernichtet zu werden, noch wird er sein Selbst mit einem Kind gleichsetzen, wie eine Mutter, die ihrem Kind immer dann zu essen gibt, wenn sie selbst Hunger hat. Darüber hinaus ist er sich seiner Geschlechtsidentität genügend sicher, um nicht in übersteigerter und zwanghafter sexueller Betätigung oder als Mann mit unangemessener männlicher Aggressivität und als Frau durch die Verführung anderer sich immer wieder die eigene Sexualität und Geschlechtsrolle beweisen zu müssen.

In der psychoanalytischen Literatur wird die Stabilität und Reife des Erwachsenen gewöhnlich an der genitalen Sexualität gemessen – nicht so sehr nur an der in der heterosexuellen Beziehung erreichten orgastischen Lust als vielmehr an der Fähigkeit, mit der Sexualität in der intimen Partnerschaft Freude und Lust zu erleben. Ursprünglich hatte man geglaubt, daß echte genitale Sexualität allein durch die Überwindung prägenitaler Fixierungen möglich werde, wie sie aufgrund konstitutioneller Faktoren oder traumatisierender Ereignisse auf oraler, analer oder rein phallischer Stufe der Entwicklung eintreten können. Wie wir in den vorangegangenen Kapiteln an Hand der Entwicklung der Fähigkeit und Bereitschaft zur Intimität ausführlich gezeigt haben, gehen jedoch in die Entwicklung der genitalen Sexualität noch sehr viel mehr Faktoren mit ein.

Die dem jungen Menschen am Ende seiner Entwicklung zum Erwachsenen gegebenen Eigenschaften und Fähigkeiten, die ihm ein seinem Alter und seinem Status angemessenes Verhalten erlauben, haben wir ein wenig überzeichnet dargestellt. Denn eigentlich wird niemand so vollständig frei von kindlichen Bedürfnissen oder Strebungen nach Abhängigkeit; niemand erlebt in seiner Entwicklung nicht irgend welche emotionalen Traumata und mehr oder weniger schädliche Beziehungen, die ihre Narben hinterlassen; niemand kann vermeiden, von alten Problemen immer wieder gefangen genommen zu werden; keiner hat nicht irgendwo gewisse prägenitale Strebungen, die er zu befriedigen sucht; wir alle bedienen uns gewisser Abwehrmechanismen, die eigentlich nicht mehr notwendig sind, und übertragen Merkmale und Eigenschaften unserer Eltern auf andere für uns wichtige Bezugspersonen. All dies prägt eines

jeden Persönlichkeit und läßt jeden auf seine Weise ein Mensch mit allen Schwächen und Eigenheiten sein.
Allerdings sollten derartige Schwächen und Mängel niemanden dazu verleiten, allzu viel Energie auf die Lösung alter Probleme zu vergeuden, und niemanden daran hindern, Erfüllung in der Gegenwart und in der Zukunft zu suchen, statt sich vergeblich darum zu bemühen, die Fehler der Vergangenheit ungeschehen zu machen. Der junge Erwachsene sollte sich darüber hinaus auch nicht vor der Erkenntnis verschließen, daß viele Regeln und Formen des Zusammenlebens in der Gesellschaft willkürlicher Natur sind, auf die die Menschen allerdings im Zusammenleben angewiesen bleiben. Er sollte sich von der Willkürlichkeit dieser Regeln nicht beirren lassen und sich um seinen Standort im sozialen System bemühen, dies für sich akzeptieren und dabei hoffen, schließlich positive Veränderungen herbeizuführen. Wenn andere ihn enttäuschen, sollte ihn das nicht allzu sehr berühren, denn angesichts der vielen Schwierigkeiten im Leben, die er bereits erlebt hat und denen er sich gegenübersieht, sollte er dem Versagen und sogar der Irreführung anderer mit Toleranz begegnen.
Wie auch immer er vorbereitet und gerüstet sein mag, die Zeit ist für den jungen Erwachsenen gekommen, wo er seinen eigenen Weg im Leben gehen muß. Er kann dies für sich in dem Schutze seines Zuhause oder in den Hallen seiner Alma mater, wo die Unwetter und Stürme der Welt ihn nicht direkt erreichen, noch für kürzere Zeit hinausschieben, irgendwann kommt aber doch für ihn der Augenblick, wo er zu einer Entscheidung gezwungen wird. Die Wahl des Berufes und die Wahl des Ehepartners sind die beiden Ereignisse, die für sein weiteres Leben die Weichen stellen. Zwar werden diese beiden Entscheidungen vielfach im natürlichen Ablauf eines Lebens wie selbstverständlich getroffen, aber sie sind dennoch in hohem Maße *determiniert*, durch die Persönlichkeitsentwicklung mit ihren vielen Faktoren und durch die zur Zeit der Entscheidung vorhandenen Möglichkeiten. Auch wenn mitunter ein einzelner dieser Faktoren vorzuherrschen scheint, gehen doch eine große Zahl anderer ebenfalls in die Entscheidung mit ein, und die bewußten Entscheidungsgründe sind vielfach nur Rationalisierungen unbewußter Kräfte, die verhüllt und indirekt ihren nur allzu mächtigen Einfluß ausüben. Aufgrund solcher unbewußten Kräfte müssen die Entscheidungen jedoch nicht weniger gut und weniger weise sein,

denn unbewußte Motive können dafür sorgen, daß wichtige und notwendige Bedürfnisse nicht vom Bewußten übergangen werden und daß verdrängte Erinnerungen und Gedanken, verschwommene und kaum greifbare Vorstellungen und Assoziationen, die möglicherweise von entscheidender Bedeutung sein können, auch in die unbewußt motivierten Entscheidungen mit eingehen.

Kapitel 12

Die Berufswahl

Der Beruf ist mehr als nur eine Anzahl von verschiedenen Fertigkeiten und Funktionen, er ist ein Teil des Lebens selbst, ein das Leben des Individuums prägender Faktor. Er hat entscheidenden Einfluß auf seine Umwelt und gestaltet sie, sowohl im physischen wie im sozialen Sinne, er fördert und stärkt jene Eigenschaften, deren sich der Mensch in seiner Arbeit am häufigsten bedient, und er vermittelt sozialen Status und Rollen, die das Leben entscheidend prägen. Da durch den Beruf zugleich bestimmt ist, mit welcher Art von Menschen ein Großteil des Lebens verbracht wird, hat der Beruf auch wesentlichen Einfluß auf die Wertvorstellungen und moralischen Normen. So sind Beruf und Persönlichkeitsmerkmale auf das engste miteinander verflochten.

Sehr häufig werden die Menschen nach dem Beruf, den sie ausüben, beurteilt. So fragt z. B. der Arzt mit als erstes nach der Arbeit, die sein Patient ausübt, und die Antwort hilft ihm nicht nur zu erkennen, was für einen Menschen er vor sich hat, der von ihm Hilfe erwartet, sondern sie erleichtert ihm auch die Diagnose und die Aufstellung eines Therapieplans.[1] Ein Barmixer ist im Vergleich zu einem Sprudelverkäufer nicht nur ein völlig anderer Mensch, sondern er wird wohl auch eher als dieser an einer alkoholischen Leberzirrhose leiden; ein Modeschöpfer, ein Schauspieler oder ein Volksschullehrer wird eher homosexuell sein als ein Ingenieur, ein Hockeyspieler oder ein Universitätsprofessor, und auch wenn es einem schwer fallen mag, den Grund zu nennen, warum man Streitlust und Aggressivität eher vom Juristen als vom Geistlichen erwartet, wird man sich dennoch in vieler Hinsicht solchen Erwartungen gemäß verhalten und sich jedem von einer anderen Seite zeigen. Schon bei relativ gleichgearteten Berufen, z. B. dem des Taxifahrers

1 Jeremy Morris z. B. fand bei epidemiologischen Untersuchungen von Herzkranzgefäßerkrankungen, daß in London die Busfahrer wesentlich und signifikant anfälliger waren als die Busschaffner (5). Liegt dies nur an der unterschiedlichen körperlichen Betätigung oder an dem unterschiedlichen emotionalen Streß, oder kommen darin Persönlichkeitsunterschiede zwischen Busfahrern und Busschaffnern zum Ausdruck?

und des Lastwagenfahrers, sind die Lebensweisen und die Persönlichkeitsstrukturen der in diesen Berufen arbeitenden Menschen mitunter grundverschieden.[2] So sind solcherlei Erwartungen und vorgefaßte Meinungen über einzelne Berufe sowie das an sich vorschnelle Urteil, das man sich bereits bei der Nennung des Berufes über einen andern Menschen bildet, zwar nicht endgültig und vielfach auch unzutreffend, aber doch in mancher Hinsicht berechtigt, wie dies auch psychologische Untersuchungen zu zeigen versucht haben.[3] Liegt das daran, daß gleichgeartete Menschen gleichgeartete Berufe wählen, oder führt die Ausübung eines bestimmten Berufes am Ende zur Entwicklung bestimmter Persönlichkeitsmerkmale? Sicherlich ist beides der Fall, wobei die Berufswahl von der Persönlichkeitsstruktur mit ihren vielen individuellen Faktoren bestimmt wird, während dann der Beruf durch die Vermittlung von Zielen, Normen und Maßstäben sowie durch den Kontakt zu den Berufskollegen die Persönlichkeit eines Menschen formt und seinen Lebensstil prägt.

Trotz der großen Bedeutung, die die Berufswahl für die weitere Persönlichkeitsentwicklung und das psychische und physische Wohlergehen des Menschen hat, finden sich in der psychiatrischen Literatur nur wenige Beiträge zu diesem wichtigen Problem.[4] Dies muß um so mehr überraschen, als sich aus der Berufswahl wichtige Erkenntnisse über die Entwicklungsdynamik und viele unbewußte, das Leben beeinflussende Kräfte im Menschen ableiten lassen. Vielleicht liegt die Ursache dafür, daß man dem Problem bislang so

2 Nach meiner Erfahrung ist den Taxifahrern in großen Städten in erster Linie an einem Beruf gelegen, der minimale Anforderungen an sie stellt und bei dem sie dennoch relativ unabhängig sein können. Permanenten Streßsituationen ausgesetzt, leiden sie häufig an Magenbeschwerden, vor allem Magengeschwüren. Der Lastwagenfahrer dagegen zeigt in seinem Unabhängigkeitsstreben eher aggressive Tendenzen, fühlt sich leicht angegriffen und reagiert sich dann vielfach am Steuer seines großen Lastwagens ab. In dieser Berufsgruppe sind starke und nur schwer zu beeinflussende Kopfschmerzen häufig, die vielfach im Zusammenhang mit der Aggressivität und Anspannung beim Fahren stehen. Der Taxifahrer gerät außerdem oftmals durch das Verhalten seiner Fahrgäste in sexuelle Erregung, oder er wird von Frauen aufgefordert, auf den nächsten Kunden zu verzichten und für einen Augenblick mit in die Wohnung zu kommen.

3 Siehe z. B. E. K. Strong, *Vocational Interests of Men and Women* (6).

4 Die erste psychodynamisch orientierte Untersuchung, die zugleich auch eine der bedeutendsten ist, wurde in Zusammenarbeit von Sozialwissenschaftlern, Psychiatern und Wirtschaftswissenschaftlern durchgeführt (3).

wenig Beachtung geschenkt hat, darin, daß erst in den letzten Jahren und nur in relativ wenigen Ländern überhaupt ein signifikanter Prozentsatz der Bevölkerung die Möglichkeit zu einer freien Berufsentscheidung gehabt hat. In den meisten Ländern arbeiten noch heute mehr als 50 Prozent der Bevölkerung in der Landwirtschaft, die der Arbeiterbevölkerung mit ihrem zum Teil sehr niedrigen Bildungsniveau offenstehenden Berufe sind praktisch kaum voneinander verschieden, Handwerksberufe und kleine Kaufläden gehen vielfach von einer Generation auf die nächste über[5]; in der Regel (und dies galt auch für die USA in der Zeit der Weltwirtschaftskrise um 1930) sind die jungen Menschen schon zufrieden, wenn sie überhaupt eine relativ vernünftige und für sie interessante Stellung finden oder sich selbst den Lebensunterhalt verdienen können. In vielen Ländern wird über den weiteren Bildungsgang eines Kindes in der frühen Adoleszenz oder noch früher endgültig entschieden, vielfach im Hinblick auf den Beruf, den es später einmal ergreifen soll, und wahrscheinlich gibt es keine Gesellschaft, in der Eltern nicht der Meinung sind, daß ein Kind noch zu dumm sei, um für sich selbst eine Berufsentscheidung zu treffen, ja, daß auch der Jugendliche dazu noch nicht in der Lage sei und lieber auf die erfahreneren Eltern hören solle.

Motive bei der Berufswahl

Vor allem in den USA ist die Berufswahl eines der großen Probleme der Adoleszenz. Dieses Kapitel bezieht sich daher weit mehr als die anderen vor allem auf die gegenwärtige amerikanische Situation. Nie zuvor sind sich junge Menschen wahrscheinlich so sehr darüber im klaren gewesen, daß und wie sehr ihre Zukunft von einer gründlichen und ausführlichen Schulbildung und die Erhaltung oder auch Verbesserung ihres sozialen und ökonomischen Niveaus von der Wahl eines geeigneten Berufes abhängen. So steht vielfach das Problem der Berufswahl für den jungen Menschen in der späten Adoleszenz, vor allem aber für den College-Studenten ganz besonders im Vordergrund, bestimmt seine Entscheidungen für bestimmte Kurse und Vorlesungen, läßt ihn verschiedene Berufe auf ihre Eig-

5 Im Mittelalter wurden die Kinder vielfach schon mit sieben Jahren bei einer anderen Familie in die Lehre gegeben (1).

nung hin prüfen und andere Menschen danach beurteilen, ob sie ihm Vorbild für seinen eigenen Lebensweg sein können. Aber obwohl bei der Abwägung aller seiner Möglichkeiten seine bewußt getroffenen Wertungen und Entscheidungen sicher sehr wichtig sind, stehen bei der endgültigen Entscheidung starke Motive im Hintergrund, denen er sich nicht bewußt ist. Dies soll natürlich nicht heißen, daß unbewußte Faktoren vorrangig wären, aber sie geben doch vielfach bei der endgültigen Entscheidung schließlich den Ausschlag.

Wenn wir z.B. bei einer Gruppe von Medizinstudenten die Gründe, die zur Entscheidung für den Beruf des Arztes geführt haben, näher untersuchen, dann werden wir sehen, daß diese nicht nur außerordentlich unterschiedlich, sondern in vielem auch sehr persönlicher Art sind. Wahrscheinlich wird auch unter guten Freunden über die persönlichen Probleme um den zukünftigen Beruf weniger offen geredet als etwa über sexuelle Probleme. Viele können kaum angeben, wie sie zu ihrer Entscheidung gekommen sind oder was sie dazu geführt hatte, und vielfach sind die von ihnen selbst akzeptierten Gründe nur ein Teil der ganzen Geschichte. So hat in der erwähnten Gruppe von Medizinstudenten sich der eine vielleicht für den Beruf des Arztes entschieden, weil er dem Vater nacheifern möchte, ein anderer erfüllt den seinem Vater unerfüllt gebliebenen Berufstraum, und ein dritter versucht mit seiner Entscheidung seiner Mutter Idealisierung des Geburtshelfers, der bei seiner Geburt zugegen war, zu entsprechen. All dies sind Faktoren, die nur zum Teil bewußt sind, weil sie mit zur Atmosphäre des Zuhause gehört haben. Andere Medizinstudenten haben sich für den Beruf des Arztes entschieden, weil sie sich geschworen haben, den Krebs zu besiegen, der ihnen allzu früh die Mutter geraubt hat, oder die Schizophrenie zu heilen, die die Schwester für immer in eine Anstalt gebracht hat. Manche betrachten die Medizin als einen Beruf, bei dem sie viel Geld verdienen und soziales Prestige gewinnen können. Andere haben vielleicht in der Kindheit intensive Todesängste erlebt und wehren sich jetzt dagegen, indem sie in ihrem Beruf den Kampf gegen den Tod aufnehmen und damit zugleich lernen, ihn als etwas Alltägliches zu tolerieren. Vielleicht hat der eine auch Maughams *Of Human Bondage* gelesen und stimmt mit Philip Carey überein, der zu der Erkenntnis findet, daß man, wenn man schon nicht groß und berühmt sein kann, sich zumindest nützlich machen sollte. Mancher angehende Mediziner erkennt mitunter kaum, daß er seinem Idealismus folgt und einen Sinn in seinem Leben dadurch zu finden sucht, daß er anderen hilft. Alle genannten Motive können die Entscheidung für den Beruf des Arztes zwar verständlich machen, sind aber sicher nicht die einzigen signifikanten Gründe. Allerdings sind pseudopsychoanalytische Feststellungen wie die, daß der Chirurg ein sublimierter Sadist sei, der bei niedrigerem Bildungsniveau vielleicht hätte Fleischer werden können, oder daß der Psychoanalytiker nicht viel mehr als ein Voyeur sei, außerordentlich oberflächliche und übertriebene Simplifizierungen charakterologischer Faktoren. Wir werden darauf im 19. Kapitel noch einmal zurückkommen. Es sollen aber an dieser Stelle nicht jene drei, seinerzeit von mir untersuchten Boxer unerwähnt bleiben, die alle außerordentlich brutale Väter hatten, unter denen sie als Kinder sehr leiden mußten, weswegen sie sich geschworen hatten, ihre Väter zusammenzuschlagen, wenn sie nur erst groß und stark genug wären. Und es geht aus den autobiographischen Schriften eines unserer größten Forscher und Entdecker sehr deutlich hervor, daß dieser in dem Streben nach Überwindung seiner alten Kindheitsängste um die Trennung von seiner Mutter fast ums Leben gekommen wäre (2).

An einem besonderen Beispiel wollen wir versuchen darzustellen, welche komplexen Motive der Berufswahl zugrunde liegen können und wie Residuen aus der Kindheit, charakterologische Faktoren sowie realistische Überlegungen schließlich die Entscheidung bestimmen. In gewisser Weise ist die in dem folgenden Beispiel dargestellte Situation nicht ganz typisch, da die außergewöhnlichen Fähigkeiten und Eigenschaften der geschilderten Person die Entscheidung zwischen sehr verschiedenartigen Möglichkeiten erlaubte.

Ein junger Internist R. kam nach seiner Entlassung aus dem Militärdienst zum Psychiater. Er war in Japan stationiert gewesen, wo er sich mit sehr viel Freude besonders für die Kunst dieses Landes interessiert hatte. Dabei hatte sich bei ihm allmählich eine tiefe Unzufriedenheit mit seinem Leben als Arzt breitgemacht, die ihn sehr depressiv werden ließ. Mit 35 Jahren hatte R. bereits mehrere wichtige wissenschaftliche Arbeiten veröffentlicht, so daß sein berufliches Fortkommen außer Zweifel stand. Nach dem einen Jahr, das er nicht in seiner Praxis gearbeitet hatte, begann er daran zu zweifeln, ob er in seinem Beruf als Arzt überhaupt Befriedigung finden könne, denn die vielen Pflichten würden ihm nie erlauben, anderen Interessen nachzugehen. R. hatte seinerzeit auf dem College eine beträchtliche Begabung im Malen gezeigt, und jetzt stand er vor der Frage, ob er nicht die Medizin aufgeben und sich einem künstlerischen Beruf widmen solle. Da er aber Frau und Kinder hatte, war ein Berufswechsel schwierig, wenn nicht sogar unmöglich. Um über seine schwierige Lage und seine Unzufriedenheit Klarheit zu gewinnen, versuchte R. die einzelnen Schritte zu rekonstruieren, die ihn schließlich zur Medizin geführt hatten, wobei er sich allmählich an Einzelheiten erinnerte, die er praktisch völlig vergessen hatte, die ihm aber zum Teil schon in Japan wieder bewußt geworden waren.

In seinen ersten Jahren auf dem College war R. völlig unentschlossen gewesen. Sein Vater, ein erfolgreicher Architekt, hatte ihm vorgeschlagen, doch den gleichen Beruf wie er zu ergreifen, um später, wie dies der ältere Bruder bereits getan hatte, in die gutgehende Firma der Familie einzutreten. R. hatte sich wirklich vorgenommen, Architekt zu werden, sich aber doch nicht entschließen können, weil er seinen Wunsch, Künstler zu werden, nicht aufgeben wollte, – obwohl er sich andererseits auch Sorgen machte, mit seinem künstlerischen Talent nicht genügend Erfolg zu haben, denn er war in guten finanziellen Verhältnissen aufgewachsen und wollte es in seinem späteren Leben nicht schlechter haben. So hatte er schließlich den Entschluß gefaßt, in seinen Studien ein Jahr auszusetzen und eine Kunstschule in New York zu besuchen, um so seine Interessen und Fähigkeiten besser abschätzen zu können, aber auch, um von zu Hause und den Freunden wegzukommen und alles allein noch einmal zu durchdenken. In diesem Jahr, das ihm einen Aufschub vor der endgültigen Berufsentscheidung gewährte, hatte er viel Freude am Malen gefunden, aber auch am Leben, das er in Greenwich Village führte. Dennoch hatte ihn dies nicht weitergebracht, und am Ende des Jahres war R. noch unentschlossener als zuvor und schließlich sogar ängstlich und etwas depressiv geworden, bis er schließlich, sehr zur Überraschung seiner Familie, ankündigte, Medizin studieren zu wollen.

Gemeinsam mit dem Psychiater versuchte er nun, 15 Jahre nach dieser Zeit in New York, herauszufinden, was seinerzeit geschehen war und ihn zu dem folgenschweren Entschluß gebracht hatte. Er war sich vollkommen sicher, daß er vor diesem Jahr in New York nie auch nur den Gedanken an Medizin gehabt oder gar als Möglichkeit in seine Berufsüberlegungen einbezogen hatte. Er hatte sich allerdings damals fest vorgenommen, am Ende des Jahres in New York zu einer endgültigen Entscheidung zu kommen und dann auch an dieser festzuhalten, denn er befürchtete, daß seine nie enden wollende Unentschlossenheit ihn möglicherweise in einen ungeeigneten Beruf drängen könnte.

Als er sich an seine frühen Erlebnisse mit der Medizin zu erinnern versuchte, wurde ihm wieder bewußt, daß er, kurz bevor er in die Schule gekommen war, wegen eines rheumatischen Fiebers einige Monate das Bett hatte hüten müssen und schließlich auch einen leichten Herzfehler zurückbehalten hatte. Seine Eltern waren nach dieser Erkrankung noch lange Zeit um ihn überbesorgt gewesen und hatten ihm jegliche körperliche Anstrengung verboten. Er erinnerte sich, daß er damals sehr an seiner Mutter gehangen hatte. Später, als er schon auf der High School war, hatte er oft neidvoll auf seinen älteren, außerordentlich fleißigen Bruder gesehen, wenn der Hausarzt diesem den Vorschlag machte, Medizin zu studieren, um möglicherweise später einmal seine lukrative Allgemeinpraxis zu übernehmen. Dies war aber weniger Neid gewesen, weil der Bruder Medizin studieren sollte, als vielmehr Neid, weil dieser ihm vorgezogen wurde.

In dem Jahr in New York hatte R. seine Wohnung mit einem Kollegen aus seiner Studentenverbindung geteilt, der an seiner Abschlußarbeit über ein Thema aus der Physiologie arbeitete. Dabei hatte ihn das außerordentlich komplizierte Gefüge von physiologischen Gleichgewichten im Organismus außerordentlich fasziniert. Als ein Mitstudent an Gelbsucht erkrankte und, weil er wenig Geld hatte, in ein öffentliches Krankenhaus eingeliefert werden mußte, wo er in der schlechtesten Bettenklasse untergebracht war, hatte R. ihn des öfteren besucht, weil ihm der Freund in seiner Hilflosigkeit außerordentlich leid tat. R. erinnerte sich, wie er als Kind sich immer gefragt hatte, wie wohl die Erwachsenen, wenn sie krank werden, zurechtkommen, wo sie doch keine Mutter haben, die für sie sorgen könne, und er hatte schließlich wohl auch die Vorstellung gehabt, daß es eine Art Zeichen des Erwachsenseins sein müsse, wenn man bei Krankheit für sich selbst sorgen könne. Allmählich erinnerte sich R., daß er in seiner gesamten Kindheit und Adoleszenz sich immer um Krankheit und Kranksein gesorgt hatte, worin, wie er jetzt meinte, vielleicht auch die unausgesprochene Sorge seiner Eltern wegen seines rheumatischen Fiebers zum Ausdruck gekommen war. Vielleicht hatte sogar die Tatsache, daß Ärzte von ihren Berufskollegen kostenlos behandelt werden, seine Berufswahl mit beeinflußt?

Der Gedanke, Medizin zu studieren, war in ihm zum ersten Mal aufgekommen, als er mit seinem Freund über dessen Bekannten sprach, der nach zwei Jahren Jurastudium sich zum Studium der Medizin entschlossen hatte. Auch er könnte ja seine Pläne radikal umwerfen und dadurch vielleicht allen Schwierigkeiten, sich zwischen Architektur und Kunst entscheiden zu müssen, aus dem Wege gehen.

In der Zeit um Ostern hatte er zum ersten Mal intensive Angstgefühle erlebt, und die Sorge, vielleicht Krebs zu haben, hatte ihn nicht mehr losgelassen. Er fühlte sich deshalb unfähig, für seine Zukunft eine Entscheidung zu treffen, und dachte schließlich, daß es ohnehin gleich sei, was man tut, solange man nur Begeisterung dafür aufbringen könne. Wenig später änderte sich seine Einstellung erneut. Jetzt dachte er, masochistisch, daß er vielleicht das tun sollte, wofür er am wenigsten Lust habe, um sich zu beweisen, daß es völlig gleich sei, ob man für einen bestimmten Beruf begabt ist und Freude daran hat oder nicht. Solcherart Gedanken hatten schließlich in ihm die Entscheidung zum Medizinstudium reifen lassen. Aber auch noch andere Faktoren waren an dieser Entscheidung beteiligt gewesen, von denen wir noch einige aufführen wollen. R. erkannte z. B., daß er sich damals mit seiner Entscheidung nicht nur gegen die Erwartungen seiner Eltern, Architekt zu werden, aufgelehnt hatte, sondern auch gegen deren Lob für seine Malerei, das ihn hatte unsicher werden lassen, ob sie ihn nur wegen seines Maltalentes oder »wirklich«, um seiner selbst willen liebten und gernhatten.

Sehr bald danach erinnerte R. mit beträchtlicher Unruhe und innerer Erregung eine Episode, die, wie er gewahr wurde, seinen Entschluß zur Medizin entscheidend mitgeprägt hatte. Im Alter von 15 Jahren war er mit Freunden zum Zelten gefahren, auf seinen ersten längeren Ausflug weg von zu Hause. Er war damals krank geworden, hatte mehrfach erbrochen und sich sehr schlecht gefühlt, was lediglich die Folge von Heimweh und starker Übermüdung war. Dennoch war er der festen Überzeugung gewesen, daß er Krebs haben müsse; dieser Gedanke war ihm wahrscheinlich deshalb gekommen, weil einige Monate zuvor ein Vetter nach langem Leiden an Leukämie gestorben war. Dies ließ ihn in tiefen Ängsten Gott im Gebet versprechen, daß, wenn Er ihn noch 20 Jahre würde leben lassen, er sein Leben in den Dienst der Menschheit stellen wolle. Als er dann wieder gesund geworden war, hatte er, wie das wohl immer so geschieht, seinen Pakt mit Gott vergessen. Aber im Jahr der Entscheidung in New York, als er so depressiv und hypochondrischen Ängsten verfallen war, war die Erinnerung an sein damaliges Versprechen wiedergekehrt und hatte ihn zutiefst gequält. Als Künstler oder als Architekt, so hatte er sich klargemacht, würde er sein Versprechen nicht einlösen können, der eine Beruf würde ihm zu viel Freude machen, der andere ihm zu viel Geld einbringen. In seine immer wiederkehrenden Ängste waren auch Befürchtungen eingeschlossen, daß er vielleicht bald sterben könne, und er glaubte, sein damals gegebenes Versprechen jetzt wirklich einlösen zu müssen, so daß er sich schließlich zu jener merkwürdigen Entscheidung durchgerungen hatte, das zu tun, was er am wenigsten zu tun wünschte, was ihm aber erlaubte, sein Versprechen einzulösen und sein Leben zu retten. R. war zutiefst erschüttert, als ihn der Psychiater schließlich darauf aufmerksam machte, daß die 20 Jahre, die er sich von Gott erbeten hatte, gerade zu der Zeit zu Ende gegangen waren, als er aus Japan zurückkehrte, und daß er jetzt wieder frei, aber auch unsicher über seine Zukunft sei.

Die Verleugnung eines besonderen Talents bei der Berufswahl und die Beschwichtigung Gottes mit Hilfe einer altruistischen Entscheidung ist vielleicht ein wenig ungewöhnlich; aber so ungewöhnlich, wie dies manchem erscheinen mag, ist dieser Entscheidungsprozeß in seiner Komplexität keineswegs. Die Residuen aus Kindheitsängsten um die Trennung von der Mutter, die Sorge, mit dem Vater und dem älteren Bruder zu konkurrieren, den R. glaubte übertreffen zu können, die Folgen einer schweren Erkrankung in der Kindheit, die Beherrschung der eigenen Impulse durch asketische Strebungen, – all dies waren Faktoren, die zusammentrafen und diesen Menschen schließlich den Weg in eine annehmbare Zukunft hatten finden lassen.

Berufswahl und Persönlichkeitsentwicklung

Der Entscheidung für den zukünftigen Beruf liegt gewöhnlich weniger ein einmaliger Entschluß als vielmehr ein langwieriger Prozeß zugrunde, der bereits früh in der Kindheit seinen Anfang nimmt, wobei die Vorstellungen von dem, was man später einmal werden will, sich im Verlauf der Persönlichkeitsentwicklung in vielfältiger Weise wandeln und in vieler Hinsicht die Persönlichkeitsintegration widerspiegeln. Zunächst sind solche Vorstellungen dem präoperationalen Denken des Kindes und seinem noch sehr engen, egozentrischen Weltbild entsprechend noch sehr unrealistisch und recht verschwommen. So will der dreijährige Junge oft später, wenn er groß ist, »eine Mami« werden, und das Mädchen will später einmal viele Kinder haben und mit seiner Mami und seinem Papi leben. Bei den vielen Abzählreimen, die Auskunft über den späteren Beruf geben sollen, wartet das Kind immer wieder gespannt auf das, was das Glück ihm bringen wird: ob es später »Schuster, Schneider, Leineweber« oder vielleicht auch »Kaufmann, Doktor« oder gar »Totengräber« werden wird.

Später, im Spiel mit den Gleichaltrigen kennt seine Phantasie um das, was es später einmal werden will, keine Grenzen, und jeden Augenblick sieht es sich in einem anderen Beruf. Dabei will es aber z. B. Feuerwehrmann oder Doktor nicht erst später werden, sondern ist dies in seinem Spiel schon jetzt, wobei es die in der Realität erforderlichen Voraussetzungen solcher Berufsziele oder deren Realisierbarkeit noch nicht bedenkt. Gelegentlich können bestimmte Rollen, die das Kind in diesem Alter besonders gerne spielt und auf die sich all seine Phantasie konzentriert, durch gewisse, diese Vorliebe für bestimmte Rollen bekräftigende Situationen sogar entscheidend für die spätere Berufswahl werden, wie z. B. bei jenem kleinen Mädchen, das mit seiner Puppe gerne Krankenschwester spielt und bei seiner völlig überlasteten Mutter vor allem dadurch Liebe und Anerkennung finden kann, daß es ihr bei der Pflege der kleineren Geschwister hilft, wodurch es nicht nur zu ertragen lernt, daß es nicht mehr allein im Mittelpunkt steht, sondern diese Art Hilfe bei der Pflege seiner Geschwister als besondere Möglichkeit für sich entdeckt, sich immer wieder der Liebe seiner Mutter zu vergewissern, so daß dadurch schließlich der Grundstein für die spätere Entscheidung zum Beruf der Krankenschwester gelegt wird.

In der Latenzphase stehen dann die Berufe der verschiedenen Helden und Idole im Vordergrund. So will das Kind in diesem Alter vielfach Rennfahrer, Baseballspieler oder Filmstar werden, wobei die Vorbilder nicht in erster Linie aus der direkten Umwelt des Kindes stammen, sondern dem Fernsehen oder seinen Büchern entnommen sind. Wenn es dann älter wird, fließen in die Vorstellungen vom Idealberuf allmählich auch Überlegungen um eigene Fähigkeiten und die Realisierbarkeit der eigenen Wünsche ein. Häufig wird dann aus dem Baseballspieler der Sportansager und aus dem General der Unteroffizier.

In der höheren Schule sind es vor allem die Eltern oder irgendeine andere Idealperson, die der Jugendliche sich zum Vorbild nimmt. Bestimmte Berufsziele werden jetzt in die engere Wahl gezogen, andere verworfen, aber der junge Mensch kennt sich selbst noch nicht genügend, um bereits endgültige Entscheidungen zu treffen. In den Schulferien sucht er sich jetzt vielfach Jobs, mitunter auch deshalb, um zu sehen, ob sie ihm als Lebensberuf gefallen könnten. Dies kann manchem Jugendlichen helfen, den geeigneten Beruf für sich zu finden, vor allem, wenn die Schulzeit bereits mit der Mittelschule zu Ende geht. In der Adoleszenz, in der es den jungen Menschen so sehr nach außen drängt, wendet er sich vielfach, wie wir gehört haben, von den Elternvorbildern ab und verschreibt sich idealistischen Zielen.

Die College-Erziehung läßt den Studenten dann neue Berufe in Erwägung ziehen, vor allem unter dem Einfluß von Lehrern, mit denen er sich vielfach identifiziert. Hier auf dem College lernt er auch, sich mit anderen zu messen und seine Ziele mit denen der anderen zu vergleichen, bis er allmählich in der Lage ist, seine Fähigkeiten, Wünsche und Chancen für bestimmte Berufe *realistisch* zu beurteilen. Der junge Mann wird sich vielfach in erster Linie fragen, was für ihn selbst besonders wichtig und wesentlich ist, wieviel er zu verdienen hofft, wie lange er es sich leisten kann, ohne Verdienst zu bleiben, wen er heiraten wird und vieles mehr. Er wird versuchen, sich darüber klar zu werden, wohin bestimmte Entwicklungen gehen, welche Berufe Zukunft haben, und dabei heute vor allem an Computertechnik, Physik und Städteplanung denken. Wenn er der Meinung ist, daß ein Krieg drohen könnte, wird er vielleicht eine militärische Laufbahn anstreben oder umgekehrt nach Möglichkeiten suchen, die ihn vor dem Militärdienst bewahren.

Allgemein gesehen erwarten junge Menschen vom Beruf entweder, daß er ihnen Freude und Befriedigung im Leben bringt, oder aber, daß er ihnen Sicherheit und Einfluß verschafft, wobei die Befriedigung im Leben von der Familie, vom Prestige in der Gesellschaft, von Sport und Hobbys oder von Dingen, die man mit Geld kaufen kann, z. B. Gemälde oder auch Liebschaften, erhofft wird. Vielfach haben die jungen Menschen das erstgenannte Ziel nur so lange im Auge, als sie sich noch nicht endgültig entschieden haben und noch nicht an ihre eigene Selbständigkeit und Unabhängigkeit oder an die Familie, die sie zu gründen beabsichtigen, denken.

Der junge Mensch braucht für seinen Ausbildungsgang gewisse Vorbilder und Muster, die ihm helfen, seinen Weg in eine bestimmte berufliche Laufbahn zu finden und seine unterschiedlichen Intentionen auf ein Ziel zu konzentrieren. Wenn ihm die Vorbilder und Muster – in der Regel andere Personen, mit denen er sich identifiziert – fehlen, dann verliert er vielfach das berufliche Ziel aus dem Auge. Diese *Kristallisation* der Interessen und Intentionen auf ein berufliches Ziel bedarf der inneren Verpflichtung, des festen Vorsatzes, das berufliche Ziel bis zum Abschluß zu verfolgen, und dabei zugleich der Bereitschaft, alle Unsicherheit und Zweifel auf dem Wege dahin in Kauf zu nehmen. Ohne einen solchen festen Vorsatz wird der junge Mensch leicht in ihm interessant erscheinende Gebiete, mit denen er in seiner Ausbildung in Berührung kommt, »abspringen«, wie z. B. der Medizinstudent, den es zur Biochemie oder Physiologie zieht, wozu ihn vielleicht seine eigene Begeisterung oder ein Lehrer, mit dem er sich identifiziert, verleitet, während andere trotz ihrer Interessen ihr gewähltes Ziel, Arzt zu werden, weiter verfolgen und aller Versuchung, davon abzurücken, widerstehen. Die Beschränkung auf ein festes Berufsziel fällt mitunter schwer, weil damit vielfach die Aufgabe anderer wichtiger Interessen verbunden ist. Dies ist vor allem dann der Fall, wenn der Ausbildungsgang zunächst relativ uninteressante Ausbildungsabschnitte vorsieht, so etwa im Medizinstudium die vorklinischen Fächer, die manche Medizinstudenten als langweilig empfinden.

Die letzte Phase der Berufswahl ist durch die *Spezifizierung* der Interessen auf ein Gebiet durch Aneignung spezialisierter Kenntnisse und Fertigkeiten gekennzeichnet. Dies bedeutet für den jungen Menschen vielfach, daß er seine Interessen und Ziele noch weiter einengt, häufig genug auch, daß er weiterhin die Bereitschaft aufbringt, auf die Befriedigung eigener Wünsche, auf Gehalt, Heirat und äußeres Ansehen zu verzichten, bis das gewählte Ziel erreicht ist. Andererseits erlaubt sie ihm aber auch, spezifische Eigenschaften und Persönlichkeitsmerkmale zu nutzen und bestimmten speziellen

Interessen weiter nachzugehen. Ein Student, der mit dem Vorsatz, Psychologe zu werden, studiert, kann sich, seiner Neigung zur Mathematik entsprechend, auf statistische Methoden konzentrieren oder aber zu seinem Interesse für menschliche Probleme zurückfinden, das in dem Labyrinth der experimentellen Psychologie zu verkümmern drohte, und sich mehr auf die klinische Psychologie oder die Erziehungsberatung spezialisieren, oder er kann sein Interesse für die Kunst in seinem Beruf einsetzen und sich mit der Psychologie der Malerei beschäftigen. Solcherart Spezialisierung und Beschränkung ist vielfach erforderlich, um in einem Beruf besondere Erfolge zu erringen. Mitunter ergibt sie sich auch aus dem Beruf selbst, z. B. bei dem Anwalt, der sich allein aufgrund seiner Arbeit auf das besondere Gebiet des Steuerrechts spezialisiert. Häufig ist die Entscheidung für einen Beruf, für ein bestimmtes berufliches Ziel, die vielfach so große Schwierigkeiten macht, nur der erste Schritt vieler weiterer Spezialisierungen. Medizin und Psychologie sind Interessengebiete, die beide ein gewisses Grundstudium erfordern, dann aber weitere Entscheidungen notwendig werden lassen, für den Mediziner vielleicht die Chirurgie, dann ein Spezialgebiet der Chirurgie etc. Weitere Entscheidungen folgen nach, z. B. die Länge der Klinikausbildung, ob Privat- oder Gruppenpraxis, in einer großen Klinik, als akademischer Lehrer, in der Forschung, in einem Forschungsgebiet usw. Auch nach erfolgter Spezialisierung werden im Verlauf des gesamten weiteren Lebens immer wieder neue berufliche Entscheidungen notwendig sein, die großen Einfluß auf die Persönlichkeitsfunktion haben können, – etwa beim Forscher, ob er nach der beruflichen Beförderung in die Forschungsverwaltung gehen soll, oder beim klinischen Lehrer, ob er die Arbeit am Krankenbett aufgeben soll, um im Laboratorium ein spezifisches Problem zu erarbeiten.

Persönlichkeitsmerkmale und Berufswahl

Die Berufswahl spiegelt die Entwicklung und Integration der Persönlichkeit wider. Aber auch genetisch determinierte Eigenschaften können die Berufswahl mitbestimmen und für manche Berufe Voraussetzung sein (z. B. die besondere musikalische Begabung für den Beruf des Musikers) oder die Wahl anderer Berufe ausschließen (z. B. die Farbenblindheit). Häufig ist es schwierig, die bei der Be-

rufswahl bestimmenden Faktoren im einzelnen zu erkennen. Sicherlich spielen aber bestimmte Persönlichkeitsmerkmale und Charaktereigenschaften wie Fixierungen in der psychosozialen und psychosexuellen Entwicklung eine große Rolle. So wählen Menschen mit »analen« Charakterzügen, mit zwanghaft pedantischen Tendenzen vielfach Berufe, die unmittelbar mit Geld zu tun haben (in der Buchhaltung, in Kassen und Banken) oder die ein besonderes Interesse am Sammeln erfordern; Menschen mit »oralen« Charakterzügen werden gern Koch oder Diätspezialisten, oder sie suchen möglichst viel Geld zu verdienen, um auch sicher zu gehen, daß sie nicht verhungern werden; und der Mensch mit »phallischen« Charakterzügen wählt mit Vorliebe Berufe, in denen er Macht ausüben oder aufgrund seiner äußeren Erscheinung bewundert werden kann.
Es steht außer Zweifel, daß manche Menschen für bestimmte Berufe besser geeignet sind als andere, und daß manche auch völlig ungeeignet sein können. Solche Unterschiede kann man auf verschiedene Weise systematisch erfassen (siehe Kapitel 19). Der Introvertierte ist wohl als Marktschreier kaum geeignet und würde es auch sicherlich nicht sein wollen, und umgekehrt würde der Extrovertierte als Kunstkritiker sicherlich sehr wenig glücklich sein. Berufsberater und Psychologen versuchen, solche charakterologischen Unterschiede für ihre Arbeit zu nutzen.[6] Dabei richten sie sich gewöhnlich nach Kriterien wie Interessen für bestimmte Berufe, Persönlichkeitsmerkmale, Intelligenz und Neigungen sowie nach den bevorzugten Vorbildern.

Der Einfluß des Berufes auf die weitere Persönlichkeitsentwicklung

Nachdem wir den Einfluß der Persönlichkeit auf die Berufswahl näher untersucht haben, müssen wir uns nun der Frage zuwenden, inwieweit der Beruf die weitere Entwicklung des Erwachsenen beein-

6 Holland (4) hat folgende, nach seiner Meinung äußerst brauchbare Systematik entwickelt: Er unterscheidet den realistischen, intellektuellen, sozialen, konventionellen, unternehmungsfreudigen und künstlerischen Typus. Alle Eigenschaften können isoliert oder in Kombination auftreten, aber manche davon schließen einander aus, z. B. künstlerische und realistische Eigenschaften. Die Berufe hat Holland nach der gleichen Systematik unterteilt. Er ist der Meinung, daß die Interessen über die Persönlichkeit Aufschluß geben können, daß die Menschen eines Berufes ähnliche Persönlichkeiten und Persönlichkeitsentwicklungen haben, daß zwischen den Menschen einer Berufsgruppe, da sie gleichgeartete

flußt. Wenn der Mensch vor der Wahl seines zukünftigen Berufes steht, dann ist eines seiner wichtigsten Ziele, eine soziale Umwelt zu finden, in der er sich wohl fühlen kann, in der Menschen leben, denen er sich gerne anschließt und deren Achtung er sucht. Diese soziale Umwelt wird entweder die vorhandenen Persönlichkeitsstrukturen bewahren und festigen oder aber durch in ihr entstehende Reibungsflächen und Spannungen zu Veränderungen zwingen und Konflikte heraufbeschwören, wenn solche Veränderungen nicht möglich sind. Durch die Identifizierung mit anderen Menschen, die alle gleichgeartete Ziele verfolgen und gleiche Normen und Wertvorstellungen haben, wird die Identität des einzelnen gefestigt. Auch wenn der eine oder andere sich seine eigenen Normen und Wertvorstellungen bewahrt, unabhängig davon, was die anderen Menschen um ihn herum denken und tun, passen sich doch die meisten Menschen in ihren Über-Ich-Normen den Wertvorstellungen, Idealen und Forderungen ihrer Gruppen und Führerfiguren an. Übertriebene Formen der Anpassung des eigenen Verhaltens an die Gruppe lassen sich immer wieder finden, z. B. bei jenen Soldaten, die, dem Befehl ihres Offiziers folgend, hilflose Kriegsgefangene erschießen und später, wenn sie aus dem Krieg zu ihren Familien zurückgekehrt sind, ihr Verhalten von damals nicht begreifen können. Und in den SS-Truppen der Nazizeit gab es viele, die niemals daran gedacht hätten, alle Juden und Polen auszurotten, wenn dies nicht durch die Anschauungen und Wertvorstellungen ihrer Gruppe und ihrer Nation gebilligt worden wäre. Wenn sich jemand für das Werbefach entscheidet, hat er es vielleicht schon bisher mit der Aufrichtigkeit nicht so genau genommen. In seiner neuen Arbeitsumwelt wird die Wahrheit nun zwecks Steigerung der Verkaufsziffern mit Absicht manipuliert. So werden vor allem die Fähigkeiten der Täuschung und Irreführung anderer gefördert, was schließlich auch Einfluß auf die Persönlichkeit des einen solchen Beruf Ausübenden hat, denn dieser gewinnt Anerkennung und Achtung von denen, die er selbst achtet, durch seine Fähigkeiten, die Wahrheit zu kaschieren.[7]

Persönlichkeitsstrukturen haben, charakteristische interpersonelle Beziehungen bestehen, und daß Zufriedenheit, Stabilität und Erfolg im Beruf von der Kongruenz von Persönlichkeit und Arbeitsumwelt abhängig sind.

7 Eine vor kurzem durchgeführte Untersuchung läßt den Schluß zu, daß derartige Persönlichkeitsmerkmale auch auf die Kinder dieser Menschen Einfluß haben, indem diese von ihren Eltern lernen, daß das, was man sagt und damit erreicht, wichtiger sei als das, was man in Wirklichkeit tut.

Manche Berufe bekräftigen eher konventionelle und allgemein geachtete Über-Ich-Normen und werden deshalb vielfach gerade aus diesem Grunde gewählt. Der Beruf des Pfarrers, des Polizisten und andere verwandte Berufe haben in erster Linie die Erhaltung von Gesetz und Moral zum Ziel. Der Arzt wählt einen Beruf, in dem sein eigenes Wohlergehen dem seiner Patienten untergeordnet sein soll. So werden Wertsysteme und Ziele durch den Beruf und im Beruf gefestigt oder auch umgestaltet.

In seiner Ausbildung eignet sich der Neuling nicht nur die Fertigkeiten und Kenntnisse eines Berufes an, sondern zugleich auch eine ganze Art zu leben, die seine Persönlichkeit in vielfältiger Weise formt. Der Medizinstudent im ersten Jahr wird sich fragen, wie ein Arzt sich in verschiedenen Situationen verhalten wird und verhalten muß, vor allem bei der Entscheidung über Leben und Tod, und er wird versuchen, durch die Beobachtung seiner Lehrer und Kollegen die Antworten für sich zu finden, und schließlich deren Verhaltensformen und deren Lebensstil annehmen, noch bevor er überhaupt sein Studium beendet hat. Unabhängig davon, wie er vor seinem Studium gewesen war, wird er ein gewisses Maß an Pedanterie entwickeln, wird anderen Menschen mit einer besonderen Form der Verbindlichkeit begegnen, von seinen Patienten eine gewisse Achtung erwarten, sich vor allem der Intellektualisierung als Form der Abwehr bedienen und seine Gefühle zu verbergen oder sogar bis zum gewissen Grade zu verdrängen lernen. Darüber hinaus lernt er auch, seine Mahlzeiten zu unregelmäßigen Tageszeiten einzunehmen, auf Schlaf zu verzichten, nicht mit ungestörten Feierabenden zu rechnen, und er wird sich eine Frau suchen, die nicht von ihm erwartet, daß er jeden Abend zu Hause ist. Jemand, der eine wissenschaftliche Laufbahn einschlägt, wird eine besondere Gewissenhaftigkeit entwickeln und parallel dazu sich zur Abwehr gegen Ängste vor allem der Intellektualisierung bedienen, was vielleicht nicht so ausgeprägt wäre, wenn er z. B. den Beruf des Handlungsreisenden ergriffen hätte.

Man kann vielfach beobachten, wie Freunde oder auch Brüder, die aufgrund gemeinsamer Interessen, Ideale und Wesenszüge in vielem einander sehr ähnlich waren, nach der Entscheidung für den zukünftigen Beruf, die mehr oder weniger zufällig – oder scheinbar zufällig – getroffen worden war, sich im Laufe der Jahre immer mehr voneinander entfernen. Der Fabrikarbeiter verbringt seine Abende in der Kneipe um die Ecke, spielt Karten und erzählt Geschichten, seine Frau ist zu Hause bei den Kindern, während sein Bruder, der Priester geworden ist, völlig andere Interessen, Wertvorstellungen und Verhaltensformen gegenüber anderen Menschen entwickelt hat. Beide Brüder haben sehr unterschiedliche Ich-Funktionen entwickelt, unterschiedliche intellektuelle Eigenschaften, Fähigkeiten und Formen des Verhaltens anderen Menschen gegenüber, darüber hinaus aber auch sehr verschiedene Formen der Äußerung von Es-Impulsen, wobei der Priester sich der Sublimierung und des Asketizismus bedient, um die Ansprüche seines Über-Ichs zufriedenzustellen. Der Bankier in einer kleinen Gemeinde in Neu-England, Inbegriff des Konservatismus, der mit einer äußerst puritanischen Frau verheiratet ist, in seiner Ehe nur wenig sexuelle Befriedigung findet und erwartet, würde nie daran denken, sich von seiner Frau, die eine »gute« und »anständige« Frau ist, scheiden zu lassen, während sein Freund aus der Kindheit, mit dem er sich früher so gut verstanden hatte und der ihm so ähnlich war, jetzt unter seinen Madison-Avenue-Public-Relations-Kollegen etwas weiter westlich in Neu-England lebt und der Überzeugung ist, daß sein Leben vertan wäre, wenn es nicht auch sexuell interessant sei, und deshalb die Analyse und die Ehescheidung sucht, – oder eher umgekehrt, erst die Scheidung und dann die Analyse, nachdem er auch mit seiner zweiten Ehe nicht so recht zufrieden ist. Solcherart Vergleiche sind an sich kaum möglich, da kein Mensch dem anderen gleicht und es kein »wenn« im Leben gibt. Aus der Erfahrung kann man aber sagen, daß der vom Beruf geprägte Lebensstil auf die Persönlichkeit und ihre Funktionen einen tiefgreifenden Einfluß hat.

Der Arzt, über dessen Motive bei der Berufswahl wir vorhin so ausführlich gesprochen haben, hätte vielleicht auch Künstler oder Architekt werden können, wenn nicht jene zufälligen Ereignisse gewesen wären, die bei der Abwägung der Entscheidung schließlich den Ausschlag zur anderen Richtung gegeben hatten. Das Leben besteht aus mancherlei Zufälligkeiten, die oftmals entscheidend sein können. Das Leben und die Persönlichkeit von R. wäre anders gewesen, wenn er nicht Arzt, sondern Künstler geworden wäre. Als Arzt führt er ein eher geregeltes Leben, er ist Mitglied der medizinischen Fakultät, er hat gelernt, seine Phantasie zu beherrschen und seine schöpferischen Fähigkeiten in der Forschung zu disziplinieren, seine Kollegen schätzen Verantwortlichkeit und die Bereitschaft, auch für andere Verantwortung zu übernehmen, er hat wissenschaftliches Denken gelernt, das auch sein Leben in seiner Familie und die Erziehung seiner Kinder beeinflußt, er hat eine Fürsorgerin geheiratet, die, wie er, ein hohes Maß an sozialem Verantwortungsbewußtsein besitzt, und vieles mehr. Als Künstler hätte er Anerkennung und Befriedigung in seiner Malerei gefunden, würde, seiner Phantasie folgend, nach neuen Formen des künstlerischen Ausdrucks suchen, er würde wahrscheinlich nicht regelmäßig arbeiten und mehr seinen schöpferischen Impulsen als seinem Sinn für Verantwortung folgen, die Menschen, mit denen er zusammenlebte, würden sich wie er in der Unabhängigkeit von sozialen Konventionen wohlfühlen, sein Erfolg würde in erster Line auf seinen schöpferischen Leistungen beruhen, sein Sinn für Verantwortung stünde nicht absolut im Vordergrund, er wäre in seinem Denken freier und weniger wissenschaftlich und möglicherweise frei von Intellektualisierungen, die seine künstlerische Phantasie hemmen könnten, er hätte wohl auch kaum näheren Kontakt mit einer Fürsorgerin gefunden, und wenn, dann hätten beide bei der geringen Zahl gemeinsamer Interessen wohl nicht geheiratet, und vieles mehr. Die durch den Beruf gegebenen Rollen, die Ausbildung und Vorbereitung auf den zukünftigen Beruf, die Ideale und Idealfiguren, an denen man sich orientiert, die Wertvorstellungen der Kollegen, – dies alles sind bestimmende Kräfte, durch die die spätere Persönlichkeit entscheidend geprägt und geformt wird.

Moral und Wertvorstellungen in verschiedenen Berufsgruppen

Für den Therapeuten ist es besonders wichtig, daß er sich von seinen eigenen Moralbegriffen und Wertvorstellungen freimacht, um seine Patienten, die vielfach aus ganz anderen Berufen stammen und eigene Lebensformen, Anschauungen und Ziele haben, richtig verstehen zu können. Dies soll an einem Beispiel gezeigt werden. Während des Zweiten Weltkrieges waren zwei junge Offiziere zum Hauptmann befördert und zu einer Flugabwehreinheit auf einer wunderschönen Südseeinsel abkommandiert worden, die fernab vom Kampfgeschehen lag. Der eine freute sich über das Glück, das er hatte, und tat alles, um das Leben auf der Insel nur recht zu genießen, während der andere sehr bald starke Kopfschmerzen bekam, die ihn zu verschiedenen Ärzten führten, bis sich ein erfahrener Armeearzt seiner annahm und die Situation richtig erfaßte. Der zweite Offizier war ein Absolvent von West Point und hatte es sich zum Ziel gesetzt, General zu werden. Seine Chancen, dies zu erreichen, waren jedoch sehr gering, wenn er nicht die Gelegenheit bekommen würde, seine Fähigkeiten – am liebsten auch seine Tapferkeit – unter Beweis zu stellen und am Ende des Krieges mindestens Oberst zu werden. Er glaubte, von einem älteren Offizier, der etwas gegen ihn haben müsse, auf seinen jetzigen unwichtigen Posten abgeschoben worden zu sein, und er konnte sich in seiner Abneigung und feindseligen Einstellung gegen diesen Offizier kaum beherrschen. Dagegen war sein Offizierskollege, der an seinem jetzigen Posten Gefallen fand, ein Reserveoffizier, der zwar ein aufrechter Patriot, aber dennoch kaum am militärischen Leben oder an Tapferkeit und Ruhm interessiert war. Er zog das Leben bei den Polynesierinnen vor, – von dem er bisher nicht einmal zu träumen gewagt hatte.

Die Berufswahl bei Frauen

Die Probleme um die Berufswahl stehen bei den Männern stärker im Vordergrund als bei den Frauen, da bei diesen im großen und ganzen Ehe und Kindererziehung Vorrang vor dem Beruf haben. Für die meisten Frauen ist die Zukunft in erschreckendem Maße davon abhängig, wen sie heiraten, und wenn eine Frau nicht unverheiratet bleibt, wird ihr Status im Leben, aber auch der ihrer Familie fast immer vom beruflichen Erfolg ihres Mannes bestimmt. Aber auch wenn sie selbst arbeitet, ruhen ihre Hoffnungen für die Zukunft doch mehr auf ihrem Ehemann und ihren Kindern als auf dem, was sie in ihrem eigenen Beruf voranbringt.
Dennoch machen sich auch viele junge Frauen Gedanken über ihren zukünftigen Beruf. Gegenwärtig sind sehr viele Frauen berufstätig, bevor sie heiraten, und dann wieder, wenn ihre Kinder erwachsen geworden sind, häufig auch, wenn die Kinder noch klein sind, um das Einkommen der Familie aufzubessern. Männer und Frauen streben in der Regel Berufe an, die sich grundsätzlich unterscheiden, vielleicht ausgenommen die Berufe derjenigen Frauen, die eine längere Ausbildung hinter sich gebracht haben. Die junge Frau wählt eher einen Beruf, in dem sie als Helferin in einer mehr oder weniger

mütterlichen Rolle in untergeordneter Stellung arbeiten kann. Die Stenotypistin möchte viel verdienen, interessiert sich aber weniger für ihren beruflichen Aufstieg als für die Menschen, mit denen sie zusammenarbeitet, und sie zieht es möglicherweise vor, einem Mann in einer höheren Position bei seiner Arbeit zu helfen, als selbst eine solche Stellung auszufüllen. Krankenpflege, Pädagogik und Fürsorgearbeit zählen gewöhnlich zu den typischen Frauenberufen. Bei allen steht die mütterliche Rolle und das Helfen im Vordergrund. Innerhalb solcher Frauenberufe gibt es natürlich erhebliche Unterschiede, z. B. zwischen der am Krankenbett und der in der Gesundheitsverwaltung tätigen Krankenschwester. In der Sowjetunion und in einigen anderen Ländern ist auch der Arztberuf in erster Linie den Frauen vorbehalten, – und er bietet auch zweifellos Möglichkeiten zur Erfüllung mütterlicher Neigungen.
Frauen haben es im allgemeinen nicht nötig, sich mit Hilfe von Leistung und Erfolg zu beweisen, denn sie finden Befriedigung vor allem darin, daß man sie bewundert und liebt – so wie sie sind und weil sie geben können. Das Bedürfnis, von anderen bewundert zu werden, kann eine Frau auch zum Tanz, zum Schauspiel oder zu ähnlichen Berufen führen, die das Bedürfnis nach Bewunderung befriedigen und zugleich vielseitige Begabungen fördern und zur Entfaltung bringen.
Obgleich viele Frauen zu Beginn ihres Erwachsenenlebens mit dem festen Vorsatz, den zukünftigen Beruf tatsächlich auch auszuüben, ihre Berufsausbildung beginnen, tritt allmählich doch der Beruf zugunsten der Ehe in den Hintergrund. Die meisten Frauen finden früher oder später zu der Ansicht, daß eine gute Ehefrau und, mehr noch, eine gute Mutter zu sein, selbst ein Beruf sei, der viele spezielle Kenntnisse und Fähigkeiten erfordert. Allerdings kommt es oft genug zur Unzufriedenheit mit diesem Beruf, über die wir im Kapitel über die Anpassung in der Ehe noch ausführlicher zu sprechen haben (siehe Kapitel 14). Die Berufswahl der Frau ist ein Thema, das uns unmittelbar in das wichtige Problem der Wahl des Ehepartners führt.

Die Wahl eines Berufes ist eine der wichtigsten Entscheidungen im Leben. Solche Entscheidungen werden gewöhnlich von sehr vielen Faktoren bestimmt, die auf vielfältige Weise die bisherige Persönlichkeitsentwicklung widerspiegeln. Die bewußten Entscheidungsgründe sind nur bis zu einem gewissen Grade für die Berufswahl entscheidend. Der einmal gewählte und dann ausgeübte Beruf wird im weiteren Verlauf des Lebens zu einer bestimmenden Kraft der Persönlichkeitsentwicklung, der Art der zwischenmenschlichen Beziehungen sowie des Lebens, das der Mensch führen wird. Die Berufswahl pflegt jedoch für den Mann eine größere Bedeutung zu haben als für die Frau, da bei den meisten Frauen weniger die Wahl des zukünftigen Berufes als vielmehr die Wahl des zukünftigen Ehepartners im Vordergrund steht.

Kapitel 13

Die Wahl des Ehepartners

Die beiden jungen Menschen, die sich füreinander entschieden haben, sind sich wie selten sonst in ihrem Leben der Bedeutung ihrer zukünftigen Bindung bewußt. Ihre Entscheidung ist das Ergebnis ihres gesamten bisherigen Erlebens. Die Hochzeit wird ein Höhepunkt sein, durch den zugleich der Beginn eines neuen Lebens mit einem völlig anderen Status bezeichnet ist. Beide sind sich bewußt, daß ihr zukünftiges Glück in hohem Maß von der Beziehung, die sie zueinander haben und haben werden, abhängig ist, und beide fühlen, auch wenn sie sich dies vielfach nicht so bewußt vergegenwärtigen, daß die weitere Entwicklung ihrer Persönlichkeit und ihrer Art und Weise der Anpassung an das Leben noch in der Schwebe sind. Für manche ist die Hochzeit in erster Linie eine Zeremonie, die die Erlaubnis und soziale Sanktionierung des Geschlechtsverkehrs bringt. Solche Ansichten sind, sollten sie ernst gemeint sein, in alarmierender Weise oberflächlich. Die Bindung, die mit der Eheschließung eingegangen wird, ändert – zumindest sollte sie das – die Ich-Struktur von beiden Partnern, womit sie von nun an über das Wohlergehen von zwei Menschen entscheidet. Vom Ehepartner werden neue Über-Ich-Gebote übernommen, die gemeinsam mit Es-Impulsen und den fundamentalen Trieben des Ehepartners in der zukünftigen Ehe das Verhalten bestimmen. So ist die Ehe nicht nur ein Wagnis, sondern sie bringt zugleich mit der Notwendigkeit der inneren Umstrukturierung der Persönlichkeit und ihrer Funktionen neue Möglichkeiten der inneren Erfüllung und Befriedigung.
Braut und Bräutigam haben Grund genug, die Ungewißheit zu fürchten, denn wie bei jeder Verpflichtung müssen die Konsequenzen im voraus akzeptiert werden. Sie gehen jedoch eine besondere Verpflichtung ein, die sie in intime wechselseitige Abhängigkeit führt. Die Eltern hatten sie sich als Objekte ihrer Abhängigkeit nicht selbst wählen können, jetzt können sie selbst wählen, müssen aber alle mit der Entscheidung verbundenen Pflichten und Verpflichtungen und alle sich ergebenden Konsequenzen akzeptieren. Die Ansatzpunkte möglicher Schwierigkeiten und Gefahren werden allerdings überdeckt von der Erwartung, in der Ehe gegenseitige

Unterstützung und Kraft zu finden. Mit der Wahl des Berufes erlangt man Stabilität und innere Geschlossenheit dadurch, daß man ein festes Ziel verfolgt, alle seine Interessen darauf richtet und die durch den Beruf gegebene Art zu leben sowie die zugehörigen Rollen und Wertsysteme übernimmt. Mit der Wahl eines Ehepartners und der Gründung einer Ehe bindet man sich an einen anderen Menschen, der mit einem teilt, der einen stützt, auf den man sich verlassen kann, wobei eines jeden Wohlergehen eng mit dem des anderen verknüpft ist. Darüber hinaus übernimmt man die Rolle des verheirateten Menschen mit allen damit gegebenen traditionellen Pflichten und findet dadurch einen endgültigen Standort im sozialen System. Auch mit dieser Entscheidung kommt es zur Beschränkung der Lebensmöglichkeiten, die bisher noch offenstanden, eine Beschränkung, die einem vielleicht als lästig erscheinen mag, die aber zugleich zu einer inneren Festigung und Stabilisierung führt, durch die sich neue Möglichkeiten der Selbstäußerung eröffnen.

Die Probleme um die Anpassung in Ehe und Familienleben sind für das Verständnis der emotionalen Probleme und Konflikte von Patienten von außerordentlich großer Bedeutung. Sie dürfen aber nicht unabhängig und isoliert von der jeweiligen Persönlichkeit der Ehepartner sowie der Partnerwahl gesehen werden. Dies mag manchem als Gemeinplatz erscheinen, aber es wird oft übersehen, daß viele Ehekonflikte in hohem Maße von der Persönlichkeit des einen der beiden Partner geprägt sind, der unter Umständen mit praktisch jedem Partner Konflikte haben würde, wie z. B. jener Mann, der eine bildschöne und reiche junge Frau geheiratet hatte, die Verständnis für seine Schwierigkeiten mit seiner Familie aufbrachte und bereit war, ihm bei der Überwindung seiner Ängste zu helfen, die ihn am Arbeiten hinderten. Aber obwohl seine Frau seiner resoluten und herrischen Mutter in keinerlei Hinsicht ähnlich war, hatte er doch aufgrund seiner Erlebnisse mit dieser eine derartige Angst vor praktisch allen Frauen, daß jede nähere Beziehung zu einem weiblichen Wesen, die auch zu sexuellen Beziehungen führen könnte, in ihm intensive Ängste auslöste. Er konnte bald kaum noch nach dem Abendbrot mit seiner Frau unter demselben Dach bleiben und entfernte sich schließlich innerlich so weit von ihr, daß sie ihm nicht mehr zu helfen vermochte. Im Übrigen ergeben sich aus der Unfähigkeit, sich mit dem Partner zu ergänzen, noch sehr viele andere Probleme.

In der psychiatrischen Behandlung von verheirateten Patienten findet man immer wieder, wie eine aus neurotischen Motiven getroffene Wahl des Ehepartners den Menschen an ein unerträgliches Leben kettet, das zahlreiche nachteilige Charakterzüge mobilisiert und damit zugleich die Entwicklung positiver Eigenschaften hemmt. Es ist zwar sicherlich richtig, daß der gewählte Partner gewissen fundamentalen Bedürfnissen entspricht und damit auch in gewisser Weise der geeignete Partner ist, aber dies gilt nicht in jeder Hinsicht, wie wir noch zeigen werden. Man kann immer wieder finden, daß viele Menschen überhaupt nicht wissen, wen sie heiraten und wie stark dessen Persönlichkeit auch ihre eigene Persönlichkeit beeinflussen wird. Wenn man es mit Eheproblemen zu tun hat, hat man nicht einzelne Menschen vor sich, sondern immer ein Paar, wobei die Art und Weise, in der sich eine Ehe entwickelt hat, in eindeutigem Zusammenhang mit der Persönlichkeit der Partner und deren Konflikten sowie der Frage der Partnerwahl steht. Es ist sogar möglich, daß auch pathologische Bedürfnisse in einer Ehe erfüllt werden, wenn nur der geeignete Partner gewählt wird; wenn z. B. eine Frau, die sich so sehr vor Schwangerschaft und Geburt fürchtet, daß sie kein Kind bekommen möchte, einen Mann findet, der im Mittelpunkt des Lebens seiner Frau stehen und sich diesen Platz nicht durch Kinder streitig machen lassen möchte.
Wir wollen in diesem Zusammenhang untersuchen, warum Menschen heiraten, wen sie heiraten, in welcher Beziehung die Entscheidung für den zukünftigen Ehepartner zum bisherigen Lebensablauf steht und wie sie die weitere Entwicklung beeinflussen wird. Die besondere Bedeutung, die der Familie als primärer Agentur der Sozialisation des Kindes zukommt, verlangt, daß wir uns besonders eingehend mit der Ehe beschäftigen, die die Atmosphäre und das Milieu schafft, in dem das Kind aufwachsen soll. Jeder Therapeut sieht sich tagtäglich mit Eheproblemen konfrontiert, die vielfach im Mittelpunkt der emotionalen Schwierigkeiten und Probleme stehen, aufgrund derer der Patient Hilfe sucht. Nicht allzu oft konsultieren Patienten den Therapeuten direkt wegen bestimmter Eheprobleme; die meisten Patienten mit Eheproblemen kommen aufgrund von Symptomen oder Ersatzbeschwerden, die erst durch die aus den Ehekonflikten hervorgegangenen physiologischen Funktionsstörungen oder durch Verschiebung entstanden sind. So kann man immer wieder beobachten, daß chronischen Rückenbeschwer-

den bei der Frau der Wunsch zugrunde liegt, sexuelle Beziehungen, gegenüber denen sie Ekel empfindet, abzulehnen, oder daß eine mit einer anderen Erkrankung einhergehende Fettsucht darauf beruht, daß ein Mensch, der nicht genügend Zuwendung und Liebe von seinem Partner erhält, Ersatzbefriedigung in übertriebenem Essen sucht, etc. Ein Mann, der über hartnäckige Kopfschmerzen klagt, bringt in der Therapie sehr bald seinen Zorn über seine Frau zum Ausdruck, die ihn nach seiner Überzeugung nur wegen seines Geldes geheiratet hat und dauernd versucht, ihn wegen seiner niederen sozialen Herkunft schlechtzumachen. Weiterhin äußert er dann auch seine Gefühle hoffnungsloser Frustrierung, weil seine Frau sich unnahbar gibt und auf seine sexuellen Bedürfnisse nicht eingeht, die sie als lästig empfindet, weshalb sie ihn glauben zu machen versucht, er sei unanständig.

Obwohl wir uns hier nicht in erster Linie mit den pathologischen Veränderungen und Konflikten beschäftigen, sondern die Entwicklung der Persönlichkeit innerhalb der Ehe untersuchen wollen, muß die Darstellung der mit der Partnerwahl und der Anpassung in der Ehe verbundenen Probleme auch die Schwierigkeiten und Unzulänglichkeiten miteinschließen, da diese nicht etwa zur Ausnahme gehören, sondern in der Mehrzahl der gegenwärtigen Ehen in mehr oder weniger starker Ausprägung in Erscheinung treten. Diese Mehrheit kann zwar nicht als die Norm angesehen werden, aber dies zeigt zugleich die Schwierigkeiten, die mit einer zufriedenstellenden Partnerwahl und Anpassung in der Ehe verbunden sind. Rund ein Sechstel der gegenwärtig in den USA geschlossenen Ehen endet vor dem Scheidungsrichter. Diese Ziffer hat sich seit 1946, wo die Scheidungsrate noch 1:3 betrug, bis heute eingependelt (8). Ungefähr die Hälfte der Ehen wird in den ersten 10 Jahren geschieden, wobei glücklicherweise etwa 50 % dieser Ehen noch kinderlos sind. Solche Zahlen sollten jedoch nicht als Zeichen dafür gewertet werden, daß die Ehe an Bedeutung verliert, denn fast 75 der geschiedenen Ehepartner heiraten wieder in den ersten 5 Jahren nach der Scheidung, und noch nie hat ein so hoher Prozentsatz der Bevölkerung pro Jahr geheiratet wie heute (11–12 pro 1000 gegenüber 9 pro 1000 um 1900). Darüber hinaus ist heute ein größerer Prozentsatz der Bevölkerung verheiratet als früher, da die Lebenserwartung ständig gestiegen ist. Scheidungsziffern können eher Auskunft über die Scheidungsgesetze als über den Erfolg oder

Mißerfolg der Ehe geben. Sie sagen auch nichts über die große Zahl der unglücklichen Ehen, die ungeschieden bleiben. Über die glücklichen Ehen gibt es eine Reihe von allerdings nur schwer interpretierbaren Unterlagen. Nach den besten Schätzungen beträgt der Anteil der Ehen, in der beide Partner glücklich sind, etwa 25 %. Andere Untersuchungen geben zwischen 5 und 25 % an. Daneben sind nach groben Schätzungen etwa die Hälfte aller verheirateten Personen im großen und ganzen mit ihrer Ehe zufrieden. Solche Zahlen sagen aber nichts darüber aus, daß es viele Ehen gibt, die zwar nicht sonderlich glücklich sind, aber eine wichtige Funktion für beide Partner haben, die, wenn sie nicht oder mit einem anderen Partner verheiratet wären, noch unglücklicher wären.

Die Wahl des Ehepartners: Liebe und die unbewußten Prozesse

Grundlage der freien Partnerwahl in den USA ist die moderne, individualistische und demokratische Gesellschaft, in der die Entscheidung und Verantwortung in erster Linie den beiden Menschen überlassen bleibt, die heiraten wollen. Während die eigentlichen Gründe, die zur Entscheidung für den Partner führen, nur schwer zu fassen sind, ist die am häufigsten gegebene, allerdings nicht immer akzeptierte Begründung die, daß man ineinander verliebt sei, und Liebe ist ein Zustand, der sich bisher allen Versuchen der philosophischen und wissenschaftlichen Definition entzogen hat. Freud verglich, wie andere auch, die Liebe mit einer Krankheit, indem er sagte: »Diese sexuelle Überschätzung (des Liebesobjektes) ist der Ursprung jenes eigentümlichen Zustandes des Verliebtseins, ein Zustand, der an den neurotischen Zwang erinnert« (4). Aber er unterschätzte nicht ihre Bedeutung, denn er nannte die Liebe »die höchste Form der Entwicklung, deren Objekt-Libido fähig ist« (4), und definierte Normalität als die »Fähigkeit zu lieben und zu arbeiten«.

Verliebtsein ist in erster Linie etwas Irrationales und abhängig von unbewußten Faktoren und Determinanten, deren Ursprünge weit bis in die Säuglingszeit zurückreichen. Wie wir an anderer Stelle in anderen Zusammenhängen bereits gesehen haben, sind die unbewußten Vorgänge sehr viel besser als die intellektuellen geeignet, die diffusen Bedürfnisse eines Menschen, die ambivalenten Einstellungen gegenüber anderen, die Schattierungen von Gefühlen und Erinnerungen, das Gefallen und Mißfallen in der Äußerung eines anderen, sein Ansehen, seinen persönlichen Geruch, wie er sich anfühlt und vieles andere mehr, was die Zuneigung zweier Menschen bestimmt, in Gefühlen und Empfindungen zusammenzufassen. Der Intellekt könnte so viele Veränderliche nicht auf einmal bewältigen, auch wenn sie sich alle bewußt werten ließen. Die unbewußten Prozesse können ihrerseits zwar bestimmen, wen man liebt, dafür aber offensichtlich nicht richtig beurteilen, mit wem man glücklich zusammenleben kann. So ist es außerordentlich interessant, daß eine der wichtigsten Entscheidungen im Leben eines Menschen im wesentlichen von unbewußten Prozessen bestimmt wird, die im günstigsten Fall durch logisches Abwägen der Erfolgschancen gezügelt werden.

Jeder, der einmal die unerfreuliche Aufgabe gehabt hat, einem Paar, das heiraten möchte, klarzumachen, die Ehe, die z. B. wegen der schwerwiegenden emotionalen Instabilität eines der Partner nicht geraten scheint, doch zumindest aufzuschieben, wird erfahren haben, wie wenig Vernunft gegen die erotische Leidenschaft mit ihrer Fähigkeit, die Menschen zu verblenden, auszurichten vermag. Die unabhängige, auf romantischer Liebe fußende Entscheidung der Partner zur Ehe ist relativ typisch für die moderne Zivilisation und wahrscheinlich in den USA üblicher als in anderen Ländern. Es gibt sogar einige Autoren, die der Meinung sind, die romantische Liebe selbst sei ein Phänomen der westlichen Kultur, das erst seit der Zeit des Minnesangs in dieser Form existiere, und damals habe zwischen Liebe und Heirat noch kein Zusammenhang bestanden. Obwohl die Literatur vieler Länder dieser Theorie klar zu widersprechen scheint, indem sie in vielfältiger Weise zu zeigen vermag, daß »Liebe«, was dies auch im einzelnen bedeutet haben mag, schon immer die Menschen hat zueinander finden lassen, ist Liebe in der Regel nicht die Grundlage der Partnerwahl für die Ehe gewesen, denn früher wurden die Partner vielfach von den Eltern, von der Familie, dem Clan etc. streng nach bestimmten Verwandtschaftsmustern oder nach ökonomischen und sozialen Gesichtspunkten ausgewählt.

Es gibt kaum, wenn überhaupt, Beweise dafür, daß die gegenwärtige Unabhängigkeit der Partnerwahl zu glücklicheren Ehen führt. Aber auch die Funktionen, die die Ehe heute zu erfüllen hat, haben sich gegenüber früher entscheidend gewandelt, so daß ein Vergleich zwischen verschiedenen Traditionen nur schwer möglich ist. Wir können uns hier nur mit der gegenwärtigen Situation beschäftigen, in der die Ehe und mit ihr die Art und Weise, in der die Partner einander wählen, ein fester Bestandteil der Gesellschaft ist. Vor allem junge Menschen verwechseln leicht leidenschaftliche Zuneigung mit reifer Liebe und heiraten früh. Andererseits gibt es gegenwärtig auch viele junge Erwachsene, die sehr nüchtern überlegen und erst dann heiraten, wenn sie mit ihrem Partner längere Zeit näher bekannt und »fest« befreundet gewesen sind. Dabei ist der Trend in den letzten Jahren dahin gegangen, sich schon früh in dauerhaften Freundschaften zu binden. Schließlich berücksichtigen viele junge Partner bei ihrer Entscheidung, ob sie die Zustimmung ihrer Eltern haben, auch wenn sie deren Meinung nicht für ausschlaggebend halten.

Die Stellung der Ehe im Lebenszyklus

Wenn man die Frage beantworten will, warum Menschen heiraten, und wenn man darüber hinaus den Versuch unternimmt, das Wesen der so schwer faßbaren, aber höchst realen und das Leben der Menschen bestimmenden Kraft der Liebe näher zu umschreiben, dann muß man zunächst die Stellung der Ehe im Lebensablauf des Menschen sowie die biologischen und sozialen Kräfte näher untersuchen, die den jungen Erwachsenen bei seiner Entscheidung zur Ehe bestimmen. Obwohl wir wohl kaum in der Lage sind, wirklich zu definieren, was Liebe ist und warum eine bestimmte Person als zukünftiger Ehepartner gewählt wird, können wir doch versuchen, das Dunkel etwas aufzuhellen, indem wir diese Fragen nicht isoliert, sondern im Zusammenhang mit der Persönlichkeitsentwicklung und ihren bestimmenden Faktoren beleuchten. Wir müssen dabei vor allem beachten, daß biologische und soziale Faktoren miteinander verschmelzen und zusammenwirken, so daß die isolierte Betrachtung eines der beiden Faktoren, entweder nur des Sexualtriebes oder nur der gesellschaftlichen Funktionen, zu einer falschen und überdies Verwirrung stiftenden Beurteilung der Institution Ehe führen muß.

Wir haben in einem der vorangegangenen Kapitel gesehen, wie der junge Erwachsene seine Unabhängigkeit von seinen Eltern erlangt und sich den Weg in seine Zukunft allein zu suchen beginnt. Sowohl der unverheiratete junge Mann als auch die unverheiratete junge Frau sind, wenn sie noch im Elternhaus leben, in einer ungewöhnlichen Situation. Sie sind erwachsen, bedürfen keiner Fürsorge und möchten auch nicht mehr wie Kinder behandelt werden. Dennoch sind sie noch immer Mitglieder der Kindergeneration. Das Festhalten am alten Zuhause ergibt sich vielfach aus einer gewissen beständigen Neigung, obwohl das Zuhause nicht mehr im Mittelpunkt steht, auf den alle Hoffnungen, Erwartungen und Wünsche gerichtet sind. Die Familie muß aber als Ganzes funktionsfähig sein und braucht eine Führerfigur. So werden Zusammenstöße zwischen den Eltern und ihrem erwachsenen Kind, das eigene Einstellungen, Ziele und Wünsche hat, fast unvermeidlich. Die erotischen Bindungen und Abhängigkeitsbedürfnisse, die bisher die Beziehungen zwischen Eltern und Kind getragen hatten, bestehen nicht mehr, sind abgebrochen oder negiert, denn der Weg zur Erfüllung als Erwachsener liegt für den jungen Menschen nicht länger im elterlichen Zuhause, in seiner ursprünglichen Familie – vor allem deshalb nicht, weil er hier keine Erfüllung seiner Bedürfnisse und Wünsche nach Liebe und zugleich nach sexueller Befriedigung und Fortpflanzung finden kann. So hat er sich von der bisherigen Abhängigkeit freigemacht, aber auch die neue Freiheit kann ihm keine Erfüllung bringen, sie kann ihm nur den Weg dahin öffnen. In seiner Situation im alten Zuhause, in das er eigentlich nicht mehr hineingehört, fühlt er sich unsicher und im Ungewissen, als Erwachsener, aber noch nicht in allen Rechten, wie ein Erbe, der darauf wartet, in die Nachfolge einzutreten. Warten allein wird jedoch nicht genügen, denn der Sohn kann nicht einfach seines Vaters Familie erben oder die Tochter die ihrer Mutter, obwohl häufig genug das Verlangen, dies zu tun, die Oberhand gewinnt und in ein Leben voller Frustrationen führt.

In der Regel liegen die entscheidenden Bindungen, aus denen der junge Mensch die Impulse für sein weiteres Leben erhält, außerhalb seiner ursprünglichen Familie. Er hat Freunde seines Geschlechts, zu denen er Vertrauen haben und mit denen er gemeinsame Interessen und Erlebnisse teilen kann. Der Beruf und was damit zusammenhängt gewinnt zunehmend an Bedeutung, auch bei dem Studenten, so daß der Wunsch, dem Chef oder dem Lehrer zu gefallen, wichtiger werden kann als der, die Wünsche der eigenen Eltern zu erfüllen. Er hat aber auch Freunde des anderen Geschlechts, bei denen er mehr oder weniger dauerhafte Kameradschaft, Befriedigung seiner sexuellen Bedürfnisse, Bewunderung, die sein Selbstwertgefühl stärkt, vielleicht auch Zuneigung und Liebe findet.

Dem jungen Menschen stehen außerhalb seiner Familie eine Vielzahl von Möglichkeiten offen. Im allgemeinen bildet aber die Gruppe der Gleichaltrigen, zu der auch die des anderen Geschlechts gehören, den Mittelpunkt in seinem Leben. Gewöhnlich ist für den jungen Mann, seit einigen Jahrzehnten auch für viele Mädchen, das Leben als junger Erwachsener eine Zeit, in der man die Freiheit und Unabhängigkeit genießen kann, bevor man in die Verantwortung und Pflichten der Ehe mit ihrer Einschränkung der eigenen Freiheit eintritt. Häufig ist es eine Zeit der sexuellen Abenteuer, die ohne die Bedenken, die vielfach in der Adoleszenz noch vorherrschend waren, gesucht werden, und bei denen oft die sexuelle Eroberung im Mittelpunkt steht. Andere verzichten auf Freiheit und sexuelle Abenteuer und binden sich an einen Partner, mit dem sie in der ersten Zeit des Erwachsenenalters gemeinsam leben. In dieser Zeit ist es das Ziel der jungen Frau, vor allem nach dem zukünftigen Ehemann Ausschau zu halten, während der Mann mehr das Abenteuer anstrebt und Erfahrungen zu sammeln sucht, wobei er vielfach sich und anderen seine Männlichkeit zu beweisen trachtet. Die Unabhängigkeit von elterlichen Geboten und Verboten erlaubt dem jungen Menschen jetzt, seine Sexualität auch bewußter und freier zu erleben. Intensität und Umfang seiner sexuellen Betätigung sind weniger von der Intensität seines Triebes als von zahlreichen anderen Faktoren abhängig, z. B. von der Unfähigkeit, Einsamkeit und Alleinsein zu ertragen, dem Bedürfnis nach körperlicher Nähe, dem Wunsch, begehrt zu werden und begehrt zu sein, aber auch dem Bedürfnis, sich in verschiedenen sexuellen Erlebnissen der eigenen sexuellen Fähigkeiten immer wieder von neuem zu versichern. Häufig verläßt der junge Mensch sein Zuhause und zieht in eine eigene »Bude«, wo er die Freiheit und Unabhängigkeit von seiner Familie sich beweisen und genießen kann. Der junge Erwachsene, der seit seiner Adoleszenz nicht mehr bei seinen Eltern lebt, weil er auf einer Universität in einer anderen Stadt studiert, woanders gearbeitet oder seinen Militärdienst abgeleistet hat, kann sich oft nur schwer wieder an ein Leben im alten Zuhause gewöhnen und fühlt sich in seiner eigenen Familie ein wenig als Fremder. Für die junge Frau ist es leichter, zu Hause bei den Eltern zu bleiben, denn sie ist ja zu größerer Abhängigkeit erzogen und kann die Vorrechte des Vaters leichter akzeptieren. Darüber hinaus empfindet sie es häufig auch als Vorteil, ein Zuhause zu haben, in dem sie die jungen Männer, die um ihre Hand anhalten, erwarten und empfangen kann, denn sie fühlt sich hier sicherer, als wenn sie auf sich allein gestellt wäre.

Es ist natürlich auch möglich, daß der junge Mensch die Zeit als unverheirateter Erwachsener nicht erlebt, weil er schon am Ende seiner Adoleszenz geheiratet oder doch den Partner für die zukünftige Ehe gefunden hat und nur noch auf die Hochzeit wartet. Auch für den unabhängigen jungen Erwachsenen geht die Zeit der Freiheit, mitunter sehr plötzlich, zu Ende, wenn er sich ernsthaft verliebt und den Entschluß zum Heiraten faßt. Manche können ihr Zögern nur allmählich überwinden, vielfach erst dann, wenn auch die Freunde heiraten und den unverheirateten Einzelgänger etwas abseits stehenlassen, da sie innerlich ganz mit ihrer eigenen Familie und ihren Kindern beschäftigt sind. Die Eltern und die verheirateten Freunde, die die eigentliche Erfüllung des Lebens nur in der Ehe sehen, beginnen den jungen Menschen dann zum Heiraten zu drängen. Das Alleinsein wird ihm zunehmend schwieriger, und er beginnt sich allmählich zu fragen, warum er eigentlich nicht heiraten will. Das gesamte soziale System drängt den jungen Menschen zum Heiraten, denn je älter der Mensch wird, um so begrenzter werden als Unverheirateter seine Lebensmöglichkeiten, vor allem für die Frau. Andere Motive als die romantische Liebe gewinnen bei der Entscheidung zur Ehe und bei der Wahl des Partners mehr und mehr an Bedeutung.

Motive und Gründe zum Heiraten

Der Antrieb zur Gründung einer dauerhaften ehelichen Verbindung ergibt sich aus den biologischen Gegebenheiten des Menschen, vor allem aus der langen Periode seiner Entwicklung in der Abhängigkeit von der Familie. Die beiden Geschlechter haben in ihrer Verschiedenheit unterschiedliche biologische Funktionen zu erfüllen, in denen sie einander entsprechen und ergänzen zur Befreiung von sexuellen Spannungen und zugleich zur Erlangung der vollen orgastischen Lust, die die Natur im Evolutionsprozeß als hohe Belohnung ausgesetzt hat, um den Fortbestand der Art zu sichern. Die Sexualität allein kann jedoch die Institution Ehe nicht erklären, noch ist das sexuelle Zueinander-Hingezogensein der beiden Geschlechter allein der Grund, der die Menschen heiraten läßt. Die sexuelle Befriedigung gilt in vielen Gesellschaften nicht als primäres Ziel der Ehe und wird unabhängig von ihr gesucht, vor allem vom Mann, so daß sie vielfach für die Ehe nur im Hinblick auf die Fortpflanzung Bedeutung hat. Auch in unserer gegenwärtigen Gesellschaft ist die Befriedigung des Sexualtriebes nicht allein der Ehe vorbehalten. Die allgemein genannte Zahl von 80 % aller Männer und 20 % aller Frauen, die sexuelle Beziehungen schon vor der Ehe gehabt haben, ist sicherlich nicht ganz zutreffend, denn dies würde bedeuten, daß ein kleiner Prozentsatz der Frauen sexuelle Beziehungen mit sehr vielen Männern hat und somit ein höheres Maß an Promiskuität aufweist als die Männer. Die Prostitution ist aber in den USA derart im Abnehmen begriffen, daß sie, wenn man Kinsey glauben darf, nicht einmal so häufig ist wie die Homosexualität (7). Andere Zahlen lassen auf eine Häufigkeit vorehelicher Beziehungen bei Frauen von etwa 50 % schließen.[1] Allerdings muß man auch berücksichtigen, daß ein Großteil der vorehelichen sexuellen Beziehungen zwar sexuelle, aber nur relativ selten auch emotionale Befriedigung vermittelt.

Sehr viel stärker als vom sexuellen Verlangen wird die Ehe vom Verlangen nach Fortpflanzung motiviert und getragen, das möglicherweise, vor allem bei der Frau, Instinktkomponenten enthält, aber auch in dem Wunsch beider Geschlechter nach Erfüllung und Vollendung in der Elternschaft begründet ist. Die Kinder werden lange Jahre auf den Schutz und die Fürsorge der Eltern angewiesen sein, wobei die Rollen der Eltern bei der Aufzucht ihrer Kinder ihren biologischen Gegebenheiten entsprechend verschieden sind, aber einander ergänzen. Wie wir im Kapitel 2 gezeigt haben, braucht die Frau, während sie für die Befriedigung der unmittelbaren Bedürfnisse der Nachkommen sorgt, den Schutz und die Unterstützung eines Ernährers. Außer der biologischen Aufteilung der Fortpflanzungsfunktionen und der Rollen bei der Aufzucht der

1 Wobei ein großer Teil von ihnen voreheliche Beziehungen mit dem zukünftigen Ehemann hat.

Nachkommengeneration haben sich noch weitere geteilte Rollenfunktionen herausgebildet, die von den kulturellen Institutionen vermittelt werden und in vieler Hinsicht das Verlangen nach der Ehe bestimmen.

Wir haben im Verlauf der Entwicklung immer wieder gesehen, wie – vielfach unbewußt und unbemerkt – die männlichen und weiblichen Rollen eingeübt werden. Diese voneinander verschiedenen Rollen begründen mit das Verlangen nach wechselseitiger Abhängigkeit, in der sich das Leben mit seinen Anforderungen und Aufgaben erst richtig bewältigen läßt. Diese geschlechtsspezifische Rollenaufteilung geht aber über die Aufzucht der Nachkommengeneration hinaus, denn beide Geschlechter erwerben unterschiedliche Fähigkeiten und konzentrieren sich auf unterschiedliche Interessenbereiche. Der Mann kennt sich z. B. weder in Haushaltsdingen aus, noch würden ihm diese viel Spaß machen. Die Rollenunterschiede reichen natürlich weiter, sie umfassen auch Unterschiede in der Art der Einstellung und der Beziehung zu anderen Menschen sowie unterschiedliche Wege, im Leben Befriedigung und Zufriedenheit zu finden, so daß weder der Mann noch die Frau für sich allein das ganze Leben hat. Während der Adoleszent, und zeitweise auch noch der junge Erwachsene, mit den gleichaltrigen Kameraden des eigenen Geschlechts besser auskommt, weil diese ihm gleichen, wird der Erwachsene, wenn er erst zu voller Unabhängigkeit gefunden hat, eher die Gemeinschaft mit einem Menschen des anderen Geschlechts suchen, der – abgesehen von der Erfüllung der sexuellen Bedürfnisse – mit seinen Interessen und Bedürfnissen das gemeinsame Leben weit mehr zu ergänzen und zu erfüllen vermag, als dies mit einem Menschen des eigenen Geschlechts möglich wäre.

Die Unvollkommenheit des Menschen als Einzelwesen ergibt sich aber vor allem auch daraus, daß jeder Mensch als Mitglied einer Familie aufwächst, in der die Rollen und Aufgaben von Anfang an unter die Familienmitglieder aufgeteilt sind, in der dem Einzelnen in seiner Entwicklung bis zur Reife Schutz und Unterstützung gewährt wird und wo er nicht um seiner Leistung und seines Erfolges, sondern um seiner selbst willen akzeptiert und geliebt wird. In der Säuglingszeit und im Kindesalter entwickeln sich unsichtbare Bande, in erster Linie die primären Liebesbeziehungen zunächst zur Mutter und später zum Vater, die dem Kind ein Gefühl der Geborgenheit und Wärme vermitteln und sein Leben innerlich erfüllen. Wir haben gesehen, daß das Leben mit der Symbiose von Kind und Mutter beginnt und daß das Kind erst allmählich ein eigenes, unabhängiges Selbst entwickelt. Diese Entwicklung zur Abgrenzung, Trennung und Unabhängigkeit bleibt jedoch immer ambivalent, mit dem Drang nach Freiheit zur Selbstverwirklichung auf der einen und dem regressiven Hingezogensein in den Schutz und die Geborgenheit der Abhängigkeit auf der anderen Seite. So ist im Verlauf der gesamten Entwicklung immer – wenn auch zum großen Teil unbewußt – eine starke, auf die Wiedererlangung der Abhängigkeit und Anlehnung an einen anderen Menschen gerichtete Triebkraft wirksam.

Im Zusammenhang mit der Überwindung der ödipalen Problematik haben wir ferner gesehen, daß die sinnlichen oder erotischen Komponenten in der Beziehung zu den Eltern innerhalb der Familie frustriert werden müssen, um eine entsprechend unabhängige Ich-Entwicklung möglich zu machen. Die zur Zeit der Pubertät auftauchenden sexuellen Gefühle und Empfindungen bleiben nicht nur unerfüllt, sondern sie führen auch weg aus der Abhängigkeit von den Eltern. Die starke Zuneigung zum gegengeschlechtlichen Elternteil, die in der Entwicklung von so großer Bedeutung ist, wird, wenn sie erst voll zur Ausprägung gekommen ist und ihren Zweck erfüllt hat, frustriert und schließlich sublimiert und verschoben. Es bleibt aber unbewußt ein Gefühl der Unvollkommenheit, das nach Erfüllung strebt. Diese bewältigten, aber unerfüllt gebliebenen Gefühle des Verlangens bilden die Grundlage späterer Liebesbeziehungen.

Bevor der junge Mensch fähig ist, erneut in einer Beziehung zu einem anderen Menschen aufzugehen, muß er zunächst eine Vielzahl von Minderwertigkeitsgefühlen überwinden, denn die unbewußte Erinnerung an die so tief enttäuschende Frustration bleibt in ihm bestehen. Vor allem der Junge muß sich zunächst von Gefühlen freimachen, die ihn fürchten lassen, er könnte in der Beziehung zur Frau überwältigt werden und sich selbst verlieren. Beide Geschlechter müssen sich von den ursprünglich inzestuösen Inhalten ihrer Sexualität lösen, müssen ihre Rivalitätsgefühle gegenüber den Eltern überwinden und schließlich von ihnen unabhängig werden. Die Unabhängigkeit von der Familie läßt jedoch die Gefühle der Unvollkommenheit und des Alleinseins zunehmen. Aber der Geschlechtstrieb kann sich jetzt frei äußern und unterstützt auf seine Weise das Streben nach der neuen Bindung, die die erotischen Strebungen aus der Kindheit, auf die das Kind verzichten mußte, jetzt in der Befriedigung der sexuellen und emotionalen Bedürfnisse vollkommener wird befriedigen können. Der Mensch, der sich verliebt, richtet sich innerlich erneut auf einen anderen Menschen, jetzt aber als Erwachsener, der Zuwendung und Liebe nicht nur erhält, sondern auch selbst zu geben vermag, dessen Wohlergehen identisch wird mit dem des anderen, auf den die libidinösen Strebungen gerichtet sind und mit dem sie geteilt werden. Auch wenn die beiden Menschen körperlich noch getrennt sind, läßt doch die Liebe sie eins werden.

Die libidinösen Triebe erfüllen bei der Findung des Liebesobjektes eine entscheidende Funktion. Das leidenschaftliche Verlangen durchdringt den Intellekt und verändert die Wahrnehmung, und der Wunsch nach dem ersehnten Objekt läßt selbst die Realität in rosigem Licht erscheinen. Er heftet sich an irgendeine ersehnte Eigenschaft, an irgendeinen Teil des anderen – an ein bestimmtes körperliches Merkmal, an eine bestimmte Verhaltensweise – und schafft darumherum den idealisierten Menschen seines Verlangens. So hat in gewisser Weise jeder, der liebt, auch irgendwo etwas von einem Pygmalion an sich.

Es ist ein uraltes Sprichwort, daß Liebe blind macht, und sie blendet die Liebenden tatsächlich, je nach der Heftigkeit ihrer Leidenschaft. In einer Geschichte, die meines Wissens von Petrarca stammt, wird von einem jungen Mann erzählt, der sich heftig in ein Mädchen verliebte, das auf einem Auge blind war. Seine Eltern, die gegen diese Verbindung waren, schickten ihn auf Reisen, und als er nach einigen Jahren zurückkehrte, fragte er seine Liebe von damals, wie sie denn ihr Auge in seiner Abwesenheit verloren habe. Sie antwortete: »Ich habe keines verloren, aber du, du hast die deinen gefunden.«

Welches Bild hat der Liebende vor Augen? Manche Züge lassen die Erinnerung an das primäre Liebesobjekt, die Eltern, anklingen. Dies kann sehr offenkundig sein, es kann auch aufgrund von residualen inzestuösen Ängsten hinter ausgeprägt andersartigen Zügen, z. B. einem andersartigen Äußeren oder einer anderen Rasse oder Religion, verborgen sein. Auch wenn der Versuch von Hamilton (5), solcherart Ähnlichkeiten zwischen dem gewählten Ehepartner und den Eltern nachzuweisen, zu einem negativen Ergebnis geführt hat, zeigt doch die psychoanalytische Arbeit in vieler Hinsicht, daß eine solche Ähnlichkeit vielfach besteht. Sie ist allerdings nicht immer vorhanden oder zumindest nicht zu beobachten, auch bei noch so sorgfältiger Betrachtung. Es scheint aber, als ob Frauen eher dazu neigen, einen Mann zu heiraten, der ihrem Vater gleicht, als Männer, eine Frau zu heiraten, die ihrer Mutter ähnlich ist. Der Liebende sieht in dem geliebten Objekt aber auch den ihn bewundernden und verehrenden Menschen; er sieht in den Augen des anderen jene liebende Zuneigung, wie sie möglicherweise der Säugling bei der Fixierung seiner Augen auf die Augen der liebevollen und zärtlichen Mutter vor sich hat. Der Liebende findet einen anderen, der sein Selbstwertgefühl stützt und stärkt und dessen Zuneigung und Liebe ihn zum begehrten Liebesobjekt werden läßt. Die Wahl der geliebten Person, die das Selbst ergänzt, erfolgt unter Umständen in narzißtischer Weise, und zwar als Bild des Selbst, das man liebt. Allerdings läßt sich die Tatsache der Ähnlichkeit des Ehepartners mit dem eigenen Selbst, wie man sie so häufig beobachten kann, nicht mit dieser einfachen Vorstellung erklären; in Wirklichkeit fällt die Wahl eher auf die Person, die einem der beiden Eltern gleicht, und zwar motiviert aus dem Streben, das primäre Liebesobjekt wiederzugewinnen. Und da ein Mensch am ehesten seinen Eltern gleicht, können auch die Partner einander ähnlich sein. Die Wahl des Liebesobjektes, in dem die Phantasiebilder und -vorstellungen der Adoleszenz in neuer Gestalt wiederaufleben, ist naturgemäß noch sehr viel weniger als andere Entscheidungen und Wertungen an der Realität orientiert. Es gibt selbstverständlich noch viele andere spezifische Faktoren und Determinanten, die die Wahl des Partners bestimmen. Sie sind aber nur schwer zu fassen und lassen sich nur in extremen Fällen verfolgen, wenn die bestimmenden Faktoren im einzelnen außergewöhnlich deutlich zutage treten.

Die Bereitschaft zur Ehe

Wenn man sich mit dem Problem der Partnerwahl beschäftigt, dann muß man auch die Frage untersuchen, wann ein Mensch zur Ehe bereit ist. Vielfach braucht die bewußte und unbewußte Vorbereitung auf die Ehe nur zum Abschluß gekommen zu sein, und schon ist der so lang gesuchte richtige Partner auf mysteriöse Weise plötzlich da. Es mag zwar außerordentlich romantisch sein zu glauben, daß Liebende einander finden werden, auch wenn Kontinente sie voneinander trennen, aber die Zahlen zeigen das genaue Gegenteil.

12,5 % von 5000 Ehepaaren in Philadelphia lebten vor ihrer Heirat im gleichen Hause und über 50 % im Umkreis von 20 Häuserblocks.[2] So ist die Nähe des Wohnortes ein wichtiger Faktor bei der Partnerwahl. Der Besuch derselben Schule und derselben Kirche ist ebenfalls von großer Bedeutung. Im Grunde ist der zukünftige Partner nicht der Erwählte, der Einzige unter allen Erdenbewohnern, sondern der Erwählte aus jenem relativ kleinen Personenkreis, dem der Mensch in einer sehr spezifischen Zeit seines Lebens unter geeigneten Bedingungen begegnet.

Partnerwahl und Persönlichkeitsentwicklung

Die Partnerwahl hat ähnlich wie die Berufswahl eine eigene Vorgeschichte in der Persönlichkeitsentwicklung, in deren Verlauf die Vorstellungen von demjenigen, den man einmal heiraten will, sich in vielfältiger Weise wandeln und schließlich auch die endgültige Entscheidung mitbestimmen. Wir sind solchen Vorstellungen im Verlauf der Persönlichkeitsentwicklung bereits des öfteren begegnet. Sie ranken sich zu allererst um den inzestuösen Wunsch, den Vater oder die Mutter zu heiraten, wobei das Kind noch nicht begreifen kann, daß seine Eltern, wenn es groß ist, alt sein werden. Diese inzestuösen Wünsche werden erst mit dem Ende der ödipalen Phase aufgegeben und ins Unbewußte verbannt, wo sie allerdings auch weiterhin wirksam bleiben. Es folgt dann eine Phase, in der an die Stelle der Eltern in den Wünschen und Phantasien mehr oder weniger eindeutig Elternersatzpersonen, wie z. B. Freunde der Eltern, Lehrer etc., treten, die, wenn das Kind älter und, wie es meint, ebenso erwachsen wird, wie dies die Elternersatzpersonen sind, schon eher als mögliche Partner denkbar sind, etwa bei der Liebe, die eine Abiturientin für einen ihrer Lehrer oder die Krankenschwesternschülerin für den sie unterrichtenden Arzt entdeckt. Solcherart Vorstellungen und Wünsche können schließlich in der Heirat mit

2 Siehe J. Bossard, »Residential Propinquity as a Factor in Marriage Selection« (1). Das Problem wurde auch von A. M. Katz und R. Hill, »Residential Propinqity and Marital Selection: A Review of Theory, Method, and Fact« (6), untersucht. Die Zahlen, die unter der Rubrik der gemeinsamen Adresse gefunden wurden, liegen etwas höher als in anderen Untersuchungen, möglicherweise, weil die Tatsache nicht berücksichtigt wurde, daß verlobte Paare vielfach zusammenziehen.

einem älteren Partner, der immer auch etwas von einer Elternfigur hat, Ausdruck finden. Dies ist in manchen Ländern sogar üblich – im allgemeinen als Ehe zwischen einer jungen Frau und einem älteren, väterlichen Mann – und in den USA zwar nicht die Regel, aber dennoch häufig genug. Meist wird aber in der Adoleszenz, ausgehend von Phantasien um irgendeine romantische Heldenfigur aus Romanen und Geschichten, ein älterer Adoleszent, der das Idol aller ist, zum Mittelpunkt aller Sehnsucht und Schwärmerei. Der junge Adoleszent erträumt sich eine Idealperson, das Mädchen den Mann, der ihm den Hof machen wird und sich ihr um seiner Liebe willen opfert. In der späten Adoleszenz enthält das Idealbild dann auch ersehnte sexuelle Eigenschaften.

Allmählich tritt an die Stelle der Phantasien um den Idealpartner die reale Begegnung mit Gleichaltrigen des anderen Geschlechts, in der der Gedanke an den zukünftigen Ehepartner bereits eine gewisse Rolle spielt. Heutzutage, wo, vor allem in den Vorortgegenden, die Adoleszenten beiderlei Geschlechts bereits in einem Alter zusammenkommen und miteinander vertraut werden, in dem das erotische Interesse am anderen Geschlecht noch nicht im Vordergrund steht, beginnen die jungen Menschen schon sehr früh den Kreis der möglichen Partner einzuengen. Im Gegensatz zu Gesellschaften, in denen sich das junge Mädchen außerhalb seiner Familie nicht ohne weibliche Begleitung zeigen darf, ist hier in der späten Adoleszenz die »feste Freundschaft« häufiger, in der vielfach auch der Gedanke an eine zukünftige Verlobung oder Heirat mitschwingt und die Verbindung gern mit einer Freundschaftsnadel oder anderen Zeichen der gegenseitigen Zuneigung besiegelt wird. Solcherart feste Freundschaften werden jedoch eher gelöst als die förmliche Verlobung, die öffentlich angezeigt und in einer Feier von beiden Familien sanktioniert wird.

Für den jungen Erwachsenen steht der Gedanke an die Heirat bei der Begegnung mit dem anderen Geschlecht dann vielfach ganz im Vordergrund, vor allem wenn, wie heute, die frühe Heirat üblich ist. Er ist sich inzwischen darüber klar geworden, welche Art Partner er wünscht, aber auch, welche Art Partner er für sich wird gewinnen können. Wer sich und seine Möglichkeiten ernsthaft geprüft hat, hat jetzt eine gewisse Vorstellung von seinen Aussichten. Dennoch kann jederzeit die zufällige Begegnung mit einem Menschen, der unerwartet Interesse und Zuneigung zeigt, alle bisherigen

Vorstellungen und Erwartungen umwerfen, wie bei jener 20jährigen Frau, die sich sehr zu ihrer eigenen Überraschung, wie auch zur Überraschung ihrer Familie, mit einem um 12 Jahre älteren Mann verlobte. Sie versuchte dies mit den Worten zu erklären: »Ich hatte mich eigentlich immer darauf eingestellt, einen Mann zu heiraten, zu dem ich aufschauen könnte, der aber auch Spaß hätte am Tanzen, am Tennisspielen und an dem, was mir sonst noch gefällt. Dann kam *er* plötzlich und fragte mich, ob ich mit ihm ausgehen wollte. Ich hatte eigentlich keine Lust, wußte auch nicht, wie ich mich gegenüber einem älteren Mann benehmen sollte, und fand mehrmals Ausreden, bis ich dann doch mit ihm ausgegangen bin. Ich wußte, daß er an Heiraten dachte. Er ist nicht so, wie ich mir meinen zukünftigen Ehemann vorgestellt hatte, er ist auch nur ein Versicherungskaufmann und möchte nichts anderes sein, er möchte nur ein schönes Zuhause und ein ruhiges Leben haben. Ich weiß aber jetzt, daß ich ihn liebe und bei ihm sein möchte, so, wie ich das noch nie mit einem anderen Menschen erlebt habe.« Wenn sich der junge Erwachsene ernsthaft verliebt, bedeutet das, auf seine romantischen Träume zu verzichten und den anderen so zu sehen, wie er wirklich ist, aber sein Verliebtsein läßt ihn den erwählten Partner zum bedeutendsten und wunderbarsten Menschen werden. Es ist die Erkenntnis der reiferen Liebe, daß der andere um seiner selbst willen der wunderbarste Mensch auf dieser Welt ist.

Die Verlobung

Der Entschluß zur Heirat wird gewöhnlich mit der förmlichen Verlobung besiegelt. In manchen Gesellschaften ist die Verlobung für die Partner praktisch eine Verpflichtung zur Ehe. Im allgemeinen gilt die Verlobungszeit jedoch als eine Zeit der Probe, in der die Partner Gelegenheit haben, sich vor der endgültigen Eheschließung noch näher kennenzulernen und sich zu prüfen, ob sie auch wirklich füreinander geeignet sind. Vor allem junge Menschen achten bei ihrer Verlobung darauf, daß sie die Zustimmung ihrer Eltern haben. Obgleich der Vater eines Mädchens nicht mehr so wirksam wie früher seinen Einspruch gegen eine ihm mißfallende Verbindung seiner Tochter geltend machen kann, läßt doch der Gedanke, die Eltern mit jemandem zu konfrontieren, der ihnen nicht gefallen könnte, so manches Mädchen den Antrag eines den Eltern mißfallenden Freundes zurückweisen und so manchen Mann von seinem Antrag Abstand nehmen. Vielfach spielen sehr realistische Gründe eine Rolle, wie z. B. die Übereinstimmung der Familien, finanzielle Aussichten, aber auch der Wunsch, sich die Liebe und Zuneigung der Eltern zu bewahren. Allerdings scheint das offizielle Um-die-Hand-Anhalten seltener geworden zu sein, und häufig genug kann ein Brautpaar nicht genau sagen, wann der Entschluß zur Heirat gefaßt wurde oder wie es dazu kam. Auch wenn Brautpaare der Meinung sind, ihren Entschluß allein und unabhängig gefaßt zu haben, berücksichtigen sie doch vielfach auch die Ansichten von Eltern und Freunden, was wahrscheinlich einen gewissen Schutz vor übereilten und ungeeigneten Verbindungen bietet.

Die Verlobungszeit ist aber mehr als nur eine Zeit der Probe. Sie erlaubt den beiden Partnern, sich über ihre romantische Liebe hinaus in einer neuen Form der Gemeinschaft aufeinander einzustellen, bevor sie sich durch die Heirat endgültig aneinander binden und neue Verantwortung und Pflichten übernehmen. Gewöhnlich kommt es in dieser Zeit zu größerer sexueller Intimität, die das Paar sich auch körperlich und sexuell aneinander gewöhnen und anpassen läßt. Wenn es sich dazu entschließt, mit der Aufnahme voller sexueller Beziehungen noch bis zur Hochzeit zu warten, kann die Verlobungszeit zu einer schweren frustrierenden Belastung für beide werden, da Liebe und sexuelles Spiel das Verlangen nach sexueller Erfüllung nur noch steigern. Vor allem in den zwanziger Jahren dieses Jahrhunderts war man der Ansicht, daß die Übereinstimmung im sexuellen Bereich primäre Voraussetzung für eine glückliche Ehe sei. So wurde von mancher Seite propagiert, daß jeder Ehe eine bestimmte Zeit vorausgehen sollte, in der die zukünftigen Ehepartner sozusagen in wilder Ehe lebend prüfen könnten, ob sie auch in sexueller Hinsicht zueinander passen. Von diesen Vorstellungen ist man wieder abgekommen, weil solcherart Versuchssituationen gewöhnlich nicht zu sexueller Befriedigung und Erfüllung führen können, da die wirkliche sexuelle Anpassung weniger von den körperlichen Gegebenheiten der Partner abhängt als von der emotionalen Reife, und da sexuelle Erfüllung sich erst mit der gemeinsamen Erfahrung und Vertrautheit einstellt. Allerdings zeigt eine bei College-Abgängern durchgeführte Untersuchung, daß ungefähr die Hälfte der verlobten Paare miteinander Geschlechtsverkehr haben.[3] Diese Zahlen sind jedoch außerordentlich unsicher, ein deutlicher Beweis für die geringe Zuverlässigkeit von Befragungsstatistiken. In einer anderen Untersuchung fragte man nämlich die Partner getrennt, ob sie bereits voreheliche Beziehungen gehabt hätten, was von 50 % der befragten Männer, aber nur von 16 % der Frauen bejaht wurde.

Aus verschiedenen Gründen spricht manches dafür, daß eine entsprechend lange Verlobungszeit eine gewisse Sicherheit vor späterer Scheidung bietet. Übereilt geschlossene Ehen sind auffallend häufig nicht stabil, weswegen viele Staaten eine Aufgebotszeit verlangen oder doch zumindest zwischen der Erteilung der Heiratserlaubnis und der Eheschließung eine Wartezeit von mindestens drei Tagen vorschreiben. Eine optimale Dauer der Verlobungszeit läßt sich nur schwer festlegen. Manche Paare, vor allem jene, die sich schon sehr lange kennen, haben oft nur eine sehr kurze Verlobungszeit. Meist haben sie dann aber bereits seit langem inoffiziell beschlossen, später zu heiraten. Aus drei verschiedenen Untersuchungen kann man den Schluß ziehen, daß die Aussichten für eine Ehe bei einer mehr als zweijährigen Verlobungszeit am besten sind, aber es gibt wohl kaum jemanden, der zu einer derart langen Verlobungszeit raten würde. Eine andere, an verheirateten College-Abgängern durchgeführte Untersuchung ergab, daß 25 % der Männer und etwa 35 % der Frauen vor ihrer jetzigen Ehe mit einem anderen Partner verlobt waren; demnach erfüllt die Verlobungszeit als Probezeit doch einen sehr wichtigen Zweck (2).

Überdies erlaubt die Verlobungszeit auch jedem der beiden Partner, sich seiner selbst sicherer zu werden und sich innerlich auf die bevorstehende Ehe vorzubereiten. Wenn die Hochzeit näherrückt, ergeben sich aus der Besorgnis um die eigene Fähigkeit, Verantwortung und Pflichten zu übernehmen, aus der sexuellen Unsicherheit, sogar aus der Furcht vor Verletzungen im Genitalbereich

3 Siehe A. C. Kinsey, W. B. Promeroy, C. Martin und P. Gebhard: *Sexual Behavior in the Human Female* (7), S. 336. Die hierzu bekannten Zahlen weisen in Abhängigkeit von der Untersuchungsmethode und der sozialen Herkunft der Befragten gewisse Unterschiede auf. Voreheliche Beziehungen nehmen nicht nur im umgekehrten Verhältnis zur sozialen Schichtung zu, sondern auch das Eheschließungsalter ist in den Gruppen ohne College-Bildung niedriger. Unter den Frauen, die vorehelichen Geschlechtsverkehr gehabt haben, geben 40–72 % (die angegebenen Zahlen weichen bei den einzelnen Untersuchungen erheblich voneinander ab) an, sie hätten Beziehungen nur mit ihrem zukünftigen Ehemann gehabt.

immer wieder zum Teil erhebliche Ängste. Die Minderwertigkeitsgefühle werden bisweilen durch Verschiebung oder durch Projektion auf den Partner bewältigt. Oft ist es schwer, die Grenze zwischen Ängsten, die in der Ehe zu Störungen und Versagen führen, und jenen, die überwunden werden, wenn nur erst die Zeit des Wartens vorüber ist, richtig zu beurteilen. Vielfach wollen diejenigen, die zum Psychiater, zum Priester oder zum Eheberater kommen, sich von einem anderen die Entscheidung abnehmen lassen. In der Regel kommen sie jedoch zu spät, so daß man mit ihnen kaum noch die Probleme, die sie mit sich selbst und ihrem Partner haben, richtig durcharbeiten kann. Außerdem kann nur in extremen Situationen ein Dritter in diesem Bereich Verantwortung übernehmen. Es ist im übrigen interessant, daß eine beträchtliche Zahl derer, die eine Verlobung auflösen, dies nicht nur einmal tun.

Verschiedene Heiratsgründe

Es gibt sehr viele Beweggründe zu heiraten und sehr viele andere Motive als Liebe, einen bestimmten Partner zu wählen. Sie sind meist nur von untergeordneter Bedeutung und tragen nur unwesentlich zur Entscheidung bei, aber es gibt auch Motive, die entscheidend sein und den Entschluß zur Ehe sowie die Wahl des Ehepartners mehr oder weniger vollständig bestimmen können, oder die sogar eine beständige und befriedigende Ehe fast unmöglich machen. In manchen Fällen stehen hinter dem Entschluß zur Heirat ausgesprochen negative Motive, die etwa den Menschen weniger aus dem Bedürfnis nach der ehelichen Verbindung mit einem Partner als vielmehr aus dem Bedürfnis, Ersatz und Trost für irgendeine unglückliche Lebenssituation zu finden, den Ehepartner und die Ehe haben anstreben lassen. Es wäre naiv, Ehe- und Familienprobleme in der Annahme, die Ehe sei ausschließlich aus Liebe entstanden, verstehen zu wollen, ohne die Bereitschaft aufzubringen, auch andere Motive in Erwägung zu ziehen und zu ergründen, was die beiden Partner in eine unglückliche Verbindung geführt hat. Wie in so vielen Lebenssituationen läßt sich das, was sich im Hinblick auf den Erfolg einer Ehe im einzelnen positiv oder negativ auswirkt, nur schwer in bestimmten Kategorien fassen, denn über den Erfolg entscheidet nicht so sehr das Vorhandensein des einen oder anderen Faktors als vielmehr das Gleichgewicht der in einer spezifischen Situation wirksamen Kräfte. Abgesehen von der Liebe zum Partner sind in mehr oder weniger starker Ausprägung bei jedem Entschluß zur Ehe auch solche Motive beteiligt wie das Verlangen nach dem eigenen Zuhause, nach Erfüllung und Ergänzung mit einem Menschen des anderen Geschlechts, nach sexueller Befriedigung und nach Lösung der Probleme um die eigene Sexualität, der Wunsch nach Kindern, nach Geborgenheit, nach Status in der Gesellschaft; jedes dieser Motive kann durch Konflikte belastet sein und dann die eheliche Beziehung der Partner beeinflussen oder beeinträchtigen, wie wir im folgenden näher zeigen wollen.

Im allgemeinen entsteht der Wunsch nach dem eigenen Zuhause mit dem allmählichen Wandel der Beziehung des jungen Erwachsenen zu seiner ursprünglichen Familie. Er kann jedoch auch primär Ausdruck des Bedürfnisses sein, von einem unglücklichen Elternhaus loszukommen. So können streit- und herrschsüchtige Eltern, die Zerrüttung der elterlichen Ehe, nachdem die Kinder größer geworden sind, und zahlreiche andere derartige Gründe einen jungen Menschen übereilt in einer Ehe ein neues Zuhause suchen lassen. Aus Äußerungen von unglücklich verheirateten Patienten, wie etwa: »nach der Auseinandersetzung mit meinem Vater hätte ich den ersten, besten Mann heiraten können, und wahrscheinlich habe ich es auch getan«, lassen sich mitunter nur schwer die eigentlichen Zusammenhänge herauslesen, daß nämlich in dem eben genannten Beispiel die junge Frau im Grunde genommen den ersten Mann, der mit ihr ausgegangen war, verführt und ihn damit geradezu innerlich verpflichtet hatte, sie zu heiraten. Aber auch die Einsamkeit bei der ersten Trennung eines Jugendlichen von seinem Zuhause kann ihn überstürzt in eine Ehe führen, wenn er z. B. zur Armee eingezogen wird und sich ohne Zuhause sehr einsam und verlassen fühlt und in der nächsten Stadt ein Mädchen findet, das ihm mit größerem Zutrauen und mit mehr Zärtlichkeit begegnet, als er bisher bei seiner größten Liebe erlebt hat, so daß er es kaum erwarten kann zu heiraten.

Das sexuelle Verlangen ist ein entscheidendes Motiv zur Heirat. Die Ehe erlaubt nicht nur eine befriedigende Äußerung des Sexualtriebes, sondern sie befreit auch die Sexualität von Problemen, die sich um die Triebäußerung und Partnersuche ergeben, so daß diese nicht mehr im Vordergrund stehen müssen. Zwar läßt sich sexuelle Befriedigung auch unabhängig von der Ehe finden, dabei fehlt aber meist die wirkliche Liebe, das Verlangen nach einer dauerhaften Bindung oder der Wunsch nach Familie und Kindern. Gelegentlich kann ein intensives sexuelles Verlangen zu einer übereilten Entscheidung für einen Partner und nichtsahnend in eine Verbindung führen, in der es kaum andere Grundlagen und Gemeinsamkeiten gibt. Vielfach beruht die Wahl eines Partners seiner sexuellen Reize wegen auf dem Bedürfnis, mit Hilfe eines solchen Partners Prestige vor anderen zu gewinnen oder das eigene Selbstwertgefühl zu stärken. Aber auch sexuelle Minderwertigkeitsgefühle und Ängste um die eigene Geschlechtsidentität können eine Heirat motivieren, die dann primär mit dem Ziel angestrebt wird, sich selbst der eigenen sexuellen Fähigkeiten oder der Geschlechtsidentität als Mann oder als Frau zu vergewissern und z. B. die eigene Impotenz oder Homosexualität zu verbergen. So beginnt eine junge Frau, die erhebliche Schuldgefühle wegen Masturbierens hat und besorgt ist, sie könnte homosexuell sein, weil sie ihre Konkurrenzgefühle den Männern gegenüber und ihre Eifersucht wegen deren Liebschaften erkannt hat, Bekanntschaften und Beziehungen zu Männern zu suchen. Es dauert nicht lange, bis sie fast zwanghaft mit jedem Studienkollegen, der ihr über den Weg läuft und der sie dazu auffordert, schläft. Als sie dann einem passiven jungen Mann begegnet, den sie beherrschen und bei dem sie im Geschlechtsverkehr eine männliche Rolle spielen kann, verleitet sie ihn zur Ehe in der Hoffnung, daß sich dadurch ihre Promiskuität von allein geben werde. Sie sieht dabei nicht, daß er sie heiraten möchte, weil er ein jungenhaftes Mädchen braucht, um erregt zu sein, so daß sie bald, nachdem sie geheiratet hat, sich dagegen zu wehren beginnt, wie ein Junge behandelt zu werden. Ein College-Professor, der glaubt, daß seine homosexuellen Neigungen im College Verdacht erregen könnten, sucht sich abzuschirmen, indem er eine Frau heiratet, die er auf einer religiösen Veranstaltung kennengelernt hat und von der er glaubt, daß sie sich für nichts anderes als die geistlichen Dinge interessiere. Ihr aber wird seine Unfähigkeit, überhaupt ihre körperliche Nähe zu ertragen, unerträglich, vor allem weil sie ihn in dem Wunsch geheiratet hatte, Kinder zu haben. Solcherart bewußtes Einsetzen der Ehe zum Selbstschutz oder aus selbstsüchtigen Motiven ist bei gestörten Menschen keine Seltenheit.

Der Wunsch nach Geborgenheit bei jemandem, der finanziellen und emotionalen Halt zu geben vermag, ist nicht nur ein bei jeder normalen Entscheidung zur Ehe beteiligtes Motiv, sondern es kann auch allein den Entschluß zur Ehe bestimmen, wie bei dem Witwer mit Kindern, der eine Frau heiratet, die ein Zuhause sucht und einem anderen ein Zuhause geben möchte, oder, was weniger günstig ist, bei dem Mädchen, das, der Arbeit in der Fabrik oder der zahlreichen Anträge ihres Vorarbeiters, mit ihm zu schlafen, überdrüssig, sich zur Ehe mit jenem jungen Mann entschließt, dem es bisher aus dem Wege zu gehen versucht hatte, denn es glaubt, daß eine Ehe mit diesem besser sei, als die Unsicherheiten und Belastungen als unverheiratete junge Frau noch länger ertragen zu müssen. Auch Ehrgeiz kann ein vorrangiges Motiv sein. Häufig aber ist es weniger der Ehrgeiz desjenigen, der heiraten möchte, als vielmehr der seiner Eltern. Die Heirat um des Reichtums, des beruflichen und sozialen Aufstiegs und um wirtschaftlicher Beziehungen willen hat es schon immer gegeben; derartige Gründe brauchen für eine gute Ehe nicht hinderlich zu sein, obwohl in ausgeprägten Fällen der eine Partner, dessen Wohlstand oder Prestige geheiratet wird, sich nur allzu leicht als nicht um seiner selbst willen geliebt fühlt, während der andere umgekehrt vielfach die Vorstellung hat, dankbar, ehrerbietig und unterwürfig sein zu müssen.

Auch der Wunsch nach Kindern kann ein primäres Motiv zum Heiraten sein, wobei dann vielfach der Ehepartner vernachlässigt wird, sobald das erste Kind geboren ist. So träumte eine Frau von Anfang dreißig, die, weil sie Männer verachtete, kaum Gelegenheit zum Heiraten fand, von einem Sohn, der ein großer Musiker werden sollte, wie sie sich das von sich selbst gewünscht hätte, wäre sie als männliches Wesen auf die Welt gekommen. Auf ihre Schwester war sie außerordentlich eifersüchtig, und als diese ein Kind bekam, versuchte sie einen jüngeren Mann zu gewinnen, dessen Persönlichkeit ihr fast gleichgültig war, und sie ließ nicht von ihm ab, bis sie ihn zum Traualtar führen konnte. Als sie dann bald darauf einen Sohn bekam, nahm ihre Unzufriedenheit mit ihrem Mann, der außerordentlich passiv war, zu, so daß sie sich schließlich von ihm scheiden lassen wollte, in dem Gefühl, ihn nicht mehr nötig zu haben, und eifersüchtig auf seine Liebe zu ihrem Sohn.

Häufig wird die Ehe durch eine Schwangerschaft herbeigeführt. Nach einer Schätzung soll in England ungefähr bei einer von sechs

Eheschließungen bereits eine Schwangerschaft vorliegen.[4] Für die USA gibt es zwar keine genauen Zahlen, aber wahrscheinlich liegen sie in der gleichen Größenordnung. Vielfach kommt es bei Paaren zur Schwangerschaft, die bereits seit langem zu heiraten entschlossen waren und die nun aufgrund der neuen Situation ihre letzten Zweifel über Bord werfen und zum Standesamt gehen. Selbstverständlich führt nicht jede Schwangerschaft auch zur Ehe. In den USA gibt es etwa 100 000 unehelich geborene Kinder pro Jahr, und ein beträchtlicher Teil der etwa 1 Million illegaler Abtreibungen, die jedes Jahr in den USA vorgenommen werden, betrifft unverheiratete Frauen. Für eine Frau ist es nicht gerade leicht, wenn sie das Gefühl haben muß, von ihrem Mann nur wegen der Schwangerschaft geheiratet worden zu sein, und vielfach kommt es aufgrund solcher Schuld- und Schamgefühle zu ernsthaften Schwierigkeiten in der ehelichen Beziehung. Gelegentlich werden solche Ehen nur in der Absicht geschlossen, die Geburt des Kindes zu legalisieren. Die Schwangerschaft ist lange Zeit ein mehr oder weniger übliches Mittel für das Mädchen gewesen, den Mann an sich zu binden, den es heiraten möchte, der sich ihm aber nicht erklären will. Zwar können viele auf diese Weise geschlossenen Ehen glücklich sein, wenn das Mädchen sehr genau weiß, was es selbst will, und vielleicht sogar besser als der Freund weiß, was dieser will, doch führt das Gefühl, zum Heiraten gezwungen worden zu sein, oft zu einer bleibenden Belastung in der späteren Ehe.

Die aus »Rache« und Feindseligkeit geschlossene Ehe

Viele unglückliche Ehen werden aus einer feindseligen Einstellung eines der Partner heraus geschlossen, die schließlich nicht nur den gestörten, sondern auch den relativ unschuldig in die Ehe hineingezogenen Partner trifft. Vielfach suchen derart gestörte Menschen sich an anderen zu rächen, wobei sie den Wunsch haben, andere leiden zu lassen, weil sie selbst leiden. Dabei werden sie dann nicht selten zur Zielscheibe ihrer eigenen Feindseligkeit. Am häufigsten kommen solche Ehen aus Haß gegen einen anderen geliebten Partner zustande, der die Liebe abgewiesen und sich anderweitig ver-

4 Der Prozentsatz ist in Schweden wesentlich höher, da dort der voreheliche Verkehr von der Gesellschaft allgemein gebilligt wird.

heiratet hat, was dann zu dem übereilten Entschluß führt, selbst zu heiraten, meist in dem Wunsch, das eigene Selbstwertgefühl wiederzugewinnen und das Gefühl zu haben, daß man von einem anderen geliebt und gebraucht wird, oft aber auch mit einem gewissen Vorsatz, dem geliebten, aber unerreichbaren Partner zu zeigen, daß man nicht auf ihn angewiesen sei, und sogar in der Erwartung, daß der andere seinen Irrtum einsehen und im letzten Augenblick doch noch zurückkommen werde, um seine wahre Liebe zu zeigen. Die aus solcher Abweisung entstehenden feindseligen Gefühle gewinnen die Oberhand über die Liebe, und die Frau (aber ebenso häufig auch der Mann) bestraft sich selbst wegen dieser Feindseligkeit und Lieblosigkeit, indem sie den ersten besten anderen heiratet, in gewisser Weise auch in dem Wunsch, daß der böse eigentliche Geliebte leiden solle, weil sie selbst unglücklich ist. Auch wenn die Animosität nicht unbedingt im Vordergrund steht, kann eine nach einer solchen Enttäuschung übereilt geschlossene Ehe durch diese Enttäuschung noch lange Jahre belastet bleiben, weil die Ablösung der Phantasien um den ersten, eigentlichen Geliebten meist nicht gelingt. So hatte eine junge Frau sehr bald, nachdem ihr Verlobter gefallen war, zu heiraten beschlossen, primär wohl in dem Wunsch, so schnell wie möglich von zu Hause wegzukommen. Den Verlobungsring ihres ersten Verlobten behielt sie bis zum Augenblick der Trauung am Finger, und sie durchlebte ihre erste Schwangerschaft mit Phantasien, in denen der gefallene Mann der Vater des Kindes war. Eine ähnliche Situation kann sich ergeben, wenn ein junger Mensch aus Trotz gegen seine Eltern, die ihm ihre Zustimmung zur Ehe mit einem Partner, den er liebt, verweigern, einen anderen Partner heiratet. In der Haltung »denen werde ich's zeigen« nimmt er dann einen Partner, der zwar die seinen Eltern erwünschten, darüber hinaus aber auch ausgeprägte negative Eigenschaften hat, oder er läßt es zu einer Situation kommen, die die Eltern zwingt, ihre Zustimmung zu einer ihnen noch weniger wünschenswerten Ehe zu geben. So hatte eine junge Frau, die nach der Geburt ihres ersten Kindes sehr depressiv wurde, seinerzeit aus Trotz gegen ihren Vater geheiratet. Ihr Vater hatte länger als ein Jahr seine Zustimmung zur Ehe mit dem von ihr geliebten Freund verweigert, der schließlich nicht mehr auf sie gewartet und ein anderes Mädchen geheiratet hatte. Sie hatte daraufhin ein Verhältnis mit einem anderen Mann begonnen, in erster Linie, um ihren früheren Freund eifersüchtig zu machen und ihn zu ihr zurückkehren zu lassen. Sie wurde dann aber schwanger, und ihr Vater war jetzt gezwungen, seine Zustimmung zur Ehe mit einem schwachen, sehr abhängigkeitsbedürftigen Mann zu geben, für den sie kaum mehr als Geringschätzung übrig hatte. Nach der Geburt ihres Kindes konnte sie keine Zuneigung oder mütterlichen Gefühle für das Kind empfinden, da es sie in ihren Augen in eine Ehe zwang, die sie nicht gewollt hatte, und sie daran hinderte, Trost in ihrer Phantasie zu suchen.

In mancher unglücklichen Ehe beruht die Animosität zwischen den Partnern auf einer tieferen Abneigung und Feindseligkeit gegenüber dem anderen Geschlecht, der vielfach auch Neid zugrunde liegt. Es gibt z. B. Ehen, in denen der eine Partner sehr abhängigkeitsbedürftig ist und der andere ihn nur geheiratet hat, um ihm in sadistischer Weise seine Unterlegenheit zu demonstrieren und ihn damit zu erniedrigen – gewissermaßen, um über den gehaßten Feind zu triumphieren. So war eine junge Frau in ihrer Adoleszenz und im frühen Erwachsenenalter in außerordentlich aggressiver Weise homosexuell gewesen. Ihre Homosexualität beruhte zum großen Teil auf ihrem Neid gegenüber den Brüdern, die alle sichtbar von ihrer Mutter vorgezogen worden waren. Allmählich verstand sie manche Männer dadurch zu verführen und so, wie ihr dies auch bei bestimmten Frauen gelang, zu beherrschen, daß sie sie sexuell aufreizte und dann quälte. Schließlich heiratete sie einen masochistischen Mann, den sie ebenfalls ständig quälte und sexuell erniedrigte, wobei sie Lust dabei empfand, ihn zu perversen sexuellen Praktiken zu zwingen, die für ihn erniedrigend waren. Auf ganz ähnliche Weise wurde ein Mann, der sich seiner Mutter gegenüber kaum seiner feindseligen Gefühle erwehren konnte, zum »Spezialisten« im Verführen junger Mädchen, die er so heftig in ihn verlieben machte, bis sie bereit waren, sich sexuell zu erniedrigen, nur um sie dann sogleich von sich zu stoßen.

Rettungsphantasien und sado-masochistische Ehen

Rettungsphantasien können bei der Wahl des Ehepartners von großer Bedeutung sein, besonders für Menschen in medizinischen und pflegerischen Berufen. Möglicherweise fühlen sich bestimmte Menschen aus einer gewissen Sympathie zu einem anderen Menschen, dessen bisheriges Leben unglücklich war, besonders hingezogen, in der Vorstellung, daß sie Unglück und Schaden ungeschehen machen und den armen Menschen vor einem unglücklichen Schicksal bewahren könnten. So glaubt vielleicht ein Mann, ein Mädchen aus einem Zuhause retten zu müssen, das aufgrund der Trunksucht des Vaters unglücklich ist, sieht auch die Fehler dieses Mädchens, aber meint, daß sie eigentlich nicht zu ihm gehörten und daß er sie durch seine Liebe und Fürsorge ändern könne. Ärzte neigen bisweilen dazu, den Wunsch, die Patienten zu versorgen, mit dem Verlangen zu verwechseln, auch persönlich für sie da zu sein und sich für sie verantwortlich zu fühlen. Und eine Krankenschwester hat vielleicht den Wunsch, einen Schizophrenen zu heiraten, weil sie glaubt, ihre Fürsorge und Liebe werde ihn gesund machen. Solche Wünsche und Vorstellungen entstehen häufig auf dem Boden von Unsicherheit und Zweifeln an der eigenen Attraktivität oder den eigenen sexuellen Fähigkeiten, vielfach in Verbindung mit dem Gefühl, daß man kein Recht habe zu heiraten, es sei denn, daß man sich dabei um des Partners willen opfert. Einige der in den vorangegangenen Abschnitten dargestellten Motive der Partnerwahl und Ehe werden häufig auch als sadomasochistisch bezeichnet. Die Partner suchen sich dabei unbewußt meist einen entsprechend anderen Partner, dem sie weh tun können und der ihnen auch seinerseits weh tut. Vielfach gibt es in solchen Ehen heftige Auseinandersetzungen und Streit, sowie Kämpfe und Versuche, den anderen in seinem Selbstwert herabzusetzen, so daß die Partner chronisch unglücklich sind, aber wegen ihrer eng miteinander verflochtenen Psychopathologie wahrscheinlich mit keinem anderen Partner – man ist geradezu versucht zu sagen glücklich – leben könnten. In den meisten dieser Ehen lebt nicht ein Sadist mit einem Masochisten zusammen, sondern beide Partner haben jeweils in mehr oder weniger starker Ausprägung Züge von beidem, die jeweils unter entsprechenden Bedingungen und Situationen zum Ausdruck kommen. Jeder der Partner hat seine verletzlichen Stellen, die der andere nur allzu schnell aufdeckt und als Zielscheibe für seine Ausfälle und Angriffe verwendet. Häufig sind beide Partner intensiv damit beschäftigt, den anderen zu verletzen, um sich für eine Böswilligkeit zu rächen. In der Regel gibt es in solchen Ehen keine sadistischen Perversionen, und es braucht auch nicht zu gewalttätigen Auseinandersetzungen zu kommen. Die sadistische Lust kann sich sogar darin äußern, daß der eine Partner dem anderen seine moralische Rechtschaffenheit vorhält. So brachte ein strenggläubiger Pfarrer seine Frau wegen ihrer Trunksucht in eine psychiatrische Klinik. Dort wurde sehr bald deutlich, daß der Pfarrer seine Frau fortgesetzt in scheinheiliger Weise glauben machte, sie sei wegen ihrer sexuellen Wünsche eine Sünderin, die nicht, wie er, durch eine innere Offenbarung »Erlösung« gefunden habe. Er hatte sie tatsächlich fast wie eine Dienerin behandelt. Sie wiederum rächte sich an ihm und verletzte ihn, indem sie »sündig« und »krank am Alkoholismus« wurde, was sie ihm in erster Linie dadurch zu verstehen gab, daß sie die Gottesdienste und Gemeindeversammlungen in betrunkenem Zustand besuchte. Ihr Verhalten veranlaßte den Ehemann, sich für noch frömmer und aufopferungsvoller zu halten, als er es ohnehin schon tat, weil er ihre »Krankheit« ertrug, die er aber als eine Heimsuchung Satans und als ein Zeichen dafür ansah, daß sie zu den Verdammten gehöre, während er sich zu den Erlösten rechnete.

Aufgrund der Erfahrungen mit solchen sado-masochistischen Ehen, in denen der Konflikt und das gegenseitige Sich-Verletzen tatsächlich den unbewußten Bedürfnissen beider Partner dient, neigen viele Psychiater zu der Ansicht, daß bereits die Partnerwahl von derartigen Bedürfnissen beherrscht sei. Die Partner finden einander durch Intuition, in den meisten Fällen wohl dadurch, daß sie im anderen eine Ähnlichkeit mit einem der Eltern entdecken, deren sado-masochistische Auseinandersetzungen die eigene Kindheit und Jugend geprägt hatten. Man hat tatsächlich häufig den Eindruck, daß bei manchen Ehepartnern die Ehe deshalb sado-masochistisch ist, weil deren Eltern bereits ähnlich unglücklich waren, und daß sie den Partner unter dem Gesichtspunkt gewählt haben, eine Ehe zu führen, die der unglücklichen Ehe der Eltern gleicht.

Man kann jedoch, wie wir bereits eingangs festgestellt haben, die Vorstellung, daß alle unglücklichen Ehen den unbewußten Bedürfnissen der beiden Partner dienen, auch überstrapazieren. Die Entscheidung für einen bestimmten Partner erfolgt zwar immer in bestimmter Absicht, aber es gibt, wie wir gesehen haben, neben den unbewußten Bedürfnissen auch noch andere Faktoren, aufgrund derer Entscheidungen getroffen werden, die in eine unglückliche Ehe führen.

Vor allem junge Menschen neigen dazu, die Familie des Partners bei der Entscheidung zur Ehe außer acht zu lassen, in der Meinung, daß sie nicht die Familie ihres Partners heiraten. Dies ist sicherlich richtig, aber andererseits muß man dem entgegenhalten, daß eine der besten Voraussetzungen für eine glückliche Ehe das stabile und glückliche Zuhause ist. In manchen Familien treten Scheidungen ebenso gehäuft auf wie bestimmte Erbkrankheiten, und in gewissem Sinne heiratet man auch die Familie des Partners mit, denn dieser ist das Produkt seiner Eltern und der Erziehung der Familie, in der er aufgewachsen ist.

Die Wahl eines geeigneten Partners für die Ehe erfolgt nicht ohne Schwierigkeiten. Es war hier nur möglich, die Bedeutung der Wahl des geeigneten Partners aufzuzeigen und gewisse typische Probleme und Schwierigkeiten darzustellen, die sich dabei ergeben. Die Entscheidung für einen bestimmten Partner ist eine der wesentlichsten, angeblich bewußt und aus freiem Willen getroffenen Entscheidungen im Leben, in deren Folge es zu einer Ergänzung und Umstrukturierung der Persönlichkeit kommt, die den Menschen Erfüllung und Selbstverwirklichung finden lassen, bevor die neue Generation geboren wird. In der gegenwärtigen Gesellschaft führt die Heirat zur Verbindung zweier Menschen, die Voraussetzung für die Aufzucht der Nachkommen ist und in der das Familienmilieu geschaffen wird, in dem die Nachkommen aufwachsen werden. Das Familienmilieu, in dem jeder der Partner selbst aufgewachsen ist, hat deren Persönlichkeit geprägt und bestimmt auch deren Entscheidung zur gemeinsamen Ehe. Die beiden Partner fühlen sich durch ihr sexuelles Verlangen, aber auch durch andere Triebkräfte zueinander hingezogen. Die Frustrationen der ödipalen Bindungen in der Ursprungsfamilie lassen sie die Erfüllung in der gemeinsamen Ehe suchen, wobei die Wahl des Ehepartners die vielfältigen unbewußten Probleme der intrafamiliären ödipalen Situation widerspiegelt. Die Wahl des Ehepartners steht so im Feld vergangener und zukünftiger Entwicklungen und ist daher besonders anfällig für regressive oder neurotische Einflüsse. Ihr können sehr verschiedenartige Motive zugrunde liegen – z. B. Strebungen, eine unglückliche Kindheit ungeschehen zu machen oder zu wiederholen, in der Gegenwart wie in der Kindheit in infantilen Situationen zu leben, die nicht mehr angemessen sind, Erwartungen gegenüber dem Partner zu haben, die im Grunde eher einer Elternfigur gemäß wären, sowie Strebungen nach narzißtischer Befriedigung als bewundertes und geliebtes Kind –, Motive, die oft das eigentliche Motiv, den Wunsch, das eigene Leben in wechselseitiger Befriedigung und Erfüllung zu teilen, verdrängen oder ersetzen. Die Wahl des Ehepartners steht in einem so engen Zusammenhang mit der gesamten Persönlichkeitsentwicklung eines Menschen, daß sich von ihr spezifische Maßstäbe zur Beurteilung der Aussichten einer ehelichen Verbindung ableiten lassen. Möglicherweise wäre vieles einfacher, wenn die Entscheidung nicht den beteiligten Partnern allein überlassen wäre, von der Ehe weniger erwartet würde und die Verantwortung und Schuld für Schwierigkeiten und Unzulänglichkeiten in der Ehe nicht so schwer auf dem Ehepaar selbst lasten würden.

Kapitel 14

Die Anpassung in der Ehe

Das Problem der Anpassung in der Ehe wird vielfach einzig unter dem Aspekt der sexuellen Anpassung gesehen. Diese hat zwar für die weitere Entwicklung der Ehe eine vitale Bedeutung, aber das Problem der Anpassung der Partner ist sehr viel komplexer und außerordentlich vielschichtig. Bei jedem der beiden Partner ist eine tiefgreifende Umschichtung und Umstrukturierung innerhalb der Persönlichkeit erforderlich, die erst die wechselseitige Beziehung und schließlich eine neue Form intimer Gemeinsamkeit möglich macht. Darüber hinaus müssen aber auch beide Partner jeder für sich die entsprechenden wechselseitig ineinandergreifenden Rollen finden, durch die ein Zusammenleben möglich wird, das ein Minimum an Reibungsflächen bietet, müssen die im Elternhaus erworbenen spezifischen familiären Muster in der Anpassung aneinander umgestaltet werden, wobei mitunter auch die Verschmelzung unterschiedlicher ethnischer und sozialer Muster erforderlich wird, um ein neues, funktionsfähiges soziales System entstehen zu lassen, und schließlich müssen in der neuen Familie die Kindheitsphantasien und -träume eines jeden der beiden Partner aufgehen und Erfüllung finden. Die Erfüllung in der geschlechtlichen Vereinigung, in der die erotischen Bedürfnisse beider Partner Befriedigung finden, fördert die wechselseitige Gemeinsamkeit, die die Spannungen und Belastungen, die in der ehelichen Beziehung fast unvermeidlich entstehen, verringern und abschwächen helfen. Sie ist ein Mittel, das die Reibungen herabsetzt, und vielfach ein empfindlicher Indikator, der die Reife eines jeden der beiden Partner und deren Bereitschaft und Fähigkeit anzeigt, dem anderen als Erwachsener in der intimen Partnerschaft zu begegnen. Sie ist aber nur ein Teil der gesamten ehelichen Beziehung und würde sehr bald an Reiz verlieren, wenn sie nicht in eine befriedigende und Erfüllung bringende Gemeinsamkeit beider Partner eingebettet wäre.

Wenn in einer jungen Ehe alle Voraussetzungen für einen guten Anfang gegeben sind, wird sie für beide Partner bald zu einem stabilisierenden Element und eröffnet neue Möglichkeiten der Selbstverwirklichung. Das Leben wird zum neuen Abenteuer, in dem all das durchlebt und erlebt werden kann, was bisher nur in der Vorstellung existierte. Da ist plötzlich ein anderer, der sich intensiv um einen bemüht, bei dem man im Mittelpunkt steht, der einem alle seine Liebe entgegenbringt, und diese Gewißheit vermittelt ein unendliches Gefühl der Geborgenheit. Handeln, Denken und Phantasie haben ein neues, greifbares Ziel, auf das gerichtet sie das Leben mit neuen Inhalten erfüllen. Die neue Gemeinsamkeit läßt alle Gefühle der Verlassenheit und Einsamkeit schwinden, und die sexuelle Befriedigung löst alle Spannungen und erfüllt jeden mit neuen Energien zur Verfolgung der neuen Ziele und Aufgaben, die sich aus der Ehe ergeben. In den Stunden der Trennung im Ablauf des Tages, die oft genug nicht enden wollen, sind alle Gedanken auf den anderen gerichtet, lassen ihn in der Phantasie am eigenen Leben teilhaben, bis am Ende des Tages die Realität die Stunden des Alleinseins endlich beendet. Die Freiheit sexueller Intimität und das gegenseitige Einander-Erfahren führen zu einer inneren Erregung, die ihrerseits in einer neuen Ruhe gemeinsamer Erfüllung aufgeht. Jeder Partner macht Fehler, hin und wieder gibt es auch Mißverständnisse, aber die Liebe läßt jede Absicht, einander zu verletzen, ausgeschlossen sein. Der Zauber der ersten Ehemonate mit seiner romantischen, ja sogar unrealistischen Verklärung des anderen läßt die Partner bald ihre einander ergänzenden Rollen finden, läßt sie lernen, ihr Leben miteinander zu teilen und Vertrautheit in der Gemeinsamkeit zu gewinnen.

Aber auch das idealste Paar hat bei der Anpassung an das gemeinsame Leben mit Schwierigkeiten zu kämpfen, die häufig genug den Übergang von den Flitterwochen in den Ehealltag begleiten und mit ihren mehr oder weniger zahlreichen Unstimmigkeiten und Enttäuschungen bisweilen sogar die Entscheidung zur gemeinsamen Ehe bedauern lassen. Es gibt kaum ein Paar, das nicht von solchen Schwierigkeiten weiß und zugleich entschlossen ist, sie in der eigenen Ehe zu umgehen. Mögliche Reibungspunkte gibt es jedoch in großer Zahl, weshalb wir darauf verzichten wollen, diese nur allzu bekannten Anlässe von Ärger und Verstimmung im einzelnen aufzuzählen, aus denen gelegentlich Enttäuschungen oder gar tiefe Mißhelligkeiten erwachsen können, wenn der eine oder auch beide Partner das Gefühl haben, daß der andere egozentrisch sei und sich nicht genügend um den anderen bemühe und dessen Zuwendung und Liebe erwidere. Bestimmte Probleme, über die die Partner nicht gerne miteinander sprechen, weil sie ihnen allzu persönlich erscheinen, wie z. B. sexuelle Probleme (über die wir in diesem Kapitel noch ausführlicher sprechen werden), Fragen der persönlichen Hygiene, Eifersucht gegenüber den Schwiegereltern etc., sind besonders geeignet, Verstimmung und Ärger hervorzurufen, die in diesen ersten Monaten der Ehe jeden der Partner sich hin und wieder fragen lassen, ob der Entschluß zu heiraten auch richtig gewesen sei und ob die Zukunft nicht noch Schlimmeres befürchten lassen müsse.[1] Aber auch wenn möglicherweise solche inneren Sorgen und Nöte wachsen, versuchen doch beide Partner in diesen ersten Wochen und Monaten ihrer Ehe, sich anderen gegenüber nichts von ihren Schwierigkeiten merken zu lassen und lieber alles in stiller Verzweiflung allein mit sich abzutun, als sogleich auf den Rat der Eltern zurückzugreifen, den sie sich gleichwohl oft genug nur allzusehr herbeisehnen.

Die Hochzeit steht nicht wie in so vielen Liebesromanen am Ende der Geschichte, und es gibt wohl kaum ein Paar, das sich nicht darüber im klaren wäre, daß nun ein ganz neuer Lebensabschnitt beginnt, in dem Glück und Zufriedenheit sich nicht nur als selbstverständliche Folge der Heirat ergeben, sondern immer wieder von neuem errungen werden müssen. Für viele junge Mädchen steht jedoch die Vorstellung, den richtigen Mann zu finden, derart im Mittelpunkt, daß sie später, wenn sie erst verheiratet sind, mitunter nicht bedenken, daß der richtige Mann allein noch nicht das ganze Glück bedeutet. So empfindet eine Frau, die ihren Beruf oder ihre Ausbildung aufgibt, um einfach nur Ehefrau zu sein, mitunter bald eine gewisse Langeweile und Leere, weil der Mann ihr im Alltag der Ehe nicht tagtäglich Neues bieten kann, so daß sie sich nach dem Sinn ihres Daseins zu fragen beginnt und bald den Wunsch nach

1 Nach J. Landis (7) sind die Problembereiche, an denen sich in erster Linie Konflikte und Schwierigkeiten entzünden können, die Religion, das gesellschaftliche Leben, Freunde des Partners, Geschwister, Schwiegereltern und Schwäger sowie sexuelle Beziehungen. W. Goode (5) nennt darüber hinaus noch Trinken, andere persönliche Schwächen, Spielen, »Herumgammeln« mit anderen, unterschiedliche Wertvorstellungen etc. Bei vielen der genannten Probleme handelt es sich jedoch nur um symptomatische Schwierigkeiten, die sich aus einer emotionalen Instabilität oder Unreife eines oder beider Partner ergeben, oder aus der Unfähigkeit, sich entsprechend auf den anderen einzustellen und zu einer auf Gegenseitigkeit gegründeten, für beide Partner befriedigenden Gemeinsamkeit und sexuellen Anpassung zu finden.

einem Kind hegt, von dem sie dann aber mehr Inhalt und Erfüllung ihres eigenen Lebens erwartet, als daß sie es als Erfüllung ihrer ehelichen Zweisamkeit mit ihrem Mann empfände.

Der Einfluß der Ehe auf die Struktur der Persönlichkeit

In der Regel erfordert jede Ehe – und leistet auch, wenn sie glücklich ist – eine tiefgreifende Um- und Neustrukturierung der Persönlichkeit beider Partner, durch die deren weitere Persönlichkeitsentwicklung nachhaltig beeinflußt wird. In der Gemeinsamkeit der Ehe werden bestimmte Funktionen geteilt, andere von dem einen oder dem anderen Partner allein getragen, und damit gewisse Aspekte der Individualität eines jeden aufgegeben. So werden, indem die Persönlichkeit in der Beziehung zum Partner neue Gestalt gewinnt, bestimmte Persönlichkeitsmerkmale und Charakterzüge stärker hervortreten, andere dagegen an Bedeutung verlieren. Ebenso wie der gewählte Beruf auf die weitere Entwicklung und Formung der Persönlichkeit Einfluß hat, bestimmt auch die Ehe und die in ihr erfolgende Anpassung an den Partner die weitere charakterliche Entwicklung und Entfaltung. Die dabei ablaufenden Prozesse der Um- und Neustrukturierung lassen sich nur schwer klar und verständlich beschreiben, mit Hilfe der *strukturalistischen Theorie* jedoch zumindest aufhellen, wenn auch in etwas schematischer Weise.
Die bestimmende Instanz der Persönlichkeit, das Ich, muß in der Ehe nicht nur das Selbst, sondern auch den Partner und die Ehe als in sich geschlossenes Ganzes mit einschließen. In der optimalen Ehe wird der Partner zu einem zweiten Ich, dessen Wünsche und Bedürfnisse und dessen Wohlbefinden zugleich mit denen des eigenen Ichs erwogen werden und dessen Ansichten und Vorstellungen in gemeinsame Interessen beider Partner betreffende Entscheidungen mit eingehen. Die Frau richtet gewöhnlich ihren Ehrgeiz auf die Karriere ihres Mannes und unterstützt sein Streben nach beruflichem Fortkommen und Aufstieg, während der Ehemann seinerseits darauf bedacht ist, die gesellschaftliche Stellung seiner Frau als Teil seiner selbst zu sichern oder auch zu verbessern. Vor allem in den kleinen Dingen des täglichen Lebens suchen die Partner Übereinstimmung zu finden, wodurch sich eines jeden Leben auf den anderen hin bewegt. Die Ehefrau kocht eher das Lieblingsgericht

ihres Mannes als ihr eigenes; wenn man ins Kino gehen möchte, gilt es, den beide interessierenden Film herauszusuchen, und wenn man ein Haus kauft, dann muß man auch die Wohngegend und die Nachbarschaft berücksichtigen, eine Entscheidung, bei der nie das Wort nur eines der Partner gelten darf, wenn nicht Schwierigkeiten entstehen sollen. Allmählich erkennen die Partner, daß sie in vielen Bereichen aufeinander angewiesen sind und daß das eigene Wohlbefinden an das des anderen gebunden ist. Dies bedeutet aber nicht, daß man bereit sein muß, sich für den anderen zu opfern. Selbstaufopferung führt nur allzuoft zu masochistischen Einstellungen, in deren Folge geduldet und gelitten wird, um den anderen dadurch zu bestrafen. In der intimen Partnerschaft der Ehe findet jeder der Partner Erfüllung und Befriedigung in der Gewißheit, daß auch der andere zufrieden ist, sich in der Geborgenheit des anderen wohl fühlt und glücklich weiß, und jeder Partner strebt bewußt oder unbewußt danach, diese Gewißheit und Befriedigung für sich zu erlangen. Die Situation ist in vieler Hinsicht analog zu jenem Prozeß, durch den die Mutter und ihr Säugling zu einer wechselseitigen Beziehung finden, wie wir es im Kapitel 5 ausführlich dargestellt haben. In der Ehe erfordert dieser zur wechselseitigen Beziehung der beiden Partner führende Prozeß mehr als nur den Willen und die Bereitschaft, dem anderen zu gefallen, und er kann nur dann zum angestrebten Ziel führen, wenn jeder der Partner sich darum bemüht, die Bedürfnisse und Interessen des anderen zu verstehen und zu erkennen, was für das Glück und die Zufriedenheit des anderen wie seiner selbst entscheidend ist. Dabei darf aber nie das, was der andere gern hat, dürfen seine besonderen Neigungen – auf die er auch verzichten kann – nicht mit seinen eigentlichen Bedürfnissen verwechselt werden. Wie man in vielen Ehen sehen kann, ist die Ehefrau in der Regel empfänglicher für die Bedürfnisse und Eigenarten des Ehemannes als dieser für die ihrigen. Wenn einer oder beide Partner aufhören, sich um den anderen und dessen Bedürfnisse und Eigenarten zu bemühen und daraus Befriedigung in der gemeinsamen Ehe zu finden, wenn jeder bemüht ist, nur im gegenseitigen Aufrechnen der eigenen Bemühungen um den anderen, mit Hilfe von Listen oder gar Täuschungsmanövern den eigenen Willen durchzusetzen, dann werden meist die Schwierigkeiten zwischen beiden Partnern zum unüberwindbaren Hindernis (1).

Auch das Über-Ich eines jeden der beiden Partner paßt sich dem

Über-Ich des anderen an, um die Es-Impulse beider zu steuern. Jeder Partner bringt eigene elterliche und soziale Gebote, die in seinem Über-Ich internalisiert sind, mit, die er an die seines Partners anpassen muß. So paßt sich ein Ehemann den Über-Ich-Geboten seiner Frau an, indem er sich z. B. den beruflichen Ehrgeiz, den seine Frau für ihn hegt, zueigen macht, oder indem er sich in seinen Trinkgewohnheiten die Einstellungen seiner Frau zum Alkohol, die sie vielleicht ihrerseits von ihrer Mutter übernommen hat, zueigen macht; oder das Über-Ich seiner Ehefrau gestattet ihm, die Gebote seines eigenen Über-Ichs zu überwinden und z. B. seine Sexualität zu erleben, die bis vor kurzem noch aus seiner Phantasie verbannt gewesen war. Die Tragödie Macbeth entwickelt sich, indem Macbeths Über-Ich-Gebote gegen den Königsmord von seiner Frau überwunden werden, die in der Verfolgung ihrer eigenen Ziele weniger bewußte Skrupel hat und mit ihrer Verhöhnung seiner Schwäche und Feigheit schließlich sein Gewissen überrumpelt. Die Wertvorstellungen des Partners, vor allem die des Ehemannes, haben einen stark modifizierenden Einfluß auf die von den Eltern geprägten Wertvorstellungen, die ursprünglich die Grundlage des Über-Ichs gebildet hatten. Gegensätzliche und sich widersprechende Über-Ich-Normen und -Gebote können zu beträchtlichen Schwierigkeiten und Konflikten bei jedem der Partner selbst, zwischen den Partnern und zwischen Partnern und anderen Verwandten führen.
Die Umstrukturierung des Über-Ichs hat aber zusammen mit anderen Faktoren entscheidenden Einfluß auf die Es-Impulse und ihre Äußerung. Die Berücksichtigung der sexuellen Triebimpulse des Partners ist für die befriedigende sexuelle Anpassung von grundlegender Bedeutung. So wird der eine die sexuelle Befriedigung gelegentlich weniger wegen seiner eigenen Triebbedürfnisse als wegen derjenigen seines Partners suchen. Aus der Verfügbarkeit einer Möglichkeit zur sexuellen Äußerung, wie sie in der Ehe gegeben ist, entwickelt sich ein neues, ungezwungenes Verhältnis zum Sexualtrieb, dessen Befriedigung in der Ehe von der Gesellschaft und von den Eltern nicht nur gebilligt, sondern auch erwartet wird. Die Freisetzung von mit der bisherigen sexuellen Verdrängung verknüpften Interessen und Strebungen reicht über den eigentlichen Bereich der Sexualität hinaus. So werden neue Energien frei, die auf konstruktive Ziele gerichtet werden können und die Entwicklung einer harmonischen und in sich geschlossenen Persönlichkeit

fördern. Neben den sexuellen sind auch die aggressiven und Selbsterhaltungstriebe des Partners von Bedeutung. Es liegt auf der Hand, daß die Anpassung in der Ehe auch die Verringerung und Bewältigung der Aggressionen beider Partner zum Ziel haben muß. Auch die *Ich-Abwehrmechanismen,* die jeder Partner zur Beherrschung von Es-Impulsen einsetzt, müssen vom anderen respektiert werden, da sonst die entstehenden Ängste zu schwerwiegenden Problemen führen. Bestimmte Abwehrmechanismen, wie z. B. die zwanghafte Sauberkeit der Ehefrau oder die Projektion von Schuld auf die Ehefrau von seiten des Ehemannes, können allerdings zu beträchtlichen ehelichen Schwierigkeiten führen. Dennoch akzeptiert vielfach der eine Partner die Eigentümlichkeiten und Abwehrmechanismen des anderen, um die eheliche Gemeinschaft nicht in Gefahr zu bringen. So war eine junge Ehefrau bereit, sich einer strengen Abmagerungsdiät zu unterwerfen, obwohl sie nicht übergewichtig war, weil ihr Mann ihre jungenhafte Erscheinung zu seiner sexuellen Erregung brauchte. Viele verheiratete Menschen lernen sehr schnell, sich in ihrem Verhalten auf die Wünsche ihres Partners einzustellen, um diesen nicht zu erzürnen, auch wenn dessen Ansprüche ihnen vielfach als unvernünftig erscheinen.

Auch die Identifikation mit neuen Vorbildern übt im Verlauf der Ehe auf die Persönlichkeit einen modifizierenden Einfluß aus; dies gilt insbesondere für die Identifikation mit Schwiegereltern. Ein junger Jurist, dessen Vater Landwirt gewesen war, heiratete die Tochter eines Bundesrichters. Sehr bald paßte er sich in vieler Hinsicht seinem Schwiegervater an, vor allem in seiner Gestik, seinem Tonfall, seinem Ehrgeiz, aber auch in seinem sonstigen Verhalten. Möglicherweise war die Bewunderung, die er für seinen Schwiegervater hatte, sein eigentliches Motiv zur Ehe gewesen, und umgekehrt hatte auch seine Frau wahrscheinlich Zuneigung gerade zu ihm gefunden, weil sie in ihm Merkmale und Eigenschaften ihres eigenen Vaters wiedererkannt und unbewußt diese bei ihm gefördert hatte. Die Identifikationen beeinflußten den jungen Juristen in dem geschilderten Beispiel derart, daß sie schließlich auch seine berufliche Entwicklung und Laufbahn bestimmten. Nach einem alten deutschen Sprichwort wird der Beruf eines Mannes vom Schwiegersohn weitergeführt – worin wohl die Erkenntnis zum Ausdruck kommt, daß eine Frau sich gern in einen Mann verliebt, der ihrem Vater ähnlich ist.

Manche Frauen, die ihrem Ehrgeiz in der Ehe mit einem entsprechend fähigen Mann Genüge tun wollen, müssen häufig mit der Heirat eines Mannes, der nicht ganz ihren Erwartungen entspricht, ihre übersteigerten Ansprüche mehr oder weniger aufgeben, während andere ihren Ehrgeiz damit durchzusetzen versuchen, daß sie einen anpassungsfähigeren und weniger willensstarken Mann heiraten, den sie beeinflussen und nach ihren Wünschen formen können. Dabei können Schwierigkeiten dann auftauchen, wenn die Frau allzusehr bemüht ist, ihren Mann ihrem Ideal entsprechend zu formen, ohne daß der Mann dies in allem zu tolerieren bereit ist, da er spürt, daß seine Frau auf direktem oder indirektem Wege sein Selbstwertgefühl unterminiert. Schließlich kann sogar seine Potenz nachlassen, entweder aus Minderwertigkeitsgefühlen oder zum Zweck einer passiven Auflehnung gegen die Ansprüche seiner Frau, mit der er ihr zu verstehen zu geben versucht, daß er und nicht sie über die männlichen Genitalien verfügt.

Die Übertragung elterlicher Persönlichkeitsmerkmale und Eigenschaften auf den Ehepartner

Es gibt wohl kaum einen Menschen, der nicht dazu neigt, elterliche Eigenschaften auf den Ehepartner zu »übertragen«, denn das enge Verhältnis zu den Eltern bildet nun einmal die Grundlage jeder weiteren engen Beziehung zu einem anderen Menschen. Derartige Übertragungen können sich in der Beziehung der Ehepartner zueinander störend auswirken, wenn im anderen allzusehr das Bild eines der beiden Eltern und dieser nicht, so wie er ist, gesehen wird. Solche Übertragungen sind die Ursache vieler neurotischer Ehekonflikte, die häufig genug noch durch die Tatsache kompliziert sind, daß der andere in gewisser Weise tatsächlich einem der Eltern gleicht. Schwierigkeiten und Konflikte dieser Art brechen vor allem dann auf, wenn der Partner entweder die Illusion des anderen zerstört, indem er nicht dessen Vorstellungen gerecht wird, oder wenn der andere negative Persönlichkeitsmerkmale und Eigenschaften eines seiner Eltern irrtümlich seinem Partner zuschreibt. So regte sich z. B. eine jungverheiratete Frau immer dann über ihren Mann auf und zog sich von ihm zurück, wenn dieser vor dem Abendessen einen Cocktail zu sich nahm, und sie geriet in Wut, wenn er es nicht bei einem Cocktail beließ. Sie glaubte, daß ihr Mann sich nach einigen Drinks ihr gegenüber grob verhalten, die Wohnung verlassen und erst spät in der Nacht betrunken wieder nach Hause kommen werde. In der Psychotherapie erkannte sie dann, daß nichts im früheren oder derzeitigen Verhalten ihres Mannes eine derartige Annahme und damit ihre Befürchtungen und ihren Zorn rechtfertigte. Sie hatte einen Mann geheiratet, der in gewisser Hinsicht ihrem Vater ähnlich war und von dem sie geglaubt hatte, daß er dessen gute Eigenschaften besitze, ohne jene passive Abhängigkeit und Neigung zur Trunksucht – Eigenschaften, die ihre Mutter und sie in ihrer Kindheit oft genug in Angst und Sorge versetzt hatten. Wenn nun ihr Mann einen Cocktail zu sich nahm, waren in ihr erneut Sorgen und Ängste wegen der Gefahr einer möglichen Scheidung aufgekommen, die weder sie selbst noch ihr Mann zu deuten verstanden hatten. Derartigen Fehleinschätzungen oft ganz nebensächlicher Gewohnheiten, die an einen der beiden Eltern erinnern, liegen vielfach solche Störungen der ehelichen Beziehung und Kommunikation zugrunde. Ein Mann z. B., der sich früh daran gewöhnt hatte, daß seine Mutter ihm Vorwürfe wegen seines späten Nachhausekommens zu machen pflegte, setzte immer dann, wenn er jetzt zu spät nach Hause kam, die Miene des Beleidigten auf und begann sich bereits zu rechtfertigen und sich seiner Haut zu wehren, noch ehe er die Wohnungstür überhaupt geöffnet hatte. So konnte er nicht sehen, daß seine Frau in aller Ruhe und Freude sein Nachhausekommen erwartet hatte, denn als Tochter eines praktischen Arztes mit seiner äußerst unregelmäßigen Arbeitszeit erwartete sie nicht, wie dies seine Mutter getan hatte, daß er auf die Minute pünktlich bei ihr erscheinen würde.

Auch in den narzißtischen Bedürfnissen nach permanenter Bewunderung durch den Ehepartner kommt vielfach die Art und Weise der Beziehung zu den Eltern, vor allem zum gegengeschlechtlichen Elternteil zum Ausdruck. So braucht vielleicht der Ehemann die Bewunderung seiner athletischen Leistungen oder seiner Wirkung auf andere Frauen zur Stützung und Stärkung seiner Männlichkeit, wie er es von seiner Mutter immer erfahren hatte. Im umgekehrten Sinne gilt dies auch für die Frau. Eine junge Frau z. B., die der Liebling ihres Vaters gewesen war, von ihm wegen ihrer besonderen Schönheit verwöhnt und verzärtelt wurde und ihn mit ihrem Verhalten geradezu um den Finger wickeln konnte, erwartete von ihrem Mann, daß er ebenso wie der Vater ihre Schönheit bewundere und immer dann, wenn sie mit ihm flirten wollte, seine Arbeit unterbreche, um sie zärtlich zu umarmen, wie sie das aus der Brautzeit von ihm gewohnt war. Sie fühlte sich getroffen, wenn er ihre schlechten Kochkünste und ihren Haushalt kritisierte und sich nicht von ihrem Schmollen ablenken ließ. Weitere Mißverständnisse entstanden daraus, daß der Mann nicht erkannte, daß seine Frau sich weniger deshalb nackt vor den Spiegel stellte, um ihn mit dieser Geste zum Geschlechtsverkehr aufzufordern, als um sich selbst zu bewundern.

Elterliche Rollen der Ehepartner

Diese Beispiele, an denen die Schwierigkeiten deutlich werden, die aus der Übertragung von Elterneigenschaften auf den Ehepartner erwachsen können, sollten jedoch nicht zu der falschen Annahme verleiten, daß der Wunsch nach Übernahme von Rollen der eigenen Eltern durch den Partner immer als ein Zeichen für neurotische Störungen zu werten sei oder in anderer Weise sich in einer Ehe nachteilig auswirken müsse. In eine Ehe gehen stets auch Wünsche nach Erfüllung des Familienromans ein, die in der Ursprungsfamilie frustriert werden mußten. Selbst erwachsene und reifere Menschen sehen im anderen gewisse Eigenarten und Merkmale eines der beiden Eltern. Dabei ist in erster Linie entscheidend, inwieweit derartige Vorstellungen und Bedürfnisse mit der übrigen Persönlichkeit im Gleichgewicht stehen. Auch der Ehemann, der eigenständig zu entscheiden vermag und ohne Zögern die Verantwortung für seine Frau und Familie übernimmt, wird sich einer mütterlich fürsorglichen Haltung seiner Frau nicht widersetzen, wenn er krank oder niedergeschlagen ist. Vor allem in Zeiten der Überlastung, der Enttäuschung oder des Versagens ist die Fähigkeit der Ehepartner, dem anderen wie ein Vater oder wie eine Mutter beschützend und liebevoll zur Seite zu stehen bzw. dem anderen zu erlauben, Trost und Unterstützung zu geben, besonders wichtig, denn dies kann dem bedrängten und in innere Not geratenen Partner das Gefühl geben, daß die eigenen Schwierigkeiten in der Liebe und Zuwendung durch den anderen sich überwinden lassen und überwunden werden. Die Fähigkeit beider Partner, dem anderen in Schwierigkeiten Schutz und Hilfe zu gewähren, ist in jeder Ehe von entscheidender Bedeutung.

Wir haben bisher untersucht, wie sich die Persönlichkeit in der Ehe verändert und wie die »Strukturen« sich durch die eheliche Beziehung wandeln, in der es in gewisser Weise zu einer Verschmelzung der Persönlichkeiten beider Partner kommt, wobei jeder gewisse Aspekte seiner Individualität und Unabhängigkeit mit dem Ziel einer neuen wechselseitigen Abhängigkeit aufgibt. Selbstverständlich kann sich wohl kaum eine erfüllte und dauerhafte Gemeinsamkeit entwickeln, wenn nicht die Individualität sowie das individuelle Interesse eines jeden erhalten bleiben. Dennoch entsteht in der ehelichen Beziehung ein festes Zusammengehörigkeitsgefühl, das jeden der Partner den Verlust des anderen als einen Verlust der eigenen Vollständigkeit fürchten und das Risiko auf sich nehmen läßt, sich selbst zu geben in der Erwartung, vom anderen zu empfangen, woraus mitunter tiefgreifende Schwierigkeiten erwachsen können.

Ehespezifische Abwehrmechanismen

Die Verschmelzung der Persönlichkeiten beider Partner und die gegenseitige Abhängigkeit führen zu einer bemerkenswerten Unfähigkeit, Fehler und Mängel bei dem Partner wahrzunehmen. Vielfach versuchen die Ehepartner, die Schwächen des anderen durch Abwehr zu decken, statt das eigene Ich zu verteidigen. Wenn der eine auf die Bindung an den anderen ganz besonders angewiesen ist, wird er mitunter eine Fülle von Abwehrformen entwickeln, um nicht etwas erkennen zu müssen, das die eheliche Beziehung stören oder zum Auseinanderbrechen bringen könnte. So war eine junge Frau, die im Zweiten Weltkrieg drei Jahre auf die Rückkehr ihres Mannes gewartet hatte, bei der Nachricht, daß er nun wirklich auf dem Weg nach Hause sei, vor Glück und Freude förmlich aufgeblüht. Dennoch dauerte es nur zwei Wochen nach seiner Rückkehr, bis sie einer schweren agitierten Depression mit ausgeprägten Wahninhalten verfiel. Sie hatte früh in ihrem Leben beide Eltern verloren und ihren späteren Mann lieben gelernt, als sie noch kaum erwachsen war. Er war für sie ein Idol, und sie hatte nie erkennen wollen, daß er, bei aller Intelligenz und Begabung und obwohl er eine starke Vaterfigur für sie war, zugleich auch schwierig, störrisch

und gefühlskalt sein konnte. Im Krankenhaus versuchte sie sich zu züchtigen, weil sie für ihren Mann nach dessen Rückkehr nicht die entsprechende Liebe empfand. Dabei hatte sie keinerlei Vorstellung, was die Ursache ihres derzeitigen Unglückes war, bis man sie drängte, sich daran zu erinnern, was bei der Rückkehr ihres Mannes geschehen war, und ihr schließlich die ersten Worte einfielen, jenes »Oh Gott, du bist aber älter geworden«, mit dem er sie im Hafen empfangen, und jene Bemerkung: »Das ist es also, worauf ich drei Jahre gewartet habe«, die er nach ihrer ersten sexuellen Begegnung hatte fallenlassen.
Die Notwendigkeit, den Partner zu verteidigen und dessen Überzeugungen anzunehmen, kann zu einer *folie à deux* werden, die in weniger ausgeprägter Form bei Ehepaaren gar nicht so selten zu finden ist. Ein junger Jurist, der in einer kommunalen Wahl unterlegen war, die er für seinen beruflichen Aufstieg als entscheidend angesehen hatte, war trotz der Versuche seiner Freunde, ihm die Unrichtigkeit seiner Vorstellungen vor Augen zu führen, fest davon überzeugt, daß der Bürgermeister, der bis dahin sein enger Freund gewesen war, für seine Niederlage verantwortlich sei, obwohl dieser sich um seinen Erfolg bemüht hatte. Seine Enttäuschung und Verbitterung wuchsen noch und grenzte schließlich an Wahn, als er zu vermuten begann, daß der Bürgermeister seine Anwaltspraxis sabotieren wolle. Seine Frau, die sonst sehr vernünftig gewesen war, teilte die Animosität ihres Mannes und wendete sich wütend gegen ihre Verwandten, die sie davon zu überzeugen versuchten, daß ihr Ehemann im Irrtum sei und daß sie beide ungerecht seien und sich selbst schaden müßten, wenn sie den Bürgermeister weiter so diffamieren würden.

Die Verschmelzung der Einflüsse von seiten der Ursprungsfamilien

Die wechselseitige Beziehung in der Ehe erfordert eine Reorganisation und Verschmelzung der Einflüsse, die von den Ursprungsfamilien der beiden Partner ausgehen. Diese Ursprungsfamilien sind bei beiden Partnern in deren Persönlichkeit eingegangen. Jeder bewahrt sich aus seiner Familie viele Einstellungen und Haltungen in bezug auf Partnerrollen, die Ehe als Institution, den Wert des

Familienlebens, darüber hinaus auch die in der Ursprungsfamilie inkorporierten Wertvorstellungen, Normen, Regeln und Gefühle, die in den sozialen Beziehungen dieser Familie verwurzelt sind und die jeder der beiden Partner in die neue Ehe mit einbringt. Derartige Überlegungen sind vor allem für die USA von Bedeutung, wo Ehen vielfach über die verschiedensten kulturellen Barrieren hinweg geschlossen werden und die neu gegründeten Familien weniger durch das Aufgehen in einem größeren Verwandtschaftsgefüge Gestalt und Zusammenhalt gewinnen als durch die Verschmelzung der Persönlichkeiten der beiden Partner (siehe Kapitel 2). Je größer die Unterschiede in der Herkunft, desto größer auch die Schwierigkeiten, die in einer solchen Ehe überwunden werden müssen, bis schließlich eine befriedigende wechselseitige Beziehung entstehen kann.[2]

Die Ehepartner finden sich in ihre Aufgaben und Rollen allein schon entsprechend ihren Neigungen und Fähigkeiten, vor allem wenn sie noch keine Kinder haben; aber jeder bringt auch gewisse Erwartungen über diese Rollen mit, die er dem anderen und sich selbst zuzuweisen trachtet, Erwartungen, die sich aus der Struktur der Ursprungsfamilien eines jeden herleiten und die jeder für natürlich, richtig und selbstverständlich hält. Der Mann übernimmt die Rollen, die nach seiner Meinung dem Ehemann zustehen, die Ehefrau tut das Entsprechende, und jeder erwartet, daß der andere sich in die jeweiligen Gegenrollen einfügt. Auch wenn sich in praktisch allen Gesellschaften die Rollen von Ehemann und Ehefrau in vieler Hinsicht gleichen, kann es doch beträchtliche Unterschiede geben, die oft zu schweren Rollenkonflikten führen. In vielen Ehen liegt der Kollision der Persönlichkeiten beider Partner eine Kollision solch gegensätzlicher Rollenerwartungen zugrunde. So gab es in einer Ehe zwischen einem Lutheraner aus dem Mittelwesten und einer Katholikin irisch-deutscher Abstammung von Anfang an erhebliche Schwierigkeiten und Konflikte, obwohl der Mann noch vor der Ehe mit seiner zukünftigen Frau übereingekommen war, sich nicht in den Katholizismus seiner Frau einzumischen und ihr zu gestatten, die Kinder nach ihrem katholischen Glauben zu erziehen. Er machte später immer wieder geltend, daß er bei seiner Abstam-

2 In gewisser Hinsicht haben gebildete Menschen aus verschiedenen Ländern und Kulturen mitunter mehr miteinander gemeinsam als Menschen aus unterschiedlichen sozioökonomischen Klassen ein und desselben Landes.

mung aus einem Ort im Mittelwesten, in dem es nur Protestanten gab, nicht habe wissen können, daß der Katholizismus nicht bloß eine Religion, sondern eine eigene Lebensweise sei. Gemäß der Struktur seiner eigenen Familie, in der – deren deutscher Herkunft entsprechend – der Vater in jeder Hinsicht dominierend gewesen war, wurde er zornig, wenn seine Frau das Gebot der Kirche über seine Wünsche und Ansprüche stellte. Er konnte es nicht ertragen, daß sie zur Beichte ging, weil nach seiner Meinung ihr gemeinsames Leben den Priester nichts anging, und er nahm ihr übel, daß sie die Morgenmesse besuchte, statt ihm Frühstück zu machen. Seine Frau war zwar bereit, ihr religiöses Leben entsprechend seinen Ansprüchen umzustellen, aber sie merkte bald, daß sie sich ohne die gewohnte Form der Ausübung ihrer Religion nicht wohl und ohne Halt fühlte.

Wechselseitige und parallele Partnerrollen

Zwischen der Ursprungsfamilie der beiden Partner gibt es mitunter grundlegende Gegensätze, die sich vielfach nur sehr schwer überbrücken lassen, vor allem dann, wenn die Partner sich der großen Unterschiede in ihren Auffassungen über das Familienleben und die damit verbundenen Probleme nicht bewußt sind. Wenn wir die gleichen Dinge etwas vereinfacht darstellen, können wir sagen, daß die gegenwärtige amerikanische Familie in der Stadt von der ehelichen Kameradschaft der beiden Partner getragen und dadurch stabilisiert wird, daß beide wechselseitige Rollen und Verhaltensformen entwickeln, die für beide akzeptierbar sind. Viele Familien, die vielfach zu den niederen sozioökonomischen Schichten gehören, werden dagegen mehr durch institutionelle Familienstrukturen, wie sie sich in vielen kulturellen Gruppen finden, stabilisiert, in denen die Rollen von Ehemann und Ehefrau weniger wechselseitig im gemeinsamen Miteinander als parallel im Nebeneinander verteilt sind. In derartigen Familien üben Ehemann und Ehefrau jeder eine bestimmte Anzahl von Rollen und Funktionen aus, die kaum ineinandergreifen und in der Ehe mehr eine Aufteilung der Lebensaufgaben und die Schaffung eines Zuhause für die Erziehung von Kindern zum Ziel haben, als die auf Wechselseitigkeit gegründete Partnerschaft beider Eheleute. Derartige Kernfamilien sind in der Regel nur Teil eines größeren Familiensystems (siehe Kapitel 2 und

E. Bott (2)), wobei die Ehepartner sich in ihrem Leben an klar definierten Rollen und Aufgaben orientieren und Stabilität weniger in der Gemeinsamkeit der Ehe als durch die Beziehungen zur größeren Familiengruppe gewinnen. Auch wenn Menschen aus solchen Familien sich in ihren Vorstellungen und Anschauungen im Kontakt mit dem sonst allgemein verbreiteten und in den üblichen Filmen und Romanen dargestellten Familientyp diesem mehr oder weniger angepaßt haben, bleiben doch Residuen der ursprünglichen Familienauffassungen bestehen, die mit denen eines Partners aus einer isolierten Kernfamilie interferieren und so für die Entwicklung einer harmonischen Ehebeziehung hinderlich sein können.[3]

Die Autonomie der jungen Familie

Die unabhängige, auf sich allein gestellte Familie, wie sie die gegenwärtige Industriegesellschaft mit sich bringt, macht es erforderlich, daß jeder der Partner sich von Bindungen an die Familien der Eltern freimacht und sich innerlich ganz auf die mit der Eheschließung neu gegründete eigene Familie richtet, daß sozusagen die Kernfamilie zum neuen Mittelpunkt wird und die Entscheidungsfunktionen vollständig von den jungen Ehepartnern übernommen werden. In der erweiterten Familie werden dagegen mehr oder weniger enge Bindungen und Beziehungen aufrechterhalten, und die Loyalität und der Gehorsam gegenüber den Eltern bleibt mitunter noch so lange bestehen, als diese leben. Dennoch gehen auch bei der modernen Kernfamilie von den Eltern der Partner vielfach entscheidende, das Familiengefüge störende Kräfte aus, vor allem dann, wenn die Eltern auch weiterhin die Hauptstütze der eigenen Sicherheit und Geborgenheit eines oder beider Partner bleiben. So hatte sich eine Familie in einer Stadt im Osten nach 15 Jahren Ehe und der Geburt von drei Kindern noch immer nicht zu einer eigenständigen

3 So heiratete eine junge Frau aus einer protestantischen Familie aus Neu-England einen Mann griechisch-orthodoxer Herkunft, der von sich behauptete, daß er sich von den alten Traditionen freigemacht habe. Sehr bald stellte sich jedoch heraus, daß er nichts dabei fand, ein Großteil seiner freien Zeit mit Freunden im Kaffeehaus zu verbringen, worüber sich seine Frau maßlos aufregen konnte, während er Einwände dagegen hatte, daß sie, statt mit seinen Schwestern zusammenzusein, die Abende im Bridgeklub verbrachte.

und unabhängigen Familie entwickelt, da die Ehefrau nach der Meinung ihres Mannes ihrer Mutter und ihren Schwestern mehr Aufmerksamkeit schenkte als ihm. Sie weigerte sich, aus dem Wohnhaus wegzuziehen, in dem auch ihre Mutter und die Schwestern wohnten, obwohl ihr Ehemann deshalb einen um zwei Stunden längeren Weg zur Arbeit zurückzulegen hatte. Die Schwestern saßen mehrere Stunden am Tag zusammen, und es kam selten vor, daß die Eheleute abends einmal wirklich allein waren. Jedes ihrer Eheprobleme wurde mit den Schwestern besprochen und vor jeder wichtigen Entscheidung deren Rat eingeholt. Zwar gab die Frau ihrem Ehemann auf dessen Vorhaltungen recht, meinte aber, daß nicht ihre eigene Familie, sondern die Bindung ihres Mannes an dessen Mutter für ihre Situation verantwortlich sei. Er verbrachte zwei Abende in der Woche bei seiner Mutter, und wenn er sich zu irgend etwas äußerte, kamen dabei weniger seine eigenen als vielmehr die Ansichten seiner Mutter zum Ausdruck. Seine Frau beklagte sich, daß sie wegen der Vernachlässigung durch ihn ihre Ehe nie hätte ertragen können, wenn nicht ihre eigene Familie ihr bei der Aufzucht und Erziehung der Kinder zur Seite gestanden hätte. Glücklicherweise konnte beiden mit psychotherapeutischer Hilfe klargemacht werden, daß ihre Loyalität und Aufmerksamkeit für ihre Ursprungsfamilien sie daran gehindert hatten, sich in ihrer eigenen Ehe richtig einzufinden.

Die Ehe als Stütze für die Partner

Die Fähigkeit zur Anpassung an das Eheleben und die Möglichkeiten der weiteren Entwicklung der Persönlichkeiten beider Partner durch die Ehe gründen sich auf die erfolgreiche Bewältigung der vorangegangenen Entwicklungsphasen, vor allem aber auf die in der Adoleszenz erfolgte Entwicklung einer entsprechenden Identität zu einem von den Eltern relativ unabhängigen Individuum, das zu wirklicher Intimität fähig ist. Dennoch sind viele Ehen von Menschen, die keine ungestörte Entwicklung hatten und die vielleicht sogar mehr oder weniger stark gestört sind, nicht immer auch unglücklich. »Ein Bogen«, schrieb Leonardo, »ist Stärke, gegründet auf gegeneinander gerichtete Schwäche.« Bei glücklichen Ehepaaren hat wohl jeder Partner unbewußt den entsprechenden

Gegenpartner mit den entsprechend ergänzenden Bedürfnissen gesucht und auch gefunden. So heiratete z. B. eine Frau, die mit Säuglingen nicht umgehen konnte und kein Gefühl für die Bedürfnisse von Kindern hatte, einen Mann mit starken mütterlichen Tendenzen, der als ältestes Kind in seiner Familie viel Erfahrung im Umgang mit seinen jüngeren Geschwistern gesammelt hatte. Viele Partner wissen voneinander, daß ein jeder Fehler und Mängel hat, und versuchen einander zu helfen, die entsprechenden Lücken zu ergänzen und miteinander zurechtzukommen. Auch bei Ehen zwischen erwachsenen, reifen Menschen kommen die Partner besser miteinander aus, wenn jeder weiß, daß weder er selbst noch der Partner vollkommen ist, und keiner vom anderen Vollkommenheit erwartet. Manche Menschen heiraten in der Gewißheit, daß die Ehe für sie Schwierigkeiten mit sich bringen wird, daß die Ehe aber immer noch besser ist als ein Leben allein. Die Ehe ist eine integrierende Kraft, nicht nur, weil sie jedem der Partner Halt gibt, sondern weil sie auch greifbare Aufgaben und Ziele setzt, definitive Rollen mit sich bringt und eine stabile Position innerhalb der Gesellschaft garantiert. Aber auch wenn Persönlichkeitsprobleme gelegentlich schon durch die Ehe selbst überwunden werden, führen sie doch weitaus häufiger zu mehr oder weniger ausgeprägten Eheschwierigkeiten, da die Ehe im Grunde bei beiden Partnern eine gewisse Unabhängigkeit, eine stabile Ich-Identität sowie die Fähigkeit und Bereitschaft zur Intimität voraussetzt.

Die sexuelle Anpassung

Eine wechselseitig befriedigende sexuelle Beziehung zwischen den beiden Partnern ist zwar nicht unbedingt Voraussetzung, aber in der Regel doch entscheidend für eine befriedigende und glückliche Ehe. Im allgemeinen ist es in der auf Wechselseitigkeit und Kameradschaft in der intimen Partnerschaft gegründeten Ehe das Ziel beider Ehepartner, den Orgasmus zu erleben, der nicht nur beiden die Lösung und Befreiung von Spannung, sondern auch das Erleben intensiver Lust bringt, die im Bewußtsein der Gemeinsamkeit des Erlebens noch erhöht wird. Die Befriedigung und Lust, die von einer guten sexuellen Beziehung ausgeht, läßt die kleinen Widrigkeiten, Auseinandersetzungen und Reibereien, wie sie in jeder Ehe im Alltag aufkommen, an Gewicht verlieren. Sexuelle Schwierigkeiten zwischen den Partnern sind gewöhnlich Ausdruck von Störungen und Schwierigkeiten in anderen Bereichen der Ehe, in deren Weiterungen sich Verstimmungen, Befürchtungen und Ängste, sogar Widerwillen und Ekel einstellen, die der Entwicklung einer sexuellen Übereinstimmung in vielerlei Hinsicht im Wege stehen. Es gibt eine große Zahl von Persönlichkeitsstörungen, die sich auf die Einstellung zum Geschlechtsakt sowie auf das Lusterleben negativ auswirken können. Wir haben auf einige dieser Störungen in vorangegangenen Kapiteln ausführlicher hingewiesen: unter den Gesichtspunkten der Entwicklung der Fähigkeit und Bereitschaft zur Intimität, der Entwicklung einer stabilen Geschlechtsidentität sowie der Erlangung einer adäquaten Unabhängigkeit von der elterlichen Autorität.

Sexuelle Schwierigkeiten bei Jungverheirateten

Viele sexuelle Probleme von Eheleuten gehören in den Bereich der Psychopathologie und können deshalb an dieser Stelle nicht ausführlicher erörtert werden. Gewöhnlich sind jedoch die in der ersten Zeit der Ehe auftauchenden Schwierigkeiten in der sexuellen Anpassung weniger Ausdruck von schwerwiegenden Persönlichkeitsstörungen als vielmehr von Unerfahrenheit, Unkenntnis, Empfindlichkeiten und Kommunikationsschwierigkeiten, die von beiden Partnern gemeinsam überwunden werden können, wenn ihnen der entsprechende Rat zur Verfügung steht. Werden derartige frühe Schwierigkeiten und Störungen jedoch nicht überwunden und beseitigt, dann können sie chronisch werden und schließlich, zu einer schwerwiegenden Unverträglichkeit zementiert, jegliche Chance für eine glückliche Ehe verbauen. Der Ehemann z. B., der sich mit Potenzschwierigkeiten quält, hat schließlich Angst vor Zurückweisung, stellt sich innerlich gegen seine Frau, die ihm nicht helfen kann oder will, und zieht sich in der Sorge um seine Männlichkeit von ihr zurück, und die junge Frau, die innerlich gespannt ist und den Geschlechtsverkehr als schmerzhaft und enttäuschend empfindet, versucht, ihren Mann vom Koitus abzuhalten. Das Problem der sexuellen Anpassung in der Ehe ist außerordentlich vielgestaltig. Wir wollen uns hier nur mit den häufigsten Schwierigkeiten und

Störungen beschäftigen, wie sie in den ersten Ehewochen und -monaten auftauchen, und denen nicht unbedingt schwerwiegendere Persönlichkeitsstörungen oder Unverträglichkeiten in anderen Bereichen der Ehe zugrunde liegen.
Sowohl der Arzt als auch die Krankenschwester, der klinische Psychologe und der Sozialarbeiter müssen über die Sexualität und den Geschlechtsakt genügend wissen und die Probleme kennen, die dabei auftauchen können. Wenn die Menschen Schwierigkeiten in anderen Bereichen ihrer Ehe haben, gehen sie gewöhnlich zum Pfarrer oder zum Anwalt, wenn sie aber sexuelle Probleme haben, wenden sie sich in der Regel an den Arzt, die Krankenschwester oder den Eheberater. Darüber hinaus wird der aufmerksame Arzt finden, daß viele physischen Beschwerden, aufgrund derer Patienten zu ihm kommen, im Grunde Verschiebungen sexueller Probleme sind. Oft genug weiß aber der Arzt selbst zu wenig über die Sexualität und über sexuelle Probleme, so daß er sich in seinem Rat mehr oder weniger an stereotypen Konzepten oder an dem orientiert, was er und seine spezifische sozioökonomische und ethnische Gruppe für richtig und angemessen erachten. Praktische Probleme der Sexualität und alltägliche Eheprobleme sind noch selten in einem medizinischen Lehrplan erschienen, obwohl Patienten gerade den Arzt für jemanden halten, der über solch mysteriöse Dinge genau Bescheid weiß.

Das viktorianische Erbe

Ich habe ein wenig Bedenken, über die sexuelle Anpassung in der Ehe zu schreiben, über die bereits so zahlreiche populäre Abhandlungen vorliegen, denn jüngste Untersuchungen haben deutlich gemacht, daß sogar allgemein anerkannte Autoritäten auf diesem Gebiet zum Teil falsche und sogar schädliche Behauptungen aufgestellt haben, die sich weniger auf wissenschaftlich fundierte Erkenntnisse als auf Hörensagen und allgemein verbreitete Vorurteile stützen. Die Sexualität hat bisher nur wenig von der allgemeinen wissenschaftlichen Revolution profitiert. Sie ist nach wie vor der außergewöhnlich nachhaltigen Verdrängung unterworfen, die wir als Erbe der viktorianischen Ära übernommen haben. Havelock, Ellis und Freud haben versucht, die Hemmnisse abzubauen, aber selbst sie haben auch falsche Vorstellungen verbreitet, die sich aufgrund des allgemeinen Ansehens ihrer Autoren hartnäckig gehalten haben.

Die Überwindung der viktorianischen Moral hat über ein halbes Jahrhundert gedauert, und wir sehen heute, daß auch in der Folge der in den zwanziger Jahren in Gang gekommenen sexuellen Aufklärung viele Irrtümer, die im Zuge der exzessiven Prüderie der viktorianischen Zeit entstanden waren, noch weiter fortgewirkt haben. Die Moral der viktorianischen Zeit enthielt das seltsame Gebot, eine »anständige Dame« dürfe kein Interesse an sexuellen Dingen haben, sie dürfe nicht daran denken und ganz bestimmt nicht darüber sprechen. Damit war die Vorstellung verbunden, daß die Freude an der Sexualität unanständig sei. Die Frau hatte sich an ihren Ehemann anzupassen und wohl auch den Wunsch nach Kindern zu haben, aber sie erwartete nicht, daß ihr Mann ihr treu sei, sondern war es zufrieden, wenn er ein »Verhältnis« hatte, bei dem er seine sexuellen Bedürfnisse würde befriedigen können.[4] In der gegenwärtigen Moral leben noch immer Residuen dieser vergangenen Moral weiter. Aber obwohl sie formal noch eine gewisse Gültigkeit haben, ist ihr Einfluß gebrochen, soweit die Ober- und Mittelschichten betroffen sind, und die »Pille« tut das ihre, um die letzten Reste der alten Moral zu überwinden. Sie ist allerdings in den unteren sozioökonomischen Gruppen der weißen Bevölkerung noch bis zu einem gewissen Grade wirksam, d. h. die Sexualmoral ist in den einzelnen sozioökonomischen Klassen und ethnischen Gruppen sehr verschieden.

Intimität und Sexualität

In der sexuellen Übereinstimmung zwischen zwei Menschen findet deren Fähigkeit und Bereitschaft zu wirklicher Intimität ihren Ausdruck, an ihr beweist sich die Stabilität der Persönlichkeitsentwicklung der beiden Partner. Hier in der intimen Partnerschaft ist der Einzelne ganz auf sich allein gestellt, frei von jeder Unterstützung und Hilfe, die er bisher in seinem Leben, vor allem von den Eltern, erfahren hat. Vielleicht wird der eine oder andere der beiden Part-

4 Ibsens *Ein Puppenheim* und *Gespenster* und Strindbergs *Die Verteidigung eines Irren* können ohne die Kenntnis dieser Moral nicht richtig verstanden werden. Sie kommt übrigens auch in Shaws *Mesalliance* zum Ausdruck.

ner den Eltern die Schuld geben wollen, aber dies hilft nur wenig. Hilfe kann jetzt allein der Partner geben, oder die Gemeinsamkeit, in der die Probleme beider überwunden werden. Jeder der Partner gewinnt das Gefühl, daß die eigene Sexualität etwas sehr tief in ihm Liegendes widerspiegelt, das in der Partnerschaft nackt und bloß vor dem anderen offenliegt.

Die Erfüllung und Freude in der geschlechtlichen Vereinigung ist ohne die Fähigkeit und Bereitschaft, sich dem Irrationalen, dem Zeitlosen, dem rein Animalischen in sich selbst hinzugeben und in der Vereinigung mit dem anderen die eigene Individualität aufzugeben, nicht denkbar. Jeder der Partner muß die Spannungen der Zivilisation hinter sich lassen, indem in der Vereinigung die Realität verschwimmt und vom rein Sinnlichen überflutet wird. Hier ist er frei von Scham und Schuld vor der Unmittelbarkeit und Nacktheit des Triebes, vor dem Wiederaufleben des Ursprünglichen und vor dem Aufdecken von vielem, was man vor anderen zu verbergen suchte. Vor allem die Frau muß fähig sein, sich ganz der tiefen Erregung hinzugeben, die sie in ihrer Intensität zu überwältigen und zu vernichten droht. In der geschlechtlichen Vereinigung lebt die ursprüngliche Beziehung des Säuglings zur Mutter wieder auf, mit ihrer averbalen Kommunikation des Saugens, des Geruchs, des Hauterotismus, aber auch alte verbotene Wünsche nach Spiel und Lust mit Körperöffnungen. So viel des bisher Gelernten muß aufgehoben werden, vieles, was verboten und tief verdrängt im Unbewußten ruhte, was aber Träume und Masturbationsphantasien durchdrungen hatte, muß jetzt frei werden, um die geschlechtliche Intimität, Lust und Erfüllung frei von Scham und Schuld zu erlauben. Die vollkommene sexuelle Anpassung bedarf solcher Fähigkeiten der Umkehrung des Sozialisationsprozesses – womit zugleich ein Gefühl der Gewißheit verbunden sein muß, daß Regression und Umkehrung nur im Augenblick herrschen, das Selbst aber unberührt lassen.

Die Macht des Geschlechtstriebes ist groß, und vieles, was in der geschlechtlichen Vereinigung geschieht, ist angeboren und fest im Organismus verankert. Bei reifen Partnern, die ein tiefes Verlangen zueinanderführt, sind anfängliche Schwierigkeiten bald überwunden, so daß sie tiefe Lust im gemeinsamen Erleben finden, die ihre Liebe erfüllt, die ihnen Befreiung von Spannungen zu bringen vermag und beide in der Gemeinsamkeit alle Sorgen verlieren und glauben läßt, daß kein Paar sonst so große Lust erlebt und in so einzigartiger Weise angepaßt sei. Die sexuelle Erfüllung festigt die Beziehung, während Frustrationen eher trennend wirken, da das sexuelle Verlangen eines jeden Partners zur Befriedigung drängt. Früher war es üblich, daß der sexuell bereits erfahrene junge Ehemann seine jungfräuliche Ehefrau in das Geschlechtsleben einführte. Heute liegen die Dinge gewöhnlich anders, – wobei auch heute noch eine beträchtliche Zahl junger Eheleute in der Ehe zum ersten Mal Geschlechtsverkehr haben. Einer gegen Ende der fünfziger Jahre durchgeführten Untersuchung zufolge hat ein Großteil der jungen Ehefrauen aus den unteren sozioökonomischen Schichten wenig oder überhaupt keine sexuellen Erfahrungen vor ihrer Ehe gesammelt (12). Aber auch die College-Bildung und ein gewisses Maß an vorehelicher sexueller Erfahrung bietet keine Gewähr dafür, daß der Einzelne dabei eine entsprechende Befriedigung gefunden hat und als sexuell erfahren in die Ehe geht. Gelegentlich kommt es auch vor, daß jemand, der vor der Ehe keinerlei sexuelle Schwierigkeiten hatte, in der Ehe plötzlich unfähig zum Geschlechtsverkehr mit seiner Frau ist. Dies war bei einem Paar der Fall, das zwei Jahre vor der Heirat bei Freunden zusammengelebt und befriedigende sexuelle Beziehungen gehabt hatte. Fast unmittelbar nach der Legalisierung ihres Verhältnisses waren erhebliche Schwierigkeiten aufgetaucht; der Mann war bei seiner Frau impotent und suchte sich deshalb in außerehelichen Beziehungen seine Männlichkeit zu beweisen. Er konnte seine Ehefrau ebensowenig als sexuelles Objekt ansehen, wie er daran hatte denken können, daß seine Mutter sexuelle Beziehungen mit dem Vater habe.

Die Hochzeitsnacht

Die Hochzeitsnacht ist vielfach kaum geeignet, dem jungen Ehepaar die Erfüllung seiner Ehe zu bringen. Die lange Erwartung, die Müdigkeit, der Alkohol und vielfach auch Ängste können die erste intime Begegnung nachhaltig stören und behindern und eine Kette von verhängnisvollen Folgen in Gang setzen. Nach alter medizinischer und psychiatrischer Vorstellung besteht für die junge Frau die Gefahr, durch den Schmerz und das Trauma der Hymenverletzung einen derartigen Schock zu erleiden, daß sie gegen ihren

Mann gerichtete Gefühle entwickelt und sich vor weiteren sexuellen Erlebnissen ängstigt.[5] Derartige Sorgen und Ängste haben schon manche junge Frau veranlaßt, vor der Ehe – gelegentlich auch auf das Drängen eines Gynäkologen, der wegen eines vaginalen Diaphragmas konsultiert wurde – sich das Hymen dehnen oder gar operativ erweitern zu lassen. In der Regel sind es aber andere Faktoren, die den Erfolg der Hochzeitsnacht beeinträchtigen und das Vertrauen in die eigenen sexuellen Fähigkeiten untergraben können.

Die Sorgen um die eigenen sexuellen Fähigkeiten betreffen beim Mann in erster Linie seine Potenz, wobei er fürchtet, eine Erektion nicht genügend lange aufrechtzuerhalten und seine Frau deshalb nicht befriedigen zu können oder deshalb nicht häufig genug zum Koitus mit ihr fähig zu sein. Er hat in der Regel viel von Impotenz und vorzeitiger Ejakulation gehört, und der Gedanke daran beunruhigt ihn, vor allem, weil viele Männer irgendwann mit derartigen Schwierigkeiten zu kämpfen haben. Die Frau wird sich darum sorgen, ob sie auch die Liebe ihres Mannes zu erwidern fähig ist, ob sie frigide sein oder einen Orgasmus erleben wird, ja sogar, ob sie sich überhaupt richtig verhalten wird, nicht wissend, was ein richtiges Verhalten in einer solchen Situation eigentlich ist.

Physische Ursachen sexueller Frustration

Das unerfahrene Ehepaar hat vielfach Schwierigkeiten beim ersten Geschlechtsverkehr, und auch wenn sich diese schließlich überwinden lassen, ist doch der erste Koitus für die Frau häufig schmerzhaft und ohne Befriedigung. Solche Schwierigkeiten haben verschiedene Ursachen, die wir an dieser Stelle etwas ausführlicher erörtern wollen.

5 Ein griechisches Epitaph lautet:

»Am Brautbett der Petale stand
Hades, nicht Hymen, denn als sie,
die Jungfrau, irrte allein durch die Nacht,
in Angst vor der Liebe erstem Stoß,
da ergriffen die Furien sie. Und wir,
die wir am Morgen hofften
ein Weib zu sehen, fanden zerrissen ihren Leib,
kaum daß wir ihn konnten begraben.«

Antiphanes der Makedonier

(Nach der Übersetzung aus dem Griechischen von Dudley Fitts in *Poems from the Greek Anthology* (3).)

Der junge Mann gerät sehr viel schneller in volle sexuelle Erregung als die Frau, auch wenn die direkte körperliche Stimulierung fehlt. Wenn bei ihm erst die volle Erektion eingetreten ist, wird er vielfach in der Sorge um seine Fähigkeit zur Ausführung des Geschlechtsaktes versuchen, zu einer Vereinigung zu kommen, noch ehe seine Frau physisch darauf vorbereitet ist. Für die Frau ist es oft nicht leicht, ihre Dammuskulatur bei der sexuellen Erregung genügend zu entspannen. So kommt es mitunter zu einer Verkrampfung der Muskeln am Scheideneingang und im unteren Scheidendrittel, die die Einführung des Penis verhindert oder schmerzhaft sein läßt. Vielfach mag sie zwar sexuell erregt werden, aber bis zum Orgasmus ist mitunter eine erheblich intensivere und längere physische Stimulierung erforderlich, vor allem in der ersten Zeit, wo sie noch nicht gelernt hat oder fähig ist, selbst aktiv die Herbeiführung des Orgasmus zu unterstützen.

Die sexuelle Erregung bei der Frau

Auch wenn die Frau fast unmittelbar nach dem Einsetzen einer physischen oder psychischen sexuellen Stimulierung sexuell erregt wird, ist sie damit noch lange nicht auf den Geschlechtsverkehr vorbereitet. Als erstes Zeichen der psychischen Erregung macht sich vielfach eine gewisse Feuchtigkeit der Scheide bemerkbar, die durch Transsudation aus der Scheidenhaut zustande kommt. Daneben kommt es zu einer Erektion der Brustwarzen und der Klitoris, die zugleich auch empfindlicher gegenüber mechanischen Stimuli werden. Diese Vorgänge, die zur ersten Phase des sexuellen Zyklus gehören, können das Signal sein, das das Verlangen nach weiterer sexueller Erregung und Stimulierung auslöst. Wenn es jetzt auch tatsächlich zu einer weiteren psychischen oder physischen Stimulierung kommt, beginnt die Scheide sich durch eine stärkere Blutfülle der Scheidenwand zum rezeptiven Organ zu verlängern und zu erweitern. Erst nach dieser Verlängerung und Erweiterung und bei den meisten Frauen nur nach Fortdauer der physischen Stimulierung kommt es bei weiterer Zunahme der Blutfülle und Empfindlichkeit im gesamten Dammbereich zu einer Schwellung der Wand des äußeren Scheidendrittels und damit zur Bildung der, wie Masters es genannt hat, »orgastischen Manschette« (10), einem weichen, aber dennoch festen, schlüpfrigen Kanal, der den Penis nach dessen Einführung umfängt und bei seinen Bewegungen stimuliert, ihn zugleich indirekt einen mechanischen Zug auf die Klitorisvorhaut ausüben läßt, die ihrerseits die Klitoris stimuliert und damit die allgemeine sexuelle Erregung noch weiter steigert.[6] Bevor nicht die Dammregion und die Vagina in dieser Weise vorbereitet sind, ist die Einführung des Penis für die Frau unangenehm, wenn nicht sogar schmerzhaft, und für den Mann nicht sonderlich befriedigend. Obwohl zwischen Mann und Frau hinsichtlich des Ablaufs der sexuellen Erregung von der ersten Stimulierung bis zum Koitus viele Gemeinsamkeiten bestehen, kommt es doch beim Mann eher durch rein psychische Stimulierung bereits zur vollen Erektion, so daß er schneller auf den Koitus vorbereitet ist.

In vielen Ehen lernt der Mann bald, auf seine Frau zu warten und den Eintritt des Orgasmus hinauszuschieben. Je länger die Ehe dauert, um so besser gelingt ihm dies schließlich, und die Frau lernt eher und mit geringerer physischer Stimulierung bereits zur vollen Erregung zu gelangen und auch leichter und schneller zum Orgasmus zu kommen.

Viele Frauen brauchen vor allem in der ersten Zeit ihrer Ehe eine außerordentlich lange und intensive physische Stimulierung, ohne die sie nicht zum Orgasmus gelangen können. Vielfach läßt sich ihre Erregung im Vorspiel durch Streicheln der Brüste und des übrigen Körpers, durch Küsse, durch Stimulierung der Schamgegend und der Klitoris vor Einführung des Penis steigern. Manche Frauen sind erst nach sehr langem und ausgedehntem Streicheln der äußeren Geschlechtsteile auf die Einführung des Penis vorbereitet. Und nach dem Einführen des Penis kommen viele Frauen nur dann zum Orgasmus, wenn der Mann seinen Orgasmus hinausschieben kann – oder nach seinem Orgasmus weiter Stoßbewegungen ausführt. Wenn die Stimulierung unterbrochen wird, wird bei der Frau damit sehr leicht auch die Erregungssteigerung zum Orgasmus gestört. Wenn aber der Mann nach seinem Orgasmus nicht weiter seinen

6 Die Untersuchungen von Masters und Johnson (11) über die Mechanik und Physiologie des Geschlechtsaktes haben sehr viel dringend benötigte Informationen über ein Gebiet gebracht, das bisher auf dem Stadium der vorwissenschaftlichen Ära, wenn nicht sogar des finsteren Mittelalters geblieben war. Zugleich haben sie mit einer ganzen Reihe falscher Vorstellungen aufgeräumt, wie wir in diesem Text noch zeigen werden.

Penis in der Scheide halten kann, hilft vielfach die Stimulierung der Region vom Damm bis zum Schamhügel, um die Erregung weiter bis zum Orgasmus zu steigern, es sei denn, starke psychische Faktoren führen zu einer Verdrängung der Erregung.

Klitoraler oder vaginaler Orgasmus?

Die Klitoris ist das primäre Zentrum der sexuellen Erregung der Frau. Es ist in diesem Zusammenhang angebracht und notwendig, ausdrücklich einige falsche Vorstellungen richtigzustellen, die noch allgemein verbreitet und anerkannt sind. Hierher gehört vor allem die Vorstellung, daß es einen Unterschied zwischen einem klitoralen und einem vaginalen Orgasmus gebe und daß es für die Frau wesentlich und entscheidend sei, vom klitoralen Orgasmus, der nach derartigen Vorstellungen für die weniger reife Orgasmusform gehalten wird, zum vaginalen Orgasmus zu gelangen, vor allem aber, daß die masturbatorische Reizung der Klitoris in der Kindheit und Adoleszenz die Klitoris als Mittelpunkt der libidinösen Erregung fixiere. Freud war der Ansicht, daß nach der Pubertät der Fokus der libidinösen Erregung sich von der Klitoris auf die Vagina verschiebe, es sei denn, es käme zu Fixierungen oder es läge eine kongenitale Abnormität vor (4). Tatsächlich haben viele Frauen ihre Psychoanalyse oder Psychotherapie weitergeführt, weil ihr Orgasmus »klitoral« blieb.[7]

7 Es ist schwer zu sagen, wie eine derartige Vorstellung entstanden ist und was sie im Grunde genommen bedeuten sollte. Wahrscheinlich sollte damit gesagt werden, daß eine Frau, die nur durch direkte Reizung der Klitoris, nicht aber durch den Penis in der Vagina zum Orgasmus kommen kann, nicht in der Lage sei, den Geschlechtsverkehr und die damit verbundene Lust voll zu erleben. Möglicherweise sollte aber auch zum Ausdruck gebracht werden, daß manche Frauen nicht zu einem allgemeinen, im Tiefsten empfundenen und mit dem ganzen Körper erlebten Orgasmus fähig seien, sondern nur eine relativ lokalisierte erotische Spannungssteigerung und -lösung erleben könnten, durch die sie nur unvollständig Befriedigung fänden. Diese falschen Vorstellungen haben aber dazu geführt, daß viele Frauen glaubten, sie seien wegen der bei ihnen zur vollen Erregung erforderlichen vorbereitenden Stimulierung der Klitoris, oder weil sie die Erregung nur im Bereich der Klitoris, nicht aber in der Vagina empfinden konnten, unfähig, einen wirklichen Orgasmus zu erleben. Und es hat Frauen gegeben, die am Ende ihrer Psychoanalyse resignierten und meinten, sie würden sich einfach mit ihrem »klitoralen Orgasmus« abzufinden haben und nach allem,

Die jüngsten Untersuchungen von Masters und Johnson scheinen endgültig gezeigt zu haben, daß es keinen Unterschied zwischen klitoralem und vaginalem Orgasmus gibt, gleich wie und wo die Stimulierung erfolgt, und daß auch beim Koitus die Klitoris nach wie vor Mittelpunkt der Stimulierung und Erregung bleibt. Wenn die vaginale Schleimhaut bis zur »orgastischen Manschette« angeschwollen ist, hat sich bereits die erigierte Klitoris gegen das Schambein zurückgezogen, wobei sie von der Klitoris-»Haube« oder -Vorhaut bedeckt wird. Aber auch die kleinen Schamlippen sind angeschwollen und hochgradig empfindlich geworden. Wenn dann der Penis die Scheidenöffnung dehnt, werden auch die kleinen Schamlippen verschoben, die dadurch einen Zug auf die Klitorisvorhaut ausüben. So führen die Stoßbewegungen des Penis indirekt zu einer rhythmischen Stimulierung der Klitorisvorhaut, wodurch die Erregung dann bis zum Orgasmus gesteigert wird. Innerhalb der Vagina kommt es zu keiner sensorischen sexuellen Stimulierung. Wenn die Stoßbewegungen des Penis nicht zu einer weiteren Erregungssteigerung führen, dann liegt das in der Regel daran, daß die Klitoris nicht genügend stimuliert wird, weil weder die Vagina noch die Klitoris, die Schamlippen oder die Dammgegend genügend angeschwollen sind. Dem liegt gewöhnlich ein emotionaler Block, gelegentlich aber auch eine ungenügende Stimulierung vor dem Einführen des Penis zugrunde. Durch Verletzungen dieser Gegend beim Geburtsvorgang kann mitunter die Stimulierung über die kleinen Schamlippen auf die Klitoris gestört sein, was allerdings kein Problem der Jungverheirateten ist. Die Intensität des Orgasmus ist keine Frage der besseren Stimulierung von Klitoris oder Vagina,

was ihnen bekannt war – auch wenn sie bei ihrem »klitoralen Orgasmus« volle Befriedigung empfanden –, auf die volle weibliche Erfüllung der reifen Frau mit vaginalem Orgasmus verzichten müssen.

Obwohl es hin und wieder Zweifel daran gegeben hatte, ob die Vagina überhaupt zur primären erogenen Zone werden könne, da ihr die genitalen Korpuskula fehlen – sensible Nervenendigungen einer Form, wie sie in der Klitoris, den kleinen Schamlippen und im Penis gefunden werden –, war doch die Theorie vom vaginalen Orgasmus so fest in der psychoanalytischen Theorie verwurzelt, daß sogar bedeutendere Analytiker der weiblichen Sexualität sich nur schwer von ihr trennen konnten. Die erste entschiedene Widerlegung kam 1954 von Marmor (9), der ausdrücklich darauf bestand, daß die Klitoris der Mittelpunkt der sexuellen Erregung sei und daß ihre Funktion nicht auf die Vagina übertragen werden könne.

denn manche Frauen erleben einen intensiven Orgasmus eher durch klitorale Masturbation, während andere eher im Koitus dazu gelangen. Und bei vielen Frauen sind weniger der Ort der Stimulierung als die äußeren Umstände für die Intensität des Orgasmuserlebnisses entscheidend.

Der Orgasmus der Frau

Der Orgasmus ist bei beiden Geschlechtern mit einer allgemeinen Reaktion des gesamten Körpers verbunden. Bei der Frau beginnt der Orgasmus nach einer weiteren Steigerung muskulärer Spannungen, die vielfach auch eine Anspannung der willkürlichen Muskulatur des Gesichts und der Extremitäten mit einschließt, mit einem Gefühl intensiver Erregung und Empfindung in der Klitoris, das aufwärts in das Becken ausstrahlt und in ein Wärmegefühl übergeht, das dann auf den gesamten Körper übergreift. Dabei kommt es zugleich zu unwillkürlichen Kontraktionen in der unteren Scheide, die von einem intensiven Pulsieren parallel zum Herzschlag begleitet werden. Zu Beginn des Orgasmus kommt es daneben vielfach auch zu einer spastischen Kontraktion im äußeren Scheidendrittel, der dann etwa 5 bis 6 rhythmische Kontraktionen in Intervallen von 0,8 sec folgen (die in ihrem zeitlichen Ablauf den Ejakulationskontraktionen des Penis entsprechen), woran sich weitere 3 bis 6 Kontraktionen anschließen, die mehr und mehr in ihrer Intensität nachlassen und in größer werdenden zeitlichen Abständen aufeinanderfolgen. Auch über den Uterus gehen während des Orgasmus rhythmische Kontraktionen. Ebenso kontrahiert sich die anale und urethrale Schließmuskulatur. Während des Orgasmus darf die Stimulierung nicht unterbrochen werden, – beim Koitus die Stoßbewegung des Penis, – da sonst Höhe und Ablauf der Orgasmuserregung gestört oder unterbrochen werden.

Der Orgasmus des Mannes

Beim Mann beginnt der Orgasmus mit der Ausstoßung des Inhaltes von Samenbläschen, Prostata und der Samenleiter in den hinteren, in der Prostata gelegenen Abschnitt der Urethra, wobei der Mann die Empfindung hat, daß die Ejakulation unmittelbar bevorsteht und nicht mehr aufgehalten werden kann. Es dauert dann noch einige Sekunden bis zum Eintritt der eigentlichen Ejakulation (ein Zeitraum, der beim Koitus interruptus ausgenutzt wird). In der darauf folgenden zweiten Phase des Orgasmus wird dann die Samenflüssigkeit durch die Kontraktionen der Beckenbodenmuskulatur in die Urethra des Penis gepreßt und in kraftvollen Stößen in die Vagina geschleudert. Nach einigen Ejakulationen läßt die Ejakulationskraft nach, und es folgen noch wenige weitere Ejakulationsstöße in zunehmend größeren zeitlichen Abständen. Während dieses Vorganges ist der erigierte Penis außerordentlich empfindlich, was den Mann dazu drängt, die physische Stimulierung noch weiter zu intensivieren, womit eine Lust-Schmerz-Spannung verbunden ist, die nach unmittelbarer Lösung und Befreiung drängt. (Die noch weiter sich steigernde Erektion ist mitunter schmerzhaft und lustvoll zugleich.) Im Koitus drängt es den Mann, gemeinsam mit der Frau den Penis in rhythmischen Stößen in der Vagina hin und her zu bewegen, wodurch sich die Erregung beider weiter steigert und schließlich zur intensiven orgastischen Befreiung führt. Die Phase unmittelbar vor dem Eintritt des Orgasmus ist gewöhnlich mit einer Zunahme der muskulären Spannung in verschiedenen Körperregionen verbunden, bei der unwillkürliche und willkürliche Kontraktionen beteiligt sind, die sich in der Ejakulation schließlich maximal steigern, um unmittelbar danach abrupt nachzulassen.

Der Orgasmus des Mannes und der der Frau gleichen sich in vieler Hinsicht und sind, wie man das wohl erwarten kann, so aufeinander abgestimmt, daß sie geeignet sind, die Erhaltung der Art zu fördern, da die orgastische Lust in der geschlechtlichen Vereinigung größer ist und eine höhere Belohnung darstellt als die masturbatorische Befriedigung. Neben den zeitlichen Unterschieden in der Erregungsdauer bis zum Orgasmus verdient noch ein weiterer Unterschied zwischen Mann und Frau Erwähnung. Die Frau kann in ein und demselben Geschlechtsakt in mehr oder weniger kurzen Abständen mehrere Orgasmen hintereinander erleben, während beim Mann nach einem Orgasmus erst eine längere Refraktärperiode eintritt, die im Mindestfall einige Minuten dauert. Außerdem kann der Mann nicht in einer gegebenen Zeit in unbegrenzter Häufigkeit den Orgasmus wiederholen.[8] Dieser Unterschied hat jedoch kaum eine praktische Bedeutung in der Ehe, da in erster Linie die Art und Weise des Erlebens entscheidend ist und der häufig wiederholte Geschlechtsverkehr kaum für erforderlich oder gar für wünschenswert gehalten wird.

Mögliche sexuelle Schwierigkeiten der Frau

Die jungverheiratete Frau ist oft nicht in der Lage, beim Koitus zum Orgasmus zu kommen. Wenn diese Orgasmusschwierigkeiten über längere Zeit fortbestehen, entwickelt sich aus der ständigen Frustration der psychischen und physischen Erregung allmählich eine intensive Gespanntheit und Gereiztheit, die gewöhnlich durch masturbatorische Betätigung überwunden werden kann, wenn nicht psychische Widerstände auch dies verhindern. Andererseits besteht naturgemäß bei solcherart Ersatzmasturbation die Gefahr, daß die beiden Partner sich nicht mehr darum bemühen, gemeinsam beim Koitus zum Orgasmus zu kommen. Aus den Untersuchungen von Masters und Johnson ergibt sich, daß die Frau mit zunehmender Blutfülle ihrer Geschlechtsorgane leichter zum Orgasmus gelangt, da dabei die Stimulierung der Klitoris wirksamer zum Tragen kommt. Darüber hinaus haben Masters und Johnson auch gefunden, daß viele Frauen erst lernen müssen, wie sie zum Orgasmus gelangen können, und daß sie mit zunehmender Zahl der Orgasmus-

8 Masters und Johnson fanden, daß viele Männer vor dem 30. Lebensjahr in der Lage sind, mehrere Male nach relativ kurzen Refraktärperioden von wenigen Minuten zu ejakulieren. Manche jungen Männer können sogar 10mal in einer Nacht zum Orgasmus kommen, aber es gibt wohl nur wenige, die ein Bedürfnis dazu verspüren, ausgenommen zu besonderen Gelegenheiten, bei denen sie vielleicht ihre Fähigkeit testen möchten. Frauen können dagegen in praktisch unbegrenzter Häufigkeit immer wieder Orgasmen ohne Refraktärperiode erleben. Aber dies ist wohl mehr eine Frage der Technik, weil kaum eine Frau, die von einem Geschlechtsakt erfüllt ist, das Bedürfnis verspüren wird, noch weitere Orgasmuserlebnisse zu haben. Überlegungen über die weitreichenden Konsequenzen für die Gesellschaft, die sich aus der Fähigkeit der Frau zu unbegrenzt häufigen Orgasmuserlebnissen ergeben, wie man sie z. B. bei M. Sherfey, »The Evolution and Nature of Female Sexuality in Relation to Psychoanalytic Theory« (13) finden kann, sind unrealistisch. Sie verwechseln das, was einer Frau möglich ist, mit dem, was sie wünscht und was ihr gefällt. Sherfey scheint die Begriffe Befriedigung, Sättigung und Erschöpfung durcheinanderzuwerfen.

erlebnisse schneller und leichter zum Orgasmus kommen, wodurch beide Partner allmählich auch zu einer besseren sexuellen Übereinstimmung finden.[9]

Die von Rainwater durchgeführten Untersuchungen haben gezeigt, daß viele Frauen der unteren sozioökonomischen Schichten bei der Heirat nur wenig oder überhaupt keine sexuelle Erfahrung haben und daß ihre Ehemänner kaum an der sexuellen Befriedigung ihrer Frau interessiert sind, sondern beim Geschlechtsverkehr lediglich ihre eigene sexuelle Befriedigung im Auge haben. Überdies lassen die Untersuchungen den Schluß zu, daß Frauen, deren Männer sich intensiver um sie bemühen, sehr viel mehr Freude und Lust beim Geschlechtsverkehr erleben als Frauen, deren Männer ihnen nur das »unbedingt zur Ausübung des Geschlechtsverkehrs Notwendige« beibringen (12) und die deshalb häufig den Koitus als etwas, das allein für den Mann und seine Lust da sei, ansehen, sich als Lustobjekt des Mannes empfinden und deshalb eine Abneigung gegen den Koitus entwickeln. Hieraus ergibt sich, daß das Verhalten des Ehemannes und sein Bemühen, den Geschlechtsverkehr zu einem für beide Ehepartner befriedigenden Erlebnis werden zu lassen, eine große Bedeutung für die Ehe hat. Allerdings ist bei jenen 40–50 % aller Frauen, die von Anfang an frigide sind, weniger der Ehemann und sein Verhalten als die Intensität der Verdrängung alles Sexuellen, ödipale Phantasien, Angst vor Verletzung oder Schwangerschaft, Neid auf die Vorrechte des Mannes etc. die Ur-

9 Deshalb können vielfach folgende Maßnahmen weiterhelfen: Auch wenn der Mann nicht seinen Orgasmus auf unbegrenzte Zeit hinausschieben kann, ist er doch zu einer mehrfachen Wiederholung des Orgasmus im Abstand von mehreren Stunden fähig, was bei der Frau aufgrund der wiederholten Frustrierung der sexuellen Erregung zu einer ständigen Zunahme der Blutfülle im Beckenbereich führt. Darüber hinaus kann der Mann bei jedem wiederholten Koitus den Orgasmus länger hinausschieben, weil nach dem ersten Orgasmus bei ihm die akuten sexuellen Spannungen gelöst sind und das Volumen der Samenflüssigkeit, die vor der Ejakulation in den in der Prostata gelegenen Teil der Urethra eintritt, immer mehr abnimmt. Bei der Frau nimmt allgemein die Blutfülle im Beckenbereich etwa eine Woche vor dem Eintritt der Periode zu, so daß sie möglicherweise gerade in dieser Zeit leichter zum Orgasmus gelangt. Schließlich sollten sich beide Partner nicht allzu intensiv und gespannt um diese Probleme sorgen, denn es fällt der Frau sicherlich schwerer, sich innerlich zu entspannen, wenn sie sich darum sorgt. Wenn sie aber ihre Probleme ihrem Mann mitteilt, werden beide Partner leichter ihre anfänglichen Schwierigkeiten überwinden lernen.

sache des sexuellen Versagens. Wenn derartige Ursachen vorliegen, dann wird auch das Bemühen, alles Körperliche richtig zu machen, kaum weiterhelfen. Entscheidend und auf Dauer läßt sich eine solche Frigidität vielfach nur mit Hilfe des erfahrenen Psychotherapeuten überwinden.

Häufige Probleme des Mannes

Auch der jungverheiratete Mann hat zunächst oft mit gewissen Schwierigkeiten zu kämpfen. Entweder ist es ihm nicht möglich, eine Erektion bis zur Einführung des Penis aufrechtzuerhalten, oder die Ejakulation tritt derartig schnell ein, daß weder seine Frau noch er selbst zur vollen Lust beim Geschlechtsverkehr kommt. Er weiß, daß er den Zeitpunkt seines Orgasmus hinausschieben muß, bis auch seine Frau genügend vorbereitet ist, und dies bereitet ihm vielfach große Schwierigkeiten und verlangt von ihm eine intensive Anstrengung und Beherrschung. Viele junge Männer haben keine Vorstellung davon, wie potent man »normalerweise« zu sein habe. Mitunter ist die Frau der sexuell erfahrenere Partner, was den jungen Mann in Sorge sein läßt, ob er gegenüber den vorangegangenen Partnern seiner Frau gleichwertig sei. Die Frau kann hier mit Verständnis und Geduld dem Mann helfen, seine Schwierigkeiten zu überwinden, bevor sie sich verfestigen oder gar multiplizieren. Wenn der Mann versucht, den Penis zu früh in die Vagina einzuführen, dann wird alles für ihn noch schwieriger, da die hierzu notwendige vorbereitende Stimulierung und Erregung fehlt. Aber auch wenn die Frau genügend erregt ist, braucht der Mann oft ihre Hilfe, um seinen Penis richtig einzuführen. Wenn er eine genügende Erektion nicht aufrechterhalten kann, hilft eine Stimulierung durch seine Frau weiter. Die vorzeitige Ejakulation verliert mit zunehmender Erfahrung und Sicherheit des Mannes, die er besonders durch mehrmaliges Wiederholen des Koitus im Abstand von wenigen Stunden gewinnen kann, mehr und mehr an Bedeutung. Dabei ist vor allem wichtig, daß beide Partner ihre Probleme nicht voreinander verbergen, denn im gemeinsamen Bemühen um die Verbesserung ihrer sexuellen Beziehung kommen beide leichter zum gewünschten Ziel. Aber auch Ängste, den Penis in der Vagina zu verlieren oder Verletzungen davonzutragen, die Furcht, die inneren Organe der Frau zu verletzen, sie zu schwängern, residuale inzestuöse Ängste und andere derartige Probleme können zu erheblichen Schwierigkeiten führen. Manche dieser Sorgen und Ängste sind immer, bewußt oder unbewußt, vorhanden und verlieren, wenn sie nicht allzu intensiv sind, mit zunehmendem Selbstvertrauen und in der wachsenden Vertrautheit mit der Frau mehr und mehr an Bedeutung. Die schwerwiegenderen Probleme machen dagegen vielfach die Hilfe des Psychiaters erforderlich.

Viele Männer machen sich Gedanken und Sorgen um die Größe ihrer Genitalien, – Sorgen, die häufig aus der Kindheit stammen, als die Genitalien des Vaters dem Kinde als riesengroß erschienen waren, Sorgen, die aber auch durch vielerlei Bemerkungen der anderen Kameraden in der späten Kindheit und in der Adoleszenz, wonach die Größe der Genitalien als ein Index für die Männlichkeit und den möglichen Erfolg bei Frauen zu werten sei, noch zusätzlich Nahrung erhalten hatten. Die Größe des Penis im nicht erigierten Zustand ist außerordentlich unterschiedlich, doch haben Messungen von Masters gezeigt, daß die Penisgröße im nicht erigierten Zustand für die Penisgröße im erigierten Zustand kaum Bedeutung hat, da der kleine Penis bei der Erektion stärker an Größe zunimmt als der große Penis, so daß die Größenunterschiede, die dann noch bestehen, relativ wenig ins Gewicht fallen. Andererseits paßt sich die Vagina, wenn keine Verletzungen durch Geburt vorliegen, dem Penis an, so daß die Größe des Penis kaum als ein Maß der sexuellen Potenz oder der Männlichkeit oder gar der Fähigkeit zur Befriedigung einer Frau gelten kann.[10]

Der Mann sollte in dem Wunsch, seine Frau sexuell zu befriedigen, nicht in erster Linie darauf sehen, mit ihr möglichst oft Geschlechtsverkehr zu haben, denn nicht so sehr die Frequenz als vielmehr die Art und Weise, in der der Geschlechtsverkehr ausgeübt wird, ist für die sexuelle Befriedigung entscheidend. Wenn die Frau beim Koitus einen intensiven Orgasmus erlebt hat, fühlt sie sich entspannt und befriedigt und bedarf, trotz ihrer Fähigkeit dazu, keiner weiteren Orgasmuserlebnisse. Das sexuelle Verlangen ist naturgemäß nicht bei jedem Menschen gleich intensiv und darüber hinaus auch je nach

10 Auch Frauen sind mitunter besorgt, daß ihre Vagina nicht groß genug sein könne. Die Vagina kann sich, wie dies ja auch für den Geburtsvorgang notwendig ist, enorm erweitern. Nur in den sehr seltenen Fällen, bei denen ein Infantilismus oder eine Abnormität der Geschlechtsorgane vorliegt, stellt die Größe der Vagina ein Problem für den normalen Geschlechtsverkehr dar.

den äußeren Umständen unterschiedlich. Eines der zentralen Probleme der sexuellen Anpassung ergibt sich aus dem unterschiedlichen Bedürfnis nach geschlechtlichen Beziehungen bei beiden Partnern (1). Der sexuell frustrierte Mann ist allerdings wohl weniger als die Frau in der Lage, seine sexuelle Erregung und Spannung zu verdrängen. Derartige Probleme sind jedoch nur schwer zu beurteilen, da hierbei kulturelle Faktoren eine große Rolle spielen. Wenn aber beide Partner sich um das Glück und die Zufriedenheit des anderen bemühen, gelingt es ihnen fast immer, ihre sexuelle Beziehung so zu regeln, daß sie für beide Befriedigung bringt.[11]

Die Erlangung einer wechselseitigen sexuellen Befriedigung

Vor allem der Gehemmte hat Schwierigkeiten, seinem Partner sein Verlangen nach Geschlechtsverkehr mitzuteilen. Bei den meisten Paaren geben die Partner einander ihr Verlangen auf averbalem Wege zu verstehen. Dabei lernt die Frau gewöhnlich sehr schnell zu erkennen, wann ihr Mann das Bedürfnis nach sexuellen Beziehungen hat, während der Mann in der Regel gegenüber den Signalen seiner Frau nicht ganz so empfänglich ist. Die Frau lernt aber auch, die Signale ihres Mannes zu übersehen, wenn ihr selbst nicht nach Geschlechtsverkehr zumute ist, oder sie findet Mittel und Wege, das Verlangen ihres Mannes abzulenken (12). Beide Partner sollten über ihre sexuellen Bedürfnisse sprechen können, um damit eine bessere sexuelle Anpassung möglich zu machen, aber sie sollten auch über die Verbesserung ihrer sexuellen Beziehung selbst sprechen, um beide zu voller wechselseitiger Befriedigung zu gelangen. Manche Paare, vor allem aus den gebildeten Schichten, neigen dazu, vor oder während des Geschlechtsverkehrs intensiv miteinander und übereinander zu sprechen, was häufig auf einen Mangel an wirkli-

11 Selbstverständlich finden sich gerade hier Ansatzpunkte für zahlreiche Schwierigkeiten und Mißverständnisse. So konsultierte z. B. eine Frau, die bereits seit 10 Jahren verheiratet war, den Psychiater, weil ihr Mann noch immer drei- bis viermal am Tag mit ihr Geschlechtsverkehr haben wollte und zum Mittag von der Arbeit in erster Linie zum Geschlechtsverkehr nach Hause kam. Eine derartige Frequenz des Verlangens nach Geschlechtsverkehr ist nicht etwa als ein Zeichen für eine ungewöhnliche Potenz anzusehen, sondern als Zeichen einer sexuellen Zwanghaftigkeit, häufig mit dem Ziel, sich selbst gegen die Angst, homosexuell zu sein, zu sichern.

cher Wechselseitigkeit hinweist. Vielfach spricht man nicht offen über sein Verlangen nach Geschlechtsverkehr, weil dieser vom anderen entweder nur akzeptiert oder aber abgelehnt werden könnte und jeder Partner die Situation lieber erfühlen als dem anderen seine Wünsche aufdrängen oder dessen Zurückweisung riskieren möchte. Es gibt allerdings Ehen, wo das Fehlen jeglichen Gesprächs über die eigene und des anderen Befriedigung zu fortwährenden Mißverständnissen führt.

Auch über die Gleichzeitigkeit des Orgasmus beider Partner ist im Zusammenhang mit der sexuellen Anpassung schon sehr viel geschrieben worden. Gelegentlich wurde sie sogar als ein wichtiges Zeichen für die befriedigende eheliche Anpassung angesehen. Gewöhnlich empfinden beide Partner die Gleichzeitigkeit des Orgasmus als eine Steigerung ihres gemeinsamen Lusterlebens und des Ineinander-Aufgehens. Manche Frauen haben aber lieber erst selbst den Orgasmus, um dann entspannt und bewußt die Lust ihres Mannes zu erleben. Wie dem auch sei, das Bemühen um die Gleichzeitigkeit sollte nicht allzu sehr im Vordergrund stehen, denn sie stellt sich gewöhnlich von selbst ein, wenn die Partner auf vorbewußter Ebene zu solcher Vertrautheit miteinander gekommen sind, daß die Zeichen des sich nähernden Höhepunktes beim einen auch den Höhepunkt beim anderen auslösen.

Einige allgemein verbreitete Mißverständnisse

Das Auftreten der monatlichen Regelblutung kann des öfteren zu gewissen Schwierigkeiten führen, denn manche Männer möchten auch während der Menstruation mit ihrer Frau Geschlechtsverkehr haben, die dies aber vielfach für gefährlich hält. Und umgekehrt sind manche Frauen während der Menstruation nicht nur stärker sexuell erregt, sondern empfinden auch eine größere Lustbefriedigung im Koitus, den ihr Mann mitunter aus ästhetischen Gründen ablehnt. Es gibt aber außer ästhetischen oder religiösen Motiven keinerlei Gründe, den Geschlechtsverkehr während der Menstruation zu unterlassen.

Es gibt keine Normen, an denen sich das Sexualverhalten in der Ehe messen ließe. Was als normal und was als abnorm zu gelten hat, ist innerhalb der einzelnen ethischen und sozioökonomischen

Gruppen, aber auch von Ehepaar zu Ehepaar außerordentlich verschieden. Da in Gesprächen über geschlechtliche Dinge häufig nicht nur falsche, sondern auch angeberische oder scherzhaft gemeinte Auffassungen vertreten werden, haben junge Menschen oft kaum einen Begriff davon, was als normal und was als abnorm zu gelten hat. Vielfach glauben junge Männer, die die Erzählungen ihrer Kameraden hören, daß sie sexuell minderwertig sein müßten, wenn sie nicht vier- oder fünfmal in einer Nacht Geschlechtsverkehr haben könnten, oder daß ihre Frau frigide sein müsse, wenn sie nicht an jedem Abend und Morgen sofort das Verlangen nach Geschlechtsverkehr mit ihrem Mann hat. So hatte z. B. ein junger Mann große Zweifel, ob er überhaupt zur Ehe tauge, bis er, sehr zu seiner Überraschung und Erleichterung, von seiner Verlobten hörte, daß nach ihrer Meinung ein- bis zweimal Geschlechtsverkehr in der Woche mehr als genügend sei und daß sie hoffe, er werde tolerant sein und ihrem Bemühen, zu echter Gemeinsamkeit in der sexuellen Beziehung zu kommen, Verständnis entgegenbringen. Vor allem in Arbeiterkreisen ist die Ansicht, und zwar von seiten des Mannes wie auch von seiten der Frau, nicht ungewöhnlich, daß der tägliche Geschlechtsverkehr, so etwa wie die tägliche Darmentleerung, für die Gesundheit des Mannes unerläßlich sei, der dann auch dieser Einstellung folgend gewissermaßen routinemäßig ohne emotionale Beteiligung allabendlich von seiner Frau erwartet, daß sie sich ihm zur Verfügung stelle. Eine Frau, die den Geschlechtsverkehr für wenig mehr als eine Pflicht hält, bringt vielfach ihre Zufriedenheit mit ihrem Mann, der auf sie Rücksicht nimmt, mit Worten wie »er läßt mich meist in Ruhe« etc. zum Ausdruck. Der aufmerksame Arzt oder Therapeut merkt auf, wenn er eine Frau auf seine Frage nach ihrem Geschlechtsleben antworten hört: »es ist in Ordnung« oder »er nimmt gut auf mich Rücksicht«, weil solche Äußerungen ihm sagen, daß die Frau kaum, wenn überhaupt, Befriedigung und Lust beim Geschlechtsverkehr empfindet.

Unterschiede in der Sexualmoral

Die Formen sexueller Betätigung sind außerordentlich unterschiedlich. Manche Ehepaare, die nach bestimmten europäischen Traditionen erzogen wurden oder die einer strengen religiösen Sekte angehören, haben einander in vielen Jahren ihrer Ehe nie nackt gesehen (6). Andere halten jegliches masturbatorische Vorspiel für unanständig oder gar abstoßend und wären entsetzt bei dem Gedanken, in einer anderen als der normalen Stellung Geschlechtsverkehr mit dem Partner zu haben, eine Stellung, bei der der Mann der Frau zugewendet auf dieser liegt.[12] Für viele Menschen ist alles, was in der Abgeschiedenheit des ehelichen Schlafzimmers geschieht und beiden Partnern Befriedigung bringt, ohne einen der Partner zu verletzen, auch erlaubt und akzeptierbar. Die unmittelbare intime Gemeinsamkeit im Geschlechtsakt läßt vielfältige verdrängte Phantasien und Wünsche für den Augenblick wieder lebendig werden und auf verschiedene Weise im Vorspiel und im Geschlechtsakt selbst Ausdruck finden. Die Praktiken des Vorspiels und die Ansichten darüber sind außerordentlich unterschiedlich. Aufgrund verschiedener Untersuchungen und auch aus der psychiatrischen Erfahrung ist bekannt, daß viele Paare gelegentlich oral-genitale Kontakte haben, ohne daß einer der beiden Partner daran Anstoß nimmt. In gewisser Weise spiegelt das, was während und vor dem Geschlechtsverkehr geschieht, das vorbewußte Phantasieleben wider, das losgelöst ist von dem, was im übrigen Alltag geschieht, aber auch von dem, was sonst zwischen den Partnern vor sich geht, und das in der Intimität und Vereinigung beider in ein gemeinsames Erleben vorbewußter und unbewußter Strebungen führt. Wenn allerdings einer der Partner auf Praktiken besteht, die der andere als abstoßend empfindet, wie z. B. anale und orale Beziehungen oder gewisse Perversionen, dann kann dies zu erheblichen Störungen führen, in deren Folge sich mitunter Symptome wie Erbrechen oder Verdauungsbeschwerden einstellen, über die nur unter größten Widerständen sogar dem Arzt gegenüber berichtet werden kann.

Der Arzt wie der Eheberater sollten nicht überrascht sein, wenn jungverheiratete Frauen zu ihnen kommen, die ihre Männer für pervers halten, weil diese mit ihnen normalen Geschlechtsverkehr haben wollen, wenn Frauen Rat suchen, weil sie glauben, es sei unanständig, einen Orgasmus zu haben, oder Männer und Frauen, die sehr bald nach ihrer Heirat beim Geschlechtsverkehr noch einen

12 Es ist in diesem Zusammenhang interessant, daß nach Malinowski (8) die Tobriand-Inselbewohner sich einen großen Spaß daraus machen, diese »Normal«-Stellung, die sie »Missionarsstellung« nennen, mimisch darzustellen. Sie halten sie für sehr wenig befriedigend.

dritten Mann oder eine dritte Frau in ihrem Ehebett haben wollen, oder auch Männer, die kaum, wenn überhaupt, sexuelle Beziehungen mit ihrer Frau wünschen. Die verschiedenen Formen und Abwandlungen sexueller Wünsche und Praktiken sind derart zahlreich und die daraus entstehenden Sorgen und Nöte derart häufig auf andere Beschwerden verschoben, daß jeder, der sich mit solchen Problemen befaßt, in der Lage sein muß, ohne persönliches Vorurteil und ohne emotionale Beteiligung zu hören, was der Patient möglicherweise zwischen den Zeilen sagt, weil er sich nicht offen aussprechen kann. Der Therapeut muß darüber hinaus wissen, daß Sexualität als Mittel des Ausdrucks sowohl von Haß als auch von Liebe eingesetzt werden kann, daß manche Menschen sich der Sexualität bedienen, um ihren Partner zu beherrschen oder herabzusetzen oder um tiefe Abneigungen gegen das andere Geschlecht zum Ausdruck zu bringen. Das Geschlechtliche kann auch für den einen oder anderen ein Mittel sein, um seinen Willen in einem anderen Bereich durchzusetzen, um sich Vorteile zu verschaffen, – z. B. die Erlaubnis für den Kauf eines neuen Kleides oder für ein Angelwochenende allein. Gelegentlich wünscht aber auch der eine Partner, daß der andere sich sexuelle Befriedigung außerhalb der Ehe verschafft, denn nicht in jedem Fall ist die Ursache der Untreue primär nur bei dem untreuen Partner zu suchen.

Ehen ohne sexuelle Beziehungen

Es gibt beständige Ehen, in denen die Partner auch ohne sexuelle Beziehungen zu einem befriedigenden Verhältnis zueinander kommen. Auch wenn der eine von ihnen sich vielleicht unerfüllt oder gar um sein Glück betrogen fühlt, können doch andere Faktoren, z. B. die tiefe Bewunderung oder Liebe für den impotenten oder invalidisierten Partner, das Fehlende kompensieren. Die Ehe gründet sich auf vielerlei Bereiche der interpersonellen Beziehung, und in manchen Ehen sind beide Partner glücklicher, wenn das Sexuelle nicht im Vordergrund steht, wenn beide Partner andere Bereiche finden, in denen sie miteinander harmonieren und Gemeinsamkeit und Selbstverwirklichung finden. Allerdings beeinträchtigen Schwierigkeiten, die eine sexuelle Intimität unmöglich machen, auch andere Bereiche der Gemeinsamkeit, und wenn sie nicht überhaupt zu Schwierigkeiten führen, schränken sie doch das vom Paar erreichbare Maß an Wechselseitigkeit ein. Wenn es aber erforderlich ist und eine Entscheidung getroffen werden kann, die die Überwindung beständiger Erwartungen, Unentschiedenheit, Frustration und Selbstbemitleidung möglich macht, dann kann die eheliche Beziehung und Bindung, auch jenseits von Enttäuschungen in der sexuellen Sphäre, weiterbestehen und sich festigen.

Sexualität und emotionale Reife

Die Vorstellung von der »genitalen Sexualität«, die in der psychoanalytischen Theorie und Praxis als entscheidender Indikator für die erfolgreiche Persönlichkeitsentwicklung eine so große Rolle spielt, wie wir dies im Kapitel über die Adoleszenz ausführlich dargestellt haben, hat zwar in viele bisher dunkle Vorgänge Licht gebracht, zugleich aber ebensoviel Verwirrung gestiftet, denn wenn der Begriff »genitale Sexualität« in den Zusammenhängen, in denen er steht, Sinn und Bedeutung haben soll, dann umfaßt er mehr als die bloße Fähigkeit, im heterosexuellen Koitus selbst zum Orgasmus zu gelangen und einen Partner zum Orgasmus zu führen. Schon oft haben unreife Menschen genitale Sexualität nur in diesem ausschließlichen Sinne verstanden und für sich als ein Zeichen ihrer Normalität und Reife gewertet. In seinem vollen Sinn verstanden, umfaßt der Begriff »genitale Sexualität« aber all das, was mit der Fähigkeit verbunden ist, im Rahmen einer genügenden Stabilität und Sicherheit des Selbst auf Abwehr zu verzichten, um die Entwicklung einer echten intimen Beziehung möglich zu machen, in der affektive und sinnliche Elemente in einer tragfähigen, dauerhaften Partnerschaft miteinander verschmelzen. Dazu gehört auch eine genügende Autonomie, aufgrund derer die Aufhebung der Grenzen des Selbst gegenüber dem Partner in der Vereinigung mit ihm ohne Furcht möglich ist, aufgrund derer das Nachgeben gegenüber den Es-Impulsen keine Ängste, von ihnen überwältigt zu werden, auslöst, aufgrund derer das Aufgehen in der Sexualität nicht zu einem Sich-Verlieren in Phantasien der Kindheit führt, und aufgrund derer keine Furcht bestehen muß, vom Partner beherrscht und ausgenutzt zu werden, wenn man ihm die Intensität der eigenen Bedürfnisse sichtbar werden läßt.

Zumindest theoretisch gesehen ist es gut für eine Ehe und festigt sie, wenn die Partner Zeit haben, miteinander vertraut zu werden, ihre wechselseitig ergänzenden Rollen zu übernehmen und zu einer befriedigenden sexuellen Beziehung zu finden, bevor Kinder geboren werden. Eine solche, in jeder Hinsicht befriedigende eheliche Anpassung vor der Geburt von Kindern läßt das Paar ein Verhältnis zum gemeinsamen Kind haben, das von der Partnerschaft getragen wird, läßt die Partner das Kind als Erfüllung ihrer Gemeinsamkeit empfinden, als Eltern ihre einander ergänzenden Rollen annehmen und die elterliche Koalition festigen.
Die Ehe bringt in der Partnerschaft Möglichkeiten zu gegenseitiger Erfüllung und Reife und mit der Zeugung neuen Lebens die Erfüllung und Vollendung des Lebenszyklus. Das Leben als Erwachsener in der Beziehung von Mann und Frau, das Erlebnis der Zeugung einer neuen Generation und in ihr der Anschluß an die Zukunft, die Hingabe für die Kinder und das Leben als Eltern sind dem Nichtverheirateten so gut wie verschlossen. Die mit der Reifung und Erfüllung der intimen Partnerschaftsbeziehung einhergehenden Veränderungen der Persönlichkeit führen selbst zu einer Stabilisierung der Persönlichkeit, lassen festere Bindungen zum anderen entstehen, bringen Erfüllung in der gegenseitigen Ergänzung mit dem anderen und helfen, die Egozentrizität zu überwinden. Darüber hinaus erlaubt die sexuelle Partnerschaftsbeziehung eine angemessene Beherrschung und Bewältigung der libidinösen Strebungen, die ohne sie primär der eigenen Lust dienen und eher zu einem Sich-Verlieren führen würden, und läßt sie zu einer Kraft werden, die beiden Partnern innere Geschlossenheit und Stabilität verleiht.

Das Leben in der Ehelosigkeit

Während die Ehe im allgemeinen für den Erwachsenen eine wünschenswerte Station seines Lebensweges darstellt, bleiben viele Menschen unverheiratet, weniger aus Mangel an Gelegenheit als aus bewußter oder unbewußter Entscheidung. Den unverheirateten Menschen sind zwar viele Lebensbereiche verschlossen, aber es stehen ihnen genügend andere offen, in denen sie ein erfülltes Leben finden können. Im Gegensatz zu vielen Menschen, die lieber eine Ehe eingehen, die ihnen wenig Aussicht auf Glück und Zufriedenheit bietet, als unverheiratet zu bleiben, sind sie der Meinung, daß eine unglückliche und konfliktreiche Ehe mehr einengt als erfüllt und ebenso persönlichkeitszerstörend wie -integrierend sein kann. Ihre Lebensentwicklung führt sie nicht in eine Ehe, in die intime Partnerschaft mit einem anderen Menschen und die Verantwortlichkeit der Elternschaft, und sie erkennen, daß ihre Zukunft besser und erfüllter sein wird, wenn sie ihren Lebensweg auf andere Ziele als die Ehe richten.

Die Bildung einer stabilen und für beide Partner befriedigenden Ehe ist wahrscheinlich eine der entscheidenden Vorbedingungen nicht nur zur Sicherung der emotionalen Stabilität und Sicherheit der nachfolgenden Generation, sondern auch für eine positive weitere Entwicklung und Reifung der Persönlichkeit beider Ehepartner. Das Schicksal der Ehe wird in hohem Maß bereits mit der Wahl des Partners entschieden, wie wir im vorausgegangenen Kapitel dargestellt haben. Wie sich dann die Ehe schließlich entwickelt und was zu ihrer positiven, erfolgreichen Entwicklung erforderlich ist, läßt sich nicht exakt beantworten. Die Antwort liegt ohnehin nicht im Rahmen dieses Kapitels. Die Ehepartner können einander auf vielfältige Weise ergänzen und zu einem harmonischen Leben miteinander finden. Über einige der für eine erfolgreiche Elternschaft erforderlichen Eigenschaften und Voraussetzungen der Ehe soll im nächstfolgenden Kapitel gesprochen werden. Allgemein gesehen gründet sich in unserer gegenwärtigen Gesellschaft eine gute und erfolgreiche Ehe auf die Entwicklung einer entsprechenden Unabhängigkeit beider Partner, auf die Entwicklung einer festen Integration als Individuum, durch die die Partnerschaftsbeziehung von wechselseitiger und nicht von einseitiger Abhängigkeit getragen wird, sowie auf die Fähigkeit beider Partner, in der Ehe sich weiter zu entwickeln und neue gemeinsame Interessenbereiche zu finden, so daß die Partnerschaft ständig neue Impulse erhält. Eine solche ständige Erneuerung, bei der es sich um mehr handelt als um ein bloßes Zusammenfinden und Entwickeln eines harmonischen gemeinsamen Lebens, hat für die Stabilität der Ehe sowie die Befriedigung der beiden Partner eine entscheidende Bedeutung. Diese ständige Erneuerung der Ehe ergibt sich in erster Linie durch die Kinder, die mit ihrer Entwicklung für beide Eltern ständig neue Interessen und Probleme aufwerfen.

Kapitel 15

Die Elternschaft

Mit der Geburt des ersten Kindes werden die Ehepartner zu Eltern und ihre Ehe wandelt sich zur Familie. Die Eltern stehen nun wieder am Anfang des Lebenszyklus, jetzt als Mitglieder der Elterngeneration mit allen damit verbundenen Rollen, die sie sich auf ihrem eigenen Lebensweg von Geburt an angeeignet haben und an denen sie sich jetzt bei der Aufzucht und Erziehung ihrer Nachkommen orientieren werden, wobei sich ihnen viele neue Situationen und Probleme stellen, in denen sie, ganz auf sich allein gestellt, neue Entscheidungen treffen und improvisieren müssen.[1]
Die Geburt des Kindes läßt die Ehepartner in eine neue Phase ihrer Persönlichkeitsentwicklung eintreten, in der sie als Eltern mit völlig neuen Aufgaben, Zielen und Rollen konfrontiert werden und eine neue Einstellung gegenüber der Zukunft gewinnen. Darüber hinaus eröffnen sich ihnen neue Möglichkeiten der Befriedigung und Erfüllung, die ihnen Erlebnisse vermitteln, von denen sie schon in ihrer Kindheit in ihrer Phantasie geträumt hatten, die aber bis jetzt frustriert waren. Sie brauchen nicht länger »Mami« und »Pappi« zu *spielen*, sie *sind* es jetzt. Dieser einfache Schritt zur Elternschaft, der nur allzu oft als ein unbeabsichtigter Fehltritt vollzogen wird, ist zugleich ein Prüfstein, an dem sich alle vorangegangenen Entwicklungsphasen und die aus ihnen hervorgegangene Persönlichkeit zu bewähren haben. Die mit der Elternschaft einhergehenden Veränderungen bei beiden Ehepartnern verändern ihrer-

1 Viele Aspekte und Probleme der Elternschaft sind an anderer Stelle dieses Buches bereits ausführlicher erörtert worden. In Kapitel 2 sind wir auf die Voraussetzungen eingegangen, die ein Ehepaar erfüllen muß, um eine entsprechende Familienumwelt für die Aufzucht von Kindern zu schaffen. Über die Veränderungen, die in der Frau vor sich gehen, wenn sie zur Mutter wird, haben wir im Kapitel 4 gesprochen, und in den Kapiteln über die Säuglingszeit bis hin zur Adoleszenz sind wir immer wieder auch auf die Aufgaben der Eltern im Zusammenhang mit den Bedürfnissen des sich entwickelnden Kindes eingegangen. Das vorliegende Kapitel will nicht alles dies noch einmal wiederholen, sondern darstellen, wie die Entwicklung von Ehepartnern zu Eltern und die Elternschaft selbst die Persönlichkeit der Eltern verändert.

seits die eheliche Partnerschaft und setzen sie Belastungen aus, die in einem neuen Gleichgewicht überwunden werden müssen.

Die Geburt eines Kindes, vielleicht sogar schon das Bewußtwerden seiner Zeugung, verändert die Beziehung zwischen den Ehepartnern von Grund auf, denn sie müssen in ihr Platz schaffen – emotionalen Platz – für eine dritte Person. Das Kind, das aus der intimen Gemeinsamkeit der Partner hervorgeht, kann als neuer Mittelpunkt ihres Lebens, in dem Identifikationen beider sich vereinigen, die Partnerschaft mit neuen Banden festigen, sie kann jedoch auch die Intimität der Partner durch störende Einflüsse beeinträchtigen, denn Kinder einigen und trennen zugleich. Dies wirkt sich in jeder Ehe anders aus. Bisher war der Partner bemüht, sich innerlich in jeder Hinsicht auf den anderen einzustellen und selbst der Mittelpunkt des emotionalen und affektiven Strebens des anderen zu sein, während jetzt der Neuankömmling seine Ansprüche geltend macht. Die Familie ist nicht mehr so anpassungsfähig, wie dies die reine Partnerschaft der noch kinderlosen Ehe war. Ohne Kinder können sich die Partner auf sehr verschiedene Weise aufeinander einstellen, und ihre Ehe wird allein schon davon getragen, daß beide Partner in ihr Befriedigung finden oder doch die Gewißheit haben, daß das Zusammenleben mit dem anderen besser sei als das Alleinsein. Die Erhaltung eines stabilen Gleichgewichtes in der Familie und vor allem eine angemessene Aufzucht und Erziehung von Kindern erfordern sehr viel mehr. Beide Partner müssen genau umrissene Rollen übernehmen, um eine tragfähige, dynamische Familienstruktur entstehen zu lassen. Wenn einer der Ehepartner in seinen Rollen versagt, dann sind Konflikte und Störungen des Familiengleichgewichts unvermeidlich. Andererseits führen Strukturen und Rollen der Familie auch zu einer inneren Festigung der Partner und damit zu einer weiteren Stabilisierung der ehelichen Beziehung. Wir wollen uns zunächst mit den Veränderungen beschäftigen, die in jedem der beiden Partner vor sich gehen, und dabei untersuchen, welche Voraussetzungen für einen ungestörten Übergang in die neue Entwicklungsphase erforderlich sind. Die plötzlich gegebene Notwendigkeit, Elternrollen zu übernehmen und auszuüben, kann eine bisher nicht in Erscheinung getretene Unreife, aber auch Fixierungen und Regressionen aufdecken, da derartige Persönlichkeitsstörungen gewöhnlich einer Übernahme und adäquaten Ausübung der entsprechenden Elternrollen im Wege stehn.

Im Idealzustand, dem sich die Realität gelegentlich nähert, haben beide Partner eine stabile Identität entwickelt und im Verlauf ihrer bisherigen Ehe die eigene Unabhängigkeit zugunsten der wechselseitigen Abhängigkeit in der intimen Partnerschaft aufgegeben und zugleich die innere Gewißheit gewonnen, daß das Wohlergehen des anderen ebenso wichtig ist wie das eigene. Sie haben damit aber auch eine Erfüllung gefunden, die ihnen in ihren Ursprungsfamilien verwehrt war, wo es eine Befriedigung der sexuellen Wünsche und Bedürfnisse für sie nicht geben konnte, weil beide dort der Kindergeneration angehörten. Jeder der beiden Partner sucht in der Ehe auf seine Weise seinen persönlichen, bisher frustrierten und unvollendet gebliebenen Familienroman zu erfüllen. Die beiden Ehepartner ergänzen einander in den Eigenschaften und Fähigkeiten, die dem anderen fehlen. Ihre weitere Persönlichkeitsentwicklung wird jetzt in erster Linie von der Gemeinsamkeit getragen und nicht mehr vom individuellen Streben nach Selbstverwirklichung. Die Energien, die gebunden waren in der sexuellen Verdrängung, in der Suche nach Möglichkeiten der Befriedigung der sexuellen Triebe, in der Suche nach dem Partner, der die Unerfülltheit und Unvollkommenheit als männliches und weibliches Individuum beenden und ausgleichen sollte, werden frei, um in einer neuen Gemeinsamkeit eine schöpferische Erfüllung zu finden, die über das Selbst hinausreicht. Ob das Kind nun wunschgemäß und zum rechten Augenblick kommt oder nicht: die Ehepartner werden erst dann wirklich zu Eltern, wenn sie auf der Höhe ihrer physischen und intellektuellen Kraft sich in ihre Rollen als Erwachsene und als Ehepartner sicher eingefunden haben, vor allem dadurch, daß die unerfüllten ödipalen Strebungen – deren Unerfülltheit für den Status als Angehöriger der Kindergeneration kennzeichnend war – in der ehelichen Partnerschaft indirekte Äußerung und Erfüllung finden können, womit beide Partner von den fundamentalen Beschränkungen und Vorbehalten der Kindheit befreit und damit in der Lage sind, selbst zu Eltern zu werden.

Die Zeugung eines Kindes ist ein Akt wechselseitiger schöpferischer Erfüllung, bei dem die Grenzen zwischen dem Selbst und dem anderen vollständiger als irgendsonst seit der Säuglingszeit schwinden, ja aufgehoben werden. Die symbolische Bedeutung jener allgemein verbreiteten, allerdings irrigen Vorstellung, wonach eine Frau einen Orgasmus erleben muß, um empfangen zu können, ist nur allzu offensichtlich und verständlich. Das Kind geht aus der körperlichen Vereinigung seiner Eltern hervor, ebenso wird auch seine Persönlichkeit im Laufe der Erziehung aus der Vereinigung der elterlichen Persönlichkeiten Gestalt gewinnen. Es bindet so beide Eltern fest aneinander als Mittelpunkt ihres Lebens, ihres Bemühens, ihrer Wünsche und Hoffnungen. Jeder der beiden Eltern hat aus seiner eigenen Familienumwelt eigene Gewohnheiten, Vorstellungen und Identifikationen mit in die Ehe eingebracht; jetzt sind beide in ihrem gemeinsamen Kind vereint, dessen Erlebnisse sie teilen und mit dem sie sich identifizieren. Viele Menschen, die gewollt oder ungewollt zu Eltern werden, wachsen, indem sie sich der neuen Verantwortung stellen, die ihnen an diesem Punkte ihres Lebens mit der Geburt eines Kindes auferlegt wird.

Zeugung und Empfängnis aus der Sicht der Frau

Vor allem für die Frau ist die Zeugung und Empfängnis neuen Lebens mit einem Gefühl der Erfüllung verbunden. Allein schon ihre biologische Bestimmung läßt sie in der Empfängnis, im Tragen, Gebären und Aufziehen von Kindern ihre Erfüllung und Vollendung als Frau suchen; aber auch wirkungsvolle Einflüsse von seiten der Kultur und Erziehung fördern und stärken diese Strebungen. Sie findet in der geschlechtlichen Vereinigung allein weniger Befriedigung ihres geschlechtlichen Verlangens als der Mann, und ihre Zeugungsorgane erscheinen ihr ohne Sinn und Bedeutung, wenn sie nicht Leben getragen und genährt haben. Ihre Gefühle aus der Kindheit, als Mädchen unvollkommen und minderwertig zu sein, werden im Verlauf ihrer Entwicklung in der Erkenntnis ihrer Möglichkeit der Hervorbringung neuen Lebens kompensiert, aber diese Erkenntnis erfordert auch Aktualisierung. Die Hervorbringung neuen Lebens, womit die Frau zur Mutter wird, ist ein zentrales Motiv in ihrem Leben, das diesem Sinn, Inhalt und Erfüllung verleiht. Residuen von Neid auf den Mann lassen viele Frauen den starken Wunsch nach einem Sohn hegen, durch den sie unbewußt ein Leben ausleben können, das ihnen, weil sie weibliche Wesen sind, verschlossen bleibt. So finden jetzt Kindheitsphantasien, in denen die Mutter beseitigt wird, um dem Vater ein Kind zu bringen, in symbolischer Weise Realisierung. Mit der Geburt des Kindes wird die Frau, indem sie der Mutter gleich wird, wirklich zur Frau. Damit wird aber auch ihre Liebe zu ihrem Mann, der eine solche Erfüllung und Vollendung möglich macht, vertieft. Sie wünscht sich das Kind nicht nur für sich selbst, sondern auch als Erfüllung ihrer intimen Beziehung zu ihrem Mann, den sie mit dem Kind, das Teil von ihm ist und das er ihr zum Tragen und Gebären gegeben hat, erfreuen will, das aber zugleich auch Teil von ihr, in gewisser Weise sogar sie selbst ist, in dem alle Liebe ihres Mannes ruht. Dies alles enthält Residuen von Neid und Eifersucht des kleinen Mädchens auf die Mutter, die fähig war, mit dem und für den Vater ein Kind zu kriegen. So ermöglicht der liebende Mann seiner Frau die Erfüllung einer alten, sehr bedeutungsvollen Phantasie.

Wie intensiv der Wunsch nach einem Kind sein kann, wird vor allem bei jenen Frauen deutlich, die sich lieber der Gefahr aussetzen, bei Schwangerschaft und Geburt zu sterben, als für immer kinderlos zu bleiben. Man hat als Arzt mitunter den Eindruck, als ob in solchen Fällen das Verlangen, neues Leben hervorzubringen, gegenüber dem Selbsterhaltungstrieb die Oberhand gewinnt, wie etwa bei jener Frau, die – noch vor der chemotherapeutischen Ära –, kurz nachdem sie geheiratet hatte, an Lungentuberkulose erkrankt war und mehrere Monate in Todesgefahr geschwebt hatte. Sie war dann nach mehreren Jahren Sanatoriumsaufenthalt genesen, aber die dringende Notwendigkeit der Schonung bestand weiter. Nachdem sie so einige weitere Jahre mit ihrem Mann bei relativ guter Gesundheit gelebt hatte, entschied sie eines Tages, daß es nun an der Zeit sei, ein Kind zu haben. Ihr Arzt versuchte ihr dies auszureden, da die Gefahr bestand, daß durch die Schwangerschaft und Geburt ihre alte Tuberkulose von neuem aktiviert werde, und ihr Mann versuchte ihr klarzumachen, daß sie für ihn mehr bedeute als ein Kind. Schließlich fanden sowohl der Arzt als auch der Ehemann, daß die junge Frau ohne Kind nie glücklich werden würde. Möglicherweise war der starke Kinderwunsch ein gutes Omen, denn in ihrer Schwangerschaft blühte sie förmlich auf, und weder die Geburt noch die Arbeit mit dem Kind wirkten sich negativ auf ihre alte Tuberkulose aus.[2]

2 Auch wenn die Frau den festen Wunsch nach einem Kind hat, sind Sorgen und Ängste, einige bewußt, sehr viele unbewußt, wirksam. Manche dieser Sorgen

Der Wunsch nach Vaterschaft

Auch der Ehemann – wir sprechen hier vom idealen Ehemann – hat einen starken Kinderwunsch. Durch das Kind ist eine Kontinuität in die Zukunft gegeben, die Ambitionen mobilisiert. Die Zeugung eines Nachkommen ist ein wichtiges Zeichen der Männlichkeit, – auch wenn nicht sehr viel Männlichkeit dazugehört. (So antwortete ein Vater auf den Glückwunsch zum soeben geborenen Nachkommen: »Du brauchst mir nicht zu gratulieren, es war die einfachste Sache, die ich je in meinem Leben getan habe, – und außerdem habe ich mich nicht einmal angestrengt!«.) Die Bewunderung, die das Kind für seinen Vater hat, wird seine narzißtischen Bedürfnisse befriedigen. Paradoxerweise ergibt sich durch die Vaterschaft nicht nur eine Stärkung seiner Männlichkeit und die Möglichkeit, die Funktion des Mannes als Beschützer und Ernährer auszuüben, sondern darüber hinaus auch die Möglichkeit, weibliche Pflege- und Versorgungsfunktionen auszuüben, die aus seiner frühen Identifikation mit seiner Mutter stammen und die der Mann bisher kaum äußern durfte und verdrängen mußte. Im Vordergrund steht allerdings die Erlangung von Status und Stellung des »Vaters«, um die er seinen Vater seit seiner frühesten Kindheit beneidet hatte und die zu erlangen seitdem sein intensiver Wunsch gewesen war.

Furcht vor Vaterschaft

Es gibt aber auch Kräfte, die im Vater Abneigung und Eifersucht auf das Kind wecken, vor allem, wenn es sich um einen Sohn handelt. Vielfach kann der Ehemann nicht ertragen, daß seine Frau ihre Aufmerksamkeit dem Kind zuwendet, worin mitunter alte Geschwisterrivalitäten wieder hervortreten. Aber auch tiefer liegende Ängste können die Eifersucht und Abneigung motivieren, Ängste z. B., daß der Sohn erwachsen werden könnte, um dann den Vater

sind Residuen früher Kindheitsphantasien über orale Befruchtung, Ängste, wonach das ungeborene Kind vielleicht wie ein Parasit im Leib wachsen könnte, Ängste vor Verletzungen bei der Geburt etc. Manche dieser Sorgen und Ängste entstehen aus der Beobachtung des »märtyrartigen« Leidens und Duldens der eigenen Mutter während der Schwangerschaft und Geburt der jüngeren Geschwister, aber auch aus Geschichten und Erzählungen gleichaltriger und älterer Frauen über deren Geburten oder die ihrer Eltern, Großeltern etc.

zu beseitigen, und zwar ebenso, wie dies der Vater selbst in seiner ödipalen Phase in seiner Phantasie dem eigenen Vater gegenüber gewünscht hatte.[3]

Die Umgestaltung von Leben und Ehe der Eltern

Wenn die junge Ehefrau innerlich bereit ist, schwanger zu werden, dann wird dies vielfach durch ein, man könnte fast sagen »Nestverhalten« unterstrichen, mit dem zum Ausdruck gebracht wird, daß sie sich in ihre Ehe innerlich voll eingefunden hat und für das nächste große Ereignis in ihrem Leben bereit ist. Wenn das Paar bisher bei den Eltern oder in andersartigen Provisorien gelebt hat, wird es jetzt ein eigenes Zuhause haben wollen, wenn die Frau bisher gearbeitet hat, wird sie allmählich das Interesse an ihrer Arbeit verlieren und sich statt dessen mit dem Gedanken beschäftigen, Platz und Raum für das Kind zu schaffen. Diese Gedanken durchdringen auch ihr Erleben in der geschlechtlichen Vereinigung mit ihrem Mann und lassen sie darin mehr als die Liebe und Befriedigung suchen, so daß sie nicht mehr so sehr von der intimen Gemeinschaft mit ihrem Mann, sondern vor allem von dem Gedanken zu

3 Einige der ältesten griechischen Mythen handeln von diesem Zyklus, in dem die Väter versuchen, sich der Söhne zu entledigen. Sie sind Ausdruck von Impulsen und Wünschen, die stärksten Tabuschranken unterworfen sind, und sollen an die entsetzlichen Strafen erinnern, die eine Übertretung des Tabus zur Folge haben. Uranos, der griechische Urgott, der seine Mutter, die Erde, geheiratet hatte, verbannte seine Söhne, die Titanen, in den Tartaros. Der jüngste aber, Kronos, rächte sich mit Hilfe seiner Mutter Gaia, indem er Uranos entmannte. Kronos verschlang seine ersten beiden Söhne, aber der dritte, Zeus, wurde von seiner Mutter Rea gerettet. Er entmachtete Kronos schließlich und begründete die Ära der olympischen Gottheiten. Die Sagen des verfluchten Hauses von Tantalos, in deren Verlauf Agamemnon erschlagen wird und daraufhin Ägistheus und Klytämnestra durch Orest das gleiche Schicksal ereilt, während Orest nach dem Muttermord dem Irrsinn verfällt, beginnen damit, daß Tantalos eines seiner Kinder den Göttern opfert. Auch der Ödipussage liegt das gleiche Thema zugrunde. Laios, der sich der Erfüllung des Orakels entziehen wollte, demzufolge sein Sohn, wenn erwachsen geworden, ihn erschlagen würde, gab den Befehl, seinen neugeborenen Sohn im Gebirge auszusetzen. Derartige Ängste und Feindschaften können sich von Generation zu Generation fortpflanzen; die daraus erwachsenen Gefahren für das Leben der Familie machten ein Ausweichen in die Mythologie erforderlich, in der der Frevel hart bestraft wird –: die Mythen stellen dabei so etwas wie ein kulturelles Über-Ich dar.

empfangen erfüllt ist. Der Ehemann, der dies spürt, fühlt sich vielleicht verletzt und glaubt, er sei seiner Frau nicht mehr genug. Jede Regelblutung bringt jetzt Enttäuschungen und Gefühle des Unerfülltseins. Auch wenn die Frau nicht schwanger werden kann, gibt sie vielleicht ihre Arbeit auf und konzentriert sich auf das Zuhause, in der Meinung, daß ihr das zur Empfängnis verhelfen könne, – und vielfach hilft es auch.

Die Gewißheit, schwanger zu sein, verändert das Leben der Frau von Grund auf, denn sie fühlt sich jetzt frei, um ihrer Phantasie über die vor ihr liegende Zukunft mit dem Kind zu leben. Sie träumt von ihrem Kind, plant ihre Zukunft und bereitet seine Ankunft vor. Ihr Leben hat einen neuen Mittelpunkt, der in ihr ist, und dies gibt ihr ein tiefes Gefühl der inneren Erfüllung. Für viele weitere Jahre wird das Kind, werden Kinder ihr Lebensmittelpunkt sein. Dies erfordert von ihr die Fähigkeit, ihren Mann und ihre Kinder gleichermaßen in ihre Liebe einzuschließen und sich nicht zwischen beiden zu teilen.

Wenn beide Ehepartner emotional auf die Elternschaft vorbereitet sind, führt die Geburt des Kindes zu einer Stabilisierung und Vertiefung ihrer ehelichen Beziehung, so daß Unterschiede in den Vorstellungen über das Familienleben, über Elternrollen oder über Kindererziehung kaum noch Gewicht haben. Das Kind wird zum neuen gemeinsamen Mittelpunkt ihres Lebens, auf den sie alle Kräfte richten, der jeglichen Anflug von Langeweile, die vielleicht im bisherigen Eheleben hatte aufkommen können, zum Verschwinden bringt und alle untergründig vorhandenen Zweifel über die Richtigkeit der Heirat, wie sie nach dem Schwinden des ersten Rausches durchaus entstehen konnten, bedeutungslos werden und vergehen läßt.

Viele junge Eheleute sind überrascht zu sehen, daß die Geburt des ersten Kindes ihr Leben mehr verändert, als ihre Heirat es getan hatte. Beide Partner finden vielfältige Befriedigung, ihren Säugling sich von Tag zu Tag verändern zu sehen, ihn als greifbaren Mittelpunkt ihres gemeinsamen Lebens zu haben. Aber es gibt auch neue Sorgen und Nöte. Die sorglosen Tage der ersten Ehezeit sind vorüber, und die junge Mutter bleibt jetzt den größten Teil ihrer Zeit zu Hause. So lieb sie ihr Kind auch hat, ist doch die Notwendigkeit, es ständig versorgen zu müssen, mitunter sehr ermüdend. Die tägliche Routine ist mühevoll, und wenn erst einmal zwei Kinder zu versorgen sind, wird eine exakte Einteilung aller Arbeit fast unerläßlich. Der Mutter, die bisher in ihrem Beruf gearbeitet hat, fehlt jetzt die Gesellschaft anderer Erwachsener. So zählt sie die Tage bis zum Wochenende, wenn ihr Mann im Hause ist, um einen Teil der Pflichten zu übernehmen, und sie beginnt sich auf die Zeit zu freuen, zu der die Kinder ihr für Stunden im Kindergarten abgenommen werden. Es ist nicht immer als ein gutes Omen zu werten, wenn eine Mutter allzu große Schuldgefühle empfindet, um zugeben zu können, daß sie sich zeitweilig von Kindern und Haushalt überlastet fühlt und deshalb wünscht, von ihren Pflichten hin und wieder einmal befreit zu sein.

Die Gegenwart des Kindes führt zwangsläufig auch zu einer Reorganisation der Ehe und kann gelegentlich sogar das Gleichgewicht, zu dem beide Partner in ihrer bisherigen Ehe gefunden hatten, nachhaltig stören. In der harmonischen Ehe haben beide Partner ihre wechselseitig ergänzenden Rollen gefunden, und jeder ordnet seine Bedürfnisse und Wünsche denen des anderen unter, um den anderen zu stützen und Konflikten aus dem Wege zu gehen. Die Frau füllt so mitunter auch männliche Rollen aus, während der Mann vielleicht den Haushalt führt und kocht. Ein Vater kann jedoch ein Kind nicht richtig be-»muttern«. Aber auch weniger »unnatürliche« Rollenaufteilungen sind geeignet, sich nachteilig auf die Entwicklung des Kindes auszuwirken, auch wenn sie nicht notwendig das harmonische Verhältnis zwischen den Eheleuten stören müssen. Im 2. Kapitel haben wir die Rollen- und Aufgabenverteilungen in der Familie erörtert und gezeigt, wie diese sich aus den männlichen und weiblichen Eigenschaften ergeben. Darüber hinaus haben wir mehrfach betont, welch große Bedeutung die Bildung der elterlichen Koalition für das Kind hat und wie wichtig und entscheidend die Wahrung der Generationsschranke und die sich daraus ergebenden geschlechtsspezifischen Rollen für die Persönlichkeitsentwicklung des Kindes sind. Wenn beide Partner zu echter Gemeinsamkeit als Ehepartner gefunden haben, bevor das Kind geboren wird, und wenn diese Gemeinsamkeit auch nach der Geburt gewahrt werden kann, dann sind die komplexen Beziehungen zwischen drei oder mehr Familienmitgliedern von den Ehepartnern und den Kindern sehr viel leichter zu bewältigen, und es besteht kaum die Gefahr, daß aus der Familie kleinere, isolierte Gruppen von zwei oder mehr Familienmitgliedern herausbrechen. Die Verantwortung ist dann

definitiv zwischen beiden Eltern aufgeteilt, und jeder respektiert und unterstützt die Funktionen des anderen. Der Geschlechtsunterschied zwischen den Eltern weist jedem spezifische Aufgaben zu, die der andere nicht übernehmen kann, sowie spezifische Beziehungen zum Kind, die nicht untereinander austauschbar sind und einander ergänzen sollen, statt einander zu stören. Die Wechselseitigkeit der Elternschaft fördert so die wechselseitige Abhängigkeit und Gemeinsamkeit zwischen den Ehepartnern.
Die Notwendigkeit, daß beide Eltern sich in ihre jeweils spezifischen Rollen einfinden und die damit verbundenen Funktionen ausüben, kann sowohl die Eltern selbst als auch ihre Ehe nachhaltig belasten. Derartige Belastungen können deshalb besonders gefährlich sein, weil beide Ehepartner sich der von ihnen zu übernehmenden Rollen und der damit verbundenen Funktionen und Pflichten vielfach kaum wirklich bewußt sind und nicht erkennen, daß sie mit der Ankunft des Kindes ihre eheliche Partnerschaftsbeziehung mit dem Ziel einer festeren und definitiven Rollenaufteilung umgestalten müssen. Diese Notwendigkeit, die jeweiligen Rollen als Eltern auszufüllen, wo Ansprüche von Kind und Partner erfüllt werden müssen, ohne daß bereits der Lohn der Elternschaft erkennbar wäre, kann sowohl die Ehe als auch die Stabilität der Eltern auf eine harte Probe stellen. Ein Kind kann fast ebenso leicht Konflikte auslösen wie die Gemeinsamkeit der Eltern als Ehepartner fördern. Die Mutter hat zwar gewöhnlich den intensiven Wunsch, das Kind mit ihrem Mann zu teilen, und ist verletzt, wenn er nicht ihre Begeisterung teilt, aber ihre Gefühle um das Kind und die notwendige innere Beschäftigung mit ihm, können den Mann in dem Gefühl allein lassen, daß er ausgeschlossen ist.

Der Einfluß von Kindern auf die Persönlichkeit der Eltern

Nicht nur die Eltern beeinflussen das Kind – wie wir dies anhand der Zusammenhänge zwischen Persönlichkeitsschwierigkeiten der Eltern und Persönlichkeitsproblemen des Kindes mehrfach gezeigt haben –, sondern auch das Kind kann einen oder beide Eltern nachhaltig beeinflussen. Derartige Einflüsse sind wechselseitig wirksam: die Bedürfnisse eines Kindes oder dessen spezifische Schwierigkeiten decken oft Unzulänglichkeiten und Persönlichkeitsmängel bei den Eltern auf. So kann eine Mutter ihr Selbstwertgefühl verlieren, wenn sie sich für unfähig halten muß, ihr Kind richtig zu versorgen. Eine Frau z. B., die in ihrem Beruf außerordentlich erfolgreich gewesen war und ihrem Mann in dessen beruflichem Fortkommen mit ihrer perfektionistischen Bearbeitung von Detailproblemen außerordentlich viel geholfen hatte, war frustriert, als sie sich außerstande sah, ihrem Kind richtig zu helfen. Es hatte im Alter von drei Wochen Koliken bekommen, und als gebildete Frau wußte sie, daß manche Pädiater als Ursache derartiger Störungen eine falsche Behandlung von seiten der Mutter annehmen. Sie versuchte, sich, so sehr sie konnte, zu bemühen, aber alles half nichts, und da sie sich als Versagerin empfand, geriet sie in Zorn gegen den Säugling, der sie derartig frustrierte, und begann unter rezidivierenden Migräneattacken zu leiden, die ihr jegliche Arbeit im Hause unmöglich machten. Ähnliches läßt sich oft auch bei Männern beobachten, die sehr bald nach der Geburt ihres Kindes ein peptisches Magen- oder Zwölffingerdarmgeschwür bekommen. Solche Männer leben häufig in der Angst, daß sie nicht genügend zum Essen beschaffen können, und nicht selten sind sie mit Frauen verheiratet, die eine Gewähr gegen Armut und Hunger geben können. Wenn aber dann die Frau nicht mehr arbeitet und dazu noch ein drittes Familienmitglied zu versorgen ist, können jene Ängste sich bis zur Chronizität steigern.

Die Fähigkeiten einer Frau zur mütterlichen Pflege und Fürsorge werden mit von der mütterlichen Pflege und Fürsorge bestimmt, die sie selbst als Kind und Säugling erhalten haben. Wenn sie als Säugling und Kleinkind keine chronischen Frustrationen erleben mußte, kann sie jetzt bei ihrem eigenen Kind Vertrauen haben, daß sie es richtig und genügend zufriedenstellen wird. Ein wenig gewagt formuliert: ihre eigenen Gefühle und Reaktionen sind in ihrer Kindheit richtig »programmiert« worden, so daß sie sich jetzt in die Gefühle ihres Kindes einfühlen und seine Bedürfnisse verstehen kann. Die wechselseitige Abhängigkeit zwischen ihr und dem Kind stärkt ihr Selbstwertgefühl, ihren Stolz auf ihre Mütterlichkeit und die Gewißheit ihrer Weiblichkeit. So kann sie auch unausweichliche und unvermeidbare Schwierigkeiten und Frustrationen ohne Selbstvorwürfe oder verzerrende Abwehr gegen den Verlust an Selbstwertgefühl überwinden. Dagegen reagiert die Frau, die in ihrer eigenen Kindheit vielfältige Deprivationssituationen erleiden mußte, auf Unzufriedenheit und Verweigerungshaltungen ihres

Kindes mit zunehmenden Gefühlen der eigenen Unzulänglichkeit und des Versagenmüssens. Daraus entwickeln sich dann bald Gefühle des Bedauerns, überhaupt geheiratet zu haben, aber auch feindselige Gefühle gegenüber dem Kind, die sie beunruhigen und die sie deshalb ungeschehen zu machen sucht. So entsteht zwischen einem frustrierten Kind und einer frustrierten Mutter ein Circulus vitiosus. Die Unzulänglichkeit und Verzweiflung der Mutter greift dann nur allzu bald auch auf die eheliche Beziehung über; mitunter wird eine solche Mutter depressiv, setzt unrealistische Erwartungen in ihren Mann, von dem sie Trost und Unterstützung erhofft, oder sie umgibt sich mit Abwehr, projiziert ihre eigenen Schuldgefühle auf ihren Ehemann, so daß das Familiengleichgewicht darüber ins Wanken gerät.

Eine Frau, deren Sorgen um ihre weiblichen Fähigkeiten durch eine lange Periode der Sterilität noch verstärkt worden waren, sah ihre Freude an ihrem neugeborenen Kind sehr bald in Verzweiflung umschlagen, als sie merkte, daß sie ihr Kind nicht beruhigen konnte, das immer in dem Augenblick zu strampeln und zu schreien begann, wenn sie versuchte, es aus seinem Bettchen auf den Arm zu nehmen, um es zu trösten. Wenn ihr Mann ihr zu Hilfe kommen wollte, empfand sie dies als Kritik an ihren Fähigkeiten und ihrer Eignung als Mutter. Ihre eigene Mutter war eine kalte Frau gewesen, die jedem näheren physischen Kontakt mit ihren Kindern aus dem Weg gegangen war und ihnen so nie ein Gefühl der Geborgenheit und mütterlichen Wärme vermittelt hatte. Die junge Frau empfand sich selbst aber jetzt mit ihrem schreienden Kind als noch weitaus kälter und unfähiger denn ihre eigene Mutter, deren Haltung sie immer abgelehnt hatte. Da sie sich in ihrem Leben bisher immer vorgenommen hatte, eine bessere Ehefrau und Mutter zu werden, als ihre eigene Mutter es gewesen war, sah sie durch das Verhalten ihres Kindes ihre eigene Stabilität ins Wanken geraten. So wendete sie ihre alte Feindseligkeit gegenüber der Mutter gegen sich selbst – sie hatte sich noch nicht von der internalisierten von ihr abgelehnten Mutter befreit – und war schließlich fest davon überzeugt, daß ihr Mann sie loszuwerden wünsche.

Wir können in diesem Zusammenhang nicht in allen Einzelheiten auf die dargestellte Problematik eingehen. Wir sollten aber nicht vergessen, daß die Notwendigkeit der Anpassung der Ehepartner an die Elternschaft und ihre Aufgaben sowie der Umgestaltung der Ehe nicht auf den Zeitpunkt der Geburt des ersten Kindes beschränkt bleibt. Wie wir im Verlauf der Persönlichkeitsentwicklung des Kindes gesehen haben, müssen sich auch die Eltern an jede neue Entwicklungsphase, in die ihr Kind eintritt, von neuem anpassen, was nicht immer ohne Störungen des elterlichen Gleichgewichtes erfolgt. So kann z. B. der Schulanfang der Tochter bei der Mutter die alten Ängste aus ihrer eigenen Kindheit wiederaufleben lassen, die sie seinerzeit bei der ersten Trennung von der Mutter empfunden hatte, oder beim Vater wird Eifersucht geweckt, wenn seine Tochter sich zum ersten Mal mit Jungen zu verabreden beginnt, oder den Eltern fällt es schwer, allein ohne die Kinder zu sein, die das Zuhause verlassen haben, etc. . . Eine hochintelligente Frau, die in ihrer eigenen Kindheit von schrecklichen Ängsten geplagt gewesen war, daß ihre Mutter sie verlassen könnte, wenn sie erführe, daß sie trotz strengster Warnung vor den schrecklichen Folgen weiter masturbiere, vermochte es nicht zu ertragen, daß ihr Sohn in der Badewanne mit seinem Penis spielte, und warnte ihn immer wieder, daß er schwachsinnig würde, wenn er nicht damit aufhörte, obwohl sie in Wirklichkeit sehr genau wußte, daß dies nicht stimmt. Als Kind hatte sie sich immer allein und von den gleichaltrigen Kameradinnen als nicht erwünscht gefühlt, in erster Linie deshalb, weil ihre Eltern nie länger als ein bis zwei Jahre in ein und derselben Wohnung gewohnt hatten. Wenn jetzt der Sohn mit Spielkameraden Streit hatte oder nicht zur Kindergesellschaft eingeladen wurde, war sie außerordentlich beunruhigt, ja sie konnte sogar mit ihm schimpfen, daß er nicht freundlicher zu seinen Kameraden und nicht beliebt sei, wodurch er sehr schüchtern wurde und damit noch weniger Gelegenheit fand, sich anderen Jungen anzuschließen.

Wir haben bisher gesehen, wie Persönlichkeitsveränderungen, emotionale Schwierigkeiten und Regressionen eines Ehepartners, die als Reaktion auf irgendeine spezifische Phase der Elternschaft und der mit ihr einhergehenden Probleme eintreten, sich nachteilig auf die Ehe auswirken können. Aber auch die Art und Weise der Beziehung zwischen einem der Eltern und dem Kind kann schwerwiegende Probleme aufwerfen. So schlug bei einer Frau, die bisher mit ihrer Schönheit der Stolz ihres Mannes gewesen war und ihn mit ihrem jugendlichen Reiz gefesselt hatte, die Zuneigung zu ihrem Mann immer dann in Haß und Ablehnung um, wenn dieser sich auf die Seite seines Sohnes stellte und Verständnis für ihn hatte, der für sie nur ein Nichtsnutz war und den sie schlecht behandelte, wenn sie über sein Bedürfnis nach Aufmerksamkeit und Zuwendung in Wut geriet. Auch ethnisch und sozialbedingte Unterschiede in den Rollenerwartungen beider Eltern, die bisher in der ehelichen Beziehung kaum Bedeutung hatten, können im Zusammenhang mit Erziehungsfragen zu schwerwiegenden Problemen und Schwierigkeiten führen. So hatte eine Frau irischer Abstammung die dominierende Rolle ihres polnisch-amerikanischen Ehemannes und seine Art, für beide Entscheidungen zu treffen, nicht nur akzeptiert, sondern sie bewunderte ihn sogar in seiner Stellung innerhalb der gemeinsamen Ehe. Sie konnte aber seine Erwartung, daß ihr dreijähriger Sohn entweder strikt zu gehorchen habe oder Prügel beziehen müsse, nicht tolerieren, und ebensowenig seinen Anspruch, daß sie gehorsam seine Entscheidungen über die Erziehung des Kindes zu akzeptieren habe.

Das zur Rettung der Ehe gezeugte Kind

Die Belastungen und Schwierigkeiten des Elterndaseins können genügen, um die Harmonie auch einer an sich stabilen Ehe zu stören, und dennoch werden viele Kinder gerade deshalb geboren, weil die Eltern versuchen, mit Hilfe eines Kindes ihre Ehe vor dem drohenden Auseinanderbrechen zu bewahren. Jene noch sehr unreife junge Frau, die nach dem Tode ihres ersten Verlobten im Krieg sehr bald einen anderen Mann geheiratet und in ihrer ersten Schwangerschaft noch immer von ihrem gefallenen Verlobten geträumt hatte (s. S. 563), bewahrte sich ihre große Anhänglichkeit an ihre Mutter und verbrachte viele Abende und ein- bis zweimal in der Woche sogar die Nacht bei ihr. Ihrem Mann verübelte sie, daß er sich weigerte, sie wie in der Verlobungszeit mehrmals in der Woche zum Tanzen auszuführen, und als er schließlich drohte, sie zu verlassen, weil er ihr unreifes Wesen und ihre Unstetigkeit nicht ertragen konnte, beschloß sie, ein zweites Kind zu haben, obwohl sie nicht einmal für das erste richtig sorgen konnte, in der Meinung, daß zwei Kinder sie so beschäftigen würden, daß ihr keine Zeit und Energie zum Tanzen bleibe und sie abends nicht mehr von ihrem Mann würde weggehen können. Zwar kann ein Kind einer Ehe, die nicht sonderlich gut geht, neue Impulse geben und sie zum

Besseren wenden, indem beide Partner einen neuen Lebensinhalt finden, aber bei einer wirklich unglücklichen Ehe versagt dieses Heilmittel. Wenn hier in der Absicht, die Ehe zu retten, ein Kind gezeugt wird, wird es lediglich die Partner in einer für beide unerträglich gewordenen Beziehung fesseln, so daß sie es am Ende beide innerlich ablehnen. Andererseits kann ein Kind die häufig nach dem Rausch der ersten Ehezeit eintretende Langeweile und Leere bei der Frau überwinden helfen, deren Erwartungen, daß die Ehe ihr Leben verändern werde, bisher enttäuscht worden sind. Auch der Ehemann gewinnt vielfach durch ein Kind an Selbstvertrauen, das sein Verhalten beeinflußt, ja sogar seine Persönlichkeit verändern kann. So verschwand bei jenem Mann, der erst dann geheiratet hatte, als ihm seine Freundin versicherte, daß sie keine übergroße Potenz von ihm erwarte (s. S. 604), und der seine Frau immer wieder dadurch verärgert hatte, daß er nicht genügend Selbstvertrauen besaß und ihr alle wichtigen Entscheidungen überließ, mit der Geburt seines Sohnes alle seine bisherige Unsicherheit und Unentschlossenheit; er begann, all seinen Ehrgeiz darein zu setzen, seinen Sohn in besseren Verhältnissen aufwachsen zu lassen, als er sie in seiner eigenen Kindheit gehabt hatte, und lernte, sich allmählich – sehr zur Freude seiner Frau – bei seiner Arbeit und zu Hause durchzusetzen.

Identifikationen der Eltern mit ihrem Kind

Nicht nur Kinder identifizieren sich mit ihren Eltern, sondern auch Eltern identifizieren sich mit ihren Kindern. Das Kind ist unmittelbar Teil des Lebens seiner Mutter, denn es ist in ihr entstanden und wird sich nur allmählich von ihr lösen. Viele Väter können sich nicht sofort spontan über ihr Kind freuen, bisweilen nicht eher, als bis das Kind alt genug geworden ist, um als so etwas wie ein Mensch angesehen zu werden. Die Elternschaft erlaubt es, das Leben eines anderen zu teilen, so wie jeder der Eltern selbst als Kind seine Gefühle um Empfindungen mit seiner Mutter geteilt hatte. Wie in der Säuglingszeit und in der glücklichen Ehe kommt es auch jetzt wieder zu einer einzigartigen, erfüllten Nähe, die aus der engen inneren Verbundenheit erwächst und die Grenzen zwischen dem Selbst und dem anderen nicht etwa im pathologischen, sondern im positiven Sinne schwinden läßt. Die Eltern freuen sich an der Freude und dem Vergnügen ihres Kindes und leiden, wenn es leidet, mehr als in jeder anderen interpersonellen Beziehung. Die Entwicklung des Kindes und seine Fortschritte erfüllen beide Eltern mit Stolz und stärken ihr Selbstwertgefühl. In gewisser Weise leben sie von neuem in ihrem Kinde, erleben, indem sie es beobachten, viele Erlebnisse ihrer eigenen Kindheit wieder, und fühlen sich, wenn sie mit ihm spielen, selbst wieder als Kind. Das Kind soll es in seinem Leben einmal besser haben, und derartige Gefühle lassen die Eltern ihm alles das geben, was sie in ihrer eigenen Kindheit hatten entbehren müssen. Dies entspricht oftmals mehr den Bedürfnissen der Eltern als denen des Kindes. Der Sohn muß z. B. unbedingt jenen Handwerkskasten haben, den der Vater sich früher so sehnlichst gewünscht hatte, und in seiner Ungeduld gibt er ihn seinem Sohn mitunter sehr viel früher, als dieser in der Lage ist, damit entsprechend umzugehen, was ihm erlaubt, als Vater selbst damit zu spielen, was wiederum den Sohn das Interesse daran verlieren läßt, bevor er sich noch richtig damit beschäftigt hat. Wenn derartige Dinge übertrieben werden, können solche Eltern-Bedürfnisse die Entwicklung des Kindes nachhaltig stören, vor allem wenn das Kind in dem Gefühl leben muß, daß es nicht es selbst sein darf, sondern in erster Linie lebt, um das Leben seiner Eltern zu erfüllen. Dies gilt auch in umgekehrtem Sinne, z. B. bei jenen Eltern, die als Kinder stark verwöhnt wurden und die in dem Gefühl, nicht genügend Führung und Anleitung bekommen zu haben, dem Kind Beschränkungen auferlegen, die sie für angemessen und richtig halten.

Die Identifikation mit dem Kind ermöglicht es aber auch dem einen oder anderen Ehepartner, die Entwicklung eines Menschen des anderen Geschlechts fast so, als ob es die eigene wäre, innerlich nachzuerleben. Dies führt, selbst wenn es nicht zur Erfüllung residualer Kindheitswünsche dient, zu einer Erweiterung des eigenen Erfahrungsbereichs und gilt wohl ganz besonders für die Mutter und ihren Sohn, vor allem wenn dieser der Säuglingszeit entwachsen ist. Wenn der Sohn von seiner Mutter und gelegentlich auch die Tochter von ihrem Vater dazu benutzt werden, um ein Leben zu leben, das die Mutter oder der Vater selbst als Angehörige des anderen Geschlechts hätten leben wollen, dann kann dies, wie von verschiedener Seite beobachtet wurde, zu schwerwiegenden Problemen und Schwierigkeiten sowohl für das Kind als auch für die Eltern selbst führen. Man kann diese Probleme jedoch nicht einfach nur danach beurteilen, ob sie schädlich oder von Vorteil sind; es handelt sich dabei mehr um eine Frage des Gleichgewichts, denn auch die Unfähigkeit der Mutter, sich in ihren Sohn einzufühlen und sich an dessen Erleben als Junge mit zu freuen, kann die Entwicklung der erforderlichen wechselseitigen Identifikationen zwischen beiden beeinträchtigen. Elternschaft heißt auch, geliebt, verehrt und gebraucht zu werden, allein schon deshalb, weil man für das Kind Vater oder Mutter und darum ein zentrales und notwendiges Objekt in seinem Leben ist. So können die vielen Möglichkeiten der emotionalen Befriedigung die mit der Elternschaft verbundenen Sorgen, Nöte und Opfer mehr als aufwiegen.

Die Veränderung der Stellung des Ehepaares in der Gesellschaft

Das Kind verändert und beeinflußt die Eltern und ihre Ehe nicht nur auf direktem, sondern auch auf indirektem Wege, und zwar dadurch, daß es ihre Stellung in der Gesellschaft verändert. Neue Kontakte zu anderen Eltern mit Kindern gleichen Alters werden geknüpft, die Mutter tauscht Erfahrungen mit anderen Müttern aus und läßt ihr Kind von ihnen bewundern, später bringen mehrere Mütter ihre Kinder zusammen unter gemeinsame Aufsicht, um etwas mehr Freizeit haben zu können, dann tauchen gemeinsam interessierende Fragen um Kindergarten, Vorschule, Lehrer, Elternversammlungen, Pfadfinderei, Freizeitorganisation oder Sportklubs und Ferienplanung auf, die vielfach gemeinsam mit anderen Eltern entschieden werden. So verändert sich das ganze bisherige Leben der Eltern, ja sie wechseln mitunter sogar den Wohnort, um ihren Kindern adäquate physische und soziale Bedingungen und Möglichkeiten zu verschaffen, und häufig beginnen die Eltern sich sehr viel stärker um ihren beruflichen und sozialen Aufstieg zu bemühen als bisher. Überhaupt wird die Stellung der Familie in der Gesellschaft durch Kinder gefestigt, und in vieler Hinsicht steht dabei die Frage der adäquaten Lebensführung und Lebensweise in Hinblick auf eine angemessene Erziehung des Kindes im Mittelpunkt. Oft werden jetzt auch die Beziehungen zwischen den jungen Eltern und deren eigenen Eltern von neuem geknüpft, gestärkt und gefestigt. In deren Augen haben die jungen Eltern einen neuen Status gefunden, und mit dem Kind im Mittelpunkt ihres gemeinsamen

Lebens verlieren die alten Gegensätze zwischen den beiden Generationen ihre Bedeutung.

Freuden und Nöte des Elterndaseins

Das Elterndasein und die damit verbundenen Freuden und Nöte sind im Laufe des Lebens vielfältigen Wandlungen unterworfen, die mit den Wandlungen der Interessen und Bedürfnisse, aber auch mit dem zunehmenden Alter der Eltern und mit der weiteren Entwicklung und Reifung des Kindes einhergehen. Es gibt Phasen im Leben des Kindes, die die Eltern nur ungern vorbeiziehen sehen, während sie andere nur mehr erdulden, in der Gewißheit, daß sie nicht von Dauer sein werden. So ergeben sich aus den Wandlungen im Leben der Kinder vielfältige Freuden und Befriedigungen, die die Sorgen und Nöte anderer Zeiten aufwiegen. Das kleine Mädchen, das noch vor kurzer Zeit an der Mutter Brust säugte, wird bald dem Vorbild seiner Mutter folgend zum Helfer im Haus, in seiner Adoleszenz zum Kameraden, der Verständnis hat und Verständnis braucht, wird schließlich selbst Ehefrau und Mutter und lernt damit, das Leben seiner eigenen Mutter neu einzuschätzen und zu würdigen. Der Vater sieht, wie sein Sohn viele Dinge erlebt, die schon ihn früher beschäftigt hatten, und vielleicht ist er erstaunt zu sehen, wie wenig sich die Jungen und ihre Spiele von einer Generation zur nächsten verändern. Sohn und Vater haben gemeinsame Interessen an Sport und Sportmannschaften, allmählich beginnt der Sohn sich auch für andere Dinge zu interessieren, die dem Vater mehr bedeuten, wie Hobbies, Musik, Literatur und schließlich der Beruf. Zwar können in der Vater-Sohn- und in der Mutter-Tochter-Beziehung Rivalitäten auftauchen, aber in der Regel nehmen die Eltern frei von Rivalität am Leben ihres Kindes teil, denn für sie sind Erfolge und Leistungen ihres Kindes in gewisser Weise die Erfolge und Leistungen ihrer selbst.

Die Eltern verändern sich. Der junge Vater, der gerade in seinem Beruf Tritt gefaßt hatte, als das erste Kind geboren wurde, findet seine endgültige Stellung im Leben, wird mit wachsendem Erfolg sicherer und steht seinem jüngsten Kind ganz anders gegenüber, ist ihm ein ganz anderes Vorbild, als er es den ältesten war und ist. Oder aber er resigniert, weil er die selbstgesteckten Ziele im Leben nicht erreichen kann, verfolgt sie nicht mehr so intensiv wie bisher und konzentriert sich weniger auf seine eigene Zukunft als auf die Zukunft seiner Kinder. Die Mutter hat vielleicht für das dritte und vierte Kind weniger Zeit als für das erste, aber sie wird mit ihm auch sicherer umgehen können. Wenn Eltern gegen Ende ihres dritten Lebensjahrzehnts ein Kind haben, werden sie weniger körperlich mit ihm toben und wohl auch weniger tolerant sein, wenn es sie aufregt, andererseits sich auch weniger leicht aufregen lassen. Die Eltern gewöhnen sich an die wachsende Unabhängigkeit des Kindes und werden, obwohl sie sich vielfach Sorgen machen, daß es ihm an Führung fehlen könne, doch auch erleichtert sein, allmählich weniger Verantwortung und Pflichten tragen zu müssen. Einem alten Sprichwort zufolge, das allerdings eine Plattitüde ist, hören die Sorgen der Eltern nie auf, sie ändern sich nur. Schließlich werden die Kinder heiraten und das Zuhause verlassen. Die Ehepartner hören damit zwar nicht auf, Eltern zu sein, aber ein Lebensabschnitt mit spezifischen Aufgaben, Pflichten und Verantwortungsbereichen, eine ganze Art zu leben, an die beide sich gewöhnt hatten und die ihnen Lebensinhalt geworden war, geht nun zu Ende. Sie überschreiten damit eine weitere entscheidende Grenzlinie zu einem neuen Lebensabschnitt, über den wir im folgenden Kapitel sprechen werden.

Das auf Kinder ausgerichtete Zuhause (child-centered home)

Elternschaft ist nicht allein eine Lebensphase, sondern auch so etwas wie ein Beruf. Mit der Erkenntnis, daß die Persönlichkeit, Stabilität und Zufriedenheit eines Kindes nachhaltig davon bestimmt werden, wie es umsorgt und erzogen wird, haben sich auch die mit der Elternschaft verbundenen Aufgaben grundlegend gewandelt. Eltern verlassen sich heute nicht mehr so sehr auf sogenannte zeitgemäße Erziehungsmethoden oder auf die Erziehungsmethoden, nach denen sie selbst erzogen wurden, oder, wie früher häufig, auf biblische Erziehungsgebote. Bei amerikanischen Eltern herrscht vielmehr vor allem der Wunsch vor, den Kindern Möglichkeiten und Voraussetzungen zu schaffen, die sie als Eltern in ihrer eigenen Kindheit hatten entbehren müssen, so daß ihre Kinder eine größere Bedeutung und Prestige in der Gesellschaft erringen und gebildeter, glücklicher und reicher werden können, als sie es waren und sind. Derartige Hoffnungen und Wünsche in Verbindung mit der Überzeugung, den Menschen durch bessere Erziehungsmethoden besser formen zu können, haben bis heute das Elterndasein zu einer Aufgabe werden lassen, der sich die Eltern intensiv widmen. Vor allem das besondere Interesse, dem Kind für sein zukünftiges Leben bessere Startchancen zu geben, hat zur Entstehung jenes ganz auf die Interessen und Bedürfnisse des Kindes ausgerichteten Zuhause geführt, das als »child-centered home« für die amerikanische Gesellschaft als typisch gilt. In einem solchen Zuhause hat, recht verstanden, das Wohlergehen der Kinder Vorrang vor dem der Eltern, die ihre eigene Bequemlichkeit den Bedürfnissen ihrer Kinder unterordnen. Es wird jedoch zur Travestie, wenn die Wünsche und Launen der Kinder völlig die Oberhand gewinnen und wenn die Eltern sich davor hüten, überhaupt ihre Elternfunktionen auszuüben, und darauf verzichten, ihre Kinder anzuleiten und ihnen Grenzen zu setzen. Vor allem falsch verstandene Vorstellungen und Theorien von den Gefahren, die aus einer angeblichen Frustrierung des Kindes in der Äußerung seiner selbst oder seiner »instinktiven Triebe« erwachsen könnten, lassen manche Eltern auf die Ausübung ihrer Elternfunktion gänzlich verzichten. Die dadurch bei den Eltern entstehende Unsicherheit kann am Ende alle nach derartigen Vorstellungen und Theorien gegebenen Vorteile, Eltern zu sein, die sich den Bedürfnissen des Kindes gemäß verhalten, zunichte machen. Kaum etwas ist für ein Kind so wichtig wie die Sicherheit der Eltern in ihren Funktionen. Dies bedeutet jedoch nicht Sturheit oder Dogmatismus. Wahrscheinlich können nur Eltern, die sich ihrer Rolle als Eltern sicher sind, die Ansichten ihres Kindes in Erfahrung bringen und es in der Äußerung seiner selbst unterstützen, bevor sie Entscheidungen treffen, die nicht am Kind und seinen eigentlichen Bedürfnissen vorbeigehen. Wenn aber die Eltern wegen der »Vorrechte« der Kinder keine Ruhe haben oder die Mutter sich ständig verpflichtet fühlt, entgegen ihrem eigenen Willen und ihren eigenen Bedürfnissen sich in allem nach den Kindern zu richten, dann kann dieses Zuhause für die Kinder von Nachteil sein, da es die Eltern in ihrem Los als Eltern unglücklich und unzufrieden sein läßt. Die Eltern müssen, wenn sie in der Lage sein sollen, dem Kind zu geben, selbst Befriedigung dabei haben. Ihr Glück und ihre Zufriedenheit als Individuen sowie als Ehepartner ist ebenso wichtig wie alles, was sie sonst für ihr Kind tun und ihm geben können.

Von den Ehepartnern und in ihrer Ehe müssen viele Voraussetzungen erfüllt sein, damit sie zu wirklichen Eltern werden und ein angemessenes Familienleben möglich wird. Über einige der entscheidenden Voraussetzungen haben wir bereits im Kapitel über die Familie gesprochen, wo wir vor allem die erforderlichen Bedingungen des Milieus, in dem das Kind aufwächst, dargestellt haben. Wenn man sich alle diese notwendigen und erwünschten Voraussetzungen noch einmal vor Augen führt, dann wird ein zentrales Thema deutlich. Die Eltern müssen Menschen in ihren eigenen Rechten sein, ihr eigenes Leben und ihren eigenen Bereich haben, in dem sie Befriedigung finden, müssen in ihrer Ehe zu einer fest gefügten Partnerschaft gefunden haben und in ihr in der Gemeinsamkeit Befriedigung finden, ihre Individualität bis zu einem gewissen Grade aufgeben und ihre Ehe nicht von ihrem Elterndasein aufsaugen lassen. Nur allzuoft werden Probleme der Kindererziehung allein unter dem Gesichtspunkt der Erziehungsmethoden diskutiert – was Eltern für ein Kind tun und wie sie es tun sollten – oder allein unter dem Aspekt der mütterlichen Fähigkeiten und der emotionalen Stabilität der Mutter gesehen. Aber auch die Persönlichkeit der Eltern und die Art ihrer Beziehung zueinander sowie die Familienumwelt, die sie schaffen, haben nachhaltig Einfluß auf die kindliche Entwicklung. Die Eltern als Vorbilder der Identifikation, ihre Beziehung zueinander als Vorbild wirklicher Wechselseitigkeit, die Bedeutung der Familienstruktur für den Integrationsprozeß der kindlichen Persönlichkeit, all dies sind Probleme, die eine sorgfältige Prüfung und Untersuchung erforderlich machen, wenn wir erkennen und formulieren wollen, was zur Entstehung stabiler und instabiler Kinder führt oder beiträgt. Vielleicht müssen Eltern erst erkennen, daß ihr Verhalten als Individuen sowie als Ehepartner von primärer Bedeutung für die Persönlichkeitsentwicklung ihrer Kinder ist, um auf dieser Erkenntnis aufbauend in der Lage sein zu können, glückliche, zufriedene und emotional stabile Kinder zu erziehen.

Der Psychiater denkt in erster Linie an seine Patienten, an Unzufriedenheit in der Ehe und an die Schwierigkeiten, die für die Kinder und durch die Kinder für die Eltern entstehen. Die Erfüllung und die Freuden der Elternschaft sind im ganzen gesehen groß. Vor allem der in der letzten Zeit zu beobachtende Trend zur größeren Familie trotz des Vorhandenseins ausgezeichneter Kontrazeptionsmethoden kann als Hinweis auf die wieder wachsende Bedeutung, die Kinder für die Eheleute haben, gewertet werden. In einer Zeit, die man auch schon als »Zeitalter der Angst« bezeichnet hat, wo allgemeine Unsicherheit vor der Zukunft herrscht, die der Einzelne durch seine Anstrengungen nicht zu überwinden vermag, wenden sich die Menschen wieder der Familie zu, um in der engen zwischenmenschlichen Beziehung Erfüllung zu finden. So sind die Ehepaare vielfach bereit, ihre eigene Freiheit dadurch einzuengen, daß sie Kinder haben. Kinder sind Objekte, bei denen die Eltern sich frei fühlen können, Liebe und Zuneigung zu schenken, und die ihnen die Befriedigung geben, gebraucht zu werden. Die Japaner verwenden, wenn sie über die interpersonellen Beziehungen sprechen, den Begriff *amaeru*, der sowohl das Bedürfnis eines Menschen nach einem anderen und nach dessen Abhängigkeit von ihm, die Befriedigung des Bedürfnisses des anderen, gebraucht zu werden, als auch den Wunsch nach einer solchen Abhängigkeit vom anderen bezeichnet (2). Dies ist die Grundlage der Elternschaft, vielleicht jeglicher Zufriedenheit im Leben, auch wenn damit Schmerzen verbunden sind und Opfer gefordert werden.

Kapitel 16

Das mittlere Lebensalter

Wenn wir das Leben als Schauspiel betrachten, dann entspricht das mittlere Lebensalter jenem Abschnitt der Handlung, der hin zum Höhepunkt des Stückes und wieder von ihm wegführt. Alle beteiligten Personen sind aufgetreten, Thema und Gegenthema eingeführt, und mit dem Ende des III. Aktes kommt mit dem Höhepunkt der Handlung auch deren Lösung, so daß dem nachfolgenden IV. Akt nur noch der Abschluß und das unausweichliche Ende bleibt. Die entscheidende Periode des Übergangs ist unter Umständen im Augenblick noch nicht unmittelbar erkennbar, Alternativen – manche erhofft, andere befürchtet – scheinen noch möglich, und restituive Maßnahmen werden ins Werk gesetzt. In diesen Jahren wird der Mensch erkennen, wie sein Leben ausgehen, wie und was es bedeutet haben wird. Werden die selbstgesteckten Ziele erreicht, die Hoffnungen erfüllt und die ersehnte Befriedigung und Zufriedenheit gefunden werden können? Werden die gegründeten Beziehungen tragfähig sein und Erfüllung bringen? Oder muß der Mensch sich jetzt mit dem Erreichten abfinden oder gar Enttäuschung und Desillusionierung hinnehmen? Am Anfang des mittleren Lebensalters ist oft noch Zeit für einen Neubeginn, besteht noch immer die Möglichkeit, die verbleibenden Jahre zu retten – und viele werden dies versuchen.

Der Übergang vom jungen Erwachsenenalter zum mittleren Lebensalter ist nicht so sehr wie der Beginn von Adoleszenz und Erwachsenenalter eine Frage physischer Veränderungen, vielmehr der inneren Einstellung. Zwar schließt dieser Lebensabschnitt die Zeit der Menopause, die »Wechseljahre« des Lebens, mit ein, aber dann ist der Höhepunkt des mittleren Lebensalters seit langem erreicht. Das mittlere Lebensalter nimmt seinen Anfang mit dem Aufkommen des Bewußtseins, daß der Höhepunkt des Lebens da ist und vorübergeht. Der Mensch wird sich bewußt, daß er nicht mehr am Anfang seines Lebensweges steht, daß er auf eine bestimmte Richtung festgelegt ist und daß alles, was er jetzt tut, darüber entscheiden wird, wie weit er noch in dieser Richtung kommen wird. Man kann den Beginn des mittleren Lebensalters auch dort sehen, wo die Kinder aufhören, bei den Eltern im Mittelpunkt der Verantwortung zu stehen. Sie haben jetzt meist selbst geheiratet, sind auf dem College oder zumindest in der späten Adoleszenz und deshalb überwiegend selbst für sich verantwortlich. Der Mann war bisher in erster Linie damit beschäftigt, auf seinem beruflichen Weg voranzukommen und für Frau und Kinder zu sorgen, während die Frau mit der Versorgung ihrer Kinder und dem Zuhause, das sie ihnen gab, beschäftigt war. Jetzt kommt die Zeit, wo beide Ehepartner sehen müssen, wohin ihr Leben sie geführt hat, wohin es sie noch führen wird, und dabei müssen sie neue Lebensformen für sich finden. Die eigenen Eltern sind vielleicht gestorben, oder sie haben sich aus dem Berufsleben zurückgezogen, und die nachrückenden Menschen müssen erkennen, daß sie jetzt zur älteren, zur verantwortlichen Generation gehören. Sie stehen jetzt im Mittelpunkt des Geschehens.[1] Das Bewußtsein des Übergangs kommt zudem mit der Gewißheit, daß der Körper und die körperlichen Kräfte nachlassen und weiter nachlassen werden. Der Körper ist nicht länger jene gut geölte Maschine, die allen an sie gestellten Anforderungen gerecht wird – sie beginnt schon bald ein wenig zu knarren und zu ächzen. Die Frau sieht vor allem die Menopause auf sich zukommen, mit der ihre Fortpflanzungsfähigkeit zu Ende geht. Was ist bisher erreicht? Was haben die kommenden Jahre noch zu bringen?[2]

1 Ich erinnere mich, wie mehrere Professoren der Medical School im Alter von Mitte Vierzig die Nachricht vom Tode eines der Department-Vorsitzenden erhielten. Es war der dritte Tod eines der Fakultätssenioren innerhalb eines Jahres gewesen. Die Professoren saßen still und ein wenig betroffen, und dann schaute einer auf die anderen und sagte: »Jetzt sind wir dran.«

2 Während ich dieses Kapitel schrieb, kam mir der folgende Abschnitt einer von James Baldwin verfaßten Buchbesprechung in die Hände, der genau das zum Ausdruck bringt, was ich zu formulieren versuchte:

»Auch wenn wir gerne ohne Trauer leben möchten und manchmal sogar stolz darauf bestehen, daß wir frei von ihr seien, ist dies im Grunde doch nicht möglich, sei es auch nur, weil wir sterblich sind. Wenn mehr vom Leben hinter als vor einem liegt, beginnt man doch, wie widerwillig und unvollkommen auch immer, Bilanz zu ziehen. Zwischen dem, was man zu werden sich vorgenommen hatte, und dem, was man *tatsächlich* geworden ist, besteht eine ungeheure Kluft, die nun nie mehr zu schließen sein wird. Und diese Kluft bestimmt den letzten Spielraum, den man hat, die letzte Möglichkeit zu schöpferischem Tun. Zwischen dem Selbst, so wie es ist, und dem Selbst, so wie man es sieht, klafft gleichfalls eine Lücke, die noch schwerer abzuschätzen ist. So mancher glaubt irgendwann um die Mitte seines Lebens, diese verwirrende Geographie studieren zu müssen,

Es ist die Zeit der Erfüllung, wo die langen Jahre der Anstrengung endlich zum Erfolg führen, es ist der Herbst, wenn die Früchte des bisherigen Lebens geerntet werden, wenn alle Farben klar und kräftig sind, aber alles von einem abgeklärten Schimmer umgeben ist. Nicht alle bringen die Ernte ein, bei manchem tauchen Kummer und Enttäuschung auf, weil das Leben zwischen den Fingern zerronnen ist. Aber auch für diejenigen, die nun Erfolg haben, wird das Lebensgleichgewicht durch das Bewußtsein von der vergehenden Zeit und der Begrenztheit des eigenen Lebens gestört. Es kommt zum Wiederaufleben einer Existenzangst, zum Bewußtwerden der Bedeutungslosigkeit des eigenen Lebens in der Unendlichkeit von Zeit und Raum. Jetzt, in der Mitte des Lebens, muß Bilanz gezogen und das eigene Leben neu bewertet werden. Zwei der großen Dichtungen der Weltliteratur beginnen mit diesem Thema. Dantes *Göttliche Komödie* beginnt mit dem Vers: »Als unseres Lebens Mitte ich erklommen / befand ich mich in einem dunklen Wald / da ich vom rechten Wege abgekommen.« Und Goethes Faust sieht sich nach seinem Studium der Philosophie, Juristerei und Medizin »so klug als wie zuvor«, glaubt, daß sein Leben trotz seiner Leistungen und Erkenntnisse vergeudet sei, und schließt, um es für sich zu retten, den Pakt mit Mephistopheles.[3] Das Leben der gewöhnlichen Sterblichen ist allerdings prosaischer. Aber auch im persönlichen Erleben führt der Weg vielfach durch Höllen und Pakte mit dem Teufel, bis eine Lösung gefunden werden kann. Für manche bringt das mittlere Lebensalter weder Erfüllung noch Enttäuschungen, sondern eher Bestürzung und Verblüffung, wenn sie erkennen müssen, daß durch ihre Vernachlässigung der menschlichen Bezie-

weniger in der Hoffnung, die Kluften zu überwinden, als in der Absicht, sie nicht noch größer werden zu lassen.«
(Aus einer Besprechung von *The Arrangement* von Elia Kazan in der *New York Review of Books,* Band 8, Nr. 5, März 1967, S. 17)

3 Habe nun, ach! Philosophie,
Juristerei und Medizin,
Und leider auch Theologie!
Durchaus studiert, mit heißem Bemühn . . .
Da steh ich nun, ich armer Tor!
Und bin so klug als wie zuvor.
(Faust, Teil I, 1. Szene)

hungen in ihrem frenetischen Streben nach Erfolg ihr Leben ihnen jetzt erscheint wie ein »Märchen, erzählt von einem Blöden, voller Klang und Wut, das nichts bedeutet«.[4]

Obschon der weitere Lebensweg gewöhnlich ausgetretenen Pfaden folgt, mit vielfältigen Möglichkeiten der Befriedigung und Erfüllung, mit Hoffnungen und Ehrgeiz, geläutert durch Erfahrung, mit Zweifeln und Sorgen, denen oft mit Religion und Philosophie begegnet wird, ist das Bilanzziehen und Neudurchdenken des Lebens charakteristisch für das mittlere Lebensalter, auch wenn dies nicht immer auffällige Veränderungen nach sich ziehen muß.

Die physischen Veränderungen

Das mittlere Lebensalter hat sowohl für die Allgemeinmedizin als auch für die Psychiatrie eine große Bedeutung. Ob ein Mensch es sich selbst eingesteht oder nicht, er hat, wenn er in seinen »besten Jahren« steht, den Höhepunkt seiner körperlichen Leistungsfähigkeit bereits überschritten. Das Haar ergraut und lichtet sich, im Gesicht entstehen Falten, und der Bauch beginnt sich beim Bücken deutlich bemerkbar zu machen. Die Zeitung muß mit vorgehaltenen Armen gelesen werden, und bald wird auch die erste Brille fällig. Alle Anstrengungen und Belastungen summieren sich und werden jetzt spürbar. Das in der Jugendzeit verletzte Knie macht plötzlich Schwierigkeiten und schmerzt bei schlechtem Wetter. Eine Rückenverletzung behindert dann und wann, und der Drink, den man am Abend vor dem Essen nimmt, dient nicht mehr nur zur Belebung der eigenen Kräfte, sondern auch zur Überwindung der tiefen Müdigkeit nach der getanen Arbeit des Tages. Die langsame, doch stetige Gewichtszunahme macht schließlich eine nur widerstrebend akzeptierte Zügelung der Eßgewohnheiten erforderlich, denn gerade in diesem Alter wird man sich bewußt, daß Übergewicht für die Gesundheit gefährlich sein kann.

In verschiedenen Organsystemen treten Veränderungen auf, vor allem degenerativer Art, da die Prozesse der Wiederherstellung und Erneuerung verlangsamt sind, so daß die allgemeine Neigung zu Krankheit und Dysfunktionen wächst. Der Mensch hat zwischen 40 und 50 den drohenden Tod durch Herzinfarkt vor Augen. In

4 *Macbeth*, V. Akt, 5. Szene

höherem Alter führt er weniger häufig zum Tod, da dann durch die allmähliche Verengung der Koronararterien im Herzen sich Anastomosen entwickeln, über die der Herzmuskel auch noch versorgt werden kann, wenn die größeren Gefäße bereits erheblich eingeengt sind. Auch bösartige Geschwülste fordern ihren Tribut, und Frauen sind geraten, ihre Brüste wegen möglicher Knoten regelmäßig untersuchen zu lassen und sich in jährliche gynäkologische Kontrollen zu begeben. Auch wenn ein Mensch in diesem Alter nicht erkrankt, wird er mit dem Krankenhaus vertraut wenn er z. B. dort Freunde besucht, und er wird schließlich feststellen, daß er nicht länger die Todesanzeigen in der Zeitung überschlagen darf, wenn er die Schicksale seiner Bekannten im Auge behalten will. Vielleicht empfindet er auch insgeheim eine gewisse Befriedigung zu sehen, daß er seine Widersacher überlebt, oder sogar Freunde, und daß er und seine Leistungen und Erfolge die der anderen überdauern. Der Mensch im mittleren Lebensalter wird sich allmählich bewußt, daß Krankheit und sogar der Tod hinter ihm lauern und jederzeit zupacken können. Dies hat bewußt und unbewußt Einfluß auf sein gesamtes weiteres Leben. Der eine verlangsamt sein Arbeitstempo, um mit dem Körper und seinen Schwächen Schritt zu halten, während andere sich zu neuen Höhen aufschwingen, um noch mehr zu gewinnen, bevor alles zu spät ist. Psychisch desorganisierende Erkrankungen sind in diesem Alter weniger häufig, denn die Persönlichkeit ist gefestigt und eine stabile Ich-Identität vorhanden. Aber depressive Reaktionen treten jetzt häufiger auf, vor allem im Zusammenhang mit Trauer und Schmerz über die Art und Weise, in der das Leben zerronnen ist, aber auch in Verbindung mit Abneigung und Verstimmung gegenüber jenen, die für Frustrationen verantwortlich sind, und mit Zorn gegen das Selbst, das den gesetzten Erwartungen nicht entsprochen hat.[5]

5 Gedanken über die Sinnlosigkeit des Lebens und speziell des eigenen Lebensablaufes sind nicht den Intellektuellen vorbehalten. So äußerte ein Bergarbeiter, der wegen einer zunehmend stärker behindernden Arthritis ins Krankenhaus eingeliefert worden war, mehrfach suizidale Gedanken. Er empfand tiefe Enttäuschung, weil er sich bewußt wurde, daß sein Leben praktisch unbedeutend bleiben und all sein bisheriges Streben vergeblich sein würde. Als Kind von Einwanderereltern in Armut aufgewachsen, war er mit 12 Jahren ins Bergwerk gekommen. Er selbst hatte sich zwar schließlich damit abgefunden, sein Leben im Bergwerk verbringen zu müssen, aber seine Kinder, so hatte er sich geschworen, sollten einmal eine Schulbildung und ein besseres Leben haben. Sowohl seine

Wenn das bisherige Leben in Zufriedenheit verlaufen ist, wenn Ehrgeiz und Erwartungen nicht das Mögliche überstiegen und wenn die Ziele nach oben oder nach unten der Realität angepaßt worden sind, dann können die Jahre des mittleren Lebensalters vielfache Möglichkeiten der Befriedigung bringen. Der Adoleszent, aber auch der junge Erwachsene ist gewöhnlich der Meinung, daß das Leben seiner Eltern vorüber sei, daß sie ihre Zeit in der fernen Vergangenheit gehabt hätten, daß jetzt in ihren vierziger und fünfziger Jahren »der Sturm des Blutes zahm«[6] und daß ihr Leben ohne Leidenschaft und Zukunft sei. Viele Menschen im mittleren Lebensalter haben das gleiche Gefühl, wenn sie über sich nachdenken. Jede Lebensphase unterscheidet sich aber von den anderen, bringt neue Möglichkeiten und Erlebensweisen wie auch Aufgaben, die es zu bewältigen gilt. Der reifere Mensch vermag die Vorteile und Freuden des mittleren Lebensalters im Angesicht der Begrenzungen, die es auferlegt, dennoch zu akzeptieren und zu genießen. Wenn jemand in diesem Alter versucht, sich so zu geben, als ob er wesentlich jünger sei, setzt er sich leicht der Lächerlichkeit aus. Manche fürchten aber, von der nächsten Generation verdrängt zu werden, manche beginnen jetzt in ihren Kindern zu leben, während andere noch immer mit ihrem Beruf und ihrem eigenen Leben beschäftigt sind und sich darüber freuen, daß sie jetzt, wo sie keine Verantwortung mehr für Kinder tragen, neuen Raum in ihrem Leben für eigene Interessen haben.

Der Mann hat jetzt einen festen Platz in seinem Beruf gefunden. Für manche, vor allem in leitenden Berufen, bringen die Jahre zwischen 40 und 50 oder auch 55 intensive Arbeit und Anstrengung um die Erringung der Spitzenpositionen, um den beruflichen Aufstieg

Frau als auch er hatten sich abgemüht und, wann immer dies möglich war, auch nebenberuflich gearbeitet. Jetzt mit 45 Jahren war er ein alter und körperlich behinderter Mann, der nicht genügend gespart hatte, um seine zwei Söhne aufs College zu schicken. Keiner der beiden hatte Verständnis für des Vaters Ehrgeiz, – daß der eine Ingenieur und der andere Arzt werden solle. Es war zwar offensichtlich, daß keiner der beiden für eine höhere Schulbildung geeignet war, aber die Hoffnungen, der Lebensinhalt dieses Bergarbeiters, waren enttäuscht worden. Er war auf seine Söhne böse, aber er beschuldigte auch sich selbst, als Vater versagt zu haben.

6 *Hamlet,* III. Akt, 4. Szene

mit einem greifbar gewordenen Maximum an Prestige und Wohlstand zu krönen. Die Entfaltung der eigenen Fähigkeiten führt zu einer Zunahme der Anforderungen, Erwartungen und Pflichten, aber auch zu neuen Möglichkeiten. Mancher beginnt sich im politischen Leben zu engagieren, um Stellung und Einfluß zu erringen, wobei es manchen Konkurrenten aus dem Feld zu schlagen gilt, was mitunter erheblich an den eigenen Kräften zehrt. Für die große Allgemeinheit gilt, daß, wer jetzt noch nicht auf dem Gipfel seiner Leistungskraft und seines Erfolges steht, alles unternehmen muß, um für sich noch das Bestmögliche zu erringen und einen weiteren beruflichen Aufstieg zu sichern. In der Fabrik ist der Arbeiter jetzt vielleicht Vorarbeiter geworden, zumindest aber eine alte, erfahrene Kraft mit speziellen Fähigkeiten und Vorrechten. In seinem Beruf ist er von den jüngeren Kollegen geachtet. Er steht nicht mehr in direkter Konkurrenz mit ihnen und nimmt so etwas wie eine väterliche Rolle ein, indem er die nachrückende Generation in die berufliche Arbeit einführt. Er braucht sich nicht von Tag zu Tag immer wieder von neuem zu beweisen, denn er genießt Vertrauen und Ansehen aufgrund bisher erbrachter Leistungen. Diejenigen, die er führt und anleitet, achten ihn und versuchen zu seiner Zufriedenheit zu arbeiten. Er sieht die Realisierung seiner Bemühungen und kann es sich erlauben, gelegentlich einmal etwas weniger angespannt und konzentriert zu arbeiten und sich auf seine Erfahrung zu verlassen.

Die entscheidenden Probleme

Für den Mann ist das entscheidende Problem dieser Jahre, sich in seiner beruflichen Stellung und mit seiner beruflichen Leistung zurechtzufinden, aber auch die Verantwortung und Pflichten zu tragen, die mit den beruflichen Erfolgen verbunden sind. Sehr bald nach einer lang ersehnten Beförderung oder einer spezifischen Anerkennung seiner Fähigkeiten wird er in gewisser Weise depressiv, – die »Beförderungsdepression«, die alle überraschend überfällt. Er unterliegt im typischen Fall einer Reaktion, deren Wurzeln weit in der Kindheit liegen; dem Gefühl, verletzbar zu sein, weil er den Vater übertroffen hat. Es handelt sich dabei um eine Abwandlung jener Kindheitsphantasie, in der der Junge den Vater verdrängt, um selbst an seine Stelle bei der Mutter zu treten; dabei tauchen alte

Ängste auf, daß der Vater dies nicht ungestraft wird zulassen können, und so bestraft man sich selbst wegen seiner Hybris gegenüber dem Vater. In der Regel sind es aber vor allem die neuen Pflichten und die Verantwortung, die den Mann verstimmt und besorgt sein lassen. Er hat sich so lange bemüht, das Ziel zu erreichen, und dann entpuppt es sich als Illusion. Es ist kein sicherer Hafen, sondern erfordert noch mehr Arbeit, mehr Entscheidungen, mehr Verantwortung. Er kann sich davon nicht befreien, ohne einen Verlust seines Selbstwertgefühls hinnehmen zu müssen, und so bedauert er fast, daß man von ihm so viel erwartet, und ärgert sich über die Ansprüche seines Chefs oder der Organisation, für die er arbeitet, oder auch über den Ehrgeiz seiner Frau, die ihn seine eigenen Grenzen haben übersteigen lassen.

Bei der Frau sind die Veränderungen in ihrem Leben deutlicher sichtbar als beim Mann, und im allgemeinen sind die Jahre des mittleren Lebensalters für sie schwieriger zu überwinden. Das Ende der Abhängigkeit ihrer Kinder, das als eines der wesentlichsten Zeichen des beginnenden mittleren Lebensalters angesehen werden kann, hat für die Mutter eine sehr viel größere Bedeutung als für den Vater. Ihre mütterlichen Funktionen, die in den letzten zwei Jahrzehnten und länger ihr Lebensinhalt gewesen waren und all ihr Handeln bestimmt hatten, sind jetzt erfüllt. Die Sorgen um ihre Kinder stehen bei ihr zwar noch immer im Mittelpunkt, aber sie beanspruchen nur noch ihre Gefühle und Gedanken und nicht mehr ihre Zeit und Mühe. Sie hat das Gefühl, daß die wichtigste Aufgabe ihres Lebens erfüllt ist. Auch wenn sie sich vielleicht darüber freut oder sogar erleichtert ist, daß all die viele Arbeit und Verantwortung von ihr genommen ist, bedauert sie doch diese Situation und empfindet ihr Leben nun als leer und ohne Sinn. Mitunter glaubt die Mutter, daß ihre Kinder, denen sie soviel von sich gegeben hat, ihr gegenüber undankbar geworden sind und sie vernachlässigen; so können Mißverständnisse zwischen ihr und ihnen nur allzu leicht entstehen, denn das Hauptinteresse der Kinder ist jetzt auf ihre eigene Ehe, auf ihre Kinder und ihren Beruf gerichtet.[7] So muß die Mutter,

7 Das »Leere-Nest-Syndrom« kann bei Frauen im mittleren Lebensalter entscheidend zu depressiven Verstimmungen beitragen. Das Problem ist vor allem bei jenen Frauen von Bedeutung, die geschieden oder verwitwet sind, insbesondere aber bei jenen Einwanderergruppen der ersten Generation, die sich noch kaum an ihre Umwelt angepaßt haben und deren Familien deshalb für sie besonders wichtig waren (2).

deren Kinder nicht länger auf ihre Fürsorge angewiesen sind, sich eine neue Lebensaufgabe suchen oder alte Interessen reaktivieren, um ihre Tage auszufüllen.
Die Frau sieht sich im mittleren Lebensalter gewöhnlich ganz anderen Problemen und Schwierigkeiten gegenüber als ihr Mann. Für diesen kommt der abrupte Einschnitt in seinem Leben erst dann, wenn er in den Ruhestand tritt, während die Frau schon jetzt im mittleren Lebensalter ihr Leben von Grund auf umstellen muß. Sie ist noch rüstig genug, um neue berufliche Interessen zu verfolgen oder aber den alten Beruf wiederaufzugreifen, vielleicht auch, sich jenen Dingen ganz zu widmen, mit denen sie sich bisher neben der Arbeit im Haushalt und mit den Kindern nur halb hatte beschäftigen können. Vielfach wird auch sie jetzt Geld verdienen, um vielleicht ihren Kindern eine höhere Schulbildung zu ermöglichen, aber dies ist nur einer ihrer Gründe, sich beruflich zu betätigen; im Vordergrund steht doch meist das Bemühen, für sich eine neue Lebensaufgabe zu finden, als das Familieneinkommen aufzubessern. Vielleicht nimmt sie erneut an Kursen teil, um danach als Krankenschwester, als Fürsorgerin oder als Lehrerin arbeiten zu können. Es ist das Alter, wo viele Frauen sich der Fürsorgearbeit oder der kommunalen Politik widmen; und wie es scheint, beschäftigen sich auch zunehmend mehr Frauen mit Malerei oder kunstgewerblicher Arbeit. Auch die Enkel sind natürlich oft genug eine echte Aufgabe, vor allem wenn die Tochter noch weiter arbeiten oder studieren muß. Für die Frau kommt dann ein erneuter Einschnitt in ihrem Leben, wenn der Mann sich zur Ruhe setzt und die beiden Eheleute ihre alten Tage gemeinsam verbringen können.

Die Menopause

Mit dem Verlust der mit der Kindererziehung verbundenen Aufgaben geht der Verlust der Fortpflanzungsfunktion einher, jener Funktion, die für die Frau ein wesentlicher Bestandteil ihres Daseins als Frau und für ihr Selbstwertgefühl von so entscheidender Bedeutung gewesen war. Die Menopause steht vor ihr als bedeutungsvoller Einschnitt in ihrem Leben, und sie weiß und fühlt, daß sie danach eine ältliche Frau und – bewußt oder unbewußt – eine Frau ohne Inhalt sein wird. Die Menopause tritt im Durchschnitt zwischen dem 48. und 49. Jahr auf, vielfach aber noch früher, und die meisten Frauen beginnen sich innerlich bereits darauf einzustellen, wenn sie die 40 erreicht haben, denn die Ansicht ist weit verbreitet, daß die Menopause schon mit Anfang 40 oder sogar Ende 30 komme, und viele Frauen glauben, bereits 10 oder 15 Jahre bevor das für sie so entscheidende Ereignis eintritt, an entsprechenden Symptomen zu leiden. Die mit der Menopause verbundenen Schwierigkeiten ergeben sich sowohl aus den mit dem Nachlassen der Östrogenproduktion verbundenen physiologischen Veränderungen als auch aus den emotionalen Belastungen, die die Wechsel mit sich bringen.

Die Veränderungen im Hormonhaushalt, allen voran das Nachlassen der Östrogenproduktion, führen zu einer Störung der physiologischen Homöostase und lösen damit eine Fülle von körperlichen Beschwerden von unterschiedlicher Intensität und Dauer aus. Die Menses können abrupt von einem Monat zum anderen aufhören oder aber nach einer Übergangszeit unregelmäßiger, bald starker, bald schwacher Blutungen allmählich endgültig ausbleiben. Allein schon dies mag unangenehm sein, denn die Unregelmäßigkeit kann Pläne und Vorhaben einer Frau empfindlich stören, eine Blutung kann sie zur unpassenden Zeit überraschen. Auch wenn die Menopause keine unmittelbaren Beschwerden mit sich bringt, macht doch die vasomotorische Labilität im Klimakterium und noch einige Zeit danach mancher Frau erheblich zu schaffen. Am häufigsten sind die bekannten »Hitzewallungen«; aber auch unerwartete Schweißausbrüche, ein unangenehmes andauerndes Wärmegefühl oder fleckige Hautrötungen können das Wohlbefinden erheblich stören. Manche Frauen werden durch Ohnmachts- oder Schwindelanfälle verunsichert oder haben unter Kopfschmerzen zu leiden, und während viele sich einfach nur unwohl fühlen, haben andere mit ihren Beschwerden erheblich zu kämpfen. Emotionale Störungen, vor allem depressive Reaktionen, sind häufige Begleiter des Klimakteriums. Die emotionale Labilität ist möglicherweise eine Folge der hormonalen Veränderungen. Andererseits macht die Menopause eine grundlegende Um- und Neuorientierung der Einstellungen über das Selbst erforderlich, durch die die Persönlichkeit in ihrer Abwehr zutiefst beeinflußt werden kann. So ist in dieser Zeit die emotionale Vulnerabilität besonders groß, und neurotische Störungen finden gerade jetzt besonders häufig Ausdruck in körperlichen Symptomen oder in persönlichem Versagen. Wenn die Menses endgültig aufgehört haben und der Hormonhaushalt wieder im Gleichgewicht ist, verschwinden in der Regel die körperlichen Symptome. Auch die emotional stabile und anpassungsfähige Frau, die nur das körperliche Unwohlsein als störend empfindet, wird das Gefühl haben, daß sie mit der Menopause verändert ist und sich innerlich auf eine neue Situation einstellen muß, um ihr emotionales Gleichgewicht zu wahren.

Weder die körperlichen noch die emotionalen Beschwerden des Klimakteriums haben ihre Ursache allein in den hormonalen Veränderungen. Manche Schwierigkeiten erwachsen allein schon aus der Furcht vor den klimakterischen Beschwerden, denn unter den Frauen sind Ansichten weit verbreitet, wonach mit der Menopause eine tiefe psychische Labilität verbunden sei, so daß eine Frau von Glück sagen könne, wenn sie dabei nicht depressiv oder gar psychisch krank werde; und die körperlichen Symptome werden vielfach als ein fast unerträgliches Leiden dargestellt, als eine weitere Bürde, die wie die Menstruation und Geburt dem schwachen Geschlecht auferlegt sei. Derartige von Frau zu Frau überlieferten Ansichten über das Klimakterium als eine Zeit des Leidens verstärken nur noch die Beschwerden und Schwierigkeiten, was seinerseits die Überlieferung perpetuiert. Nach einer anderen, weitverbreiteten Auffassung, die auch von den Männern geteilt wird, soll die Frau mit der Menopause ihre sexuelle Empfindungsfähigkeit verlieren, was viele Frauen denken und befürchten läßt, sie würden mit der Menopause zur alten Frau ohne Reize, und der Mann würde andernorts seine sexuelle Befriedigung suchen. Derartige Auffassungen und Vorstellungen entbehren jeder realen Grundlage. Es gibt inzwischen genügend Beweise für die Annahme, daß die sexuelle Empfindungsfähigkeit und Bereitschaft im gesamten mittleren Lebensalter bei der Frau im allgemeinen größer ist als beim Mann.

Das Selbstwertgefühl der Frau steht vielfach in engem Zusammenhang mit ihrer Fähigkeit, Kinder zu gebären. Wir haben an anderer Stelle gezeigt, daß die Gefühle des Mädchens, als Mädchen minderwertig zu sein, mit der Pubertät durch die Entwicklung der weiblichen Geschlechtsmerkmale und mit dem Bewußtsein, selbst Kinder haben zu können, kompensiert werden, und daß die Menstruation, auch wenn sie vielfach als lästig empfunden wird, doch als ein vorrangiges Symbol der Weiblichkeit gilt (siehe Kapitel 10). Der Verlust dieses Zeichens der Weiblichkeit, das der Frau immer wieder ihre Fähigkeit, Kinder zu haben, vor Augen führte und ein Gefühl des eigenen Wertes vermittelt hatte, geht an keiner Frau spurlos vorüber. Im Gegensatz zur Kindheit hat sie jetzt keine Zukunft mehr vor sich, in der die mit ihrem Geschlecht verbundenen Minderwertigkeitsgefühle kompensiert werden könnten. Und wenn nicht ihr Selbstwertgefühl als Frau und Mutter wirklich gefestigt ist, dann wird sie unter dem Verlust der körperlichen Zeichen ihrer Weiblichkeit sehr leiden. Sie ist sich wohl bewußt, daß sie jetzt mehr als nur die Menses und ihre Fruchtbarkeit verliert, denn ihre Brüste werden schlaff, das subkutane Fettgewebe, das ihre äußeren Formen rundete, beginnt zu schwinden, die Haut wird runzlig und zeigt Falten, und unter ihren Augen erscheinen tiefe Ringe. Am Ende wird ihr Äußeres ohne sexuelle Reize sein, was sie wohl eher vor anderen als vor sich selbst verbergen kann. Ihr Narzißmus muß naturgemäß darunter leiden, sie wird der Person nachtrauern, die sie einmal gewesen ist. Wie Helene Deutsch es einmal formuliert hat, »geht fast jede Frau im Klimakterium durch eine kürzere oder längere Phase der Depression« (1). Aber bei einer Frau, die das Gefühl haben kann, daß ihr Leben produktiv gewesen ist, die neue Formen und Möglichkeiten der Erfüllung und Befriedigung im mittleren Lebensalter findet und deren Reize nicht mehr allein auf ihrem Äußeren beruhen, wird man hiervon nicht sehr viel merken. Vielleicht kommt es auch hin und wieder zu Ausbrüchen frenetischer Aktivität, die das Bewußtwerden des neuen Status abwehren soll. Die meisten Frauen gehen jedoch zunächst durch eine Phase der Niedergeschlagenheit und Depression, bevor sie sich fangen und neue Lebensaufgaben und ein neues Selbstwertgefühl finden.[8]

8 Die Zusammenhänge zwischen dem Selbstwertgefühl einer Frau und der Unversehrtheit ihres Körpers, insbesondere ihrer Fortpflanzungsorgane, werden vielfach von Gynäkologen übersehen, die manche Patientinnen in diesem Alter erheblich vor den Kopf stoßen können, wenn sie von ihnen eine vernunftgemäße Einstellung gegenüber dem Vorschlag erwarten, Uterus und Ovarien entfernen zu lassen. Vielfach wird der Gynäkologe, wenn er einen gutartigen Gebärmuttertumor findet, der entfernt werden muß, auch ein Ovar mit entfernen wollen, denn nach seiner Meinung braucht es die Frau nicht mehr, ein Ovar allein produziert genügend Hormone, und die Möglichkeit, ein Ovarialkarzinom zu entwickeln, wird halbiert. Viele Frauen können dies jedoch nicht verstehen und haben das Gefühl, durch einen solchen Eingriff verstümmelt zu werden. Nur allzuoft werden noch radikalere Operationen durchgeführt, die nicht unbedingt notwendig wären. Die Frau wird, wie man bisweilen sagt, »ausgeräumt«, Uterus und beide Ovarien werden entfernt, wobei der Gynäkologe seinen Patientinnen versichert,

Glücklicherweise lassen sich die mit dem Klimakterium verbundenen Beschwerden zum großen Teil durch eine substitutive Östrogentherapie beseitigen, so daß die Frau nicht länger die Symptome der Wechseljahre fürchten muß. Gegenwärtig bestehen über die medizinische Behandlung des klimakterischen Syndroms noch unterschiedliche Auffassungen. Manche Ärzte sind der Ansicht, daß man geringgradige Symptome ohne Substitution bestehen lassen sollte, damit sich sobald wie möglich ein neues Gleichgewicht einstellen kann, und nur die stärkeren Beschwerden sollten, wenn notwendig, therapeutisch angegangen werden.

In letzter Zeit wird aber zunehmend häufiger, vor allem von Gynäkologen, die volle Östrogensubstitutionstherapie durchgeführt, beginnend mit dem Einsetzen des Klimakteriums. Dem liegt die Auffassung zugrunde, daß es unnötig sei, daß Frauen überhaupt eine Menopause haben, und daß sich mit der Östrogentherapie auch vielen anderen Alterserscheinungen wirksam begegnen lasse; die subkutanen Fettgewebe würden nicht so stark atrophieren, dem Proteinverlust würde entgegengewirkt, die Brüste würden fester bleiben, die Genitalgewebe nicht atrophieren, und darüber hinaus würde auch dem Calciumverlust der Knochen begegnet, durch den die Verkrümmung der Wirbelsäule begünstigt wird. Da derartige Substitutionsmaßnahmen erst seit wenigen Jahren durchgeführt werden, lassen sich die Ergebnisse dieser Therapie auf lange Sicht sowie die möglichen Gefahren noch nicht richtig beurteilen. Zur Zeit sieht es so aus, als werde man nicht nur die Lebenserwartung der Frau weiter vergrößern, sondern auch vielen der Alterserscheinungen wirksam begegnen können.

Die Geborgenheit in der glücklichen Ehe

Eine gute Ehe kann jedem der Ehepartner ein sicheres Gefühl der Geborgenheit geben, denn beide haben die Gewißheit ihrer gegenseitigen Liebe und Zuneigung. Sie brauchen einander nichts vorzu-

daß der Hormonmangel durch eine substitutive Östrogentherapie ausgeglichen werden kann. Manche männlichen Chirurgen messen den Ovarien in diesem Alter keine besondere Bedeutung mehr bei, weil diese im Gegensatz zum Hoden nicht sichtbar und deshalb überflüssig seien. Wenn man das Problem aber genauer untersucht, wird man finden, welch große Bedeutung das Vorhandensein von Uterus und Ovarien für das Selbstwertgefühl der Frau hat.

machen, sich nicht erst zu bemühen, um neue Formen der Beziehung zueinander zu finden, sondern können sich so wie sie sind miteinander zufrieden und glücklich fühlen. Die Kinder geben jetzt mehr und mehr Anlaß zur Freude anstatt zur Besorgnis, und wenn beide Partner miteinander glücklich sein können, verlieren auch alle Enttäuschungen des bisherigen Lebens an Bedeutung. Wenn andere den Mann nicht als erfolgreich ansehen, wird doch zumindest seine Frau anerkennen, was er in seinem Leben versucht und erreicht hat. Wenn die Kinder die Mutter zu vernachlässigen scheinen oder ihr seit der Adoleszenz ablehnend gegenüberstehen, wird doch der Mann sie noch immer lieben. Und wenn es in der bisherigen Ehe mitunter Anlaß zu Reibereien gegeben hat, finden die Eheleute im mittleren Lebensalter oftmals wieder zu einem harmonischen Verhältnis zueinander. Jeder Partner weiß, daß sein Leben und Wohlbefinden auf dem des anderen beruht, jeder hat sich an den anderen gewöhnt und angepaßt und würde sich ohne den anderen oder mit einem anderen nicht wohl fühlen können. Für viele Ehepaare ist gerade jetzt die sexuelle Anpassung besser, als sie es seit langem schon gewesen war. Vielleicht ist ihr Sexualleben nicht mehr so stürmisch wie früher, aber jeder kennt des anderen Bedürfnisse und unausgesprochene Signale, und beide haben miteinander Möglichkeiten gefunden, sich gegenseitig Befriedigung zu schenken. Durch die größere Beherrschung und durch verfeinerte Techniken kann der Geschlechtsakt beiden Partnern eine größere und subtilere Lust bringen.

Allerdings gibt es gelegentlich auch Probleme. Die Frau erlebt mitunter nach dem Klimakterium eine Steigerung ihres Sexualtriebes, vor allem, da jetzt die Sorge vor einer unerwünschten Schwangerschaft vorüber ist, die ihre Spontaneität beim Geschlechtsakt vielfach gestört hatte. Darüber hinaus ist sie nicht mehr von der Sorge und Arbeit mit den Kindern geplagt und auch nicht mehr so müde wie früher, so daß sie jetzt ihre Sexualität freier erleben kann.[9] Der Ehemann, dessen Sexualtrieb nachläßt, geht aber unter Um-

9 Wie aber Masters und Johnson (3) gezeigt haben, wird eine Frau, die beim Geschlechtsakt nie Lust erlebt hat, die Menopause als Vorwand nehmen, um sich allzu häufigem Geschlechtsverkehr mit ihrem Mann zu entziehen. Die Autoren haben auch gezeigt, daß manche Frauen in der Menopause nach dem Geschlechtsverkehr ein Brennen beim Wasserlassen verspüren, – eine Folge der Atrophie der Vaginalwand. Sie weisen darauf hin, daß, wenn nicht eine substitutive Therapie durchgeführt wird, die Frau in der Menopause regelmäßig Geschlechtsverkehr

ständen nicht auf das gesteigerte sexuelle Bedürfnis seiner Frau ein. Jenseits von 50 Jahren nimmt die Potenz des Mannes deutlich ab, aber der Mann ist auch dann noch unter den entsprechenden Gegebenheiten zu sexueller Aktivität fähig. Allerdings wird ihn ein gelegentliches Versagen seiner Potenz sehr beunruhigen und ihn dazu bringen, nur noch dann sexuell aktiv zu werden, wenn er sich auch seiner Potenz sicher sein kann. Weil aber beim Mann die Potenz von psychischen Faktoren abhängig ist, wird eine derartige Besorgnis um seine Potenz seine Schwierigkeiten nur noch vergrößern. Dies kann so weit führen, daß der Ehemann außerhalb seiner Ehe sexuelle Beziehungen sucht, weil er dort angesichts anderer Reize weniger leicht in seiner Potenz zu versagen droht. Ein harmonisches Ehepaar wird jedoch gewöhnlich die Wandlungen der sexuellen Beziehung allein und für sich bewältigen.

Restitutive Bemühungen

Der Mann, der mit sich und seiner beruflichen Stellung zufrieden ist, die Frau, die das Gefühl haben kann, daß sie ihrem Mann und ihren Kindern ein gutes Zuhause gegeben hat, die Ehepartner, die eine harmonische Ehe führen und sich der Liebe und Achtung ihrer Kinder erfreuen – solche Menschen können die Schwierigkeiten des mittleren Lebensalters ohne Mühe überwinden und die noch vor ihnen liegenden Jahre ihres Lebens in Ruhe und Zufriedenheit genießen. Vor allem derjenige, der nur wenig in seinem Leben bedauern muß, der genügend Weisheit besitzt, um sich über alle Enttäuschungen seines Lebens hinwegzusetzen, wird glücklich und zufrieden sein. Es ist nicht leicht, sich weiterhin den Anforderungen des Lebens zu stellen, wenn Neid, Kummer und Bitterkeit an den eigenen Kräften zehren. Man lebt nur einmal, und es fällt schwer, sich mit der Tatsache abzufinden, daß alle Chancen vertan sind. Vielleicht ist jetzt noch Zeit, bevor das Alter endgültig hereinbricht, das in der Jugend erträumte Leben doch noch Wirklichkeit werden zu lassen, zu lieben und geliebt zu werden, sich all das zu gönnen, worauf man bisher verzichtet hatte, jene Ruhe und den Erfolg zu erringen, um den man andere so oft beneidet hat, oder auch nur frei zu sein

haben muß, um einer Schrumpfung der Vagina entgegenzuwirken und eine genügend große Vaginalöffnung zu erhalten.

von Schuld und Selbstvorwürfen über die eigenen Fehler der Vergangenheit. So ist das mittlere Lebensalter eine Zeit, wo restitutive Anstrengungen unternommen werden. Für manche ist das letzte Greifen nach dem Glück von Erfolg gekrönt, häufiger bringen die ungestümen Versuche jedoch noch größere Unzufriedenheit und Unglück. Der letzte Ansturm, bevor die Tore sich schließen, kann eine Familie in ihrem Gefüge zerrütten und so die zweite Hälfte des Lebens mit Bitterkeit erfüllen.[10] Die Ehepartner verstehen einander dann nicht mehr, die Kinder werden desillusioniert und unversöhnlich. Die Frau, die sich bemüht, nach ihrer Menopause das Gefühl der inneren Leere zu überwinden und attraktiv zu bleiben, wird depressiv und entwickelt Haßgefühle gegen ihren Mann, wenn sie erfährt, daß er mit einer jungen Frau ein Verhältnis hat. Es würden wohl sehr viel mehr Ehen zerbrechen, wenn nicht viele Ehefrauen sich von sich aus auf ein solches Verhalten ihrer Ehemänner einstellen und sich selbst sicher genug fühlen würden, um darauf zu warten, daß ihr Mann zu ihnen zurückkehrt.

Der narzißtische Mensch, dessen inneres Gleichgewicht von der Bewunderung der anderen und von seinem Stolz auf seine jugendlichen Eigenschaften abhängig war, wird wohl am ehesten versuchen, die Jugend für sich zurückzugewinnen. So fühlte sich z. B. eine Frau, die wegen ihrer Schönheit bewundert wurde und die sich darin gefiel, anderen Männern die Augen zu verdrehen, von ihrer Tochter verdrängt, als dieser von vielen jungen Männern der Hof gemacht wurde und man sie der Mutter gegenüber wegen ihrer außergewöhnlichen Schönheit lobte. Die Mutter ließ sich Falten aus ihrem Gesicht wegoperieren, verbrachte Stunden im Schönheitssalon und kleidete sich übertrieben jugendlich. Sie versuchte, den jungen Männern, die ihre Tochter besuchten, zu gefallen und sie mit ihrem Witz und ihrer physischen Schönheit zu gewinnen, so daß mitunter nur schwer zu sagen war, ob die jungen Männer nun der Mutter oder der Tochter den Hof machten.

10 *Torschluß* ist ein Syndrom, das in der deutschen Sprache und Literatur das Streben des Menschen im mittleren Lebensalter nach Befriedigung, solange dies noch möglich ist, bezeichnet, und mit dem Wort Torschlußpanik werden jene panischen, von Angst getriebenen Bemühungen des Mannes beschrieben, mit seiner nachlassenden Potenz noch möglichst viel zu erleben, indem er die Liebe junger Frauen sucht.

Diese Jahre können für viele Ehen eine schwere Belastungsprobe sein. Wenn die Kinder nicht mehr im Mittelpunkt stehen, sind die Eltern wieder wie vor 20, 30 Jahren allein mit sich und wieder aufeinander angewiesen, um ihre Ehe lebendig zu erhalten und ihrem Leben auch weiterhin einen Inhalt zu geben. Die Kinder bieten keine Ablenkung mehr und können auch nicht mehr als Ableiter für Konflikte zwischen den Ehepartnern dienen. Das Paar hat wieder mehr Zeit für sich, was als Last empfunden werden kann, andererseits aber auch Gelegenheit zu größerer Nähe und Intimität mit sich bringt. Nach all den vielen gemeinsam verbrachten Jahren kann nur zu leicht Langeweile auftauchen, und mancher wird in diesem Alter deshalb zu Verhaltensweisen zurückfinden, wie sie für die Adoleszenz und das junge Erwachsenenalter kennzeichnend sind, und z. B. die Sexualität und das sexuelle Abenteuer als Möglichkeit zur Vertreibung von Einsamkeit und Langeweile betrachten. Die Ehescheidungsrate ist für dieses Alter erhöht. Ein großer Teil dieser Scheidungen ist jedoch nicht etwa darauf zurückzuführen, daß sich einer der Partner neu verliebt oder mit einem fremden Partner ein Verhältnis gehabt hat, sondern vor allem darauf, daß die Ehepartner sich oftmals als Eltern dazu entschließen, mit der Scheidung ihrer für beide unbefriedigenden Ehe so lange zu warten, bis die Kinder erwachsen geworden sind. Obwohl die Freunde solcher Ehepaare vielfach mit Bedauern eine Ehe, die so lange Zeit gehalten hat, auseinanderbrechen sehen, und obwohl die Scheidung den einen oder anderen Partner sehr unglücklich machen kann, ist doch für viele eine solche Auflösung der bisherigen Ehe nicht unbedingt von Nachteil. Vielfach haben die Partner jetzt die genügende Reife, um, gestützt auf ein besseres Urteil, als sie es in der Jugend hatten, einen besser geeigneten Partner zu finden. Allerdings überrascht es zu sehen, wie oft die neuen Partner den alten gleichen. Aber auch andere Motive tauchen jetzt auf. So wird der ältere Mann, der eine junge Frau findet, die nach seinem Gefühl seine Männlichkeit schätzt, damit vielfach eine Frau heiraten, die eine Vaterfigur sucht und an den sexuellen Aspekten der Ehe nur wenig Interesse hat. Wegen der ungleichen Sterberate von Männern und Frauen im mittleren Lebensalter bleiben meist mehr geschiedene Frauen unverheiratet als geschiedene Männer, dies aber auch, weil die ältere Frau kaum einen jüngeren Partner heiraten wird. Der Mann bleibt auch deshalb nach der Scheidung – oder dem Tod seiner Frau – nicht unverheiratet, weil er weniger in der Lage ist, für sich selbst und seinen Haushalt zu sorgen.

Berufliche Probleme

Ebenso, wie manche Menschen in diesem Alter ihr Leben dadurch für sich zu retten suchen, daß sie einen anderen Partner heiraten, fassen viele mit dem gleichen Ziel den Entschluß, ihre berufliche Stellung zu wechseln. Es ist zwar zu spät, einen neuen Beruf zu erlernen, aber viele werden sich zumindest eine neue Stellung suchen, in der sie mit ihren Fähigkeiten und Leistungen anerkannt werden und Aufstiegsmöglichkeiten haben. Ein derartiger Wechsel der Stellung erfolgt in einem Alter, wo der Mensch sich eigentlich in seiner beruflichen Umwelt zurechtgefunden haben sollte, statt in einen neuen Berufsbereich zu wechseln, in dem er sich von neuem beweisen muß. Für den erfolgreichen Mann gibt es viele Möglichkeiten, seine Stellung weiter zu verbessern, aber für den, der noch keine überragenden Leistungen aufzuweisen hat, ist die Zahl der guten Stellen mehr als begrenzt. Vor allem die Menschen, die in Schreibtischberufen arbeiten, sind jetzt mehr darum bemüht, ihre Stellung zu halten und auszubauen, als in einer anderen Stellung neu zu beginnen. Sie verlassen sich darauf, daß ihre Firma ihnen keine Jüngeren vor die Nase setzen wird und ihre Rechte als Ältere zu würdigen weiß, wenn Arbeitslosigkeit droht. Sie lernen ihre Abneigung gegen den Unternehmer zu beherrschen, nichts zu sagen, wenn sie bei einer Beförderung übergangen werden, und die Geduld zu ihrer Tugend zu machen. Mit zunehmendem Alter tritt die Zukunftssicherung dann gegenüber dem Streben nach weiteren Aufstiegsmöglichkeiten mehr und mehr in den Vordergrund. Jetzt müssen andere Bereiche der Selbstverwirklichung gefunden werden. Allerdings ist nicht jeder in der Lage oder weise genug, sich zu beschränken. Mancher, der nach Wohlstand strebte, wird an der Börse oder bei Rennen und im Spiel sein Glück versuchen, wenn sein bisheriges Bemühen ihn nicht den angestrebten Zielen näherbringen konnte.

Auch wenn der Beruf die erwünschten Erfolge bringt und der Mensch nicht mehr unter dem Zwang steht, sich permanent beweisen zu müssen, ist mit dem beruflichen Erfolg nicht notwendig auch ein

Nachlassen des Erfolgsstrebens verbunden. Viele Männer, die in ihrem Beruf Erfolg haben, sind in gewisser Weise zwanghaft und ängstlich bemüht, auch immer ihr Bestes zu geben, während andere zum Erfolg gekommen sind, weil sie Freude an der Auseinandersetzung mit der Sache haben. Es ist leichter, im Beruf nach weiteren Erfolgen zu streben, wenn dieser nicht als Prüfstein des Selbstwertes angesehen wird. Mancher Ältere kann es nicht ertragen, von Jüngeren in seiner Leistung übertroffen zu werden, oder nicht zugeben, daß er aufgrund seines Alters nicht mehr so kann, wie er gerne möchte. Ein Mann, der wegen eines Herzinfarkts invalidisiert werden mußte und bald darauf an einem weiteren Infarkt verstarb, berichtete, wie es zu seiner ersten Herzattacke gekommen war. Er war seit seiner frühen Adoleszenz ein Erfolgsmensch und immer stolz auf seine Stärke und Unabhängigkeit gewesen. Er hatte es nicht ertragen können, daß die jungen Menschen in dem Team, das er beaufsichtigte, ihn ärgerten, indem sie von ihm als Opa sprachen, obwohl er gerade erst über vierzig war. Er glaubte, daß er sich den Respekt als Vorarbeiter wieder erringen könnte, wenn er sich als ebenso tüchtig und körperlich fähig wie die anderen erwiese, und als sein Arbeitsteam sich einer besonders schweren Arbeit gegenübersah, wollte er seinen jüngeren Kollegen zeigen, wie sie zu bewältigen sei. Auf deren Bitte, davon Abstand zu nehmen, geriet er nur noch mehr in Eifer und Zorn, und als er sich an die Arbeit machte und Kommandos gab, empfand er plötzlich jenen stechenden Schmerz in seiner Brust und kollabierte. Im Krankenhaus schwor er sich, daß er nie als Invalide und abhängig von seiner Frau leben würde – was sich schließlich auch erfüllte. Der Industrielle wird unter Umständen versuchen, seinen Betrieb zu erweitern, so als ob davon sein Lebensunterhalt abhängig wäre. Manche »oralen« Charaktere haben immer das Gefühl, daß für ihre Zukunft nicht genügend vorgesorgt sei. Zunächst werden sie glauben, mit der ersten Million der größten Unsicherheit entronnen zu sein, aber dann erscheint ihnen die Million oftmals als ein Nichts, und jedes Geschäft, das nicht wunschgemäß zustande kommt, erzeugt in ihnen Ängste, als ob die Existenz der ganzen Familie in der weiteren Zukunft gefährdet sei. Allerdings ist die Akkumulation unnötig großer Reichtümer auch auf Kosten anderer in der westlichen Zivilisation mit großem Ansehen verbunden.

Die Probleme, die sich aus Erkrankungen im mittleren Lebensalter ergeben, können oft genug ernsthafte Schwierigkeiten nach sich ziehen, so daß wir an dieser Stelle wenigstens kurz auf sie eingehen wollen. Krankheit greift vielfach nachhaltig in den Lebensablauf ein, und mancher Lebensplan muß ihretwegen verworfen oder neu gefaßt werden. Der Blutdruck steigt heimtückisch und unbemerkt und zwingt zur Verlangsamung des Arbeitstempos, Diabetes tritt jenseits des 40. Lebensjahres relativ häufig auf und macht, auch wenn die Erkrankung gewöhnlich nicht als schwerwiegend anzusehen ist, doch die Einhaltung einer bestimmten Diät erforderlich. Manche Erkrankungen bringen zugleich auch Kompensationsmöglichkeiten mit sich. Sir William Osler soll einmal gesagt haben, daß die beste Chance für ein langes Leben mit einem leichten Herzanfall im mittleren Lebensalter gegeben sei. Der Mann hat mit der Krankheit genügend Gründe, von einer allzu intensiven Verfolgung beruflicher Ziele Abstand zu nehmen und sich zu erlauben, sein Leben zu genießen. Bisher hat er vielleicht nur aus Kollegialität mit anderen Golf gespielt, jetzt kann er sich auf wenige Löcher beschränken und sich dann an das 19. Loch setzen, einen Drink nehmen und sich mit Freunden unterhalten. Die Ehefrau eines früher sehr angesehenen Anwaltes war der Ansicht, daß der leichte Herzanfall, den ihr Mann seinerzeit gehabt hatte, ihn vor einer schweren Depression bewahrt habe. Nach dem Tode seines Partners war seine Klientel zunehmend kleiner geworden, er aber wollte sich nicht eingestehen, daß er eigentlich nicht gut genug sei, die Praxis allein weiterzuführen und neue Klienten zu gewinnen. Seine Familie lebte jetzt zum großen Teil vom ererbten Vermögen seiner Frau, ohne daß er sich dessen so richtig bewußt war. Ihr Einkommen war jedoch nicht groß genug, um auf Dauer die Defizite seines Büros zu tragen, er aber war nicht fähig, seine Praxis zu schließen, und verschwieg gegenüber Freunden und Kollegen seine schlechte berufliche Situation. Seine Frau hatte ihm bis jetzt geholfen, seine Lebenslüge aufrechtzuerhalten, da sie befürchtete, er könne depressiv werden und Selbstmord verüben. Sein Herzanfall brachte endlich für beide eine Klärung der Situation. Der ihn behandelnde Arzt war mit seiner Frau der Meinung, daß er nicht länger seine Arbeit fortsetzen dürfe, und so setzte er sich zur Ruhe und beschäftigte sich von nun an mit privaten

Rechtsstudien. Wirkliche oder eingebildete Krankheit als Möglichkeit der Lösung schwerer Lebenskonflikte ist ein Problem, mit dem sich so mancher Arzt auseinandersetzen muß. Er sollte sich in solchen Fällen davor hüten, dem Patienten die als Stütze und Lebenshilfe dienende Vorstellung, krank zu sein, allzu schnell zu nehmen. Zunächst sollte man sehr sorgfältig erkunden, warum ein Mensch die Krankheit braucht, und diese Ursachen möglichst beseitigen, bevor man ihm klarmacht, daß er sich bei seinen täglichen Arbeiten und Pflichten nicht zu schonen braucht. Andererseits kann man einen Menschen auch zur Verzweiflung bringen und ihm das Gefühl geben, daß sein Leben wertlos sei, wenn man ihm mit allzu strengen Maßnahmen und Vorschriften sein Leben einengt.[11]

Kinder und Enkel

Auch wenn die Kinder nicht mehr im Mittelpunkt des Lebens der Eltern stehen, sind sie ihnen doch in der Regel nicht verloren, sondern bleiben nach wie vor im Mittelpunkt ihres Interesses. Wenn Eltern bei all ihrem Einsatz für ihre Kinder diese in ihrer Entwicklung zur Unabhängigkeit und Eigenständigkeit unterstützt haben, dann werden diese jetzt genügend frei und unabhängig sein, um zu ihnen zurückzukehren, da sie nicht fürchten müssen, ihre Unabhängigkeit wieder zu verlieren. Das Ehepaar gewinnt neue Kinder dazu, wenn seine Kinder heiraten. Die Ankunft des ersten Enkelkindes wird sie zunächst vielleicht ein wenig überraschen und betroffen sein lassen in dem Gefühl, jetzt der dritten Generation anzugehören. Großeltern, so denkt man allgemein, sind alt, aber die Großeltern im mittleren Lebensalter fühlen sich noch gar nicht alt. Die Enkel-

11 Dies wird an einer Anekdote deutlich, die, wie ich glaube, von Louis Hammond, dem berühmten Internisten aus Baltimore, erzählt wird. Ein Patient war, nachdem er von einem Herzanfall genesen war, zu Dr. Hammond in die Praxis gekommen, um dessen Rat über seine zukünftige Lebensführung einzuholen. Nachdem Dr. Hammond ihn gründlich untersucht hatte, sagte der Patient: »Mein Arzt hat mir gesagt, daß ich mit Rauchen, mit Golfspielen und mit dem Geschlechtsverkehr aufhören und jeden Abend vor 11 Uhr ins Bett gehen muß, – ist das richtig?« Dr. Hammond stimmte ihm zu, dies sei ein sehr handfester Rat. »Wenn ich ihn befolge«, fragte der Patient darauf hin, »kann ich damit mein Leben verlängern?« »Darüber«, antwortete Dr. Hammond, »kann ich nichts sagen, aber zumindest wird es Ihnen länger erscheinen!«

kinder bringen neue Freuden und Interessen, und wenn die Großeltern bei ihrer Aufzucht und Erziehung beteiligt sind, werden sie sich vielfach anders verhalten als bei der Aufzucht und Erziehung ihrer eigenen Kinder. Sie sind freier, zu geben und sich zu freuen, denn sie wollen von den Enkelkindern geliebt und gebraucht werden – mitunter sehr zur Verzweiflung ihrer eigenen Kinder.

Das mittlere Lebensalter des Unverheirateten

Nicht alle Menschen heiraten. Manche bleiben bewußt lieber ledig, andere ohne eigene Absicht oder gegen ihren Willen, aber meist bestehen unbewußte oder uneingestandene Gründe, die vom Heiraten abhalten, wie wir dies an anderer Stelle ausführlicher erörtert haben. Auch das Leben des Unverheirateten kann Zufriedenheit bringen, ja sogar glücklich sein. Wenn dann aber die Jahre des mittleren Lebensalters heranrücken und vergehen, schwinden die Vorteile des Junggesellendaseins. Die Tochter, die als »pflichtbewußtes« Kind nicht geheiratet hatte, um für ihre Eltern zu sorgen, hat dabei vielleicht gehofft, zum Lieblingskind zu werden, wenn ihre Geschwister erst alle geheiratet und das Zuhause verlassen hätten. Oder aber starke ödipale Bindungen haben sie vom Heiraten abgehalten, und die Eltern absorbieren völlig ihr emotionales Leben, so daß sie es zufrieden ist, bei ihnen zu bleiben. Allmählich wird sie sich dann aber in der Verantwortung für gebrechliche oder gar senile Eltern finden, die ihr nichts geben können, so daß die Gunst, ein pflichtbewußtes Kind zu sein, zu einer schweren Bürde wird. Wenn dann der Tod der Eltern sie schließlich allein läßt, ist sie kaum darauf vorbereitet, allein zu leben. Der Junggeselle findet zwar im mittleren Lebensalter immer noch ohne weiteres eine Frau, wenn er nur den Willen dazu hat, nur ist er in der Regel bereits so sehr in seiner Lebensweise als Junggeselle fixiert, daß er sich auf das gemeinsame Leben mit einem Partner nicht mehr umstellen kann. Nach Kinsey sind 50 Prozent der im Alter von 35 Jahren noch unverheirateten Männer aktiv homosexuell, d. h. sie haben innerhalb dieses Lebensjahres irgendwelche homosexuellen Kontakte – was sich aus der klinischen Erfahrung bestätigen läßt –, die es noch weniger wahrscheinlich machen, daß ein solcher Junggeselle sich in einer Ehe entsprechend anzupassen vermag. Witwer und Witwen im mittleren

Lebensalter haben größere Chancen, sich wieder zu verheiraten, als noch ledige Männer und Frauen gleichen Alters. Die Gründe, in diesem Alter zu heiraten oder wieder zu heiraten, sind selbstverständlich andere als bei der Eheschließung junger Menschen, denn auch wenn der Wunsch nach einem Lebenskameraden das Hauptmotiv bleibt, treten doch bei Mann und Frau der starke Wunsch nach jemandem, der für die täglichen Dinge im Haushalt und für den Lebensunterhalt sorgt, als Heiratsgründe mehr und mehr in den Vordergrund.

Das mittlere Lebensalter ist ein besonders kritischer Lebensabschnitt, eine Zeit der Bilanz, der Vorbereitung auf die zweite Hälfte des Erwachsenenalters und als solche ein Stadium weiterer Integration und Reintegration. In der Zeit des Übergangs von der Adoleszenz zum frühen Erwachsenenalter hatte der junge Mensch seine Lebensformen und seine spezifische Lebensweise gefunden, nach der er bis jetzt gelebt hat. Er ist jetzt gereift, – wenn er es nicht ist, wird er es wohl kaum noch werden. Jetzt, wo die Lebensmitte überschritten wird, sieht er zurück und sucht die vor ihm liegende Zukunft zu gestalten, gestützt auf das bisher Erlebte. Vielleicht wird er noch weiter aufsteigen, den Kurs noch ändern, solange dies noch möglich ist, oder den Weg wählen, der ihm die größte Sicherheit verspricht. Ob ein Mensch aus seinen Möglichkeiten das Bestmögliche macht oder von nun an allmählich und langsam abbaut, ist von einer Vielzahl von Persönlichkeitsfaktoren abhängig, die sich auch weiterhin auf Einstellungen, Zuversicht, Vertrauen und Initiative gründen, wie sie in den frühesten Lebensjahren geprägt worden sind. Das Bewußtwerden der Tatsache, daß die letzte Runde des Lebens begonnen hat, weckt Ängste und Verzweiflung in dem Gefühl, vielleicht im Leben nie wirklich gelebt und geliebt zu haben.
Mit dem weiteren Vorrücken hin auf das Alter schwinden allmählich die Möglichkeiten, das Leben noch neu zu gestalten. Gefühle des Bedauerns lassen sich nicht einfach hinwegfegen, aber sie führen zu nichts, denn was das Leben bis jetzt gebracht hat, muß anerkannt und hingenommen werden, wenn nicht die letzten Lebensjahre vergeudet oder unerträglich werden sollen. Persönliche Würde, vielleicht von Resignation überschattet, schützt den Menschen vor Verzweiflung. Wenn er sich nicht im Bemühen, alles neu oder ungeschehen zu machen, verstrickt, den versäumten oder vergangenen

Jahren nachjagt oder in Selbstmitleid vergeht, kann er, gestützt auf seine Lebenserfahrung, als reifer Mensch die sich ihm bietenden Möglichkeiten nutzen und genießen und in der ihm noch verbleibenden Zeit sein Leben erfüllen und vollenden.

Kapitel 17

Das Alter

Der Beginn des Alters wird, ein wenig willkürlich, um das 65. Lebensjahr angenommen, ein Alter, in dem im allgemeinen der Mann in den Ruhestand tritt. Ruhestand, das kann bedeuten, den wohlverdienten Lebensabend zu genießen, oder aber zum alten Eisen geworfen zu werden, wert- und nutzlos für die Arbeitswelt und die Gesellschaft geworden zu sein. Dieser Unterschied kommt vielfach in der Gegensätzlichkeit der Äußerung des aktiven »Ich trete in den Ruhestand« und des passiven »Ich werde in den Ruhestand versetzt« zum Ausdruck, und viele der gegenwärtigen Probleme alter Menschen stehen in erster Linie im Felde dieser Gegensätzlichkeit zwischen einer erwünschten Geruhsamkeit in einem erfüllten Lebensabend und dem Gefühl, zu nichts mehr nütze zu sein, anderen zur Last zu fallen und nur noch zu überleben. Die Probleme, die angesichts des Ruhestandes, des bevorstehenden Lebensendes und der damit verbundenen letzten Lebensjahre körperlicher und psychischer Instabilität auftauchen, werden noch verstärkt durch die Unfähigkeit der heutigen Gesellschaft, mit den Problemen der alten Menschen fertig zu werden, woraus sich große Schwierigkeiten für die überwiegende Mehrheit der alten Menschen ergeben. Wir haben den »alten Mann« und die »alte Frau« mit euphemistischen Etiketten wie »senior citizen« und das Alter mit »golden age« versehen, aber in den USA stehen wir gerade erst am Anfang der großen Aufgabe, der überwiegenden Mehrheit der Alten ein gesichertes, relativ unabhängiges und lebenswertes Leben in diesen ihren letzten Jahren zu ermöglichen.

Heute ist die allgemeine Lebenserwartung eines Kindes, das über die Neugeborenenperiode hinausgekommen ist, 70 Jahre, das biblische Alter, das nicht mehr nur einigen wenigen vorbehalten bleibt, die das Glück hatten, bis dahin Krankheit und Tod zu entgehen. Der Mensch von 65 hat immer noch eine Lebenserwartung von über 12 Jahren, und er muß sich deshalb entsprechend einrichten. Wenn er gar die 80 erreicht, hat er eine Lebenserwartung von noch weiteren 10 Jahren. Die Menschen, die die letzte Lebensphase des Alters erreichen, stellen in gewisser Weise eine auserwählte Gruppe dar,[1] und mit zunehmendem Alter scheint sich das Tempo des körperlichen Abbaus zu verlangsamen.

Die entscheidenden Probleme der alten Menschen

Obwohl man die Analogie nicht überstrapazieren sollte, geht man nicht zu weit, wenn man die Reihenfolge der Alterungsprozesse als eine Art Umkehrung der entscheidenden Entwicklungsprozesse während der Adoleszenz deutet. Die Kraft des Sexualtriebes schwindet, und mit ihm lassen auch die Es-Impulse nach. Auch wenn aufgrund einer begrenzten Hormonfunktion noch gewisse sexuelle Triebbedürfnisse bestehen bleiben, gehen doch die sexuellen Strebungen jetzt wieder überwiegend, wie in der Kindheit, aus Bedürfnissen nach affektiver Teilhabe und Abhängigkeit vom anderen hervor. Die Fähigkeiten der Ich-Kontrolle schwinden infolge seniler Hirnveränderungen ebenso wie die Fähigkeiten zu begrifflicher Wahrnehmung, die in der Adoleszenz erworben worden waren. Der alte Mensch gerät wieder zunehmend in Abhängigkeit, jetzt aber von seinen eigenen Kindern oder anderen Angehörigen der nachfolgenden Generation. Dies bedeutet zugleich, daß auch seine Autonomie und Eigenständigkeit schwinden, so daß der alte Mensch gegenüber den für ihn sorgenden Menschen praktisch ebenso gehorsam sein muß wie in der Kindheit, um nicht zurückgestoßen zu werden. Wenn die in der Adoleszenz erworbenen sekundären Geschlechtsmerkmale schwinden und die Kraft und Stärke des Körpers nachläßt, dann schwinden auch der Stolz und das Vertrauen, die sich auf solche Merkmale und Eigenschaften stützten, und beide Geschlechter werden einander wieder ähnlich. Schließlich war die Entwicklung des Adoleszenten darauf ausgerichtet, zu intimer und

1 Die Zunahme der Lebenserwartung ist überwiegend eine Folge der verminderten Kindersterblichkeit. Für die Menschen jenseits des 65. Lebensjahres ist die Lebenserwartung in den letzten Jahren kaum, wenn überhaupt, gestiegen. Von verschiedener Seite wird darauf hingewiesen, daß die größte Lebenserwartung bei einem Menschen mit Eltern und Vorfahren gegeben sei, die ein hohes Alter erreicht haben. Die allgemeine Lebenserwartung ist für die nichtweiße Bevölkerung niedriger als für die weiße Bevölkerung, wahrscheinlich weil letztere bessere Umweltbedingungen bei der Aufzucht der Kleinkinder hat. Jenseits des 65. Lebensjahres ist die Lebenserwartung der nichtweißen Bevölkerung dann aber größer.

wechselseitiger Abhängigkeit und Gemeinsamkeit mit einem anderen Menschen zu finden, während jetzt der alte Mensch früher oder später mit dem Verlust des Menschen konfrontiert wird, mit dem er sein bisheriges Leben geteilt hat und der förmlich ein Teil von ihm geworden war.

Angesichts solcher betrüblichen Vergleiche übersieht man leicht, daß das Alter auch schöne Seiten hat oder haben kann, vor allem aufgrund der Freude, die der alte Mensch am Werden und Erfolg seiner Kinder oder auch an seinem eigenen Lebenswerk haben kann. Auch die Tatsache, nicht mehr im Arbeitskampf stehen zu müssen, kann den alten Menschen mit Befriedigung erfüllen, und er hat jetzt Zeit, alles das zu erleben und zu genießen, worauf er wegen der Anforderungen des bisherigen Lebens hatte verzichten müssen.

Es erscheint zweckmäßig, das Alter in drei Phasen zu unterteilen, die sich allerdings nicht bei allen alten Menschen in dieser Form und Ausprägung unterscheiden lassen. Als Beginn des Alters wird etwa das 65. Lebensjahr angesehen, in dem die überwiegende Mehrheit aller Menschen in den Ruhestand tritt. Viele bleiben im Grunde von diesem Ereignis unberührt und leben auch weiterhin wie im mittleren Lebensalter, nur daß sich ihr äußeres Leben durch die Umstellung des Ruhestandes verändert. Der Mensch fühlt sich zwar als *alter* Mensch, aber doch noch fähig, geeignet und so weit im Vollbesitz seiner Kräfte, um für sich und seine Bedürfnisse selbst sorgen zu können. Früher oder später lassen Veränderungen der physischen Kondition oder der Lebensumstände den alten Menschen dann von anderen abhängig werden, er wird *seneszent.* Die letzte Phase, die vielen erspart bleibt und die vielfach auch in sehr vorgerücktem Alter ausbleiben kann, ist die der *Senilität*, bei der das Gehirn nicht mehr seine essentiellen Funktionen als Organ der Anpassung erfüllt und der Mensch als ein wie ein Kind abhängiger Greis in seine zweite Kindheit eintritt, in der andere für ihn in praktisch jeder Beziehung sorgen müssen. Die Alterungsprozesse verlaufen bei jedem Menschen anders, und mancher wird bereits seneszent und gelegentlich auch schon senil sein, wenn er eben das 65. Lebensjahr erreicht hat, während andere noch mit 90 relativ unabhängig sind. Allerdings gibt es kaum Menschen, die nicht jenseits des 70. Lebensjahres durch die physischen Alterungsvorgänge in ihrer physischen Leistungsfähigkeit merklich nachlassen und behindert werden.

Das Leben des alten Menschen wird, was sonst auch immer geschehen mag, mit dem Eintritt in den Ruhestand und durch die Rückkehr zur Abhängigkeit von anderen von Grund auf verändert. Der Abschied von dem Beruf, der bisher Mittelpunkt des Lebens gewesen war, der die Lebensform und die Interessen im wesentlichen bestimmt hatte, ist allerdings für den Mann und für die berufstätige Frau eine größere Umstellung als für die Hausfrau. Die nun kommenden Tage, in denen der alte Mensch seinen eigenen Interessen und Wünschen nachgehen kann, machen eine ganz neue Form des Planens erforderlich. Das Leben der Frau wird vor allem dadurch betroffen, daß sie sich auf den veränderten Lebensrhythmus ihres Mannes, aber auch auf die neue wirtschaftliche Situation einstellen muß. Nicht jeder Mensch wird vom Ruhestand in gleicher Weise betroffen. Manche glauben, daß nun das Leben vorüber sei, während andere in dem Gefühl, sich die Ruhe von der Arbeit verdient zu haben, ihren Lebensabend genießen und sich mit anderen Dingen als ihrem Beruf beschäftigen. Das Alter kann als ein Lebensabschnitt empfunden werden, in dem der Mensch am Ende der Straße, an der Grenze des Lebens, wartend am Abgrund zum Nichts steht, oder aber als eine Zeit des erfüllten Lebensabends, der noch viel zu bieten hat.

Der ältere Mensch betrachtet seine Aussichten, ein hohes Lebensalter zu erreichen, oftmals mit gemischten Gefühlen, und seine Hoffnungen und Erwartungen für die kommenden Jahre sind gewöhnlich nicht sonderlich groß. Er möchte in den noch vor ihm liegenden Jahren ein menschenwürdiges Leben leben, fähig bleiben, für sich selbst und den Ehepartner zu sorgen. Er hofft, sich noch irgendwie für andere nützlich, wenn nicht gar unentbehrlich machen zu können, und fürchtet, einmal anderen zur Last zu fallen. Die noch vor ihm liegenden Jahre sollen ihm Freude bringen und ihm erlauben, das weitere Alter in Zufriedenheit und Ruhe zu erleben. Er fürchtet, senil und gebrechlich zu werden, und hofft, daß ihn ein rechtzeitiger Tod vor einem solchen Schicksal bewahren wird. Das Lebensende getrennt von der Familie und den Freunden in einem Altersheim oder in einem psychiatrischen Krankenhaus zu verbringen ist eine nur allzusehr gefürchtete Möglichkeit, die aber oft als weniger schlimm empfunden wird, als jenen, die man liebt, zur Last zu fallen.

Das alte Ehepaar hat bis zu diesem Zeitpunkt zu äußerster Gemeinsamkeit und wechselseitiger Abhängigkeit gefunden. Beide sehen ihren Lebensmittelpunkt im anderen und hoffen, ihr Leben gemeinsam beenden zu können, weil sie glauben, sich ohne den anderen nicht mehr im Leben zurechtfinden zu können. Beide wünschen die Kinder gut versorgt und die Enkelkinder ihren Weg gehen zu sehen. Familie und Nachkommen nehmen immer mehr Raum im Leben der alten Menschen ein, die, kaum noch etwas von ihrer eigenen Zukunft erwartend, vor allem an den Leistungen, Erfolgen und dem Glück ihrer Kinder und Kindeskinder Freude haben, in denen sie mehr und mehr leben. Freunde sterben, und die, die bleiben, sind nicht mehr die alten, so daß die Familienmitglieder, Brüder, Schwestern und Kinder zunehmend an Bedeutung gewinnen. Auch den weniger nahen Verwandten gilt das Interesse, und neue Bindungen werden zu ihnen geknüpft.

Viele Ehen sind bereits durch den Tod eines der Partner aufgelöst, wenn für den anderen der Lebensabend beginnt. Wegen der höheren Sterberate von Männern und der Tatsache, daß die Ehemänner im allgemeinen älter als ihre Frauen sind, haben in diesem Alter 50 Prozent der Ehefrauen, aber nur 20 Prozent der Ehemänner bereits ihre Partner verloren (2). Auch wenn beide Partner das Alter gemeinsam erleben, zwingt Invalidität oder Tod des einen Partners den anderen früher oder später doch noch zu einer tiefgreifenden Lebensumstellung und Neuanpassung. Dies ist dann vielfach eine sehr kritische Zeit, denn die Partner haben bisher in wechselseitiger Abhängigkeit miteinander gelebt, und die Vertrautheit und Liebe zueinander hat ihr bisheriges Leben erleichtert. Wenn dann ein Partner stirbt, muß der Hinterbliebene nicht nur den Verlust des anderen überwinden, der zum Teil seines Lebens geworden war, sondern er muß sich vielfach auch auf die neue Notwendigkeit einstellen, von ganz anderen Menschen abhängig zu werden. Die Frau ist gewöhnlich eher in der Lage, allein zurechtzukommen, denn sie ist das Haushalten gewohnt. Der Beginn des Ruhestandes und der Verlust des Partners sind außerordentlich belastende Ereignisse, die, wie es scheint, den alten Menschen besonders anfällig gegenüber Krankheit und Tod werden lassen.

Die alten Menschen als soziales Problem

Die Probleme der Alten werden in den verschiedenen Gesellschaften auf sehr unterschiedliche Weise gelöst (5). Vor allem ökonomische

Überlegungen haben die traditionelle Stellung der Alten in der Gesellschaft nachhaltig bestimmt. So können z. B. die Eskimos im hohen Norden, die kaum genug in ihrer Umwelt finden, um ihre kleine, isolierte Familie überhaupt ernähren zu können, nicht für die Schwachen aufkommen. Wenn hier der alte Mensch – und die Menschen altern hier unter den harten Umweltbedingungen sehr früh – das Gefühl hat, unnütz und überflüssig zu sein, geht er von allein hinaus in die Kälte, um im Eis zu erfrieren.[2] In den Tropen, wo die Natur in ihrem Überfluß die Versorgung einer zusätzlichen Person kein Problem sein läßt, kann die Gesellschaft mit den Alten großzügiger umgehen. Hier können sie ihr einfaches Leben zu Ende leben und für die jungen Kinder mit sorgen. Die Chinesen haben ihren alten Menschen Achtung und Verehrung entgegengebracht und ihnen die Verantwortung für die wichtigen Entscheidungen der erweiterten Großfamilie überlassen. In ihrer alten Kultur haben sie gelernt, daß sie die Erfahrung und das Wissen der Alten, vor allem in Zeiten der Belastung und Not, nicht geringschätzen durften. In den USA haben wir bisher nur wenig für unsere Alten getan, und Hunderttausende wurden ohne rechte Notwendigkeit in Altersheime gesteckt, nur weil für sie nicht auf andere Weise gesorgt war. Das Wissen und die Weisheit des Alters haben in unserer sich wandelnden Gesellschaft eine geringere Bedeutung als früher, aber auch die Familienstruktur der isolierten Kernfamilie, die geographisch und sozial eine erhebliche Mobilität aufweist, läßt nur wenig Raum für die abhängigen Alten. Die heutigen Wohnungen haben darüber hinaus wenig überzähligen Raum, und die Mieten richten sich vielfach nach der Zahl der Zimmer. Außerdem mag auch von Bedeutung sein, daß es nur wenige echte Rollen für die Alten gibt, die

2 Eine Erzählung aus dem Buch *The Top of the World* (4) läßt erkennen, daß dieser stoische Schritt nicht freudig und nicht allzu bereitwillig getan wird. Die Großmutter geht in dieser Erzählung hinaus und setzt sich aufs Eis, als das Enkel geboren wird und es damit einen Esser mehr gibt. Eben als sie hinausgegangen ist, kommen die jungen Eltern, die noch nie zuvor einen Säugling gesehen haben, wie dies bei der Einsamkeit des Daseins im Eis durchaus möglich ist, zu der Überzeugung, daß das zahnlose Neugeborene mit einem Mangel behaftet und deshalb unfähig zum Überleben sei. So rennen sie der Großmutter hinterher, um ihr den Säugling mitzugeben. Als die Großmutter erkennt, daß sie für das unwissende Paar noch eine Hilfe sein kann, sagt sie ihnen, sie wisse, wie das Kind Zähne bekommen könne, und kehrt zu ihnen zurück und lebt dann noch einige weitere Jahre mit ihnen.

ihnen das Gefühl, nützlich zu sein, vermitteln könnten. Bevor wir uns aber allzu bereitwillig anklagen, sollten wir auch sehen, daß noch keine Gesellschaft je mit einem Problem ähnlichen Ausmaßes konfrontiert worden ist. 1963 waren über 18 Millionen oder ein Zehntel der Bevölkerung über 65 Jahre alt, und die Verantwortung für die unter 16jährigen und die über 65jährigen obliegt heute einer gleich großen Zahl von Menschen zwischen 16 und 65.

Die stetig wachsende Zahl alter Menschen ist eines der großen Probleme unserer gegenwärtigen Gesellschaft, denn die bisher getroffenen Maßnahmen haben mit der Zuwachsrate in keiner Weise Schritt halten können. 1840 betrug die durchschnittliche Lebenserwartung eines Säuglings noch 40 Jahre. Bis 1900 war sie um ganze 7 Jahre, bis 1930 dann aber sprunghaft auf 60 und bis 1950 auf 68 Jahre angestiegen. 1950 gab es noch 10 Millionen Menschen über 65, 1963 aber bereits 9 Millionen über 75. Dies ist eine Folge der Fortschritte der Medizin.

Die medizinische Wissenschaft hat nicht nur die medizinische Praxis, sondern auch die Struktur der Gesellschaft verändert. Die Schulmedizin hat sich jedoch bisher kaum in angemessener Weise für die Probleme, die sie geschaffen hat, interessiert. So hätte sie z. B. die angehenden Ärzte besser auf die Versorgung alter Menschen vorbereiten oder aber Maßnahmen zu einer angemessenen medizinischen Versorgung der alten Menschen als Bevölkerungsgruppe unterstützen und fordern können. Das Hauptmotiv der Studenten, die zum Medizinstudium kommen, ist nach wie vor die Heilung von Patienten, aber wenn sie dann später vor die Aufgaben der Praxis gestellt sind, sehen sie sich mehr und mehr Patienten gegenüber, die sie nicht heilen, sondern denen sie auf irgendeine Weise angemessen helfen sollen. Dennoch sind in der Medizin in den letzten Jahren die Probleme des Alleinseins, der Störungen aufgrund chronischer Erkrankungen sowie der alten Menschen und ihrer Gebrechen mehr und mehr in den Mittelpunkt gerückt. Die sich hieraus ergebenden Aufgaben übersteigen selbstverständlich die Möglichkeiten und den Aufgabenbereich der Medizin. Viele liberale Programme der Regierung zur Lösung des Problems der sozialen Sicherheit sind nicht so sehr aufgrund besonders liberaler Anschauungen von Politikern zustande gekommen als vielmehr aufgrund der drängenden Notwendigkeit, mit wirksamen Maßnahmen der Probleme um die sich ändernde Altersverteilung der Bevölkerung Herr zu werden. Der ältere Wähler, der nie als radikal oder liberal gegolten hat, hat die kollektive Macht der Älteren mobilisiert mit dem Ziel, den nicht mehr arbeitenden Menschen ein Leben zu ermöglichen, das sie nicht in die Abhängigkeit von der eigenen Familie oder der allgemeinen Wohlfahrt zwingt.

Die allgemeine Steigerung des Wohlstandes in den USA ist bis jetzt an der überwiegenden Mehrheit der älteren Menschen spurlos vorübergegangen. Für das Jahr 1962 betrug das jährliche Durchschnittseinkommen der Unverheirateten, von denen 50 Prozent zur Bevölkerungsgruppe der über 65jährigen gehören, klägliche 1130,– Dollar, während die im allgemeinen jüngeren Verheirateten ein Durchschnittseinkommen von 2875 Dollar hatten. Fast 30 Prozent der Verheirateten über 65 hatten ein Einkommen von weniger als 2000,– Dollar (2), eine Summe, von der nicht einmal Studenten richtig leben können.[3] Heute gibt es die *Medicare* zur medizinischen Versorgung der Alten, und auch das Sozialunterstützungswesen wird allmählich verbessert. Vor allem auch die Leistungen der Altersversicherungen und der verschiedenen Pensionskassen, wie sie heute in Arbeitsverträge mit eingeschlossen sind, werden bei steigendem Wohlstand effektiver werden, so daß die gegenwärtig noch angespannte Situation für einen Großteil der Bevölkerung sich allmählich verbessern wird.

Der ältere Mensch: Ruhestand

Am Anfang des Alters stehen die Probleme der Gesundheit noch nicht so sehr im Vordergrund. Der in den Ruhestand tretende Mensch ist vielfach noch im Vollbesitz seiner Kräfte und fähig, noch einige weitere Jahre zu arbeiten. Das Ruhestandsalter von 65 oder 67 ist recht willkürlich festgesetzt, und schon oft wurde die Zweckmäßigkeit solch starrer Altersgrenzen im Hinblick sowohl auf die Industrie als auch auf den einzelnen Menschen bezweifelt. Die feste Altersgrenze stellt sicher, daß Menschen, die wegen ihres Alters zu versagen beginnen, nicht die allgemeine Entwicklung am Arbeitsplatz aufhalten, und sie verhindert, daß individuelle Entscheidun-

3 Diese Einkommenszahlen schließen die Zuschüsse und Unterstützungen mit ein, die 70 Prozent der alten Menschen 1962 aus verschiedenen Quellen erhalten haben.

gen hinsichtlich des Ruhestandsalters getroffen werden, die von dem davon Betroffenen als ungerecht empfunden werden könnten. Die entscheidende Frage ist nun aber, wie der in den Ruhestand tretende Mensch diese ihm auferlegte neue Situation wird bewältigen können und ob er in der Lage sein wird, neue Interessen zu finden, die seinem Leben einen neuen Inhalt geben. Viele, die sich mit diesem Problem näher beschäftigen, sind immer wieder betroffen zu sehen, wie hoch die Frequenz der plötzlichen Todesfälle in der Zeit unmittelbar nach dem Eintritt in den Ruhestand ist, vor allem bei Menschen, deren ganze Art zu leben von ihrem bisherigen Beruf bestimmt worden war und die kaum in anderen Lebensbereichen Zufriedenheit und Befriedigung hatten finden können. Das plötzliche und vollständige Sich-zur-Ruhe-Setzen scheint für viele eine drohende Gefahr zu sein, und es wäre besser, diese durch einen allmählichen Übergang vom Arbeitsleben in den Ruhestand zu meiden. Viele Firmen und andere Institutionen haben dies erkannt und für entsprechende Maßnahmen gesorgt, aber noch immer können nur wenige über den Modus ihrer Pensionierung selbst entscheiden. Deshalb sollte sich der ältere Mensch auf die Zeit des Ruhestandes schon viele Jahre im voraus vorbereiten, in denen er neue Hobbies und Interessen finden oder sich neue, ihn weniger fordernde Beschäftigungen für die Zeit nach der Pensionierung suchen kann. Das Beschäftigtbleiben mit irgendwelchen realen Problemen bietet die beste Gewähr für eine bleibende Gesundheit des alten Menschen.

Viele Menschen erwarten den Ruhestand, vor allem wenn die ökonomischen Probleme geregelt sind, als eine Zeit, in der sie frei sind von Verantwortung, Routine und Anforderungen, die für sie zur Plackerei geworden waren. Den Gedanken, daß sie sich langweilen könnten, weisen sie weit von sich und meinen, ihre alten Tage mit Fischen, Besuchen, Reisen und Sportveranstaltungen schon genügend ausfüllen zu können. Bald aber werden die Tage leerer und scheinen nirgendwohin zu führen, und das Gefühl der Sinnlosigkeit des eigenen Daseins wird zur schweren Last. Das Paar, das nie zuvor so viel und so lange zusammen gewesen ist, weiß sich vielleicht nicht mehr genügend zu sagen, und vor allem die Frau hat leicht das Gefühl, daß ihr Mann, der ja doch nur herumsitzt, sie in ihren täglichen Vorhaben stört. Das Leben wird unbedeutend, der alte Mensch selbst fühlt sich überflüssig. So wird er mitunter leicht reizbar, fühlt sich vernachlässigt und anderen im Wege. Er wird verstimmt und depressiv und macht sich selbst Vorwürfe, nichts bieten zu können, oder aber er wird reizbar und paranoisch, in der Vorstellung, daß andere seine Gegenwart nicht wünschen. Über seine Frau beginnt er sich bei jeder Gelegenheit zu ärgern und ärgert sie selbst, deren Leben sich mit seiner Pensionierung nicht in gleicher Weise verändert hat, da für sie die entscheidende Umstellung bereits in der Zeit, als die Kinder das Elternhaus verließen, eingetreten war. Glücklicherweise beschäftigen sich zunehmend mehr Menschen schon lange vor ihrem Ruhestand mit der Frage, wie sie ihre alten Tage verbringen werden. Sie nehmen sich bestimmte Dinge vor, die sie unternehmen wollen, z. B. Reisen und Betätigungen in öffentlichen Organisationen. Wenn der Mensch sich zu beschäftigen weiß und sich nicht herumgestoßen fühlen muß, können diese Jahre eine glückliche Zeit sein. Er hat Zeit für Gesellschaft und Geselligkeit, hat Zeit, seine Enkel zu sehen, zu lesen oder im Garten zu arbeiten. Für Reisen ist manchmal Geld gespart, und viele Orte, die das alte Ehepaar schon immer besuchen wollte, werden nun endlich aufgesucht. Alles dies gelingt am besten, wenn der alte Mensch sich einen Zeitplan macht und wenn dabei die Zeit für all die vielen Dinge, die er noch gerne tun und unternehmen möchte, immer zu knapp bleibt.

Befriedigung im Ruhestand finden heißt aber mehr, als nur die alten Tage mit Beschäftigungen ausfüllen. Der alte Mensch muß auch eine entsprechende Einstellung zu seinem Lebensabend finden. Für manche ist dies nicht einfach eine Zeit des Abbaus und Wartens, auch wenn sie sich ihrer schwindenden Möglichkeiten und wachsenden Grenzen wohl bewußt sind; es ist vielmehr noch immer eine Zeit des Wachsens, in der sie das Wissen und die Erfahrung, die sie im Verlaufe ihres Lebens erworben haben, nützen, in der sie nachdenken, beobachten und die Wirrnisse und Zufälligkeiten des Lebens zu ordnen suchen. Man hat oft den Eindruck, als ob diejenigen, die sich auch weiterhin mit irgendeiner Form von produktiver Arbeit beschäftigen, am längsten aktiv und geistig auf der Höhe bleiben. Manche Menschen scheinen in ihrer Kraft schier unbegrenzt zu sein, entweder aufgrund ihrer unbegrenzten inneren Möglichkeiten oder dank einer günstigen Veranlagung. Chief Justice Holmes z. B. war ein brillanter Jurist und wie sein Vater, Oliver Wendel Holmes, der Arzt und Dichter, aktiv bis weit in die 90. Manche Männer wie Tizian, Frank Lloyd Wright, Picasso und Somerset Maugham wurden mit zunehmendem Alter produktiver, vielleicht weil sie sich freier fühlten, sich selbst zu äußern. Winston Churchill erlangte Bedeutung und Ruhm in einem Alter, zu dem andere Männer sich bereits zur Ruhe setzen. So beschäftigte sich ein Mediziner, der Dekan an einer Medical School gewesen war, noch 15 Jahre nach seiner Emeritierung mit nationalen medizinischen Problemen. Als er schon fast das 90. Lebensjahr erreicht hatte, versicherte er einem Kollegen, der ihn seit zwei Jahren nicht gesehen, daß er bei guter Gesundheit sei, und fügte hinzu, daß man bei ihm eine geringgradige Verkalkung seiner Herzkranzgefäße festgestellt habe und daß er im vergangenen Jahr an Darmkrebs operiert worden sei, daß aber noch einige Dinge für ihn zu tun blieben, bevor er sich wirklich zur Ruhe setzen könne. Solche Männer haben voll gelebt und machen bis zu ihrem Lebensende das Beste aus dem, was ihnen das Leben bietet. Sie gehören jedoch nur zu einer kleinen Minderheit, denn nur wenige haben vergleichbare Anlagen und Energien. Aber auch viele, die nicht in dieser Weise begünstigt sind, suchen ihr Leben aktiv zu erleben und zu genießen, statt in Verzweiflung zu geraten. Auch im Alter darf es keinen Stillstand geben, denn das Warten oder das Verzichten auf die Nutzung der eigenen Anlagen und Möglichkeiten führt nur zu bald zu Stagnation und Regression.

Es ist nur schwer möglich, Lebens- und Verhaltensmuster, die sich im Verlauf des Lebens herausgebildet haben, zu ändern, vor allem wenn keine Notwendigkeit mehr besteht, mit der Zeit in jeder Hinsicht Schritt zu halten. Aber die gewohnten Lebensformen entsprechen allmählich nicht länger den sich wandelnden Verhältnissen; der alte Mensch wird deshalb in Hinblick auf das Neue und Unerprobte ängstlich und folglich zunehmend konservativer, er stützt sich auf das bisher Bewährte, das bei der Bewältigung der neuen Aufgaben jedoch mehr und mehr versagen muß. So wird die Notwendigkeit, etwas anders als in der bisher gewohnten Weise zu tun, zur Last. Der alte Mensch wünscht sich deshalb, von der Veränderung und dem Wandel frei zu sein und mit alten Freunden die alten Tage zu erinnern, als die Welt noch normal und vernünftig war oder noch Abenteuer zu bieten hatte.

Der Ruhestand mit allen seinen Annehmlichkeiten und Nachteilen macht gewöhnlich die erste entscheidende Umstellung im Alter erforderlich. Allmählich wird dann der ältere Mensch auch abhängig von anderen, er wird wirklich alt. Dies ist für viele nur schwer zu begreifen und zu akzeptieren. Der alte Mensch, der bisher für seine Kinder gesorgt und ihnen mit Rat und Tat zur Seite gestanden hat, wird jetzt von ihnen abhängig. Dies muß das Selbstwertgefühl unterhöhlen. Zwar ergeben sich, wenn festgefügte Familienbeziehungen bestehen, kaum wirkliche Schwierigkeiten, aber das Gefühl der Abhängigkeit erzeugt doch Angst und läßt vielfach Reibereien mit den Personen der Umwelt aufkommen. Der alte Mensch versucht oft, sich angesichts seiner wachsenden Abhängigkeit durch ein übersteigertes Selbstbewußtsein oder mit Gefühlen, seine Kinder seien undankbar, zu behaupten und verzehrt sich mitunter in tiefem Groll. Manche bestehen so sehr darauf, niemandem zur Last zu fallen, daß ihre Familie sich große Sorgen um ihr Wohlergehen machen muß. Die zunehmende Abhängigkeit und Pflegebedürftigkeit des alten Menschen wird tatsächlich vielfach zu einer Last, auch wenn die Kinder bereit und willig sind, für ihre geliebten Eltern zu sorgen. Allerdings bringt die neue Abhängigkeit auch Möglichkeiten mit sich, für früher erlittene Unbill bewußt oder unbewußt heimzuzahlen. Nicht alle Kinder empfinden Zuneigung und Liebe zu den Eltern; viele sorgen nur widerwillig für sie und finden Befriedigung, wenn sie die Eltern oder einen der Eltern beherrschen können, die früher sie selbst beherrscht hatten. Kinder, die wegen Streit und Schwierigkeiten froh gewesen waren, von ihren Eltern wegzukommen, werden nicht erbaut sein, sie wieder unter ihrem Dach zu haben. Shakespeares berühmte Darstellung der Probleme des vorgerückten Alters im *König Lear* gibt ein dramatisches Beispiel des Leidens, das aus der Abhängigkeit von feindselig gestimmten Kindern erwachsen kann, aber auch der schrecklichen Folgen, die sich aus dem falschen Urteil des stolzen und starrsinnigen Mannes ergeben. Der alte Mensch hat Angst vor dem Verlust seiner Autonomie und vor der finanziellen Abhängigkeit. Wenn erst die Unabhängigkeit dahin ist, folgt bald auch ein Stück Individualität nach.

Die Umstellung auf eine eingeschränktere, umständlichere und starrere Lebensweise wird noch kompliziert durch die zunehmende Einschränkung, die sich aus den mit zu den Alterungsvorgängen gehörigen Veränderungen im Gehirn ergeben. Der Verlust an Hirnrindenzellen und Hirngewebe, der sich nun allmählich einstellt, bringt Beschränkungen mit sich, schützt aber auch den alten Menschen vor der unmittelbaren Auseinandersetzung mit jenen unausweichlichen Mißgeschicken, wie sie sich mit zunehmendem Alter einstellen, und vor der Sorge um den nahenden Tod. In gewisser Weise geht der allmähliche Verlust an Hirnzellen parallel mit dem allmählichen Verlust an Bindungen zu jenen Menschen, die bisher dem Leben einen Inhalt gegeben hatten, und trägt mit dazu bei, das Leben langsam dahinschwinden zu lassen.

Die verbesserten Lebensbedingungen und der Fortschritt der Medizin, vor allem der prothetischen Medizin, erlauben es zunehmend mehr alten Menschen, ihre alten Tage auch zu genießen. Körperliche Abnutzungserscheinungen treten früher oder später bei jedem auf. Die Alterssichtigkeit, jene Minderung der optischen Akkomodation, die in den Vierzigerjahren des Lebens einsetzt, läßt sich durch eine Brille korrigieren. Der graue Star des alten Menschen kann operativ entfernt und damit eine ausreichende Sehkraft wiederhergestellt werden. Stets kommt es auch mehr oder weniger zu einer Abnahme des Hörvermögens und bisweilen zur Taubheit, die zu einem äußerst schwierigen Problem werden kann. In gewisser Hinsich ist Taubheit sogar eingreifender als Blindheit, da sie die Kommunikation abschneidet, den Menschen stark introvertiert werden läßt und Mißverständnisse fördert. Schwerhörige und Taube können für andere besonders schwierig und lästig sein und mehr Ärger und Aufregung verursachen als Blinde. Der von Taubheit Betroffene fühlt sich ausgeschlossen, und vielfach wächst in ihm der Argwohn gegen seine Umwelt. Hier haben die elektronischen Hörhilfen im wesentlichen Abhilfe geschaffen und mit dazu beigetragen, die physische Geschmeidigkeit der alten Menschen zu erhalten, indem sie ihnen helfen, die Kommunikation zu anderen Menschen aufrechtzuerhalten. Es ist allerdings für den alten Menschen nicht einfach, sich an eine solche Hörhilfe zu gewöhnen; deshalb sollte sie bereits angepaßt und das Hören mit ihr geübt werden, bevor die Hörstörungen schwerere Ausmaße angenommen haben und der alte Mensch damit zu starr geworden ist, um die neue Vorrichtung noch zu akzeptieren. Das künstliche Gebiß hat gegenwärtig eine derart breite Anwendung gefunden, daß man sich überhaupt nicht mehr vorstellen kann, wie das Fehlen von Zähnen nicht nur die Freude am Essen verderben, sondern auch die Gesundheit durch Ernährungsstörungen zu gefährden vermag. Die Vergrößerung der Prostata, an der Männer früher vielfach elendiglich zugrunde gingen, kann heute auch noch im vorgerückten Alter mit Erfolg chirurgisch angegangen werden. Die allgemein verbreiteten arthrotischen Veränderungen in den Gelenken führen praktisch bei jedem alten Menschen zu einer Einschränkung seiner Beweglichkeit, bei einigen aber zu einer weitgehenden Invalidität, die sich unglücklicherweise noch nicht wirklich mit Erfolg behandeln läßt und damit zu einer der entscheidenden Ursachen für das Abhängigwerden des alten Menschen gehört.

Senilität

Störungen der Gesundheit können sich jetzt in vielerlei Bereichen einstellen und tiefgreifende Veränderungen der Persönlichkeit des alten Menschen herbeiführen, dem die Einschränkung seiner Spannkraft und Gesundheit oft erheblich zu schaffen macht und der die daraus resultierende Abhängigkeit nur schwer zu ertragen vermag. Es sind aber in erster Linie die unausweichlichen Veränderungen im Gehirn selbst und ihre Auswirkungen auf die entscheidenden integrativen Funktionen der Persönlichkeit, die die Senilität bestimmen.

Senile und arteriosklerotische Veränderungen führen allmählich zum Untergang von Ganglienzellen in der Hirnrinde. Das Lumen größerer Blutgefäße wird eingeengt oder schließlich verschlossen, was zum Apoplex, dem »Schlaganfall«, führt. Und wenn eine Hirnregion geschädigt wird, die für die Symbolfunktionen essentielle Bedeutung hat, dann lassen auch die intellektuellen Fähigkeiten nach. Ein gewisser intellektueller Abbau beginnt sogar schon in den Dreißigerjahren, der allerdings bis in die Mitte der Sechzigerjahre noch relativ unbedeutend bleibt, um dann in den Siebzigerjahren deutlicher hervorzutreten. Das Ausmaß des Abbaus ist jedoch bei den einzelnen Menschen außerordentlich unterschiedlich. Bei manchen ist der Abbau schon vor dem 60. Lebensjahr ausgeprägt, während er sich bei anderen auch in höherem Alter nur mit speziellen Testverfahren nachweisen läßt. Vor allem die Fähigkeit, neue Lösungen für Probleme zu erdenken, schwindet, während das früher Gelernte sowie gewohnte Problemlösungen eher erhalten bleiben.[4] Da viele Menschen sich schon im späteren Erwachsenenalter kaum noch neue Formen von Problemlösungen aneignen und sich lieber auf das verlassen, was sie in ihrem bisherigen Leben gelernt haben, tritt das Nachlassen der intellektuellen Fähigkeiten beim alten Menschen unter Umständen weniger offen zutage. Andeutungen von ärztlicher Seite über den intellektuellen Abbau eines alten Menschen werden von seinen Angehörigen vielfach energisch zurückgewiesen. Es ist jedoch nicht ungewöhnlich, daß ein Mann von über 70, der noch selbst für sich zu sorgen imstande ist, seinem sechsjährigen Enkel bei der Zusammensetzung eines Puzzlespiels nicht zu helfen vermag und dieses Versagen vor dem Kinde, das spielend damit fertig wird, verbergen muß. Am deutlichsten treten die altersbedingten Schwierigkeiten bei der Störung der Gedächtnisfunktion zutage. Aber auch wenn von so manchen alten Menschen gesagt wird, daß sie mit Ausnahme ihrer Gedächtnisstörung geistig noch voll auf der Höhe seien, wird man mit sorgfältigen Testverfahren doch immer eine noch weitergehende Einschränkung der geistigen Funktionen nachweisen können, und zwar auch dann, wenn Gedächtnisstörungen sich noch nicht bemerkbar gemacht haben.[5]

Gedächtnisstörungen

Der alte Mensch beschäftigt sich, wie man wohl weiß, in seinem Reden und Denken zunehmend mehr mit der Vergangenheit. Es

4 Kurt Goldstein zieht bei der Erklärung der Tatsache, daß bei zerebral Geschädigten wie auch bei alten Menschen bestimmte Fähigkeiten verlorengehen, während andere erhalten bleiben, die Überlegung heran, daß die zerebral geschädigten Menschen Probleme auf abstrakte Weise nicht mehr lösen könnten, aber noch zu konkretem Denken fähig seien (1). Es besteht jedoch ein eindeutigerer Unterschied zwischen der Abnahme der Merkfähigkeit und der Fähigkeit, Probleme des Augenblicks zu lösen. Das allgemeine Vokabular und die allgemeine Information bleiben am ehesten erhalten und lassen sich zur Beurteilung der früheren intellektuellen Fähigkeiten heranziehen, während neue Aufgaben, die unter minimaler Anwendung des früher Gelernten gelöst werden müssen (wie die nichtverbalen Teile von Intelligenztests), zur Bewertung der augenblicklichen intellektuellen Fähigkeiten herangezogen werden können (3).

5 Die »Wechsler Adult Intelligence Scale« (WAIS) berücksichtigt dieses zu erwartende Nachlassen der intellektuellen Fähigkeiten, indem sie ein Maß des Intelligenzniveaus angibt, das ein älterer Mensch einmal gehabt hat.

erscheint an sich nur natürlich, daß er angesichts seines vorgerückten Alters und seines Abseitsstehens sich jener Zeit zuwendet, als ihm das Leben noch etwas zu bieten hatte und die Ereignisse des Augenblicks ihn nocht direkter berührten. Wenn die Zukunft nichts mehr bringen kann und der Gedanke an sie Gedanken an den bevorstehenden Tod weckt, wenden sich die Interessen in regressiver Weise den früheren Jahren zu. Bei den meisten Menschen, die sehr alt sind, greift der Defekt jedoch noch tiefer. Merkfähigkeitsstörungen stellen sich ein, und der Mensch lebt mit seinen Gedanken mehr und mehr in der fernen Vergangenheit, so als ob ein Schatten auf das jetzt und das unmittelbar zuvor Gewesene fiele, der sich immer mehr ausdehnt, bis schließlich nur noch Erinnerungen aus der Kindheit bleiben. Dieser Form der Gedächtnisstörung liegen senile Veränderungen im Gehirn zugrunde, und sie ist vielleicht das charakteristischste Kennzeichen der Senilität. Wir wissen allerdings nicht genau, warum frühe Erinnerungen erhalten bleiben, während die Merkfähigkeit verloren geht.

Wenn der Mensch lange genug lebt, kann für ihn eine Zeit kommen, wo er nicht nur in seinem Denken in der Vergangenheit weilt, sondern sich auch dementsprechend verhält. Er ist dann nicht mehr in der Lage, für sich selbst zu sorgen und muß als psychotisch angesehen werden. So redete z. B. ein Mann über 80 nur wenig und äußerte sich eigentlich nur über Geschehnisse aus seiner Kindheit in einer ländlichen Gemeinde. Die Gedächtnisstörungen waren bei ihm nicht zu verkennen. Als einer seiner Freunde, ein ehemaliger Geschichtsprofessor, ihn besuchte, kam der alte Herr, der noch immer ein vorbildlicher Gastgeber war, in der Konversation auf die amerikanische Geschichte zu sprechen und sprach über sie so, wie er sie in seiner Einklassen-Zwergschule gelernt hatte. Dabei unterbrach er das Gespräch hin und wieder, um den früheren Professor zu fragen: »Sie wissen doch, wer Abe Lincoln war, oder?« und »Sie haben doch schon von Ben Franklin gehört?« Er war unfähig, die Kenntnis vom Beruf seines Gegenübers und die Tatsache, daß dieser die noch erinnerten bruchstückhaften Faktoren offensichtlich ebenfalls kannte, miteinander zu vereinbaren, und dennoch war dieser alte Herr in der Lage, nachdem sein Gast gegangen war, mit dem Bus in einen anderen Stadtteil zu fahren, zum Friseur zu gehen, seine persönliche Zigarrensorte zu kaufen und den Weg nach Hause ohne Mühe zu finden. Gänzlich anders verhielt sich eine alte Dame in einem psychiatrischen Krankenhaus. Den Arzt, der sie jahrelang betreut hatte und jetzt besuchte, begrüßte sie, indem sie ihm einen Stuhl anbot und sagte: »Mein Vater wird sofort da sein. Ja, er ist Pfarrer und wird sich freuen, daß sie gekommen sind, um über den Kirchenneubau zu sprechen.« Sie setzte sich, wartete und fragte ihren Besucher, ob er eine Tasse Tee haben wolle. Als dieser unruhig wurde, ging sie zur Tür und sagte: »Ich weiß ja nicht, warum Vater nicht kommt, ich werde gehen und ihn noch einmal rufen.« Damit verließ sie den Raum und vergaß mit dem Wechsel der Szene vollständig, daß der Arzt auf sie wartete. Dieser fand sie dann im anderen Raum vor einer Zeitung sitzen. Diese Frau sprach nicht nur über die ferne Vergangenheit, sie lebte auch in ihr. Sie war zeitlich und örtlich desorientiert und bedurfte demzufolge der ständigen Aufsicht und Überwachung.[6]

Das Schwinden der Impuls-Kontrolle

Das Schwinden der intellektuellen Fähigkeiten kann auch in einem Nachlassen der Beherrschung von Impulsen und Emotionen manifest werden, so daß z. B. durch wiederholte Zornausbrüche und Mißtrauen das Zusammenleben des alten Menschen mit seiner Umwelt außerordentlich erschwert werden kann. So schwindet mitunter auch die entsprechende Kontrolle über die sexuellen Triebe und die sexuellen Empfindungen, was sich in gehäufter masturbatorischer Betätigung äußern kann, die auf die Umwelt abstoßend wirken muß. Manche alten Männer nähern sich in sexueller Absicht Frauen und häufiger auch kleinen Kindern. Zwar trägt ein derartiges sexuelles Verhalten gewöhnlich infantile Züge und äußert

6 Man kann sich jedoch auch von seiner vorgefaßten Meinung erheblich täuschen lassen. So wurde ein alter Mann im Alter von 76 Jahren mit einer Herzinsuffizienz und völliger Desorientiertheit ins Krankenhaus gebracht. Nachdem sein Herz mit Erfolg behandelt worden war und damit sein Gehirn wieder ausreichend mit Sauerstoff versorgt wurde, schien er wieder voll orientiert und vernünftig zu sein. Da er aber immer wieder meinte, daß er, da er ja jetzt wieder gesund sei, von seiner Mutter mit dem Auto aus der Klinik abgeholt werden könne, entschieden die Ärzte, ihn noch für einige Wochen zu behalten, um zu sehen, ob sich sein Geisteszustand noch weiter bessern würde. Sie waren dann aber außerordentlich überrascht und erstaunt, eines Tages zu sehen, wie die 95jährige Mutter des Patienten aus einer etwa 100 Meilen entfernten Stadt in Begleitung ihrer 97jährigen Schwester mit dem Auto herübergefahren kam, um ihren »Jungen« mit nach Hause zu nehmen.

sich z. B. in Exhibitionismus, Voyeurismus oder im Versuch, sich masturbieren zu lassen, aber es können dadurch schwerwiegendere Probleme und Schwierigkeiten entstehen. Auch bei alten Frauen können beunruhigende sexuelle Empfindungen auftreten, die noch gesteigert werden durch Reizungen in der Vaginalregion, wie sie sich mit der senilen Atrophie der Scheidenhaut einstellen. Die sexuellen Impulse werden selten aggressiv geäußert, führen aber zu Scham- und Schuldgefühlen wegen der masturbatorischen Betätigung.

Der Zustand der Senilität kann sich parallel zum allmählichen Schwund von Hirnzellen langsam einstellen oder aber plötzlich manifest werden. So kann z. B. eine Pneumonie oder eine Herzinsuffizienz und die damit einhergehende unzureichende Sauerstoffversorgung des Gehirns, die bei einem jungen Menschen ohne bleibende Folgen wäre, beim alten Menschen zum Untergang vieler ohnehin bereits degenerierender Hirnzellen führen. Oder ein Medikament, das wegen einer Erkrankung gegeben werden muß und das Gehirn normalerweise durch seine Toxizität in seiner Funktion lediglich geringgradig beeinträchtigt, führt beim alten Menschen zu einer Zerstörung von Hirnzellen, so daß er sich nicht mehr richtig erholt. Und schließlich kann der Anpassungsspielraum des alten Menschen bereits derart eingeengt sein, daß irgendwann durch eine Erkrankung nur eine psychische Desorganisierung einzutreten braucht, um das noch vorhanden gewesene Gleichgewicht für immer zu zerstören. Solcherart abrupte psychische Dekompensationen werden vielfach durch emotionale Krisen oder durch plötzliche Veränderungen der Lebensverhältnisse begünstigt, die mit der dabei erforderlichen Neuanpassung die Möglichkeit des alten Menschen übersteigen. Ein alter Mann z. B., dessen Frau stirbt, kann sich nicht selbst versorgen und wird verwirrt. Oder er kann sich nicht an die fremde Umwelt des Altersheimes gewöhnen, in das er gebracht wird, oder die Kinder, bei denen er nun lebt, haben Streit miteinander oder wenden sich gegen ihn und beschuldigen ihn, für ihre Schwierigkeiten verantwortlich zu sein, und er sieht sich außerstande, die Konflikte und emotionalen Schwierigkeiten um sich herum zu bewältigen. Kurt Goldstein (1) hat auf die Bedeutung der »Katastrophenreaktionen« im Verhalten von Hirnverletzten und auch senilen Menschen hingewiesen. Wenn solche Menschen mit einer Aufgabe konfrontiert werden, die ihre Fähigkeiten übersteigt, dann führen die resultierenden Frustrationen zu einer psychischen Dekompensation, in deren Folge immer wieder von neuem vergebliche Anstrengungen unternommen werden. Die Verwirrtheit kann sich, indem sie auf andere Fähigkeiten und Leistungen übergreift, perpetuieren. Eine solche Reaktion läßt sich dadurch zum Stillstand bringen, daß man die Umwelt und die vom Patienten geforderten Aufgaben vereinfacht.

Die Notwendigkeit stabiler Umweltsverhältnisse

Der alte Mensch braucht eine relativ stabile, mit zunehmendem Alter auch ruhige und unkomplizierte Umwelt, in der alles seinen gewohnten Platz hat und in der er sich geborgen und sicher fühlen kann. Shakespeare hat dies in seiner Darstellung von König Lears Irrsinn zum Ausdruck gebracht. Obwohl Lear in seiner Urteilsfähigkeit eingeschränkt ist, ist er so lange noch relativ normal, bis er von seinen Töchtern, die er bevorzugt und denen er vertraut hat, aus seinem Palast geworfen wird. Als er sich in seinem Zorn in einer fremden Umwelt wiederfindet, kommt es bei ihm zur Dekompensation, und er zeigt ein seniles, verwirrtes Verhalten. Und als sich das Wetter dann wendet und er in der Liebe seiner Tochter Cordelia Zuflucht findet, findet er auch wieder, was typisch ist, zu einer relativ guten Integration zurück.
In diesem Zusammenhang erscheint es notwendig, noch einmal darauf hinzuweisen, daß nicht jeder Mensch in höherem Alter senil werden muß. Selbst ein 90jähriger kann noch psychisch wach sein und sich selbst beschäftigen, auch wenn er nicht mehr für sich selbst zu sorgen imstande ist. Diejenigen, die psychisch noch intakt bleiben, werden jedoch leicht depressiv, da die Beziehungen zu anderen Menschen, die dem bisherigen Leben einen Inhalt gaben, sich mit dem Tod von Verwandten und Freunden auflösen, so daß der alte Mensch sich überflüssig oder ausgeschlossen fühlen muß. Aber nicht in jedem Fall sind solche Empfindungen, daß der Tod erwünscht sei, Zeichen der Depression. Der Tod wird von sehr alten Menschen gewöhnlich nicht so sehr gefürchtet, denn sie betrachten ihn als Erlösung von den Anstrengungen des ihnen noch verbliebenen eingeschränkten Lebens und der ihnen noch drohenden Altersbeschwerden. So war z. B. ein 80jähriger Mann, der in Erwartung seines

Todes sein Hab und Gut zu verteilen begann, noch immer psychisch wach und fröhlich. Von seiner Familie dazu aufgefordert, versicherte sein Arzt ihm, wie gut es ihm noch gehe, er könne wohl noch weitere 10 oder 20 Jahre leben und solle deshalb nicht all sein Geld so schnell verteilen. Der alte Mann antwortete, daß er, wenn dies keine Sünde wäre, darum beten würde, bald zu sterben. Er sei nicht etwa depressiv, sondern er habe ein erfülltes Leben gehabt, alle seine Kinder seien verheiratet, fast alle Angehörigen seiner Generation seien bereits gestorben und er habe nichts mehr zu wünschen, außer daß es ihm vergönnt sein möge, nicht sich selbst und jenen, die er liebe, zur Last fallen zu müssen.[7]

Die Notwendigkeit adäquater sozialer Maßnahmen

Nach Schätzungen wird es in den USA 1980 25 Millionen Menschen über 65 Jahre geben. (6)

Für viele wird das Leben schließlich nach einigen Jahren, die weder glücklich noch unglücklich sind, in einem Dämmerzustand zu Ende gehen. Viele werden den schmerzlichen Verlust von Verwandten und Freunden nicht mehr so sehr empfinden. Ihr Leben wird mit deren Tod eingeengt, sie fühlen sich als nicht mehr in die Zeit passend und ihr Leben als sinnlos und überflüssig. Die Gedanken und Interessen richten sich mehr und mehr auf die Vergangenheit, und mit den Sorgen um die eigene Sicherheit und Geborgenheit sowie um das eigene Prestige, die zu Gefühlen der eigenen Armseligkeit und Bedeutungslosigkeit führen, entwickelt sich eine neue Form der Egozentrizität. Ohne nach außen gerichtete Interessen rücken vor allem die Sorgen um die Körperfunktionen mehr und mehr in den Vordergrund. Die Gesundheit wird zum Hauptgegenstand der Konversation, und das Gefühl, vernachlässigt zu werden, läßt die Klagen über die mangelnde Gesundheit nur noch zunehmen. Das Freisein von Arbeit führt bei jenen, die sich nicht in jünge-

7 Oftmals sind der junge Arzt, der Fürsorger und der klinische Psychologe, wenn sie noch wenig Berufserfahrung haben, der Meinung, daß man nur sehr wenig tun könne, um Menschen im vorgerückten Alter noch bei ihren emotionalen oder sozialen Problemen zu helfen. Da aber viele alte Menschen nur wenig erwarten und ihre Bedürfnisse begrenzt sind, kann man schon mit wenigen Maßnahmen viel erreichen. Solche Anstrengungen sind nicht darauf ausgerichtet, tiefgreifende Persönlichkeitsveränderungen herbeizuführen. Ein 76jähriger Mann z. B., der

ren Jahren darauf eingestellt hatten, eigene Interessen zu verfolgen, zur Stagnation. Auch wenn das Leben seinem Ende zugeht, braucht der Mensch Selbstvertrauen, muß er ein Ziel haben, das seinem Leben über den Tag, die Woche und den Monat hinaus einen Sinn geben kann. Wenn der alte Mensch eine erfüllte Zukunft – für andere wie für sich selbst – vor Augen haben kann, hilft dies der Apathie des Alters entgegenzuwirken und die psychische Vitalität zu bewahren. Zu allen Zeiten haben die Lehren der Religionen den Menschen Wege aufgezeigt, einen Sinn im Alter zu finden, indem sie entweder die Hoffnung auf ein Leben nach dem Tode oder die Unterordnung des Menschen unter einen höheren, unendlichen Gott verkündigt haben. Wem Religion etwas bedeutet, wessen Leben von ihr erfüllt ist, dem kann sie im Alter eine Lebensstütze sein und Trost und Hoffnung geben. Wem sie jedoch bloße Form ist, den kann sie wenig mehr als Ergebenheit in ein unheilvolles Geschick lehren. Religion kann das Leben auch im Alter am ehesten dann erfüllen, wenn sie als Grundlage zur Bewältigung des Lebens und nicht zur Bewältigung des Sterbens verstanden und erlebt wird. Die alten Menschen werden mehr und mehr zu einem der Hauptprobleme der Medizin und der Gesellschaft. Die Erhaltung des Lebens und die Vergrößerung der Lebenserwartung durch die medi-

wegen eines hartnäckigen Bronchialasthmas stationär behandelt werden mußte, war empfindlich gegenüber Hunde- und Katzenhaaren. Als man ihm mitteilte, daß er nach Hause entlassen werden könne, wenn er seine zwei Hunde und vier Katzen abschaffen würde, geriet er in Wut und verlangte nach einem Psychiater, dem er sagte, daß dieser ärztliche Rat unsinnig sei. Er wisse von seiner Allergie gegenüber Katzen- und Hundehaaren schon seit vielen Jahren, diese Tiere seien aber immer in seinem Haus gewesen, ohne daß er unter Asthmaanfällen zu leiden gehabt hätte. Den letzten Asthmaanfall habe er mit 14 Jahren gehabt. Er sei seinerzeit allergisch gegenüber Pferden gewesen, eigentlich aber wohl eher gegenüber dem Reitlehrer, der mit seiner verwitweten Mutter ein Verhältnis gehabt hatte. Als er damals von seiner Mutter weg zu seiner Tante gezogen war, hatten seine Asthmaanfälle aufgehört. Jetzt sei er gegenüber Alkohol allergisch, – gegenüber dem Trinken seiner Frau, die ihn in betrunkenem Zustand beschimpfe, Selbstmordabsichten äußere und ihn verzweifeln lasse. Er sei zu alt, um mit ihr noch fertig zu werden, aber auch zu alt, um allein zu leben, und deshalb sei er auf sie angewiesen. Es stellte sich schließlich heraus, daß seine Frau, die 20 Jahre jünger war, sich sehr davor fürchtete, mit dem Tod ihres Mannes allein und verlassen zu sein, ähnlich wie sie dies auch bei dem Tod ihres Vaters kurz vor ihrer Heirat befürchtet hatte. Durch etwas psychotherapeutische Arbeit mit der Frau und einer Haushälterin in der Wohnung des Ehepaares ließ sich die gesamte Situation ändern.

zinische Wissenschaft müssen fragwürdige Errungenschaften bleiben, solange die gewonnenen Lebensjahre nicht auch sinnvoll ausgefüllt werden können. In den USA sind schon viele Maßnahmen getroffen worden, um die Situation der Alten zu verbessern, und wenn man sich bemüht, die Eigenschaften und Fähigkeiten des alten Menschen sowie seine Bedürfnisse und Schwierigkeiten zu verstehen, wird man die bisher getroffenen Maßnahmen sicherlich noch wirksam erweitern können. Vor allem mit Hilfe der Altersversicherungen, die von privater Seite sowie von seiten der Industrie und der Regierung geschaffen wurden, konnte die Situation bereits entscheidend verbessert werden. So ist es für die arbeitenden Menschen nicht länger notwendig, in dem Maße wie bisher auch für die alten Familienmitglieder aufzukommen. Auch wenn derartige Sozialmaßnahmen noch hinter denen der meisten anderen Industrienationen zurückstehen, ist doch ein solider Anfang getan. Durch die Vorsorge für die alten Tage kann der Mensch seine Zukunft sicher und unabhängig von der öffentlichen Wohlfahrt erwarten. Für viele ist es jedoch besser, solange wie möglich zu arbeiten, und im Zweiten Weltkrieg wurde in genügendem Maße deutlich, daß der alte Mensch sich noch in vielerlei Rollen nützlich machen kann. Es ist jedoch etwas grundsätzlich anderes, ob ein alter Mensch freiwillig Arbeit leistet oder ob er dazu aus persönlicher Not gezwungen ist und in der ständigen Furcht leben muß, bei Versagen oder Unfähigkeit ohne Geld und Existenzmöglichkeiten dazustehen. Bei allen Bemühungen um die zusätzliche Bereitstellung von Arbeitsplätzen für alte Menschen, die noch freiwillig weiterarbeiten möchten, treibt doch die zunehmende Automation in der Industrie in die entgegengesetzte Richtung und verspricht eher eine Vorverlegung des Ruhestandsalters. Die Erkenntnis beginnt sich jedoch mehr und mehr durchzusetzen, daß zusätzlich zur Schaffung von finanzieller Sicherheit im Alter auch Interessen gefördert werden müssen, und zwar bereits in jüngeren Jahren, die dem Leben im Alter mehr Sinn und Inhalt geben können. Es ist freilich nur schwer möglich, die gebildeten Schichten und die verantwortlichen Stellen für solche Gedanken zu gewinnen, und es ist noch sehr viel schwerer, dies bei Fabrikarbeitern zu tun, deren Leben durch die Routinearbeit vieler Jahre bereits sehr stark eingeengt ist.

Auch der Wandel der Familienstruktur hat entscheidende Probleme aufgeworfen. Es ist bei den heutigen Wohnverhältnissen kaum möglich, daß drei oder gar vier Generationen unter ein und demselben Dach leben. Aber auch hier haben Ruhestands- und andere Sozialmaßnahmen die Situation verbessern können, denn für viele Familien ist das zusätzliche Einkommen der alten Menschen eine willkommene Unterstützung zur Bestreitung der Lebenshaltungskosten, vielfach aber, ohne daß die alten Menschen dadurch einen echten Platz, ein echtes Zuhause haben. Das Paar, das Eltern oder Großeltern bei sich aufnimmt, wird vielleicht das Gefühl haben, daß damit sein Leben eingeengt wird. Auch wenn sich die ältere Frau im Haushalt noch nützlich machen kann, gelangen doch viele Familien zu der Erkenntnis, daß zwei Frauen im Haushalt eine zuviel sei, vor allem wenn die ältere ihre Ansprüche und Vorrechte nicht an die jüngere abzutreten gewillt ist.

Wir wollen an dieser Stelle einige Entwicklungen in den Vereinigten Staaten aufzeigen, die für zukünftige Maßnahmen der Altersversorgung beispielgebend sein können. Viele alte Menschen aller ökonomischen Schichten ziehen nach Florida und in den Südwesten, was nicht ohne Bedeutung ist.[8] Sie suchen ein Klima ohne strenge Winter und eine Gegend, wo das Wohnen nicht so teuer ist. Im Zuge dieser Entwicklung haben Städte wie St. Petersburg aus ökonomischen Überlegungen Vorkehrungen für die alten Menschen getroffen, um deren Zufriedenheit und Wohlergehen zu sichern, Maßnahmen, die als beispielhaft angesehen werden können. Hotels und Gemeindeeinrichtungen tun alles, um ihre Gäste und Einwohner aktiv zu erhalten und zu beschäftigen. Die Hotels sorgen für Unterhaltung und Filmvorführungen, unterstützen gemeinsame Unternehmungen und achten darauf, daß die Gäste einander vorgestellt und zusammengeführt werden. Für die ärztliche Versorgung ist Tag und Nacht gesorgt, die Straßen haben keine Bordsteinkanten, Bänke sind überall aufgestellt, Rollstühle überall verfügbar. Neue Freundschaften werden geschlossen, und da das Nachlassen der geistigen Beweglichkeit mit einem Nachlassen der Initiative verbunden ist, wird von außen für Initiative gesorgt. So gibt es, abgesehen vom

8 Viele ältere Menschen sind jedoch der Ansicht, daß der Umzug in eine Gegend mit günstigeren klimatischen Verhältnissen sie ihrer Umwelt und Freunde berauben würde. Stabile und den alten Menschen zusagende Umweltverhältnisse sind gewöhnlich für deren Zufriedenheit wesentlicher als günstige klimatische Bedingungen, und echte, verläßliche Freundschaften werden im Alter nicht mehr so leicht geschlossen.

Klima, genügend Gründe für die Alten, nach St. Petersburg zu ziehen.
Altenklubs gibt es in vielen Gemeinden. Hier haben die alten Menschen einen Ort, wo sie, ohne eigene Initiative aufbringen zu müssen, die Gemeinschaft anderer finden können und wo Hobbys und andere Interessen gefördert werden. Viele alte Menschen weigern sich jedoch, sich von anderen dabei helfen zu lassen, neue Bekanntschaften und Interessen zu finden, oder zuzugeben, daß sie ein Stadium erreicht haben, wo sie ihre gewohnte Lebensweise ändern müssen. Jene, denen dies gelingt, finden neue Interessen und damit einen Ausweg aus der wachsenden Einsamkeit.
Das gut geführte moderne Altersheim kann zu einem Zufluchtsort für jene alten Menschen werden, die kein eigenes Zuhause mehr haben, die nicht länger allein für sich sorgen können oder die ihren Kindern nicht zur Last fallen möchten. Das Altersheim muß jedoch nicht ein Sammelbecken für Ausgestoßene sein. Das moderne Altersheim hat genügend Platz für alte, alleinstehende Menschen und Ehepaare, so daß sie ihren eigenen Besitz zum großen Teil behalten können und einen Platz für sich haben. Solange sie noch können, arbeiten sie im Haushalt und in der Küche mit, was ihnen ein Gefühl, noch für etwas nütze zu sein, geben kann. Zusätzlich wird für Maßnahmen zur Freizeitgestaltung und Beschäftigung gesorgt, die den Möglichkeiten jedes Einzelnen angemessen sind. Bei Krankheit und Bettlägerigkeit werden die Alten auf die Krankenabteilung verlegt, wo sie nicht von den Freunden und Bekannten, die sie im Heim kennengelernt haben, isoliert sind. Auch in Städten des Nordens hat man schon ähnliche Hotels wie in St. Petersburg speziell für alte Menschen gebaut, aber davon gibt es bisher nur wenige, und die sind sehr teuer. Von staatlicher Seite werden die Maßnahmen zum Bau von Altersheimen mit entsprechenden Einrichtungen nachhaltig gefördert. Die Unterbringung von alten Menschen in speziellen Heimen oder Gemeinden hat mindestens zwei große Nachteile. Erstens werden die Alten von ihren Kindern und den anderen Verwandten getrennt, die ihr Leben bisher erfüllt und ihm einen Sinn gegeben hatten, und zweitens werden die Alten von den jungen Menschen isoliert. Wenn sie isoliert sind, können sie kaum noch nützliche Funktionen ausüben, wie z. B. babysitten, hauseinhüten, für Bekannte, die in die Ferien fahren, Tiere und Pflanzen versorgen, beim Kochen und bei der Gartenarbeit helfen,

Kinderkleider nähen und stopfen etc. Allerdings ist das Leben in speziellen Alterseinrichtungen immer noch weit besser als in veralteten psychiatrischen Krankenhäusern und in freudlosen Altersheimen.[9]

Die Lebensweise des älteren Menschen spiegelt die im Laufe der Jahre entwickelten Persönlichkeitsstrukturen wider, sie wird aber auch wesentlich vom Schwinden der adaptativen Fähigkeiten infolge des körperlichen und geistigen Abbaus bestimmt sowie von den Möglichkeiten, die die Gesellschaft ihren alternden und zunehmend hilfloseren Menschen bietet. Der alte Mensch, dessen kreative und reproduktive Lebensstadien zu Ende gegangen sind, hat noch immer mit der Art und Weise, in der er lebt und in der man ihn leben läßt, einen tiefgreifenden Einfluß auf jene, die nach ihm kommen. Sein Wohlergehen beschäftigt seine Kinder und Enkel, seine Gegenwart in der Familie eines seiner Kinder kann Probleme und Schwierigkeiten heraufbeschwören, die dessen Ehe belasten, und damit auf die Erziehung der Enkel Einfluß haben, und er kann als gütige Persönlichkeit den Enkeln ein Vorbild sein, mit dem sie sich identifizieren. Die engere Beziehung zwischen Großeltern und Enkelkindern kann auf die Enkel nachhaltig Einfluß haben und die Weitergabe von Charakterzügen und besonderen Interessen über die dazwischenliegende Generation hinweg möglich machen. Die Art und Weise, in der der alte Mensch seine letzten Jahre verbringt, ist für seine Nachkommen Beispiel und Warnung zugleich und beeinflußt deren Vorsorge für ihr eigenes Alter. Darüber

9 Die Unterbringung von Tausenden und aber Tausenden von alten Menschen in psychiatrischen Krankenhäusern gehört mit zu einem der traurigeren Kapitel der amerikanischen Sozialgeschichte. Auch wenn es wahrscheinlich zutreffend ist, daß nur wenige, wenn überhaupt jemand, in ein psychiatrisches Krankenhaus eingewiesen wird, der nicht ernstlich depressiv oder desintegriert ist, kommen doch viele vor allem deshalb in einen derartig bedauernswerten Zustand, weil sie keinen entsprechenden Platz zum Leben und keinerlei Unterstützung gefunden haben. Wenn die alten Menschen erst einmal hospitalisiert sind, erschweren der Mangel an persönlicher Zuwendung, die trostlose Umgebung und die deprimierende Atmosphäre jegliche Wiederherstellung und begünstigen nur die Apathie und eine zunehmende Verschlechterung des Zustandsbildes. Im Gegensatz dazu muß aus einem guten, modernen Altersheim, in dem für Sozialisationsmaßnahmen und für Beschäftigung der alten Menschen gesorgt wird, nur gelegentlich ein alter Mensch in ein psychiatrisches Krankenhaus eingewiesen werden, obwohl viele alte Menschen in diesen Heimen weit über 90 Jahre alt sind.

hinaus sehen die Enkel an der Behandlung, die ihren Großeltern von den Eltern zuteil wird, wie man sich Eltern gegenüber verhalten kann und muß. Der alte Mensch steht zwar am Ende seines Lebens, aber seine Art zu leben und leben zu lassen, wird auch weiterhin auf das Leben Einfluß haben.

Kapitel 18

Der Tod

Es mag auf den ersten Blick vielleicht ein wenig befremden, daß dieser vom Lebenszyklus handelnde Abschnitt mit einem Kapitel über den Tod schließen soll. Der Tod gehört aber zum Lebenszyklus dazu, ist der unausweichliche Abschluß des Lebens, das Ende der Lebensgeschichte; und weil der Mensch von früher Kindheit an sich seiner Sterblichkeit bewußt ist, hat der Tod einen tiefgreifenden Einfluß auf das menschliche Leben und die Persönlichkeitsentwicklung. Wir wollen aber auch deshalb über den Tod sprechen, weil der Arzt – wie auch die Krankenschwester und der im Krankenhaus tätige Sozialarbeiter – in enge Berührung mit dem Tode kommt. Für ihn ist der Tod der ewige Widersacher, vor dem er seine Patienten für den Augenblick zu schützen sucht. Und wenn dann schließlich seine ärztliche Kunst versagen muß, dann wird er wieder, wie zu Beginn des Lebens, zum Helfer, der den Schritt durch das Tor des Lebens erleichtert – jetzt aber, um den Menschen dem Schoß des Vergessens wieder anheimzugeben, wo alle Mühen und Plagen des Lebens ein Ende haben.

Über das Problem des Todes gibt es ungezählte religiöse und philosophische Abhandlungen, seit jüngster Zeit auch viele psychologische und soziologische Untersuchungen (1,5). Wir wollen hier im Rahmen der Darstellung des menschlichen Lebensablaufes nur kurz auf die Bedeutung des Todes für das menschliche Leben eingehen. Die traditionelle Psychoanalyse betrachtet die Angst vor dem Sterben als Manifestation entweder von Trennungs- oder von Kastrationsängsten. Freud glaubte, es gebe einen Todestrieb (3, 4), der den Menschen zum Sterben und zum Stillstand allen Lebens hinziehe, und er gelangte zu der Überzeugung, daß das Ringen zwischen Eros und Thanatos das Verhalten grundlegend bestimme, – eine Vorstellung, die nur begrenzte Zustimmung gefunden hat.[1]

1 Eine ausgezeichnete Darstellung der etwas verwirrenden Auffassungen über Aggression, Destruktivität und Todestrieb in der psychoanalytischen Theorie wird von Robert Waelder im Kapitel »Destructiveness and Hatred« in seinem Buch *Basic Theory of Psychoanalysis* (8) gegeben.

Der Wandel der Einstellung gegenüber dem Tod im Verlauf des Lebenszyklus

Der Tod hat für den Menschen in den einzelnen Stadien seines Lebenszyklus eine sehr unterschiedliche Bedeutung. Das Kind wird sich zum ersten Mal im Alter von etwa 4-5 Jahren der Bedeutung des Todes als Ende des Lebens richtig bewußt. Seine Ängste vor dem Tod sind zweifellos Trennungsängste, und die Angst, die Mutter könnte sterben, ist ebenso groß wie die Angst vor dem eigenen Tod. Die Angst, alleingelassen zu werden, ohne die schutz- und fürsorgegewährende Person, ist Ausdruck der Unvollkommenheit des Kindes und der fehlenden Grenzen zwischen der Mutter und ihm selbst. Solche Angst kann beim unsicheren Kind zu schweren Problemen führen, vielleicht besonders dann, wenn das Kind von seiner Mutter im zweiten oder dritten Lebensjahr für längere Zeit getrennt worden war. Viele Kinder rätseln aber auch ohne solche Trennungserlebnisse über den Tod und erleben bei dem Versuch, sein Wesen zu begreifen, ein unheimliches Gefühl, – Anfänge einer Art »Existenzangst«.[2] Viele Kinder finden Trost und Befriedigung von solchen Ängsten in dem Glauben an ein Leben nach dem Tode, in dem sie die Eltern behalten. So erinnerte sich ein Patient an ein nach seiner Meinung für seine Persönlichkeitsentwicklung wesentliches Erlebnis: Kurz nachdem er geheiratet hatte, war Krieg ausgebrochen, in dessen Verlauf sein Land angegriffen worden war. Auf dem Weg ins Feld war er sich bewußt geworden, daß er an ein Leben nach dem Tode zu glauben versuchte, aber nicht wie in der Kindheit aus Angst, sondern aus Liebe zu seiner Frau und aus dem intensiven Verlangen, sicher sein zu können, daß er mit ihr wieder vereint werde.

2 So erinnerte sich ein Patient, wie er im Alter von 6 Jahren sein Spiel mit einem Baukasten unterbrochen hatte, als seine Mutter ein trauriges Lied sang. Dabei hatte er sich plötzlich bei dem Gedanken »Tod, wie ist das, was geschieht dabei?« etwas Unfaßbarem und Unerträglichem gegenübergesehen. Als er deshalb schließlich seine Mutter fragte, erzählte sie ihm etwas über Gott, aber er hatte das Gefühl, daß diese Antwort nur ein Ausweichen sei, und lief wie verwirrt herum und versuchte, nicht mehr daran zu denken. In seiner späteren Kindheit hatte er mehrfach ganz ähnliche Gedanken und Empfindungen gehabt, ja sie verfolgten ihn bis in sein Erwachsenenalter. Die Deutung dieser Gedanken und Empfindungen allein im Sinne einer frühen Trennungsangst kann das Phänomen nicht hinreichend erklären.

Die Deutung der Angst vor Tod und Sterben als einer Form der Kastrationsangst erscheint bisweilen als ein Versuch, eine fundamentale Angst dadurch zu bewältigen, daß man sie zu einer unreifen und überflüssigen ödipalen Angst des Kindes macht, als Versuch, eine elementare Realität im Grunde genommen damit abzutun, daß man sagt: »Der Tod ist nicht realer als die Angst, daß Vater dich kastrieren will, und du leidest eigentlich nur unter Schuldgefühlen wegen deiner Todeswünsche gegenüber dem Vater!« Selbstverständlich erzeugen solche Todeswünsche Angst, kastriert zu werden oder zu sterben, aber sie können nicht erklären, warum der Tod gefürchtet wird. Der Tod kann gewissermaßen wie eine Kastration erscheinen, wenn er einen Menschen in seinen besten Jahren trifft und ihm damit die Erfüllung seines Strebens, seines Hoffens und seiner Liebe verwehrt. Der Tod ist der Schnitter mit der Sense, der unter den Lebenden mäht. Der Tod ist aber auch eine Herausforderung, ein Prüfstein, vor allem für den Mann, der sich selbst zu beweisen sucht, daß er dem Tod ins Angesicht schauen kann und nicht zurückweicht. Vielleicht hat der Mensch das Gefühl, daß er erst den Tod besiegen muß, indem er ihm fest und unbeirrt ins Auge sieht, bevor er sich Mensch genug fühlen kann, um als Mensch zu leben.

Mit der Heirat und der Geburt von Nachkommen gehen die Sorgen um den Tod, wie die Sorgen in anderen Lebensbereichen, über das Selbst hinaus. Der Vater oder die Mutter werden sich darüber Gedanken machen, was mit dem Partner und den Kindern geschehen würde, wenn sie sterben, und achten auf ihr Leben ebenso um des Ehepartners und der Kinder wie um ihrer selbst willen. Man kann immer wieder sehen, daß trotz des Selbsterhaltungstriebes Eltern bereitwillig ihr eigenes Leben für ihre Kinder hingeben. Jeder, der Krieg und Kampf erlebt hat, weiß, daß Männer für ihre Gruppe zu sterben bereit sind und daß viele die gute Meinung, die die Gruppe von ihnen hat, sich unter Einsatz ihres eigenen Lebens zu erhalten suchen. Viele Männer sind auch deshalb bereit, im Krieg zu kämpfen, weil sie bewußt oder unbewußt glauben, daß die Erhaltung einer Lebensform und Lebensmöglichkeit Vorrang hat vor der Erhaltung des einzelnen Lebens.

Die Einstellung der Menschen gegenüber dem Tod wandelt sich im Verlauf ihres Lebens. Der alte Mensch ist mit dem Tod vertraut. Er hat ihn oft erlebt, viel über ihn nachgedacht, und er erwartet schließlich, daß er selbst von ihm abberufen wird. Ob das Verlangen nach dem Tod als ein »Instinkt« angesehen werden darf oder nicht, ist eine umstrittene Frage. Der alte Mensch ist oft einfach des Lebens müde und sehnt sich deshalb nach dem Ende.[3]

Die Entscheidung zwischen Leben und Tod

Nur der Mensch ist sich des Todes bewußt und verfügt über die Freiheit, über Leben und Tod selbst zu entscheiden. Er sieht sich immer wieder von neuem vor diese Entscheidung gestellt, wenn er sie nicht, wie die meisten Menschen, seiner ethischen Haltung entsprechend einmal und für immer fällt. Man wird jedoch Verhalten und Einstellungen des Menschen wohl nie richtig verstehen, wenn man sich der Erkenntnis verschließt, daß der Tod oft als verlockender Ausweg erscheint, daß die Furcht, dem Verlangen nach dem Tode nachzugeben, angesichts des Verlangens zu leben zum Ursprung von Angst und neurotischer Abwehr werden kann.[4] Wenn das Leben dem Menschen über den Kopf zu wachsen droht, vor allem wenn signifikante Personen sterben oder wenn Verstimmung

3 Freud gelangte während des Ersten Weltkrieges, als das Leben täglich schwieriger wurde, zu der Ansicht, daß der Mensch nicht nur den Tod eines fremden und unbewußt sogar den eines geliebten Menschen wünschen kann, sondern daß er auch selbst tief verdrängte Vorstellungen von seinem eigenen Sterben hat. Er stellte die Frage, ob es nicht besser wäre, »dem Tode den Platz in der Wirklichkeit und in unseren Gedanken einzuräumen, der ihm eigentlich gebührt, ... es hat den Vorteil, der Wahrhaftigkeit mehr Rechnung zu tragen und uns das Leben wieder erträglicher zu machen. Das Leben zu ertragen bleibt ja doch die erste Pflicht aller Lebenden. Die Illusion ist wertlos, wenn sie uns darin stört ... Wenn du das Leben aushalten willst, richte dich auf den Tod ein.« (2) Eine düstere Bemerkung und Lebensanschauung, die man aber nur unterschreiben kann.

4 Die Furcht, Suizidimpulsen nachzugeben, und die daraus entstehenden Ängste werden vielleicht am deutlichsten in jenen Kampfsituationen im Kriege, wo die Versuchung, alles ein und für alle Mal hinter sich zu haben und nicht länger mehr Angst, Deprivation und den Verlust der Kameraden ertragen zu müssen, sehr groß werden kann. Die Versuchung wird gewöhnlich verdrängt, aber der Wunsch taucht in Alpträumen wieder auf oder wird projiziert als ein Anwachsen der Gefahr des Feindes erlebt (9). Ähnliche Situationen gibt es auch im Zivilleben. Suizid steht bei den Todesursachen an zehnter Stelle, und nicht in jedem Fall von Unfalltod, einer anderen sehr häufigen Todesursache, liegt wirklich ein Unfall zugrunde.

und Traurigkeit bestimmend werden, dann kann der Tod zum verlockenden Ausweg werden.[5] Die Religionen haben sich in vielfältiger Weise mit der Frage von Leben und Tod beschäftigt. Der Christ und der Mohammedaner kann eines himmlischen Lebens nach dem Tode gewiß sein, wenn er sein Leben richtig lebt oder in der Verteidigung seiner Religion stirbt. Wenn er aber Selbstmord begeht, dann droht ihm eine größere Qual, als er sie im Leben je erdulden kann. Für manche Glaubensrichtungen gilt wie für die Swedenborger, daß dieses Leben ein Fegefeuer ist, das der Mensch um der Errettung willen ertragen muß, derer er gewiß sein kann, – denn welchen Sinn sollten sonst die Mühen und Plagen dieser Welt haben? Der Hindu ist an das Rad des Lebens gekettet und wird für seine Sünden wie auch für Selbstmord bestraft, indem er nach dem Tode in einer niederen Stufe als Mensch oder als Tier weiterleben muß. Er sehnt sich danach, das Nirwana, das Nichts zu erreichen, das in vielem unseren Vorstellungen vom Tode ähnlich ist. Für manche liegt das Wesen des Judentums in der Behauptung des Lebens, ungeachtet aller Trübsal und allen Leidens.

Die Beeinflussung der Lebensweise durch das Bewußtsein vom Tode

Der Glaube an irgendeine Form von Existenz nach dem Tode hat zweifellos Einfluß auf die Art und Weise, wie die Menschen ihr Leben gestalten. Der Mensch wird in seinem Verhalten von zukünftigen Zielen, aber auch von den Trieben bestimmt, – um das Gleichnis des Esels zu nehmen: Der Stock motiviert ebenso wie die Rübe. Das Ethos der christlichen Religion verbindet sich mit den Über-Ich-Geboten und verschärft die Konflikte um das Nachgeben gegenüber unerlaubten Impulsen, indem es die Strafen bis in die Ewigkeit hinein projiziert. Die Menschen hingegen, die den Tod nicht nur als das Ende des Körpers, sondern als Ende des Individuums überhaupt ansehen, suchen, solange es ihnen nur möglich ist, ihr Leben zu leben und zu genießen, oder sie wappnen sich mit

5 Wie der berühmteste Monolog im größten aller Dramen des Abendlandes sagt: »Sein oder nicht Sein, das ist hier die Frage, es ist ein Ziel aufs Innigste zu wünschen, Sterben, – Schlafen; nur daß die Furcht vor etwas nach dem Tode, daß wir die Übel, die wir haben, lieber ertragen ... (*Hamlet*, III. Akt, 1. Szene)

stoischem Gleichmut gegen das unausweichliche Schicksal. Obwohl die religiöse und philosophische Haltung, zu der ein Mensch schließlich findet, vor allem von der Kultur, der Familie und der formalen Bildung bestimmt wird, sind auch die grundlegenden Einstellungen in bezug auf Vertrauen und Mißtrauen, Angst und Geborgenheit, Hoffnung und Pessimismus, Passivität und Aggressivität etc., wie sie in den ersten Jahren des Lebens begründet werden, von entscheidender Bedeutung. Religion und Philosophie beschäftigen sich mehr oder weniger ausgesprochen mit der Sterblichkeit des Menschen und beeinflussen auf ihre Weise die Lebensweise und die Persönlichkeitsentwicklung.[6]

Das Verlangen nach einer Kontinuität in die Zukunft hinein ist vor allem in jenen Gesellschaften bestimmend, wo der Mensch mehr als Einzelwesen und weniger als Angehöriger einer größeren Gruppe oder eines Kollektivs von Menschen lebt.[7] Der einzelne versucht auf vielfältige Weise, »den Tod zu betrügen« und sich selbst – d. h. seinen Namen, seine Vorstellungen, seine Art und Weise, etwas zu tun, sein »Fleisch und Blut« – vor dem Vergessen zu bewahren. Das Verlangen nach Nachkommen, in denen man weiterlebt, die den Namen weitertragen oder doch einen Funken der Erinnerung an die eigene Existenz bewahren werden, ist bisher praktisch in jeder Gesellschaft bestimmend gewesen und hat für die Entscheidung um Ehe, Ehescheidung und außereheliche Nachkommen eine große Bedeutung gehabt. Manche Menschen suchen sich in den Bauwerken, die sie errichten, für die Nachwelt zu verewigen, seien dies nun unzerstörbare Pyramiden oder nützlichere Brücken, Dämme und andere Bauwerke; andere hinterlassen ein Produkt ihrer Phantasie in Form von Lyrik und Prosa, und wieder andere tun alles, damit die Nachwelt wissen wird, daß der Gang der Geschichte durch ihr Tun verändert wurde, oder sie erlangen durch ihre Entdeckungen und Erfindungen Berühmtheit und Unsterblichkeit. Der Möglichkeiten, sich einen Hauch von Unsterblichkeit zu sichern, sind viele, aber die Art und Weise, wie der einzelne danach strebt, kann ein Schlüs-

6 Wie Montaigne in seinem Essay »Philosophie studieren heißt Sterben lernen« (7) ausführt, und worauf sich Freud in seinen »Zeitgemäßes über Krieg und Tod« bezieht (2).

7 In den in größeren Gruppen gegliederten Gesellschaften hat die Kontinuität und das Ansehen der Familie, der Stadt oder der Nation Vorrang vor dem Leben des einzelnen.

sel für das Verständnis vieler Aspekte seines Verhaltens sein. Manche Menschen verkünden laut, wie und auf welche Weise sie sich zu verewigen suchen, während andere dies fast vor sich selbst verbergen; es läßt sich jedoch an ihrem Handeln und an dem, was sie für signifikant erachten, erkennen.

Das Bewußtsein der Sterblichkeit hat auch einen gestaltenden Einfluß auf das Leben selbst, indem es das Verlangen weckt, das Leben und die gesetzten Ziele zu erfüllen. Dies kann z. B. bedeuten, eine bestimmte Arbeit oder, allgemeiner gesehen, eine Lebensaufgabe zu vollenden, etwa einen Besitz für die eigenen Kinder zu begründen oder die Forschung in einem bestimmten wissenschaftlichen Gebiet zum Abschluß zu bringen oder sich einige Jahre der Entspannung zu erarbeiten, um dann die Welt zu sehen, oder die Früchte eines arbeitsreichen Lebens zu genießen und damit, wie in einem Roman, die letzten Kapitel abzurunden. Die Endlichkeit des Lebens setzt Grenzen, die ungerichteten und ungezügelten Strebungen entgegenwirken und den Menschen sich auf festumrissene und begrenzte Ziele beschränken läßt. Der Tod ist der ständige Mahner, der im Menschen das Bewußtsein seiner Grenzen wachhält, gegen die er vielleicht anzukämpfen sucht, mit denen er sich jedoch früher oder später auf die eine oder andere Weise abzufinden hat. Er ist der Hintergrund, vor dem sich klassische und romantische Lebenshaltungen gegenüberstehen. Das Leben, könnte man sagen, wird vom Tod umrahmt. Der Tod hat nicht nur Einfluß auf den Ablauf des Lebens, sondern er läßt die Ereignisse des Lebens in ihrer Bedeutung schärfer hervortreten und intensiviert unsere Wahrnehmung des Vergänglichen und des Schönen, das wir uns zu bewahren suchen. Vielleicht, und das steht möglicherweise über allem anderen, erhöht der Tod in unseren Augen den inneren Wert derjenigen, die wir lieben, gerade wegen ihrer Sterblichkeit.[8] Das Bewußtsein vom Tod erfordert in der erfüllten Beziehung zweier Menschen die Bereitschaft eines jeden, den mit dem möglichen Verlust des anderen verbundenen Schmerz zu ertragen; damit erhöht es zugleich den inneren Wert einer solchen zwischenmenschlichen Beziehung.

Für jene, die mit gereifter Lebenserfahrung das höhere Alter erreichen, ist der Tod oftmals die wirkliche Erfüllung des Lebens. Die Welt hat sich gewandelt und mit ihr die Menschen, die in ihr leben.

8 Freud meinte, daß der Mensch Geister in dem Verlangen erfunden hat, sich die verstorbenen, geliebten Personen zu bewahren.

Jene, die man liebt, sind tot oder fortgezogen. Neue, ungewohnte Lebensformen haben die alten, vertrauten ersetzt. Die neue Generation mißt dem, was für die alte wesentlich war, nur noch geringe Bedeutung bei, die Regierung häuft Schulden über Schulden, ermutigt die Müßiggänger, die Helden des vorvergangenen Krieges geraten in Vergessenheit, die Mädchen benehmen sich wie Jungen, und Männer kleiden sich wie Frauen. Das Leben kennt keinen Augenblick des Müßiggangs, und dennoch beginnen mit zunehmendem Alter die Anschauungen und Lebensformen zu erstarren. Die Notwendigkeit, anders als früher im Leben zu denken, sich neuen Normen, Vorstellungen und Methoden anzupassen, wird geleugnet und abgelehnt. Aber die noch verbleibende Lebensstrecke bringt Kummer und Nöte, die mehr und mehr die glücklicheren Tage in den Hintergrund treten lassen. Es ist Zeit, daß andere übernehmen, und so fühlt sich der alte Mensch den anderen im Weg. Er hat sein Leben gelebt, und er wird sich bewußt, daß es der Tod ist, der der Natur erlaubt, neues Leben zu schaffen und die beständige Erneuerung zu sichern.

Mit zunehmender Vereinsamung des alten Menschen kommt es schließlich zum Schwinden jener Angst vor dem Tode, wie sie seit der Kindheit erlebt worden war, jener Angst vor irgendeiner unbekannten Form der Trennung von den Eltern, vor der damit verbundenen Einsamkeit und dem Verlassensein. Der alte Mensch wird immer einsamer, da er von jenen, die ihm am meisten bedeuten, getrennt wird. So wird der Tod nicht mehr als eine unendliche Einsamkeit empfunden, sondern als eine Gewißheit, daß früher oder später die Einsamkeit ein Ende haben wird, – ob der alte Mensch nun glaubt, im anderen Leben mit den Geliebten wieder vereint zu sein, oder ob er vom Tod nur ein Ende allen Erlebens erwartet.

Dennoch sträuben sich die meisten Menschen unter fast allen Umständen gegen den Gedanken zu sterben und hängen am Leben als ihrem kostbarsten Besitz. Sie können zwar dem Tod ins Auge sehen und bereit sein zu sterben – um ihrer Überzeugung, um der Kameraden oder um der Ehre willen –, aber sie hängen auch am Leben, z. B. in Konzentrationslagern, solange nur der leiseste Funke von Hoffnung besteht. Paradoxerweise sind es gerade jene, die niemals richtig zu leben imstande gewesen sind, weil andere Menschen oder ihre eigenen neurotischen Beschränkungen sie in ihrem Leben eingeengt hatten, die den Tod am meisten fürchten, und das ist nur verständlich. Manche, sogar auch alte Menschen erleben tiefe Ängste und werden erregt, wenn sie wissen, daß sie sterben werden, und leiden nicht nur selbst, sondern lassen auch andere mit ihnen leiden. Der Mensch ist jedoch fast immer in der Lage, das Unausweichliche zu akzeptieren. Es ist die Unsicherheit und Ungewißheit, die Angst erzeugt, und nur wenige, die wissen, daß ihr Tod unausweichlich ist und nahe bevorsteht, akzeptieren dies nicht ergeben in ihr Schicksal.

Der sterbende Patient

Es ist eine der wesentlichen Aufgaben des Arztes, dem Sterbenden beizustehen und ihm und seinen Angehörigen im Angesicht des Todes zu helfen. Im allgemeinen haben die Ärzte bisher immer versucht, den Patienten davor zu bewahren, daß er sich seines Schicksals bewußt wird. Vielleicht haben viele, die den Arztberuf ergreifen, selbst eine ganz besonders große Angst vor dem Sterben und übertragen diese Angst auf ihre Patienten. Es gibt eine beträchtliche Literatur zu diesem Problem, die deutlich macht, daß der Arzt in seinem Bemühen, den Patienten zu schützen, vielfach ein wenig zuviel des Guten tut und so entgegen seiner Absicht ernsthafte Schwierigkeiten heraufbeschwört und mitunter eher sich selbst als den Patienten vor der schmerzlichen Situation zu bewahren sucht.
Das Problem der Betreuung des sterbenden Patienten ist außerordentlich vielschichtig und gehört im Grunde nicht zum Themenkreis dieses Buches. Es erscheint aber dennoch angebracht, wegen der besonderen Bedeutung, die dieses Problem für Ärzte und verwandte Berufe hat, an dieser Stelle einiges darüber zu sagen, denn viele Ärzte verhalten sich nur allzu oft falsch. Es gibt für den Arzt keine allgemeingültige Regel, nach der er entscheiden könnte, ob er einem Patienten die Wahrheit über eine tödliche Erkrankung sagen sollte oder nicht, denn jeder Patient ist spezifisch anders.[9] Er darf jedoch nicht die Probleme des Patienten aus seiner Sicht auf

9 Dem Arzt fällt es gewöhnlich schwerer, einem Patienten zu sagen, daß er an Krebs leide, als ihn über eine andere, vielleicht sogar noch ernsthaftere Erkrankung zu informieren. Der Grund ist vielleicht darin zu finden, daß Krebs als etwas Endgültiges angesehen wird, mit dem die Erwartung schweren Leidens verknüpft ist.

dem Boden seiner eigenen Ängste oder religiösen (und nichtreligiösen) Überzeugungen beurteilen. Ein aufmerksamer Arzt sieht gewöhnlich selbst, ob ein Patient über seine tödliche Krankheit aufgeklärt zu werden wünscht oder nicht; und wenn er sich nicht sicher ist, kann er doch die Abwehr des Patienten ausloten, die dieser gegen das Erkennen der Realität einsetzt. Patienten setzen mitunter sehr primitive Abwehrmechanismen ein, um sich vor dem Bewußtwerden des an sich Offensichtlichen zu bewahren.[10]

Nur allzu häufig hat das Bemühen, dem Patienten die Wahrheit vorzuenthalten, außerordentlich unglückliche und bisweilen auch katastrophale Folgen. Vielfach entsteht dadurch eine Mauer des Mißtrauens zwischen dem Patienten und seiner Familie oder seinen Freunden, die eine echte Kommunikation verhindern kann zu einer Zeit, in der die Angehörigen und Freunde dem Patienten näher sein wollen als je zuvor. Der Patient kann seine persönlichen Angelegenheiten nicht ordnen, und gewöhnlich sorgt er sich mehr um das Wohlergehen des Ehepartners und seiner Kinder als um die Frage, ob ihm noch einige Jahre zu leben bleiben. Mancher sterbende Patient hat darüber hinaus das Gefühl, daß das Bemühen, ihm seinen wirklichen Zustand zu verschweigen, ihm ein adäquates Erleben seiner letzten Tage und das Verstehen des Todes – über den er sich seit seiner Kindheit Gedanken gemacht hat – verwehrt. Und vielfach kann das Insistieren darauf, daß der Patient mit einer tödlichen Krankheit nicht wirklich krank sei und wieder genesen werde, diesen außerordentlich verwirren, tiefes Mißtrauen wecken und sogar zu Desorganisierung und Wahnvorstellungen führen. Dem Patienten wird verwehrt, das zu glauben, was ihm bewußt und unbewußt als Tatsache erscheint. So sagte man einer Frau im mittleren

10 So berichtete ein junger Arzt, der sich bei einem seiner Patienten mit einer sehr ernsten Krankheit infiziert hatte und über eine Woche lang dem Tod sehr nahe gewesen war, wie er sich bewußt geworden war, daß er nur sehr geringe Genesungschancen hatte, sich selbst aber in der Erwartung der zweiten Krankheitswoche bestärkt hatte, in der, wie er glaubte, die Krankheit ihren Höhepunkt erreichen werde. Als er dann wieder gesund geworden war, hatte er sich gefragt, warum er sich eigentlich nie während seiner Erkrankung vor dem ihm drohenden Tod geängstigt hatte. Er erinnerte sich dann, daß er in der Nacht, als die Krankheit auf ihrem Höhepunkt angelangt war, sich davor geängstigt hatte, daß jemand durchs Fenster einsteigen und ihn erschießen könnte. Er hatte die Gefahr der Krankheit in ihm auf die kontrollierbare Umwelt projiziert; und zugleich war dies eine Regression zur frühen Kindheit, in der er solche Ängste vor Einbrechern gehabt hatte, die durch das Fenster einsteigen könnten, um ihn zu töten.

Lebensalter, die an Brustkrebs mit Metastasierung in die Knochen litt, daß sie eine schwere Arthritis habe, und als sie fragte, ob bei ihr nicht bereits Metastasen bestünden, wurde ihr die Wahrheit verschwiegen. Schließlich entwickelte sich bei ihr die Wahnvorstellung, verfolgt zu werden, – und wurde sie nicht tatsächlich verfolgt, nämlich dadurch, daß man ihr das eigentliche Ausmaß ihres Leidens vorenthielt und ihre eigene Gewißheit bezüglich ihrer Erkrankung negierte, in der scheinbar guten Absicht, ihr ein unnötiges Leiden zu ersparen?

Der Patient mit einer tödlichen Krankheit ist gewöhnlich in der Lage, seine Situation ebenso zu akzeptieren wie seine Angehörigen – wenn auch gelegentlich mit vorübergehenden Perioden der Verzweiflung und Depression. Aber er möchte dabei die Gewißheit haben, daß er nicht lange leiden muß, und dies ist heute angesichts der modernen Tranquillantien und Analgetika in fast allen Fällen möglich.

Ich hatte vor kurzem ein Erlebnis mit einer alten Patientin, das die Erörterung dieses umfassenden Problems abschließen soll. Freunde hatten mich gebeten, daß ich mich um ihre 93jährige krebskranke Mutter kümmern sollte, deren Tod unmittelbar bevorstand. Sie waren der Meinung, daß man ihr die Diagnose verheimlichen solle, da ihre Tante, die liebste Schwester der Mutter, vor etwa 40 Jahren nach langem Leiden an Krebs gestorben war, ein Ende, vor dem sich ihre Mutter lange Jahre sehr gefürchtet hatte. Das Verhältnis zwischen der Mutter und ihren Kindern war ungewöhnlich gut gewesen, jetzt aber war sie mürrisch und wünschte die Kinder nicht einmal zu sehen. Ich bat sowohl die Familie als auch den behandelnden Arzt um die Erlaubnis, mich in dieser Situation nach meinem eigenen Urteil richten zu dürfen.

Sobald die ersten Freundlichkeiten der Begrüßung vorüber waren und die alte Dame erkannte, daß ich sie als Arzt besuchte, geriet sie in Zorn gegen ihre Kinder. Sie hatte immer gedacht, daß sie ihnen eine gute Mutter gewesen sei, die ihre eigenen Bedürfnisse immer denen ihrer Kinder untergeordnet hatte – jetzt aber, wo sie wirklich hilflos war, hatten ihre Kinder sie verlassen. Keines hatte ihr angeboten, sie bei sich aufzunehmen! Was sollte sie denn tun? Finanziell ging es ihr zwar gut, aber wie lange würde sie 250 bis 300 Dollar pro Tag für das Krankenhaus und für Ärzte und Schwestern ausgeben können? Offensichtlich dächten ihre Kinder, sie wer-

de noch viele Jahre leben, aber sie wünsche sich, daß sie sterben könne und daß dann alles für sie vorüber sei.
Dies war ein trauriges Ende für eine sympathische Familie. Der Patientin wurde gesagt, daß ihre Kinder sie nicht verlassen hatten, sondern daß sie nur noch wenige Monate zu leben habe und daß ihre Kinder wüßten, daß sie das Krankenhaus nicht mehr verlassen könne. Sie könne aber gewiß sein, daß sie nicht unnötig werde leiden müssen und daß die Zeit gekommen sei, sich auf das Ende vorzubereiten. Die Patientin wurde nach diesen Worten sofort ruhig und gefaßt und fragte, warum denn, um alles in der Welt, ihr Arzt und ihre Kinder ihr nicht die Wahrheit gesagt hätten. Ob sie denn etwa glaubten, sie sei noch ein Kind? Sie habe gewußt, auch als sie noch nicht so krank gewesen sei, daß sie bald sterben werde, warum denn also nicht jetzt? Ihr Verhältnis zu ihren Kindern und Enkeln wandelte sich unmittelbar nach diesem Gespräch; man konnte wieder gemeinsam von den vergangenen Tagen und über Pläne und Hoffnungen für die Zukunft sprechen. Ich besuchte die Patientin in dem Monat, den sie noch lebte, noch mehrere Male. Sie erzählte mir Geschichten vom New York der achtziger und neunziger Jahre, über ihre Reisen in verschiedene Teile der Welt und über interessante Menschen, die sie gekannt hatte. Sie freute sich an den Erinnerungen, so als ob sie zum letzten Mal ihr an sich glückliches Leben überschauen wollte.
Während eines meiner Besuche war sie für einen Augenblick eingeschlafen und fuhr, als sie wieder erwachte, mit einem etwas verwirrten Lächeln zusammen. Sie hatte einen lebhaften und realistischen Traum gehabt, in dem ihre alte Mutter bei ihr war und wie vor 60 Jahren in ihrem Schaukelstuhl saß. Ihre Mutter hatte künstliche Zähne, mit denen sie nicht gut kauen konnte. In dem Traum wollte die Patientin mit ihrem Mann zum Essen ins Haus ihrer Schwester gehen, und sie hatte ihrer Mutter gesagt, daß sie ihr das Abendbrot fertigmachen werde, einen Apfel gerieben und einen Brei für sie gekocht – vielleicht ebenso, wie sie dies früher einmal wirklich getan hatte –, und dann war sie erwacht. Es war nicht notwendig, daß die Patientin den Inhalt des Traumes erläuterte, denn es schien klar zu sein, daß er die Manifestation, die Erfüllung eines Wunsches darstellte. Vielleicht war es der Wunsch, wieder jung zu sein oder die Mutter wieder zu haben, vielleicht war es der Wunsch, von ihren Kindern ebenso behandelt zu werden,

wie sie ihre Mutter behandelt hatte; ich glaube aber, daß der Traum auch das Verlangen zum Ausdruck brachte, sich wieder irgendwie nützlich zu machen, die fürsorgende Mutter zu sein, die sie so lange gewesen war. Wie dem auch sei, es ist der einzige Traum, den ich von einer 93jährigen gehört habe – ein für mich sehr bedeutsamer und lehrreicher Traum.

Teil III

Allgemeine Perspektiven

Kapitel 19

Lebensentwicklungen

Wir haben nun den Ablauf des menschlichen Lebens in seinen einzelnen Abschnitten verfolgt, haben die wesentlichen Aufgaben einer jeden Entwicklungsphase untersucht und gesehen, wie jeder Mensch im Verlauf der Entwicklung mit gleichgearteten, phasenspezifischen Problemen konfrontiert wird. Dabei haben wir uns bemüht, die Kontinuität des Entwicklungsprozesses herauszustellen, eine Kontinuität, die im Verlauf der Entwicklung in dem allmählichen Aufbauen auf den bewältigten Aufgaben der vorangegangenen Entwicklungsphasen begründet ist, eine Kontinuität, die sich aber auch darauf gründet, daß die Bewältigung der Aufgaben einer Entwicklungsphase nicht Ziel und Ende in sich selbst, sondern dem allgemeinen Ziel der Entwicklung zum erwachsenen, eigenständigen Individuum untergeordnet ist, das in kooperativer Weise mit anderen Menschen zu leben und seine Nachkommen adäquat zu erziehen, zugleich aber auch Verantwortung und Verantwortlichkeit für das Wohlergehen der Gesellschaft zu übernehmen vermag. Bei näherer Betrachtung der einzelnen Phasen des Lebensablaufes haben wir gesehen, daß sich bei jedem Menschen bestimmte Motive und Verhaltensmuster herausbilden, die die Art und Weise, in der er sich den phasenspezifischen Aufgaben zu stellen und sie zu bewältigen versucht, prägen und gelegentlich sogar determinieren. Bei der ungeheuer komplexen Aufgabe, den Menschen jeweils als Individuum in allen seinen spezifischen Eigenheiten zu erkennen und zu verstehen, können wir uns an solchen sich wiederholenden Verhaltensmustern und Leitmotiven orientieren. Wir müssen dabei versuchen, deren Ursprung aufzudecken und die Variationen der Motive zu erkennen, wie sie unter wechselnden Umständen immer wiederkehren.

Aus der Vielzahl der einzelnen Faktoren, die einem Leben Gestalt geben, bilden sich bestimmte Lebensformen und Verhaltensmuster anderen Menschen gegenüber heraus, und ein Motiv oder eine Gruppe miteinander zusammenhängender Motive tritt zutage, die sich entsprechend den jeweiligen phasenspezifischen Aufgaben und Zielen oder den sich daraus ergebenden Zufälligkeiten modifizieren und anpassen lassen. Manchmal ist das im Vordergrund stehende

Motiv aus einer Fixierung in der früheren Kindheit hervorgegangen, das sich dann ständig wiederholt, ohne daß es weiterentwickelt wird oder die Entwicklung vorantreibt, das gewissermaßen wie die Nadel bei einer fehlerhaften Schallplatte immer in derselben Rille bleibt und die gleiche Melodie hervorbringt. Die grundlegenden Motive lassen sich bei emotional gestörten Menschen leichter herauslesen, da sie sich hier deutlicher herausgebildet haben, da ihr Wiederholungscharakter deutlicher zutage tritt und vielleicht auch dem geübten Ohr, das ähnliche Motive schon häufig gehört hat, vertrauter sind. Aber Wiederholungsphänomene in der Reaktion auf und der Beziehung zu anderen Menschen gibt es bei jedem Menschen. Die Bedeutung einer Lebensepisode läßt sich häufig nur dann richtig begreifen, wenn man auch versteht, wie sie grundlegende Motive fördert, hemmt oder unterbricht.

Ein Beispiel für ein Wiederholungsphänomen

Wir wollen in diesem Zusammenhang das Verhalten einer Frau näher untersuchen, das ebenso absurd wie bemitleidenswert erscheinen muß. Diese Frau war in einem wegen der schweren Trunksucht ihres Vaters sehr unglücklichen und armseligen Zuhause aufgewachsen. In ihrer späten Adoleszenz hatte sie einen älteren Mann geheiratet, einen Alkoholiker, der schließlich, kurz bevor die Frau sich nach zehn unglücklichen Ehejahren von ihm scheiden lassen wollte, bei einem Autounfall ums Leben gekommen war. In der Folgezeit verbrachte sie ihre Abende damit, für einen Mann zu sorgen, der sich an jedem Wochenende vor ihr in einen alkoholischen Rausch flüchtete. Sie sah dann ihre Aufgabe darin, den Mann zu reinigen, zu baden und ihn bis zum Wochenbeginn wieder gesund zu pflegen, und sie war verzweifelt, weil es ihr nicht gelang, den Mann davon zu überzeugen, daß er sie brauchte und sie deshalb heiraten müsse. Sie wußte, daß ihr Ansinnen töricht war, aber sie glaubte sicher zu sein, daß sie ihn glücklich machen, seine Bedürfnisse befriedigen und ihn von der Flasche entwöhnen könne.

Man kann die wiederholten Beziehungen dieser Frau zu Alkoholikern auf verschiedene Weise zu verstehen suchen. Wenn man der strukturalistischen Theorie folgt, könnte man sagen, daß die Frau der Bestrafung durch ihr strenges Über-Ich bedurfte, wegen ihrer

Rivalität mit ihrer Mutter um den trunksüchtigen Vater. Wenn man eine Fixierung der libidinösen Besetzung annimmt, könnte man ihr masochistisches Verhalten als Reaktionsbildung auf anal-sadistische Impulse gegen ihren Vater verstehen; oder man könnte die orale Komponente ihrer Fixierung in den Vordergrund stellen und besonderes Gewicht darauf legen, daß sie sich mit dem oral-süchtigen Verhalten ihrer trunksüchtigen Männer identifizierte und ihnen die Fürsorge zuteil werden lassen wollte, die sie selbst gerne von einer mütterlichen Person empfangen hätte. Wenn wir aber bei der Deutung isoliert orale oder anale Charakterzüge oder die abstrakte Wechselbeziehung zwischen Über-Ich und Es zugrunde legen, hilft uns dies nicht wesentlich weiter und vermag kaum hinreichend zu erklären, warum die Frau so ernsthaft darüber verzweifelt war, daß der trunksüchtige Mann sie nicht heiraten wollte. Der Begriff »masochistisch« ist zwar zur Zusammenfassung einiger der grundlegenden Charaktereigenschaften dieser Frau anwendbar, aber man muß dabei auch erkennen, daß die Frau sich nur in dem relativ spezifischen Kontext ihres Bedürfnisses, von trunksüchtigen Männern unglücklich gemacht zu werden, masochistisch verhält.

Der Zwang dieser Frau, eine unglückliche Erfahrung mit einem zweiten trunksüchtigen Ehemann zu wiederholen, erhält dann eine spezifischere Bedeutung und Erklärung, wenn dieses Motiv bis zu seinen Ursprüngen in die Kindheit und Familie der Frau zurückverfolgt wird. In der Psychotherapie erinnerte sie die Stunden, die sie als kleines Mädchen mit ihrem Vater verbracht hatte, der ihr wunderschöne Geschichten aus seiner eigenen Kindheit und von Märchengestalten erzählen konnte, wenn er zwischen seinen Anfällen von Trunksucht nüchtern gewesen war und voll guten Willens, sich zu bessern. Diese wunderschönen Stunden waren immer vom Schimpfen der Mutter über den Vater und dessen Faulheit und Träumerei unterbrochen worden. Als kleines Mädchen hatte sie geglaubt, daß der Vater nur wegen der Kälte und des zänkischen Wesens der Mutter sich immer wieder dem Alkohol zuwendete. Ihre späten ödipalen Phantasien rankten sich um Gedanken, was ihr Vater wohl geworden wäre, wenn er eine andere Frau gehabt hätte: Sie selbst würde, wenn zur empfindsamen und einfühlsamen Frau herangewachsen, für seine Bedürfnisse sorgen können. So begann sie ihre Mutter als eine verbitterte, alte Vettel zu hassen, und eines ihrer wichtigsten Motive der weiteren Entwicklung wurde, sich von der Mutter zu unterscheiden. Sie wollte warmherzig und fürsorglich sein, der einzige Mensch, der ihren Vater würde verstehen und anerkennen können. In der Therapie erinnerte sie, daß sie in der frühen Pubertät vage Phantasien gehabt hatte, in denen ihre Mutter die Familie verlassen wollte, um ihr, der Tochter, das Feld zu überlassen; aber ihre Mutter ging nicht fort, und ihr Vater wurde zum hilflosen Invaliden. Das gleiche Motiv entwickelte sich auch in ihrer eigenen Ehe weiter, einer Ehe mit einem Mann, der ihrem Vater sowohl in emotionaler als auch in physischer Hinsicht ähnlich war. Sie wollte sich in ihrer Ehe beweisen, daß, wenn sie die Frau ihres Vaters gewesen wäre, dieser sich zu einem anderen Menschen entwickelt hätte, und sie wollte sich zeigen, daß sie anders als ihre Mutter war. Aber trotz all ihrer Entschlossenheit und Bemühungen mußte sie sehen, daß ihre Anstrengungen, fürsorglich, beschützend und einfühlsam zu sein, fehlschlugen, ja, daß, retrospektiv gesehen, ihr Mann möglicherweise aufgrund ihrer Versuche, ihm besonders nahe und eine fürsorgliche Frau zu sein, immer wieder zur Flasche gegriffen hatte.

Kurz vor dem Tode ihres Mannes hatte sie schließlich einsehen müssen, daß sie die Situation nicht länger ertragen konnte. Ihr Mann hatte die Kinder vernachlässigt und sich in betrunkenem Zustand immer wieder auf sie gestürzt und sie geschlagen. Sie war sogar noch weniger fähig als ihre Mutter, die immerhin bei dem Vater geblieben war und ihn in den Jahren seines chronischen Krankseins gepflegt hatte. Ein Großteil der Feindseligkeit, die sie bisher ihrer Mutter gegenüber empfunden hatte, richtete sie jetzt gegen sich selbst. Sie hatte nach dem Tod ihres Mannes nicht nur über ihn getrauert, sondern war depressiv geworden und gab sich selbst die Schuld für sein unglückliches Leben und vorzeitiges Ende. Es gelang ihr dann, sich von ihrem depressiven und in gewisser Weise apathischen Zustand freizumachen, als sie erneut einen Alkoholiker kennenlernte, den sie heiraten wollte, um ihn zu retten. Sie war dann schließlich z. T. deshalb zur Therapie gekommen, weil sie merkte, wie sie unglücklich darüber war, daß der neue Bekannte sie nicht heiraten wollte, z. T. aber auch, weil ihr Priester die Situation begriffen und ihr geraten hatte, Hilfe zu suchen. Der Priester hatte ihren Zwang zur Wiederholung erkannt, der sie in eine neue, hoffnungslose und verhängnisvolle Situation zu stürzen drohte. Sie wollte weiter und erneut versuchen, das alte Problem zu lösen, nämlich sich selbst zu beweisen, daß sie im Gegensatz zu ihrer Mutter ihren Vater vor der Trunksucht hätte bewahren können. Eine der primären Aufgaben der Psychotherapie war es, die Patientin von ihrem Verhaftetsein in solchen unbewußten und immer wieder frustrierenden Strebungen, die alten Probleme in der falschen Generation zu lösen, zu befreien und ihr zu ermöglichen, eine neue Vorstellung ihrer selbst und reifere Motive zu finden, indem sie ihre Eltern aus einer erwachseneren und realistischeren Perspektive beurteilte. Das Ziel der therapeutischen Arbeit war es zwar, die Fixierung der nicht adäquat bewältigten ödipalen Situation zu überwinden, aber eine Erklärung der Probleme dieser Frau allein mit diesen Begriffen würde nur wenig bedeuten ohne die spezifischere Kenntnis des Wiederholungsmusters, seiner Entstehung und seines Wiederauftauchens in neuen Situationen.

Wiederholungsphänomen und Trauma

Ohne Berücksichtigung der spezifischen Lebensentwicklung eines Menschen und der in ihr begründeten Kräfte und Einflüsse lassen sich häufig nur schwer die Auswirkungen emotionaler Faktoren auf den Menschen beurteilen oder auch nur die positiven von den traumatisierenden Elementen abgrenzen. Die Hochzeit eines Bruders, so wird man denken, ist ein für alle fröhliches Ereignis, aber bei einer jungen Frau war dies überhaupt nicht der Fall. Bei ihr brachen mit diesen Ereignis alle ihre Bemühungen und Strebungen um Geborgenheit und Sicherheit zusammen, die im Verlaufe ihres bisherigen Lebens bereits zu einer Art System geworden waren. Als sechsjähriges Mädchen hatte sie ungeheuer tiefe Ängste durchlebt, als ihre Mutter gestorben war und die Familie dadurch fast zerbrochen wäre. Sie hatte sich daraufhin in die Aufgabe gestürzt, dem Vater bei der Versorgung und Erhaltung des Zuhause zu helfen und für die Brüder zu sorgen, um damit das Zusammenleben der Familie zu ermöglichen, und sie hatte in der ständigen Furcht gelebt, wenn sie sich nicht immer wieder nützlich machen würde, in ein Waisenhaus abgeschoben zu werden.

Auch als sie dann älter geworden war, blieb für sie die Beziehung zwischen Eltern und Kindern die einzige, die ihr das Gefühl vertrauenswürdiger Geborgenheit geben konnte. In der Ehe, so meinte sie, würde sie diese Geborgenheit nicht finden können, denn sie hatte als Negerfrau gesehen, wie viele Männer ihre Frauen verlassen hatten. Ihr Vater aber würde sie nie verlassen, denn ohne sie, die für ihn und den Haushalt sorgte, würde er nicht leben können. Der Vater war aber nicht mehr der Jüngste und würde eines Tages sterben. So entwickelte sie zwei Schutzmechanismen gegen Gefühle, nach seinem Tode verlassen und einsam zu werden. Die Ehe gehörte nicht dazu, ja sie wies die Anträge ihres langjährigen Freundes ab, denn die Ehe würde sie von ihrem Zuhause wegführen. Aber ein Kind wollte sie haben, ein Kind, dem sie so viel Liebe schenken wollte, daß es sie nie verlassen würde. Darüber hinaus schuf sie auch ihrem älteren Bruder ein Zuhause und arbeitete selbst mit, um dessen Einkommen aufzubessern. Sie befriedigte alle seine Bedürfnisse – außer den sexuellen natürlich –, so daß er in ihren Augen keinen Grund zum Heiraten hatte. Er würde sie brauchen und bei ihr bleiben, wenn der Vater einmal sterben würde. Aber ihr ganzes Planen war vergebens. Sie wurde nicht schwanger, und während sie sich noch Gedanken machte, einen anderen zu finden, dessen Zeugungsfähigkeit größer wäre als die ihres Freundes, ließ sie auch sich selbst untersuchen und mußte hinnehmen, daß nicht ihr Freund, sondern sie selbst unfruchtbar war. Und dann, kurz nach dem Tode ihres Vaters, heiratete auch ihr Bruder, – vielleicht, weil ihre intensive Umsorgung, an der unbewußt auch ein gewisses verführerisches Verhalten beteiligt war, ihn geradezu in die Ehe flüchten ließ. Plötzlich brach das ganze System, das sie sich zur Vermeidung der Angst, verlassen zu werden und einsam zu sein, aufgebaut hatte, zusammen, zum Teil aufgrund der Intensität ihrer Abwehr.

Wiederholungsphänomene, Persönlichkeit und Ich-Funktion

Einer der wesentlichsten Beiträge Freuds zum Verständnis der normalen und gestörten psychischen Funktionen des Menschen war die Erkenntnis von den Grenzen der bewußten Entscheidung und der Rationalität des Verhaltens. Er erkannte die Macht und Bedeutung der unbewußten Determinanten im Dienste der sexuellen und aggressiven Impulse und Wünsche, und er zeigte, wie sich aus dem Streben nach Vermeidung von Angst Abwehrmechanismen herausbilden, die die Wahrnehmung und das Verständnis von der Realität einschränken und entstellen. Die bestimmenden Eigenschaften und Kräfte des Selbst, die wir Ich-Funktionen nennen, sind nie frei von verdrängten, unbewußten Einflüssen. Zeitweilig ist das Ich kaum mehr als die Fassade zur Wahrung des Selbstwertes, indem zurückliegende irrationale, nicht akzeptierbare Motive in eine akzeptierbarere Form umgewandelt werden. Im Verlauf der Entwicklung der psychoanalytischen Theorie und Praxis gab es eine Zeit, in der das Pendel sehr stark in Richtung einer Unterschätzung der Rolle der rationalen, realitätsorientierten Entscheidung ausschlug. Heute ist eine neue theoretische Mittelstellung erreicht, insofern die Erkenntnis von der kognitiven Entwicklung in die psychodynamische Theorie mit einbezogen wurden. Wenn wir uns aber mit der Frage der Grenzen des realitätsorientierten Verhaltens beschäftigen – der Fähigkeit des Ichs, das Selbst zu bestimmen, indem es Notwendigkeiten und Bedürfnisse der Realität, Es-Forderungen und Über-Ich-Gebote im Gleichgewicht hält –, dann müssen wir uns vor allem auch mit den Grenzen beschäftigen, die durch die Persönlichkeitsstruktur und die Verhaltensmuster gegeben sind, wie sie sich in den Jahren der Persönlichkeitsentwicklung herausgebildet haben.

Psychosexuelle Fixierungen und Charakter

In der Psychoanalyse haben sich zwei miteinander in engem Zusammenhang stehende theoretische Ansätze herausgebildet, aufgrund derer sich die jeweiligen Persönlichkeitsformen sowie die Art und Weise, wie spezifische Persönlichkeitsstrukturen den Anpassungsspielraum des Individuums einengen, besser beurteilen lassen, zugleich aber auch die menschlichen Reaktionsweisen und die Art und Weise der Beziehung zu den Mitmenschen besser verständlich und vorhersagbar werden. Auf der einen Seite steht die Vorstellung von der Fixierung der psychosexuellen Entwicklung, ursprünglich gedacht im Sinne einer libidinösen Fixierung in der einen oder anderen erogenen Region. Ein Versagen bei der Bewältigung der essentiellen Aufgaben und Ziele einer Entwicklungsstufe verursacht eine Fixierung von Aufmerksamkeit und Interesse auf diese Aufgaben und Ziele oder, in regressiver Weise, auf Befriedigungen früherer Entwicklungsstufen vor den aktuellen Frustrationen. Fixierungen kann man, wie es in diesem Buch geschieht, so verstehen, daß ein Kind, das die eine Entwicklungsphase nicht adäquat bewältigt, nicht genügend vorbereitet in die nächstfolgende Entwicklungsphase eintritt und deshalb die Erfüllung der frustrierten Bedürfnisse immer wieder von neuem anstrebt. Derartige Fixierungen können die bestimmenden Determinanten gewisser spezifischer Lebensentwicklungen und Lebensmuster sein. Über die wesentlichsten Charakterzüge und Eigenschaften der »oralen« Charaktere haben wir am Ende des Kapitels über die Säuglingszeit, über die der »analen« Charaktere am Ende des Kapitels über das Kleinkind gesprochen. Diese beiden Charakterformen sind theoretisch am besten entwickelt, aber auch der »urethrale« und der »phallische« Charakter sind schon beschrieben worden.[1] Die Konzeption vom »genitalen« Charakter wird nicht verwendet, um einen Persönlichkeitstyp zu beschreiben, sondern um eine mehr oder weniger ungestörte Entwicklung zu bezeichnen, in deren Verlauf keine ernsthafteren Fixierungen auf prägenitale Entwicklungsstufen eingetre-

1 Die Konzeption vom »urethralen« Charakter ist noch wenig entwickelt. Sie bezieht sich auf eine Fixierung auf der Ebene des urethralen Erotismus, jener sexuellen Empfindung, die beim Urinieren auftritt, möglicherweise akzentuiert durch eine mit permanentem masturbatorischem Spiel des Kindes einhergehende Reizung, und zugleich auf den Zusammenhang zwischen solchen Empfindungen des Brennens und brennendem Ehrgeiz, sowie auf die Erregung beim Entzünden von Feuer und den Wunsch, dies durch Urinieren wieder zu löschen. Auch das Bettnässen steht so im Zusammenhang mit sexueller Erregung. Der »phallische« Charakter, in dessen Entwicklung Fixierungen in der ödipalen Phase bestehen, ist übertrieben männlich, eine Art Don Juan, angeberisch und leichtsinnig. Wenn man ihn sich näher anschaut, erkennt man bald die reaktive Natur einer solchen Männlichkeit. Inzestuöse Triebe liegen dicht unter der Oberfläche, und perverse Handlungen und Phantasien sind üblich. Man hat diese Charakterform in Zusammenhang gebracht mit durch Kastrationsängste entstandenen Fixierungen, die eine adäquate Auflösung der ödipalen Konflikte verhindert haben und verhindern. Der Zusammenhang scheint aber vor allem mit der Mutter-Kind-Beziehung bei jenen Jungen gegeben zu sein, deren Mütter ihre Bewunderung und Liebe auf die Genitalien ihres Sohnes richten, die für sie einen hohen Wert haben. Der Penis bleibt sozusagen Besitz der Mutter, und der Mann versucht später immer wieder, durch ein übertrieben männliches Verhalten Bewunderung zu wecken, da nach seiner Meinung sein Penis einen Wert hat, dem keine Frau widerstehen kann. Man kann Frauen ihrem Charakter nach »phallisch« nennen, wenn sie gewohnheitsmäßig ihren Körper in exhibitionistischer Weise als Ersatz für den ihnen fehlenden Penis benutzen. Gelegentlich wird der Begriff auch auf aggressive Frauen angewendet, die Phantasien erleben und ausagieren, in denen sie die dominierende, männliche Person sind, indem sie sich Männer unterwerfen oder über andere Frauen in homosexueller Weise dominieren.

ten sind. Ursprünglich war damit gemeint, daß die Libido frei sei für eine reife Besetzung in einer befriedigenden sexuellen Beziehung, bei der die prägenitale Besetzung mehr als Vorlust zur geschlechtlichen Vereinigung dient und nicht mehr als Ziel des sexuellen Verlangens selbst. Nach Eriksons Vorstellungen von der psychosozialen Entwicklung ist die Erlangung der genitalen Sexualität ungefähr gleichzusetzen mit der Erlangung der Fähigkeit zur Intimität, nachdem eine stabile Ich-Identität entwickelt ist. Die Konzeption vom genitalen Charakter läßt deutlich werden, wie unzulänglich eine Charakterologie ist, die sich allein auf die Theorie einer phasenhaften Entwicklung der Libido gründet. Sie läßt fast oder gänzlich die Entwicklungsziele der Adoleszenz unberücksichtigt, und sie mußte erst von grundauf modifiziert werden, um auch die interpersonellen und intrafamiliären Einflüsse auf die Charakterbildung mit einzubeziehen.

Charakterologische Typen

Die andere Möglichkeit, Menschen zu charakterisieren, deren sich die psychoanalytische Psychiatrie allgemein bedient, gründet sich auf die klinischen Syndrome. Man nennt Menschen »hysterisch«, »phobisch«, »zwanghaft«, »schizoid«, »paranoisch«, »sado-masochistisch« etc., aber solche Begriffe müssen nicht notwendig auch voll ausgeprägte psychopathologische Situationen bezeichnen. Sie sind jedoch allgemein übernommen worden aufgrund der Erkenntnis, daß zwischen dem Normalen und dem Abnormen keine scharfe Grenze zu ziehen ist und daß die psychopathologischen Formen weniger eigenständige Krankheitsbilder als vielmehr dem Prinzip nach Abweichungen vom normalen Gang der Persönlichkeitsentwicklung darstellen. Jeder dieser von pathologischen Zuständen abgeleiteten Begriffe bezeichnet zugleich auch eine charakteristische Kombination von Abwehrmechanismen, aus denen sich spezifische Denk-, Verhaltens- und Beziehungsformen ergeben, – die bei den unter den jeweiligen klinischen Syndromen leidenden Menschen in einer eher übertriebenen und rigiden Form zutage treten. Die Anwendung dieser Begriffe auf die entsprechende psychiatrische Situation wird in gewisser Weise von der zugrundeliegenden theoretischen Orientierung und Systematik der psychiatrischen Störungen bestimmt. Eine Vertiefung dieser Problematik würde eine eingehende kritische Würdigung der Psychopathologie erforderlich machen, was den Rahmen dieses Buches bei weitem sprengen würde. Aber wir werden dennoch einige Begriffe kurz definieren, in erster Linie, um deren Anwendung zu demonstrieren; es sind Begriffe, die nicht nur in der psychiatrischen Literatur üblich sind, sondern in vielerlei Weise sogar Eingang in den allgemeinen Sprachgebrauch gefunden haben.

Die *paranoide* Persönlichkeit gebraucht als wesentlichsten Abwehrmechanismus gegen das Erkennen unerwünschter und nicht akzeptierbarer Impulse und Motive vor allem die *Projektion.* Zwischen dem Selbst und anderen verschwimmen die Grenzen, die eigenen Motive werden anderen zugeschrieben. Paranoisch werden Menschen genannt, die sich permanent in ihrem Selbstwert geschmälert oder falsch beurteilt fühlen, und die einen tiefen Groll gegen alle Welt hegen, weil sie sich von anderen in ihrem Dasein beeinträchtigt fühlen, im festen Glauben, daß sie gegen sie seien. *Hysterische* Persönlichkeiten *verdrängen* sofort sie beunruhigende Situationen und Impulse, vor allem sexuelle Wünsche, und verteidigen die Verdrängung durch *Konversion* in ein physisches Symptom sowie durch *Verschiebung* von Affekten. Die Unfähigkeit, Motive zu erkennen, die anderen als offenkundig erscheinen, kann den Eindruck erwecken, als ob die hysterische Person Ausflüchte sucht oder simuliert, – wie bei jenem Soldaten, der aus einem Gefecht kommt, ohne seiner Angst gewahr geworden zu sein, dafür aber an einer Lähmung beider Beine leidet. Der Begriff »hysterisch« wird oft auf jene Frauen angewendet, die sich ihres ausgeprägt verführerischen Verhaltens nicht bewußt und immer wieder beunruhigt oder beleidigt sind, wenn Männer auf sie reagieren und sich ihnen in eindeutiger Absicht nähern. Solche Charakterzüge werden mit einer gewissen Berechtigung auf Fixierungen in der ödipalen Phase zurückgeführt. Der Begriff »hysterisch« findet aber auch auf jene Menschen Anwendung, die wegen unkontrollierter Ausbrüche verdrängter Gefühle und Impulse, die verschoben oder entstellt in Erscheinung treten, emotional labil sind. *Zwanghafte* Persönlichkeiten versuchen ihre Impulse sowie die Ungewißheit und Zufälligkeiten der Zukunft dadurch zu kontrollieren, daß sie peinlich exakt sich routineartigen Handlungsweisen unterwerfen und besonders pedantisch und ordentlich sind, wozu sie sich der Abwehrmechanismen der

Isolierung, des Ungeschehen-Machens, der Reaktionsbildung und der Intellektualisierung bedienen. Der Zusammenhang mit dem »analen« Charakter wurde bereits im Kapitel über das Kleinkind besprochen. Für den Begriff »zwanghaft« wird oft fast synonym auch »obsessiv« oder »besessen« verwendet. Er findet auch auf jene Menschen Anwendung, die die Bedürfnisse anderer befriedigen zu müssen glauben, um sich selbst sicher zu fühlen, wobei sie sich jedoch unbewußt gegen die Forderungen und Ansprüche auflehnen, die die anderen nach ihrer Meinung an sie stellen. Hierbei besteht ein Zusammenhang zu jener Phase des Kleinkindalters, in der das Kind beim Laufenlernen seine eigene Initiative beschränkt oder auf sie verzichtet, um gegenüber dem elterlichen Gebot nachzugeben. Alle diese Begriffe lassen sich nur näherungsweise zur Kategorisierung entsprechender Charakterformen heranziehen, und sie dienen auch in erster Linie nur als Grundlage einer allgemeinen begrifflichen Beschreibung charakteristischer Verhaltens- und Beziehungsweisen eines Menschen.[2]

2 Es gibt viele andere Möglichkeiten der Kategorisierung der einzelnen Charakterformen, deren jede ihre spezifischen Unzulänglichkeiten hat. Man kann z. B. Charakterformen mit bestimmten physiologischen Vorgängen oder mit dem Körperbau korrelieren, so wie Hippokrates, der die Menschen nach den vier Grundtypen des Cholerikers, Sanguinikers, Phlegmatikers und Melancholikers unterteilte, wobei verschiedene Körperflüssigkeiten zur Beschreibung von Charakteren und Gemütszuständen herangezogen wurden. Kretschmer (5) fand eine Korrelation zwischen Persönlichkeitsmerkmalen und Körperbau und unterteilte die Menschen nach den Grundtypen des Körperbaus, nämlich dem leptosomen (asthenischen), dem pyknischen, dem athletischen und dem dysplastischen Typus, – eine Typologie, die sowohl in der Medizin als auch in der Psychiatrie weithin Verbreitung gefunden hat. Sheldon (10) entwickelte eine im Ganzen komplexere Klassifizierung der Chraktere nach dem Körperbau. Jungs Unterteilung in extrovertierte und introvertierte Menschen (4) ist wahrscheinlich die am meisten bekannte und verwendete Typologie. Energien und Interessen des Extrovertierten sind auf das Handeln gerichtet, auf interpersonelle Beziehungen und objektive Tatsachen und Handlungen, während der Introvertierte sich mehr für Ideen, subjektive Zustände, geistige Werte etc. interessiert. Jede dieser Klassifizierungen hat einen gewissen praktischen Wert, aber die meisten Menschen lassen sich nicht nach solch strengen Kategorien einordnen. Darüber hinaus sind diese Klassifizierungen auch deshalb von nur begrenztem Wert, weil sie in einer außerordentlich simplifizierenden Weise Charaktere oder Persönlichkeitszüge mit angeborenen physischen Merkmalen und Eigenschaften zu verknüpfen suchen. Wie Stern (11) gezeigt hat, ist allen Typologien gemeinsam, daß sie die Menschen nach dem inneren und äußeren Bestimmtsein unterteilen. Die von Riesman eingeführte Unterteilung hat in Amerika allgemein Anwendung gefunden (8). Eine andere

Wenn wir uns näher mit spezifischen Lebensentwicklungen, mit grundlegenden Lebensmotiven beschäftigen, haben wir es immer mit einer Art Fixierung zu tun, die sich aber in der Regel nicht aus einem gestörten Ablauf von Entwicklungsstadien allein definieren läßt. Es handelt sich dabei mehr um eine Fixierung an eine bestimmte, sehr spezifische Form der Erlangung von Sicherheit und Geborgenheit, die gewöhnlich der Art und Weise, in der der Mensch als Kind innerhalb seiner Familie Sicherheit und Geborgenheit gefunden hat, entspricht. Die Fixierung kann aber auch im Rahmen einer allgemeinen Lebensentwicklung, eines Lebensmusters, erfolgt sein, um die Wiederkehr einer Situation zu vermeiden, die schwerwiegende Ängste oder Depressionen ausgelöst hatte, wie z. B. bei jener Frau, die ihr Leben darauf abgestellt hatte, ihre Beziehung zum Vater und zum Bruder zu bewahren und zu sichern, um die unerträglichen Trennungsängste, die sie beim Tode ihrer Mutter erlebt hatte, nicht noch einmal erleben zu müssen. Derartig eindeutige und klar erkennbare Abwehrmuster haben in der Regel ihren Ursprung in der Familie, da die Vulnerabilität des Kindes dort am größten ist. Es ist unter Umständen schwerer zu entscheiden, ob ein Lebensmotiv im Grunde adaptativer Natur, d. h. in erster Linie auf die Entwicklung von nutzbringenden, positiven Eigenschaften ausgerichtet ist, oder ob es sich zur Abwehr gegen ein Trauma entwickelt hat. Möglicherweise lassen sich in diesem spezifischen Kontext Anpassung und Abwehr niemals eindeutig voneinander abgrenzen.

Defensive Lebensentwicklungen und Lebensmuster

Defensive Lebensentwicklungen sind nicht mit spezifischen Konstellationen von Abwehrmechanismen des Ichs gegenüber Ängsten gleichzusetzen. Die Abwehrmechanismen wirken in der Weise, daß sie störende Impulse oder Erlebnisse vom Bewußtsein fernhalten oder deren Wahrnehmung verändern. Die defensive Lebensent-

Möglichkeit der Klassifizierung von Menschen wird in Kapitel 12 gegeben. Der Leser sei auf *Personality and the Bevahior Disorders* von D. W. Mac Kinnon (6) verwiesen, vor allem auf das 1. Kapitel des 1. Bandes, sowie auf A. A. Roback, *The Psychology of Character* (9).

wicklung wird dagegen von dem Streben nach Vermeidung der Wiederholung einer unerträglichen Bedrohung bestimmt. Daran sind gewöhnlich auch Abwehrmechanismen beteiligt, aber die Lebensentwicklung, das Lebensmuster selbst verhindert bisweilen, daß sich befriedigende Abwehrmechanismen ausbilden. So entwickelt z. B. ein Mensch, der die Möglichkeit findet, immer von einer Elternfigur abhängig zu bleiben, vielleicht nie Abwehrmechanismen gegen Trennungsängste und findet so kaum genügend Vertrauen in seine eigenen Fähigkeiten, um schließlich allein und unabhängig leben zu können. Wenn dann die defensive Grundstruktur im Leben unterhöhlt wird – wie dies bei jener Frau mit dem Tod des Vaters und der Heirat des Bruders, der Vaterersatz für sie geworden war, geschah –, dann bleibt der Mensch hilflos und wehrlos schweren Ängsten ausgeliefert.

Eine genügende Entwicklung defensiver Grundstrukturen im Leben ermöglicht vielen Menschen, ernsthafte traumatische Erlebnisse oder auch chronisch gestörte Umweltverhältnisse und deren vielfältige Einflüsse aus der Kindheit zu kompensieren und deshalb trotz aller in der Kindheit erlittenen Traumen und Störungen ein zufriedenstellendes Leben zu leben. Bei manchen Menschen werden hervorragende Eigenschaften gerade als Teil solcher defensiven oder auch kompensatorischen Grundstrukturen entwickelt. Der Psychiater sieht jedoch eher solche Menschen, deren defensive Lebensstrukturen unterhöhlt wurden oder zusammengebrochen sind, oder die übertriebene, aber vergebliche Anstrengungen unternommen haben, das Verlorene zu retten. Man muß, wenn man die Natur eines emotional traumatisierenden Ereignisses richtig verstehen will, erkennen, wie solche Lebensstrukturen durch das Ereignis gefährdet oder zerstört worden sind. Wir werden hierüber im nächsten Kapitel noch einiges zu sagen haben, wenn wir über die physiologischen Funktionen sprechen, denn die Zerstörung einer defensiven Lebensstruktur kann schwerwiegende Belastungen für die physischen Abwehrmöglichkeiten des Organismus mit sich bringen.

Lebensentwicklungen und Familie

Die Familie hat für das Verständnis der Lebensentwicklungen und Lebensmuster eine zentrale Bedeutung, denn die Familie ist allgegenwärtig und die unentbehrliche Agentur der Gesellschaft für die Pflege, Aufzucht, Strukturierung und Enkulturation der Nachkommengeneration. Der Säugling ist auf diese Funktionen der Familie angewiesen; ohne Familie könnte er nicht überleben, könnte er sich nicht zum erwachsenen Menschen entwickeln, der fähig ist, sich an seine physische und soziale Welt anzupassen. Die Familie nimmt aber auch deshalb eine zentrale Stellung ein, weil sich die Persönlichkeit des Kindes in der Familie durch Internalisierung der Lebensweisen seiner Eltern und deren Interaktionen entwickelt und das Kind Motive und Direktiven aus der Notwendigkeit und dem Bedürfnis, zu den Eltern ein ungetrübtes und harmonisches Verhältnis zu haben, gewinnt. Darüber hinaus ist es die Familie, innerhalb derer die Muster emotionaler Reaktivität und die interpersonellen Beziehungen begründet werden, die alle späteren zwischenmenschlichen Beziehungen prägen. Die Familie steht nicht zuletzt auch deshalb im Mittelpunkt, weil für die meisten, wenn nicht für alle Menschen, erst die intimen Beziehungen sowohl in der Ursprungsfamilie als auch in der neugegründeten Familie der Ehepartner dem Leben in vielem Erfüllung und Inhalt geben – und weil, wie wir dies an anderer Stelle ausführlich erörtert haben, die Zufriedenheit eines Menschen mit sich selbst sowie sein Selbstwertgefühl bis zu einem gewissen Grade im Verlauf des ganzen Lebens von den internalisierten Wertvorstellungen der Eltern, auch noch nach deren Tode, abhängig bleiben.

In Kapitel 7 haben wir gesehen, wie mit der Bewältigung der ödipalen Phase und dem, wie Freud es nannte, »Familienroman« (1) die Persönlichkeit des Kindes Gestalt gewinnt und grundlegende Formen der interpersonellen Beziehungen begründet werden. Die ödipale Situation ist eine fundamentale Gegebenheit des Menschen, nicht etwa, weil sie »instinktiv« ist, sondern weil jeder Mensch als Säugling abhängig ist von den für ihn sorgenden Personen und erotisch gefärbte Neigungen und Bindungen zu ihnen hat, die in mehr oder weniger großem Umfange frustriert werden müssen, um die Entwicklung von Autonomie und später einer stabilen Ich-Identität sowie der Fähigkeit zur Intimität zu ermöglichen. Es ist darüber hinaus praktisch nicht vermeidbar, daß sich das kleine Kind, das seine Mutter in egozentrischer Weise sieht, gegen die Beschränkung seiner Vorrechte wehrt und nicht zu akzeptieren bereit ist, daß andere Familienmitglieder für sie auch eine Rolle spielen, so daß es gegen seinen Vater und die Geschwister eifersüchtig werden muß. Und umgekehrt verübeln der Vater und die älteren Geschwister nur allzuoft dem jüngeren, daß es seine Mutter und ihre Zuwendung in Anspruch nimmt. Freuds geniale Erkenntnis und Aufklärung des ödipalen Komplexes und seiner Bedeutung für alle folgenden interpersonellen Beziehungen und immer wiederkehrenden Konflikte begründete ein völlig neues Verständnis vom normalen und pathologischen Verhalten des Menschen. Man könnte aber meinen, daß etwas, das praktisch allen Individuen in ihrem Lebensablauf gemeinsam ist, die so verschiedenartigen Lebensentwicklungen und Lebensmuster nicht zu erklären vermag. Die ödipale Situation ist jedoch bei jedem Menschen anders und wird auch bei jedem in gewisser Weise anders überwunden. Dennoch bilden sich immer wieder bestimmte allgemeine Strukturen heraus, die zu relativ gleichgearteten Lebensentwicklungen und Lebensmustern führen. Eine der wesentlichen Aufgaben des angehenden Psychiaters besteht darin, mit diesen unterschiedlichen Formen der Überwindung der ödipalen Situation und den sich daraus ergebenden Lebensmustern vertraut zu werden, um dann aus der Kenntnis der Entwicklungsdynamik und der bekannten Motive brauchbare Voraussagen über unbekannte und ungewöhnliche Entwicklungen machen zu können.

Der Begriff »ödipale Situation« wird mit sehr unterschiedlicher Spezifität verwendet. Das Lebensmuster des Kindes wird geprägt nicht nur von der Art und Weise der Überwindung der erotisierten Bindung an den gegengeschlechtlichen Elternteil, sondern auch von der Art und Weise, in der das Kind innerhalb seiner Familie unter Eltern, Geschwistern und anderen signifikanten Personen seinen Platz findet oder zu finden sucht. Es reagiert nicht nur entsprechend seinem eigenen egozentrischen Verständnis der ödipalen Situation und seinen damit einhergehenden Phantasien, sondern auch entsprechend der Art und Weise, in der andere Familienmitglieder zu ihm stehen, – die sich sehr oft weitgehend unterscheidet von der mehr oder weniger idealisierten Form, wie sie in den Kapiteln dieses Buches über die Kindheit dargestellt wurde. Die Art, wie die Eltern mit dem Kind und miteinander umgehen, kann das Kind auf sehr unterschiedliche Weise prägen und es im Idealfall veranlassen, sich intensiv mit dem gleichgeschlechtlichen Elternteil zu identifizieren, um dessen Zuwendung zu gewinnen und später fähig zu sein, einen Menschen wie den gegengeschlechtlichen Elternteil zu heiraten und mit ihm eine Verbindung zu gründen, in der einer den anderen trägt und unterstützt und in der beide ihr Hauptinteresse auf die Aufzucht und Erziehung der Nachkommengeneration richten, etc. Oder aber – wie in dem geschilderten Fall jener Frau mit dem trunksüchtigen Vater und Ehemann – das Kind entwickelt den intensiven Wunsch, sich von dem Elternteil des eigenen Geschlechts wesentlich zu unterscheiden, – sich von ihm zu differenzieren, statt sich mit ihm zu identifizieren. Oder es kommt zu einer negativen Überwindung der ödipalen Situation, in deren Folge das Kind sich mit dem gegengeschlechtlichen Elternteil identifiziert und ein Liebesobjekt des gleichen Geschlechts sucht. Und schließlich kann ein Kind, dessen Eltern zutiefst zerstritten sind, versuchen, zu einem engeren Verhältnis zu beiden zu kommen, ein Ziel, das ihm kaum erreichbar sein wird. Es gibt eine große Zahl derartiger allgemeiner Verhaltens- und Lebensmuster, und die Varianten sind so zahlreich, daß wir sie hier nicht im einzelnen aufzählen können. Im übrigen erkennt man sie erst richtig in der klinischen Arbeit mit Patienten.[3]

Auch die Geschwisterbeziehungen innerhalb einer Familie lassen sich mittelbar aus der ödipalen Situation herleiten und können ebenso wie die echte ödipale Situation Lebensentwicklung und Lebensmuster bestimmen. Vor allem Rivalitäten unter den Geschwistern machen oft die Beziehung zu den gleichaltrigen Kameraden zu einem feindseligen, aggressiven Ringen um Überlegenheit und Führung. Wenn dagegen die Geschwister einander in jeder Hinsicht auch außerhalb der Familie unterstützen, dann verlassen sie sich meist auch im Zusammensein mit den gleichaltrigen Kameraden auf team-work und suchen später im beruflichen Leben die kooperative Zusammenarbeit mit den Arbeitskollegen. Eine Älteste entwickelt möglicherweise mütterliche Einstellungen gegenüber ihren jüngeren Geschwistern, die ihr Leben förmlich zum Lehrerberuf und später vielleicht auf eine eigene große Familie hin ausrichten. Auch wenn wir in diesem Buch über die Geschwisterbeziehungen nicht ausführlicher gesprochen haben, kommt ihnen doch eine sehr große Bedeutung zu, und sie können einen fast ebenso tiefgreifenden Einfluß auf das Leben eines Menschen haben wie die Beziehung zu den El-

3 Wir wollen das Thema hier nicht weiter vertiefen, weil es den Rahmen dieses Kapitels sprengen würde und weil viele dieser Verhaltensformen in der psychiatrischen Literatur noch nicht genügend beschrieben und abgegrenzt sind.

tern. Überhaupt ist das Verhältnis eines Menschen zu seinem Bruder oder zu seiner Schwester mitunter besser und inniger als das zu seinen Eltern.[4]

Lebensentwicklungen und Mythologie

Legenden und Mythen sind für den Psychiater und sein Verständnis vom Menschen deshalb von so großer Bedeutung, weil sich in der Überlieferung solcher mythologischer Erzählungen signifikante und allgemein erlebte Lebenskonstellationen und -muster niederschlagen. Und oft genug handelt es sich um Muster, über die nur in einem derartigen mythologischen oder traumbezogenen Rahmen gesprochen werden kann, weil in ihnen Triebe und Wünsche wirksam sind, die in der Gesellschaft einem Tabu unterliegen und im Individuum verdrängt worden sind. Die Mythen handeln vielfach von Ur-Menschen, die gelebt haben, bevor Kannibalismus, Inzest, Vatermord, Muttermord etc. tabu wurden, und sie betreffen Phantasien und solche Verhaltensweisen, die vom sich entwickelnden Kind verdrängt werden. Die Mythen stehen vor uns als eine Art kulturelles Über-Ich und zeigen uns die schrecklichen Folgen, die sich aus solchen Verhaltensweisen, an die man nicht einmal denken darf, ergeben.[5] Die griechischen Tragödien und die Dramen von Shakespeare und Strindberg haben zum Teil deshalb alle Zeiten über-

4 Freud postulierte in *Totem und Tabu* (2), daß die Brüder in der »Ur-Horde«, eifersüchtig auf die Vorrechte der Väter, sich mit ihrer Mutter verbündet hätten, um den Vater zu töten. Die Josephsgeschichte im Alten Testament gibt eine andere Version der grundlegenden Beziehung von Brüdern und Vätern, in der der jüngste Sohn eines älteren Vaters nicht in eine eindeutige ödipale Rivalität verwickelt, sondern vom Vater begünstigt wird und sich mit ihm identifiziert. Die älteren Brüder verübeln ihm seine Sonderstellung und suchen nach einer Möglichkeit, um den begünstigten Störenfried, der mit dem Vater identifiziert wird, zu beseitigen und zu töten. Die Geschichte zeigt auch, wie es einem jüngeren Kind in einem fernen Land, wo es frei von den Gefahren und der Mißgunst älterer Geschwister sein kann, wohlergeht.
Die Josephsgeschichte ist zugleich eine Geschichte von Tod und Wiedergeburt, die dem Adonis- und Tammuzmythos entspricht, – aber auch der Geschichte von Jesus, die davon erzählt, wie der geliebte Sohn Gottes getötet wird und wiederaufersteht. Die Josephsgeschichte ist schließlich ihrem Wesen nach auch die Geschichte des »auserwählten« Volkes der Juden, das immer wieder ausgerottet wird, um von neuem aufzuerstehen.

5 Die Sagen vom verfluchten Hause des Tantalus berichten von mehreren Generationen, die von den Göttern gestraft wurden, weil Tantalus ihnen seinen Sohn

dauert, weil sie grundlegende Lebensmotive und -muster zum Inhalt haben, die über das individuelle Erleben, ja über Epochen und kulturelle Unterschiede hinaus Gültigkeit besitzen. *Hamlet* ist nicht einfach die Geschichte eines ödipalen Konfliktes, sondern auch eine besondere Variante der ungenügenden Überwindung eines ödipalen Konfliktes, die die emotionalen Folgen in vielerlei Aspekten aufhellt. Es besteht aber nicht nur – wegen Hamlets Vatermord und seiner inzestuösen Gedanken um die Mutter – eine Parallele zur Ödipussage, sondern auch und vielleicht noch mehr eine Parallele zur Sage von Orest, der seine Mutter wegen deren Untreue und Beteiligung am Mord ihres Gatten erschlägt. Weil er seine Mutter erschlagen hat, verfällt Orest dem Wahnsinn, während Hamlet, der ein inneres Verlangen hat, seine Mutter zu töten, ohne jedoch handeln zu können, sich am Rande des Wahnsinns bewegt und mit Selbstmordgedanken spielt. Freud fand durch Shakespeare und Sophokles zu einigen seiner weitreichendsten Erkenntnisse, und die Werke dieser beiden großen Dichter sind auch heute noch großartige Quellen, aus denen man ungezählte Einsichten über fundamentale Lebensentwicklungen und Lebensmuster gewinnen kann.

zum Opfer gebracht hatte, eine Tat, die ursprünglich einmal als Ausdruck tiefster Frömmigkeit gegolten haben mag. Sie berichten von der Bestrafung des Thyest, der die Frau seines Bruders Atreus verführte, von der Bestrafung des Atreus, weil dieser an Thyest Rache nahm, indem er dessen Kinder tötete und sie ihm in einer Speise zu essen gab, und schließlich von der Strafe Agamemnons wegen seines Vaters Atreus' Rache an Thyest und der Opferung seiner Tochter Iphigenie, durch die er sich göttlichen Beistand bei der Rückführung von Helena aus Troja erhoffte, und in deren Folge er von Klytemnestra, seiner Frau, erschlagen wird, die daraufhin von der Hand ihres Sohnes Orest erschlagen wird, woraufhin Orest wegen des Muttermordes dem Wahnsinn verfällt.

Kapitel 20

Persönlichkeitsentwicklung und physiologische Funktionen

In diesem vorletzten Kapitel müssen wir uns, wenn auch nur kurz, mit jenem, wie man es genannt hat, »mysteriösen Sprung von der Seele auf den Körper« beschäftigen. Ungeachtet der nicht zu leugnenden Wirkung des Denkens auf die körperlichen Funktionen – der plötzliche kalte Schweiß, das Herzklopfen, die Erektion des Penis, der plötzliche Drang zur Defäkation – ist es für den philosophisch Orientierten immer schwer gewesen, über den Leib-Seele-Dualismus hinauszugelangen und zu begreifen, wie die nicht greifbare abstrakte Idee oder ein Gemütszustand auf etwas Reales, aus Materie Bestehendes wie das Herz oder, noch prosaischer, den Darm Einfluß haben kann. Es ist hier jedoch nicht unser Ziel, ein uraltes metaphysisches Problem zu lösen, sondern wir greifen die Frage deshalb auf, weil man den Menschen in seinen Funktionen nicht verstehen kann, ohne zu erkennen, daß und wie das Emotionale und das Physische auf komplizierte Weise miteinander verflochten sind, und daß und wie die Persönlichkeitsentwicklung eines Menschen seine physische Struktur beeinflußt und darüber entscheiden kann, was für ihn zum Streß wird und Belastungen für seine physiologischen Systeme mit sich bringt.

Das Interesse des Medizinstudenten für die Persönlichkeitsentwicklung leitet sich in erster Linie aus seinem Bedürfnis her, die Bedeutung und den Einfluß der Persönlichkeitsfunktionen auf die physiologischen Funktionen sowie die Ätiologie und Therapie der Krankheit zu erkennen und zu verstehen. Der gute Arzt war sich schon immer bewußt, daß die Mehrheit seiner Patienten Hilfe wegen emotionaler Störungen sucht. Es wird darüber hinaus immer deutlicher, daß Persönlichkeits- und emotionale Störungen nicht nur einen wesentlichen ätiologischen Faktor bei den sogenannten Streßerkrankungen darstellen – z. B. bei den peptischen Magen- und Zwölffingerdarmgeschwüren, bei der Colitis ulcerosa, beim Asthma, bei der essentiellen Hypertonie und der Hyperthyreose –, sondern daß sie auch ursächlich bei fast jeder Krankheit beteiligt sein oder den Übergang in einen chronischen Verlauf begünstigen können.[1] Vor allem der Nichtmediziner, der mit der Pflege und Behandlung von Persönlichkeitsstörungen beschäftigt ist, muß auf die physiologischen Begleitumstände und die möglichen körperlichen Auswirkungen emotionaler Störungen achten. Die psychophysiologischen Störungen und die psychosomatische Medizin sind inzwischen zu eigenständigen Disziplinen geworden.[2] Da vom Leser nicht erwartet wird, daß er sich in der Physiologie und Neuroanatomie auskennt, wollen wir hier nur einen allgemeinen Überblick geben, der die wesentlichen Grundzüge des Themas und seine Bedeutung deutlich machen soll.

Die Persönlichkeitsentwicklung hat in vielfältiger Weise Einfluß auf die physiologischen Prozesse. Im Grunde genommen besteht, so sollte man meinen, praktisch keinerlei Unterschied zwischen dem Magen-Darm-Trakt eines Hindu und dem eines Mohammedaners, und dennoch wird der Appetit eines Hindu von Schweinefleisch angeregt, während seinem mohammedanischen Nachbarn unter Umständen übel wird, wenn er merkt, daß er aus Versehen Schweinefett gegessen hat.

Auch wenn mit dem Erscheinen eines Freundes zur Mittagszeit die Magensekretion in Gang kommt und der Appetit angeregt wird,

1 Hierzu muß man auch die Knochenfrakturen zählen, die einer gewissen »Unfallneigung« zufolge eintreten, sowie akute Infektionskrankheiten wie die Pneumonie, deren Entstehung durch die Lebensumstände, durch unbewußte Vernachlässigung vernünftiger Vorsichtsmaßnahmen etc. begünstigt wird. So hatte ein Mann, der dreimal in ein und demselben Jahr an einer Lobärpneumonie erkrankt war, fast immer dann diese Krankheit bekommen, wenn ernsthafte Familienstreitigkeiten vorangegangen waren. Er verließ in diesen Fällen den sehr heißen Heizungsraum, in dem er den ganzen Tag arbeitete, um in einer Bar drei Whisky zu trinken, die eine zusätzliche Erweiterung seiner peripheren Blutgefäße zur Folge hatten, während sie zugleich seine Emotionen gegen seine zornige Ehefrau dämpften, und lief dann stundenlang im kalten Wetter herum, bevor er sich schließlich nach Hause wagte, wobei er auf dem Weg noch mehrfach einkehrte, um sich weitere Whisky zu Gemüte zu führen, die ihrerseits eine weitere Auskühlung des Körpers begünstigten.

2 Zumindest drei Zeitschriften in englischer Sprache sind der Forschung auf diesem Gebiet gewidmet, nämlich *Psychosomatic Medicine, Journal of Psychosomatic Research* und *Psychosomatics.* Der mehr physiologisch interessierte Leser sei auf das vom Autor geschriebene Kapitel im 1. Band des *American Handbook of Psychiatry* verwiesen (9). Das Buch von Franz Alexander (1) gibt eine gute allgemeine Einführung in die klinischen Probleme, *Recent Developments in Psychosomatic Medicine* (12) einen ausgezeichneten Überblick über viele grundlegende Gebiete dieses Problemkreises, auch wenn es im Ganzen bereits ein wenig veraltet ist.

führt dies doch nicht dazu, daß einem bereits das Wasser im Munde zusammenläuft. Ich habe aber in der Südsee mit eigenen Augen Menschen gesehen, bei denen der Anblick eines Fremden, der das Dorf betrat, wie beim Pawlowschen Hund das Tönen der Glocke, heftigen Speichelfluß auslöste. Solcherart unterschiedliche Reaktionen des Appetits sind ihrem Wesen nach selbstverständlich nicht nur unterschiedliche Vorstellungen vom Essen, sondern auch unterschiedliche Funktionszustände des Magens, der gegenüber den emotionalen Empfindungen des Menschen, dessen Teil er ist, außerordentlich empfindlich reagiert.[3]

3 Den Einfluß emotionaler Zustände auf die Physiologie des Magens hat einer der Väter der amerikanischen Medizin, William Beaumont, zum ersten Mal wissenschaftlich untersucht, wobei er das Verhalten der Magenschleimhaut und ihrer Funktion direkt beobachtete – übrigens ein schönes Beispiel dafür, daß ein guter Wissenschaftler seine Forschungen fast unter allen möglichen Umständen betreiben und Forschungsobjekte überall, wo er sich gerade aufhält, finden kann.

Als Beaumont als Armeechirurg 1829 an der Grenze stationiert war, rettete er dem Trapper Alexis St. Martin das Leben, der bei einem Unfall einen Bauchschuß davongetragen hatte. St. Martin behielt von dieser Verletzung eine Fistel zwischen dem Magen und der äußeren Bauchhaut zurück, die die direkte Beobachtung des Mageninneren und der Magentätigkeit sowie das Auffangen von Magensekretproben erlaubte. Beaumont beschäftigte St. Martin bei sich und führte mehrere Jahre lang an seinem einzigartigen Forschungsobjekt sorgfältige Untersuchungen durch, zu denen auch Beobachtungen der Einflüsse emotionaler Zustände auf die Magenphysiologie gehörten (2).

Eine weitere klassische Forschungsserie, die in erster Linie auf die Erforschung der Zusammenhänge zwischen Emotionen und Magenfunktion gerichtet war, wurde von Stewart Wolf und Harold Wolf (13) durchgeführt. Ihr Forschungsobjekt, nur als Tom bekannt, litt unter einer Speiseröhrenatresie – nicht etwa, wie häufig, infolge akzidentiellen Genusses von Lauge, sondern von zu heißer irischer Chowder, die Tom sich als echter Ire hatte zu Gemüte führen wollen. Da er sich oral nicht mehr ernähren konnte, wurde auf chirurgischem Wege eine Magenfistel angelegt. Tom wurde mit Gelegenheitsarbeiten im Laboratorium beschäftigt, so daß er für Forschungszwecke jederzeit zur Verfügung stand. Sein Magen wurde unter den verschiedensten emotionalen Zuständen beobachtet, in die man ihn zum Teil künstlich versetzte, um neue Zusammenhänge aufzudecken. Die adäquate Verdauungsfunktion des Magens ergibt sich aus dem ungestörten Zusammenspiel zwischen Säure- und Pepsinproduktion, Magenmotilität, der Weite der Blutgefäße in der Magenschleimhaut und der funktionsgerechten Öffnung des Magenpförtners. Bei Tom fand man, kurz zusammengefaßt, daß, wenn er Angst und Furcht erlebte, die Motilität seines Magens abnahm, die Magenmucosa blaß wurde, die Säureproduktion aber unverändert blieb. Im Zorn füllten sich die Mucosagefäße prall an, die Säureproduktion stieg auf die doppelte Menge und der hypermotile Magen wurde leichter empfänglich für Verletzungen. Beide Zustände, sowohl Angst wie Zorn, störten das harmonische

Die äußere Gestalt des Menschen gilt im allgemeinen als von den Erbanlagen, seiner physischen Umwelt sowie von der Ernährungsweise in den Jahren seiner Entwicklung bestimmt. Darüber hinaus ist aber auch seine Persönlichkeitsentwicklung von Bedeutung. Hierfür ist die infolge sorgfältiger Untersuchungen gewandelte Auffassung über das auch als Fröhlich-Syndrom bezeichnete Syndrom der präpubertären Fettsucht ein ausgezeichnetes Beispiel. Früher war man allgemein der Ansicht, daß diesem Syndrom, zu dem Fettsucht und bei Jungen kleine Genitalien, häufig auch eine gewisse Trägheit und Schläfrigkeit gehören, irgendeine unbekannte Dysfunktion der Hypophyse zugrunde liege. Hilde Bruch (4) fand jedoch eine auffällige Übereinstimmung in der Persönlichkeitsstruktur der Mütter solcher Kinder sowie in deren Erziehungsverhalten. Nach ihren Untersuchungen sind die Mütter im Grunde unfähig, ihren Kindern echte Liebe und Zuwendung entgegenzubringen, und geben ihnen statt dessen etwas zu essen, denn für sie, die sie selbst vielfach armen Verhältnissen aufgewachsen sind, hat das Essen die Bedeutung von Liebe, Zuwendung und Geborgenheit. Sie fühlen sich als Mütter unsicher und unzulänglich, wenn ihr Kind nicht im Übermaß zu essen hat und in seiner Fettleibigkeit gesund und wohlgenährt erscheint. Darüber hinaus sind solche Mütter überbesorgt um ihre Kinder und halten sie vom Spiel mit anderen Kindern ab, damit sie keinerlei Gefahr ausgesetzt werden. Die Kombination von Überernährung, wobei im Kind Schuldgefühle erzeugt werden, wenn es nicht im Übermaß ißt, übertriebenem Beschützen und Einschränkung jeglicher Bewegung und körperlichen Aktivität genügt, um die Fettleibigkeit und Trägheit dieser Kinder zu erklären. Die

Zusammenwirken der Magenteilfunktionen, wie sie für eine adäquate Verdauung Voraussetzung sind. Es gibt andere Untersucher, die im einzelnen diesen Befunden widersprechen, aber alle haben in der Folge unterschiedlicher emotionaler Streß-Situationen Veränderungen der Motilität, Sekretionsrate und Mucosadurchblutung des Magens gefunden.

Eine andere, sehr bedeutsame Untersuchung wurde von Engel und Reichsmann (7) an einem kleinen Kind namens Monica durchgeführt, das mit einer Ösophagusatresie zur Welt gekommen war und auf chirurgischem Wege eine Magenfistel angelegt bekommen hatte. Diese Untersuchung ist vor allem für das Verständnis der Zusammenhänge von Depression und Apathie mit der Magenfunktion von besonderer Bedeutung.

Genitalien sind im Grunde nicht dystrophisch, sondern erscheinen nur so wegen des ausgeprägten Fettansatzes am Bauch und an den Oberschenkeln.

Das Krankheitsbild der Anorexia nervosa, der Pubertätsmagersucht, bei der die Patienten chronisch abmagern, gelegentlich bis zum »lebenden Skelett« von 50–60 Pfund, wurde früher einmal als Hypophysenstörung gedeutet. Die Krankheit ist jedoch Folge einer selbstauferlegten, psychisch motivierten Nahrungsabstinenz, die, wenn sie in der frühen Pubertät beginnt, häufig von einer mangelhaften Entwicklung der sekundären Geschlechtsmerkmale begleitet ist. Oskar Mazerath, der Held oder auch Antiheld der *Blechtrommel* von Günter Grass (8), dessen Wachstum mit dem dritten Lebensjahr zum Stillstand kommt, ist zwar nur eine Romanfigur, aber in den letzten Jahren haben sich vielfältige Beweise auch für die Existenz eines psychisch induzierten Zwergwuchssyndroms ergeben (3). Abgesehen von solchen Extremfällen kommt es auch zu Wachstumsverlangsamung, wenn Kinder in Kinderheime gebracht werden, selbst wenn sie dort ausreichend ernährt und vollwertig physisch versorgt werden.

Auch die Entwicklung eines athlethischen Körperbaus kann von der Vorstellung, die ein Mensch von sich selbst sowie von seinen Abwehrmechanismen hat, bestimmt werden. So war z. B. ein Jugendlicher von 17 Jahren, als er zum College kam, ein schwächlicher Jüngling mit nur gering entwickelter Muskulatur, der wegen phobischer Symptome den Psychiater aufsuchte. Im Verlauf der Therapie wurde er sich bald seiner intensiven Rivalitätsgefühle gegenüber seinem Vater und seiner Wünsche und Befürchtungen, diesen anzugreifen und zu verletzen, gewahr, und während er noch seine feindseligen Gefühle gegenüber dem Vater durcharbeitete, trat er in die Ringergruppe des College ein, in der er seine aggressiven, bisher verdrängten Impulse ableiten konnte. Durch das tägliche Training mit verschiedenen Apparaten in der Sporthalle und die täglichen Ringwettkämpfe wurde er bis zum Abschluß seines Collegestudiums einer der stärksten und muskelkräftigsten Studenten.

Wir wollen nun untersuchen, welchen Einfluß die Persönlichkeitsentwicklung auf die physiologischen Funktionen hat. Wir werden uns noch aus dem Kapitel über die Ausstattung des Menschen erinnern, daß der Organsimus bereits relativ früh im Evolutionsprozeß automatische Regelmechanismen entwickelt hat, die ihn beim Auftauchen von Gefahren auf Flucht oder Kampf vorbereiten. Diese Notfallreaktionen gehören mit zu den Angst- und Aggressivitätsmustern des Organismus, bei denen es sich nicht einfach nur um psychische Zustände handelt, sondern auch um tiefgreifende Veränderungen der Funktionen des gesamten Organismus, um diesen auf die Bewältigung von Gefahren vorzubereiten und die Folgen möglicher Verletzungen gering zu halten. Die entsprechenden neurophysiologischen Mechanismen, die diese Reaktionen auslösen und steuern, sind außerordentlich komplexer Natur. Für unsere Darstellung soll nur kurz erwähnt werden, daß dabei eine Ausschüttung der Hormone Adrenalin und Noradrenalin aus dem Nebennierenmark sowie eine Aktivierung des autonomen Nervensystems beteiligt sind, dem in gewissem Sinne auch das Nebennierenmark zugehört.[4] Der Mensch wird in der Folge von Veränderungen im Aktivierungssystem der formatio reticularis des Gehirns fast augenblicklich hellwach und empfänglich für Reize, die Durchblutung verschiebt sich in ihrem Schwerpunkt von den peripheren und den Darmgefäßen auf das Gehirn und die Muskeln, und die Herzfrequenz nimmt zu, wodurch die Sauerstoffversorgung für die benötigten Gewebe verbessert wird und die Stoffwechselprodukte abtransportiert werden können. Daneben nimmt die Gerinnungsfähigkeit des Blutes zu, um möglichen Verletzungen mit Blutung zu begegnen; mit dem gleichen Ziel verengen sich auch die peripheren Gefäße,

4 Man hat schon oft die Vorstellung zu beweisen versucht, nach der das Adrenalin mehr auf die Flucht und Noradrenalin mehr auf den Kampf vorbereiten. Tiere, die eher fliehen als kämpfen, sollen nach dieser Vorstellung mehr Adrenalin als Noradrenalin ausschütten, während bei Tieren, die eher kämpfen als fliehen, das Umgekehrte der Fall sein soll. Aus Untersuchungen jüngeren Datums von Engel (6) geht hervor, daß Adrenalin überwiegend in der Phase des Alarms und der Angst ohne aktives Handeln ausgeschüttet wird, während bei aktivem Handeln, entweder in der Flucht oder im Kampf, die Noradrenalinsekretion überwiegt, wobei das physiologische Sekretionsverhalten automatisch in Richtung auf das aktive Handeln umgeschaltet wird.

eine gesteigerte Schweißsekretion hilft die durch die Muskelaktivität gesteigerte Wärmeproduktion zu neutralisieren und macht die Körperoberfläche schlüpfrig, die Pupillen erweitern sich, entweder um das Sehvermögen in der Dunkelheit zu steigern oder um dem Gegner mehr Angst einzujagen – die Liste aller physiologischen Veränderungen ist außerordentlich lang und bis heute noch nicht abgeschlossen. Zucker wird aus den Depots in der Leber mobilisiert und ins Blut ausgeschwemmt, um Energie bereitzustellen, Veränderungen der Nierenfunktion führen zu einer Veränderung des zirkulierenden Blutvolumens, die gesteigerte Atmung fördert den Sauerstoff-Kohlendioxid-Austausch, und auch im Magen-Darm-Trakt kommt es zu einer Reihe von Reaktionen, einschließlich einer Zunahme des Dranges nach Darmentleerung. Darüber hinaus triggert die Ausschüttung von Nebennierenmarkhormonen auch die Ausschüttung von adrenocorticotropen Hormonen in der Hypophyse, durch die ein weiterer physiologischer Abwehrmechanismus des Organismus in Gang gesetzt wird, über den wir noch zu sprechen haben.

Alle diese Reaktionen können außerordentlich nützlich und lebensrettend sein, wenn ein Tier, einschließlich dem Tier Mensch, einem Feind begegnet, vor dem es flüchten oder mit dem es einen tödlichen Kampf eingehen muß, oder wenn alle möglichen Reserven mobilisiert werden müssen, um einer Umweltkatastrophe, z. B. einem Waldbrand, zu entfliehen, aber sie sind nicht immer angebracht bei der Bewältigung und Überwindung von Feinden und Gefahren der zivilisierten Welt, wie etwa in der Auseinandersetzung mit dem beruflichen Gegenspieler oder in der Interviewsituation bei einer Bewerbung, und sie sind von nur geringem Nutzen in der Auseinandersetzung mit einem Rivalen um die berufliche Beförderung oder im Kampf um den Arbeitsplatz, durch den der Mensch indirekt sich selbst und seine Familie ernährt, und schließlich praktisch wertlos in Situationen, die Angst, Zorn oder Verstimmung auslösen. Wie wir aber im Kapitel 8 gezeigt haben, besteht ein Zusammenhang zwischen Angst und Furcht, zwischen Verstimmung oder Ärger und Aggression, und diese Emotionen werden mehr oder weniger von den gleichen grundlegenden organischen Abwehrreaktionen gegen eine drohende Gefahr begleitet. Je akuter die Angst und je heftiger der Zorn, um so wahrscheinlicher ist auch, daß die physiologischen Reaktionen weitreichend und tiefgreifend sein werden.

Angst tritt aber im Zusammenhang mit der Gefahr um die eigenen Impulse oder mit Sorgen um den Verlust signifikanter Personen oder mit Befürchtungen um die eigene Zukunft auf – und diese lassen sich kaum durch Flucht oder physische Auseinandersetzungen überwinden. Ebensowenig lassen sich feindselige Gefühle und Ärger durch Kampf und Überwältigung der Menschen, auf die man zornig ist, überwinden. Die mit Angst und Zorn verbundenen physiologischen Reaktionen lösen jedoch unangenehme und vielfach auch unerträgliche Empfindungen aus, wobei die physiologischen Reaktionen in erster Linie die an sich nützliche Funktion haben, den Menschen dazu zu veranlassen, die Verhältnisse und Umstände zu verändern, durch die sie herbeigeführt wurden, – nur muß man sich der Ursachen auch bewußt sein. Da aber Ängste meist durch unbewußte Faktoren ausgelöst werden, können sie nur auf sehr diffuse Weise das Verhalten motivieren.

Funktionelle Symptome

Die physiologischen Begleiterscheinungen von Angst und Feindseligkeit werden aber, vor allem wenn sie chronischer Natur sind, zum Ursprung der sogenannten »funktionalen Symptome«. Diese psychogenen Beschwerden sind nicht etwa nur eingebildet, ihnen liegen vielmehr reale physiologische Vorgänge zugrunde, wie bei Patienten, die unter intensiven Kopfschmerzen leiden, für die keine »organische« Ursache – z. B ein Hirntumor, eine Fehlsichtigkeit der Augen, Halswirbelsäulenschäden oder Migräneanfälle – verantwortlich gemacht werden können. Es handelt sich bei solchen Kopfschmerzen gewöhnlich um eine Art »Spannungskopfschmerz«, der durch eine verstärkte Kontraktion der Nackenmuskeln infolge chronisch gesteigerter Anspannung auftritt. Die angespannte Nackenmuskulatur wird als Hinterhauptkopfschmerz und die Anspannung der mimischen und Augenmuskeln als Frontalkopfschmerz empfunden. Zu den physiologischen Reaktionen auf Gefahr gehören Herzklopfen, akute abdominale Krampfbeschwerden und plötzliche Schweißausbrüche. Ein Ohnmachtsanfall kann eintreten, wenn die Blutgefäße der Muskeln sich in der Vorbereitung auf eine Fluchtreaktion allzu schnell erweitern, und die Muskeln – da der Mensch ja in der Regel nicht wie ein Tier flieht oder kämpft – nicht genügend Blut zurück zum Herzen pumpen, so daß das Gehirn nicht mehr ausreichend mit Sauerstoff versorgt wird. In der Inaktivität wird sich der Mensch solcher physiologischen Reaktionen eher bewußt und wertet sie unter Umständen als echte Symptome.[5]

Im Kapitel 9 sprachen wir schon davon, daß die psychischen Abwehrmechanismen unbewußt bereits beim ersten physiologischen Angstsignal eingesetzt werden. Entweder führt das Signal zum Bewußtwerden der drohenden Gefahr und veranlaßt den Menschen, etwas dagegen zu tun, oder aber ein Abwehrmechanismus, wie die Verdrängung, Isolierung oder Projektion, verhindert, daß die Gefahr erkannt wird, oder verändert die Wahrnehmung dahingehend, daß dabei nicht das Selbstwertgefühl beeinträchtigt oder eine Selbstbestrafung erforderlich wird. So verstanden helfen die Abwehrmechanismen dem Menschen nicht nur, sein Selbstwertgefühl zu wahren – oder Es-Impulse so zu verändern, daß sie für das Über-Ich akzeptierbar werden –, sondern sie helfen zugleich auch, den Organismus vor Reaktionen auf mögliche angsterzeugende Situationen zu bewahren. Diese Reaktionen würden wenig helfen, sie würden nur das physiologische Gleichgewicht des Organismus stören und ihn damit unnötigen Belastungen aussetzen. Die Abwehrmechanismen sind somit auch zum Schutz der Unversehrtheit des

5 Auch wenn die physiologischen Reaktionen auf Angst und Feindseligkeit im Grunde genommen sehr diffuser Natur sind, wird sich der einzelne Mensch gewöhnlich unmittelbar nur einer oder mehrer spezifischer Manifestationen dieser Reaktionen bewußt werden, die dann für ihn zum primären Symptom seiner Angst und Furcht werden. Dabei ist noch nicht geklärt, wie dies im einzelnen geschieht. Im Ersten Weltkrieg erkrankten viele Soldaten, vor allem der britischen Armee, am »effort Syndrom«, das auch als neurozirkulatorische Asthenie bezeichnet wird (im deutschen medizinischen Sprachgebrauch neben Effort-Syndrom auch Da-Costa-Syndrom oder Syndrom der funktionellen kardiovaskulären Störungen genannt, Anm. des Übers.), bei dem das Herz sehr schnell und kräftig schlägt und der Patient bereits bei der geringsten Anstrengung außer Atem gerät. Ungezählte Arbeiten sind darüber veröffentlicht worden. Im Zweiten Weltkrieg litten während des Solomon Islands Campaign ebenfalls zahlreiche Soldaten unter ähnlichen Symptomen, allerdings zusammen mit der ganzen Skala physiologischer Reaktionen auf Gefahr wie Angespanntsein, Schwitzen, Diarrhoe, geringgradig erhöhte Blutdruckwerte etc. Als man die erkrankten Soldaten dazu anhielt, sich weniger auf ihre Herzsymptome als auf ihre Angst zu konzentrieren, entwickelten nur wenige das Vollbild des »effort-Syndroms«, das ohne Zweifel als Residualreaktion des diffusen Angstzustandes aufzufassen war und das sich durch Unterbrechung der sympathischen Nerven zum Herzen auf medikamentösem Wege bessern ließ.

Organismus gegenüber den physiologischen Begleitreaktionen von Angst, Zorn und Verstimmung wirksam.

Emotionen und physischer Schaden

Die physiologischen Reaktionen auf Angstzustände sind zwar in der Regel von nur kurzer Dauer und führen eher zu einem gewissen Unbehagen als zu echten Schäden im Organismus, aber wenn die angstauslösende Situation nicht beseitigt werden kann oder die Abwehrmechanismen des Ichs versagen und die drohende Gefahr nicht mehr vor dem Ich zu verbergen vermögen, dann kann dies außerordentlich schwerwiegende Folgen haben. Hierfür liefert die Geschichte eines 20jährigen College-Studenten, der zur Abklärung einer rätselhaften und lebensbedrohlichen Erkrankung in ein allgemeinmedizinisches Krankenhaus eingeliefert werden mußte, ein sehr deutliches, wenn auch ein wenig ungewöhnliches Beispiel. Der Blutdruck dieses 20jährigen war zwar im allgemeinen normal, aber bei drei spezifischen Gelegenheiten war er auf schwindelerregende Höhe geklettert, und es hatte dann jeweils mehrere Tage gedauert, bis er wieder auf normale Werte abgesunken war. Bei einer dieser drei Blutdruckkrisen war es zu einer Netzhautblutung gekommen, durch die der junge Patient auf einem Auge vorübergehend erblindet war. Solchen abrupten, kurzfristigen Hochdruckepisoden kann ein Nebennierenmarktumor zugrunde liegen, der bei mechanischer Irritation, z. B. beim Bücken oder andersartigen Veränderungen der Körperhaltung, Adrenalin und Noradrenalin ins Blut ausschüttet. Nachdem man diese Möglichkeit mit Hilfe einer sorgfältigen klinischen Diagnostik ausgeschlossen hatte, wurde der junge Patient dem Psychiater vorgestellt, worüber er sehr zufrieden war, denn er hatte ernsthafte Persönlichkeitsprobleme sowie die Situationen, anläßlich derer es zu seinen Blutdruckkrisen gekommen war, zu besprechen.

Er berichtete, daß er seit etwa 5–6 Jahren homosexuelle Beziehungen zu einem Klassenkameraden hatte, daß aber sowohl er als auch sein Freund im Verlauf des letzten Jahres beschlossen hatten, auf die sexuellen Aspekte ihrer Beziehung endgültig zu verzichten. Das Zuhause des Patienten war sehr unglücklich gewesen. Seine Eltern, die sich nie richtig verstanden, hatten sich scheiden lassen, als er 10

Jahre alt war. Nach der Scheidung seiner Eltern hatte man ihn auf ein Internat geschickt, von wo er nur in den Ferien zu Besuch zu einem seiner Eltern kam, ohne sich dabei je wirklich zufrieden und glücklich zu fühlen. Sein Vater, ein sehr erfolgreicher Chirurg, der in sich selbst, aber auch in seinen Sohn übergroße und strenge Erwartungen setzte, war außerordentlich cholerisch veranlagt und konnte in seinen plötzlichen Zornausbrüchen sogar Möbel und Fensterscheiben zerschlagen. Der junge Patient erinnerte sich, wie er sich die Chirurgie seines Vaters als brutalen, sadistischen Eingriff an Menschen vorgestellt hatte. Seine Mutter war dagegen überbesorgt und ängstlich gewesen, und es fehlte ihr an Selbstvertrauen, was sich auch auf ihren Sohn übertrug. Wir wollen hier nicht versuchen, die komplizierte und unglückliche Kindheit dieses jungen Menschen vollständig wiederzugeben, aber es sei noch gesagt, daß er im Internat keine Abneigung gegen homosexuelle Kontakte verspürte, und daß er nach einigen derartigen Erlebnissen mit mehreren Jungen schließlich mit einem seiner Klassenkameraden, der zur einzigen ihm bedeutsamen Person in seinem Leben wurde, eine feste Beziehung einging.

Zur ersten Blutdruckkrise war es gekommen, als er im Alter von 18 Jahren für das Militär gemustert worden war. Damals fand man seinen Blutdruck derart erhöht, daß er sofort in ein Krankenhaus eingewiesen wurde, wo man jedoch keine Ursache dafür fand und von wo er, nachdem der Blutdruck wieder auf normale Werte abgefallen war, bald wieder entlassen wurde. Der junge Patient erinnerte sich, daß er damals sehr aufgeregt gewesen war und unter fast unerträglichen Angstzuständen gelitten hatte. Rückblickend glaubte er sagen zu können, daß er keine Angst davor gehabt hatte, zum Militär eingezogen zu werden, sondern davor, von seinem homosexuellen Partner getrennt zu werden und ihn schließlich zu verlieren. Die zweite Blutdruckkrise mag in ihren Ursachen dem unbefangenen Leser fast amüsant erscheinen, obgleich sie ernsthafte Folgen gehabt hatte. Nachdem der junge Patient und sein Freund sich über ihre Homosexualität zunehmend Sorgen gemacht hatten, faßten sie schließlich den Entschluß, auf die sexuellen Aspekte ihrer Beziehung zu verzichten und sich heterosexuell anzupassen. Als sie aber ihrem Vorsatz immer wieder untreu wurden, setzten sie gemeinsam eine Prämie aus für den, der die erste sexuelle Beziehung zu einem Mädchen haben würde. Das College-Jahr ging jedoch vorüber, ohne daß einer der beiden Freunde die Prämie einstreichen konnte. In den Sommerferien begegnete unser junger Patient einem Mädchen, das ihm in genügender Weise zu verstehen gab, daß es mit ihm zu schlafen nicht abgeneigt sei. Nachdem er einige Wochen lang noch unsicher gewesen war, nahm er sich schließlich ein Herz und beschloß, sich mit dem Mädchen zu einer bestimmten Zeit am verabredeten Ort zu treffen. Am Tage vor der Verabredung litt er unter einer erheblichen inneren Spannung, er war unfähig, etwas zu essen, und fühlte sich mehrfach schwindelig. Er war aber fest entschlossen, nicht von seinem Vorhaben abzuweichen, und zwang sich, zum Haus des Mädchens zu fahren, obwohl ihm übel war und er eine unerträgliche Angst verspürte. Gerade in dem Augenblick, als er dann an der Tür klingelte, verlor er auf dem einen Auge seine Sehkraft. Ein Arzt diagnostizierte einen extrem hohen Blutdruck sowie eine Blutung in der Netzhaut des erblindeten Auges. So ging er ins Krankenhaus statt ins Motel, und wieder dauerte es nur 2–3 Tage, bis der Blutdruck sich normalisiert hatte, und es dauerte auch nicht lange, bis er seine volle Sehkraft wiederfand.

Der junge Patient verzichtete dann in den folgenden Monaten darauf, die Wette zu gewinnen, und als er zum Ferienende wieder aufs College zurückkehrte, stellte sich heraus, daß auch sein Freund die Prämie nicht beanspruchen konnte. Bald darauf entdeckte unser Patient, daß ein Park in der Nähe des College von Frauen eines bestimmten Gewerbes frequentiert wurde, und er entschloß sich, mit einer von ihnen »handelseinig« zu werden. Wieder rüstete er sich innerlich auf das Abenteuer und setzte sich schließlich mit einer der Frauen auf eine Parkbank und verabredete mit ihr, in deren Zimmer zu gehen. Als er aufstand, war ihm plötzlich schwindelig, so daß er kaum gehen konnte. Er nahm sich ein Taxi zu seinem Arzt und wurde erneut wegen hohen Blutdrucks ins Krankenhaus eingeliefert. Diesmal war die Blutdruckkrise außerordentlich ernst und wurde noch dadurch kompliziert, daß seine Niere mehrere Tage lang ihre Funktion einstellte. Es dauerte auch diesmal nicht sehr lange, bis der Blutdruck wieder auf normale Werte abgesunken war, aber es wurde jetzt, zum Teil auf seine eigene Anregung, ein Psychiater hinzugezogen.

Wir brauchen die Genese der Homosexualität dieses jungen Mannes hier nicht im einzelnen zu erörtern, sondern wollen nur festhalten, daß er mit ihr eine Möglichkeit hatte, Ängste, von Frauen überwältigt zu werden, abzuwehren, daß sie aber auch zum Teil seine inzestuöse Fixierung verbarg, die für ihn eine schreckliche Gefahr bedeutete, wegen seiner Phantasien um verstümmelnde Vergeltungsmaßnahmen seines gewalttätigen Vaters. Seine Homosexualität war aber in sozialer Hinsicht allmählich nicht mehr akzeptierbar gewesen und bedrohte sein Selbstwertgefühl. Seine Versuche, durch bewußte Entscheidung heterosexuell zu werden, und seine Weigerung, sich durch seine Ängste und Symptome der Furcht von diesem Vorhaben abbringen zu lassen, sowie seine Unfähigkeit, die Probleme und Ängste, die ihn hatten homosexuell werden lassen, zu überwinden, machten ihn immer wieder zum Opfer der intensiven physiologischen Begleitreaktionen seiner Angst.

Derart verheerende Auswirkungen der physiologischen Reaktion auf Furcht, Angst und Feindseligkeit sind relativ selten.[6] Die mehr chronischen mit solchen Emotionen einhergehenden körperlichen Störungen treten gewöhnlich dann auf, wenn die physiologischen Abwehrreaktionen gegen Bedrohung und Gefahr mit den homöostatischen Funktionen, die vom autonomen Nervensystem geregelt werden, chronisch interferieren.

Die doppelte Funktion des autonomen Nervensystems

Hierauf wollen wir etwas ausführlicher eingehen. Wir werden uns noch aus dem 1. Kapitel erinnern, daß der gesamte Evolutionspro-

6 Wie selten, ist unbekannt. Auf jeden Fall kommt es bisweilen vor, daß eine Hyperthyreose, auch Basedowsche Erkrankung genannt, unmittelbar in der Folge eines Angst und Schrecken einjagenden Erlebnisses, gegen das sich der Mensch nicht wehren kann, auftritt (10). So war z. B. ein Mann aus der Negerbevölkerung im Süden der USA zutiefst erschrocken und verängstigt, als er einen weißen Mann bei einem Autounfall getötet hatte. Er hatte nachts Alpträume mit Lynchszenen, die er in seiner Kindheit noch selbst miterlebt hatte, und entwickelte sehr bald eine Hyperthyreose. Ein anderer Mann wurde hyperthyreotisch, nachdem er hatte sehen müssen, wie sein Farmhaus mitsamt seiner Frau und seinen Kindern verbrannte, wobei er nicht helfen konnte, weil er zu spät gekommen war. Das Schilddrüsenhormon sensibilisiert den Organismus gegenüber Adrenalin und ist sowohl bei der allgemeinen Regulation des Stoffwechsels als auch bei der Mobilisierung chronischer Streß-Reaktionen beteiligt. Von verschiedenster Seite wurden auch schon der plötzliche Tod durch Schreckreaktionen beobachtet. Der Autor glaubt, einige Fälle zu kennen, bei denen es infolge unerträglicher Angst und Frustration zu Herzkranzgefäßverschlüssen und manchmal dadurch auch zum Tode kam.

zeß darauf ausgerichtet war, neue Möglichkeiten der Sicherung von Existenz und Reproduktion der Zellen zu sichern, und daß mit zunehmender Kompliziertheit der höheren Lebensformen auch zunehmend komplexere Mechanismen erforderlich wurden, um sicherzustellen, daß die die Zelle umspülende Gewebsflüssigkeit in ihrer chemischen Zusammensetzung konstant bleibt, um eine ungestörte Funktion der Zelle zu gewährleisten. Es mag ein wenig überspannt und vielleicht sogar zynisch erscheinen, wenn man die Behauptung aufstellt, alle Komplexität der Persönlichkeitsentwicklung und des menschlichen Lebenszyklus, die Gegenstand dieses Buches ist, sei im Grunde auf das eine, einzigartige Ziel der Erhaltung und Sicherung des Fortbestehens der Keimzelle gerichtet, – aber man könnte dies zumindest vom Standpunkt der Evolution aus so sehen. Die Zusammensetzung der Körperflüssigkeiten muß in engen Grenzen konstant bleiben, denn bereits geringfügige Veränderungen im pH-Wert des Blutes, der Sauerstoff- und Kohlendioxidspannung, der Ionenkonzentration oder auch der Körpertemperatur sind mit einer normalen physiologischen Funktion und Existenz der Zellen, der Gewebe, des Lebens, unvereinbar. Das innere Milieu wird mit Hilfe komplizierter Pufferungssysteme und ungezählter Regel-, Kontroll- und feed-back-Systeme konstant erhalten. Der Mensch muß sich, wie Walter Cannon es genannt hat, auf die »Weisheit des Körpers« (5) verlassen, denn diese übersteigt bei weitem alle bewußte menschliche Intelligenz. Was uns hier besonders interessiert, ist die Tatsache, daß ein Großteil der nervösen Kontrolle dieser homöostatischen Mechanismen vom autonomen Nervensystem gesteuert wird, demselben System, den gleichen Bahnen, die bei den Mechanismen von Flucht und Kampf beteiligt sind und eingeschaltet werden, wenn der Mensch mit einer Gefahr konfrontiert oder, wie wir gesehen haben, ängstlich bzw. feindselig wird.[7] Wenn, um einige Beispiele zu nennen, die Körpertemperatur abzufallen beginnt, übermittelt das autonome Nervensystem diejenigen Impulse, durch die eine Verengerung der peripheren Blutgefäße zur Drosselung der

7 Selbstverständlich gehört noch sehr viel mehr zum autonomen Nervensystem, z. B. praktisch alle endokrinen Drüsen, allen voran das Adrenalin produzierende Gewebe, das eine entscheidende Funktion als das die Ausschüttung verschiedener anderer Hormone auslösende Hormon hat. Darüber hinaus steht das autonome Nervensystem mit den verschiedenen viszeralen Zentren des Gehirns in enger Wechselbeziehung.

Wärmeverluste über die Haut ausgelöst wird. Wenn die Kohlendioxidspannung im Blut ansteigt, dann kommt es automatisch zu einer Vertiefung der Atmung, und die Herzfrequenz sowie die Weite der Blutgefäße passen sich von allein jeglichen mit körperlicher Leistung verbundenen Anforderungen an und sichern damit eine Konstanterhaltung des Blutdrucks. Auch die Sekretion der Verdauungssäfte im Magen, die Weite der Blutgefäße in der Magenwand sowie die Motilität des Magens werden vom autonomen Nervensystem beeinflußt. Wir müssen hier wohl nicht erst im einzelnen demonstrieren, welche weitreichenden und wichtigen Funktionen vom sympathischen und parasympathischen Nervensystem erfüllt werden.

Was geschieht nun, wenn diese beiden Teilfunktionen des autonomen Nervensystems zur gleichen Zeit wirksam werden? Da die Reaktionen auf Gefahr den Charakter von Notfallreaktionen haben, sind sie in der Regel von nur kurzer Dauer und stören nur kurze Zeit die normalen Gleichgewichtszustände. Wenn aber Furcht, Angst, Aggressivität oder Feindseligkeit chronisch werden oder immer wiederkehren, dann kann dadurch die ungestörte Regulation der Homöostase des Organismus beeinträchtigt werden. Unter gewissen Umständen können solche Störungen sogar zu dauerhaften Veränderungen führen, z. B. zu Krankheiten wie das peptische Magengeschwür, die Hyperthyreose oder das Bronchialasthma.[8] So wurde eine Frau im mittleren Lebensalter wegen einer schweren Neurodermitis, einer Erkrankung der Haut, die bei ihr vor allem die Gesichtshaut stark befallen hatte, in ein Krankenhaus eingelie-

8 Bei manchen der typischen Streß-Erkrankungen kann kein Zweifel daran bestehen, daß andere Faktoren entscheidend sind. So tritt z. B. das Ulcus des Magens und Zwölffingerdarms vor allem bei jenen Menschen auf, die eine konstitutionell erhöhte Pepsinsekretion und zusätzlich emotionale Probleme haben. Die meisten Menschen mit Bronchialasthma reagieren nachhaltig allergisch, manche reagieren dagegen überhaupt nicht allergisch, haben aber eine ganz bestimmte Form von emotionalen Schwierigkeiten. Viele haben den Asthmaanfall nur dann, wenn sie dem entsprechenden Allergen ausgesetzt werden, und die Schwere der Asthmaanfälle ist sowohl von der Exposition gegenüber dem Allergen als auch von dem Ausmaß der emotionalen Schwierigkeiten abhängig. Bei Patienten mit Asthma verschwindet das Asthma häufig, wenn sie ins Krankenhaus eingeliefert und damit aus einer Konfliktsituation in ihrem Zuhause herausgenommen werden. In ähnlicher Weise sinkt der Blutdruck von Patienten mit essentieller Hypertonie bereits ohne therapeutische Maßnahmen ab, wenn die Patienten hospitalisiert werden.

fert. Der letzte Schub ihrer Erkrankung hatte einen Monat nach ihrer zweiten Heirat begonnen und sich trotz zahlreicher therapeutischer Maßnahmen in den folgenden zwei Monaten zusehends verschlechtert. Ihre Stimmung war deutlich depressiv, und als der junge Arzt in dem Bemühen herauszufinden, was sie bewegte, sich über ihre zweite Ehe erkundigen wollte, begann die Frau zu weinen. Nur allmählich gelang es ihr, sich zu überwinden, und sie erzählte dann, daß sie mit der zweiten Heirat einen schweren Fehler begangen habe. Sehr bald nach der Heirat sei deutlich geworden, daß ihr zweiter Ehemann nur an einer bestimmten Form perverser sexueller Beziehungen interessiert war; als sie sich hierfür nicht hergeben wollte, hatte er ihr entgegnet, daß ihre Schwester immer Gefallen daran gefunden habe. Die Patientin hatte schließlich nachgegeben, fühlte sich aber erniedrigt und schämte sich – und vielleicht war sie noch mehr darüber beschämt und wütend, daß ihre verheiratete Schwester viele Jahre lang mit ihrem zweiten Ehemann ein Verhältnis gehabt hatte. Sie wußte schließlich nicht mehr, was sie tun sollte, und konnte ihrer Schwester nicht länger unter die Augen treten. Als sie im Krankenhaus noch ihr Problem besprach und mögliche Lösungen bedachte, heilte ihre Haut ab und blieb gesund. Die Gefäße ihrer Haut waren offensichtlich in der Folge ihrer Reaktionen der Scham und der verborgenen Wut in ihrer Funktion chronisch gestört worden.

Lebensentwicklungen und physiologisches Ungleichgewicht

Die Lebensentwicklung eines Menschen, vor allem die Wiederholungsphänomene in der Reaktion und Beziehung zu anderen Menschen können ganz entscheidend bei der Entstehung physiologischer Belastungen und Störungen des Gleichgewichts beteiligt sein. Am Ende des Kapitels über die Säuglingszeit sind wir ausführlich auf die Bedeutung der oralen Fixierung für die Charakterentwicklung eingegangen und haben in diesem Zusammenhang von den Problemen eines Mannes, der an einem Magengeschwür litt, berichtet. Dieser Mann war immer eng an seine Mutter gebunden geblieben, war sich seiner Fähigkeiten, für den eigenen Unterhalt zu sorgen und sich selbst zu ernähren, außerordentlich unsicher und fürchtete, eine traumatisierende Episode seiner Kindheit, in der seine Familie von Armut und Hunger bedroht gewesen war, noch einmal erleben zu müssen. Er war schließlich sehr fettleibig geworden, aß immer dann, wenn er sich unsicher fühlte, über seinen Appetit und litt am Ende unter häufig wiederkehrenden Anfällen von Sodbrennen. Als ihm bewußt geworden war, daß seine Mutter alt wurde, hatte er eine sehr mütterliche Frau geheiratet. Sein Magengeschwür hatte zum ersten Mal zu bluten begonnen, als er auf seine Einberufung zur Armee wartete, und zum zweiten Mal, als seine Frau unerwartet schwanger wurde. Das Motiv, das sein gesamtes Leben durchzog und den verschiedenen Altersstufen und spezifischen Umständen entsprechend immer wieder in anderem Gewande auftauchte, war bestimmt vom Verlangen nach Sicherheit, nach Sicherung und Befriedigung seiner »oralen« Bedürfnisse – nach Nahrung und fürsorglicher Beschützung. Da dieser Mann niemals fähig wurde, seine Abhängigkeit von mütterlichen Figuren zu überwinden, schien ihm bereits der normale Ablauf des Lebens voll von bedrohlichen, angstauslösenden Situationen zu sein, die seine physiologischen Funktionen – wegen seiner oralen Fixierung wohl vor allem seine gastrischen Funktionen – zu stören in der Lage waren.[9] Jegliches Ereignis, bei dem eine Trennung von der Mutter drohte, und jegliche Notwendigkeit, selbständig zu werden und Selbstvertrauen zu entwickeln, führte bei ihm zu Angst, die er nie zu überwinden vermochte, da ihm seine phobische Abwehr gegen Reisen verwehrte, seine kleine Geburtsstadt zu verlassen. Um sich sicher und geborgen fühlen zu können, mußte er als Verheirateter mehr Geld als bisher verdienen. Er hatte die Intelligenz und Ausbildung

9 Die Lebensentwicklung, vor allem die defensive Lebensentwicklung hat für die Erforschung der psychosomatischen Störungen eine ganz besondere Bedeutung. Viele in diesem Bereich erfahrene Forscher sind der Ansicht, daß die bedeutenderen psychosomatischen Störungen jeweils bei den Menschen auftreten, die gegenüber entsprechend spezifischen Problemen empfänglich sind und deren Lebensentwicklung möglicherweise auch zu jeweils spezifischen Konflikten führt. Der im Text vorgestellte Patient ist in seinem Fall relativ typisch für viele andere Fälle von Magengeschwüren. Patienten, die an colitis ulcerosa leiden, sind noch weniger reif und noch stärker abhängig als Patienten mit einem Magengeschwür, und sie haben ernsthafte Schwierigkeiten bei Entscheidungen. Hochdruckpatienten zeigen dagegen ein ganz anderes Bild; sie haben oft das Gefühl, chronisch zornig zu sein, ohne ihre Gefühle nach außen hin zeigen zu können. Die Frage der »Spezifität« solcher psychischen Strukturen ist Gegenstand vielfältiger Auseinandersetzungen. Eine gute Übersicht über die verschiedenen Auffassungen gibt Franz Alexander in seinem Buch *Psychosomatic Medicine* (1).

für eine weitaus bessere berufliche Position als die, die er bekleidete, dachte auch oft daran, den Beruf zu wechseln oder ein eigenes Unternehmen zu gründen, aber immer dann, wenn er den Versuch dazu machte, wurde er ängstlich, hatte unter Magenbeschwerden zu leiden und fand deshalb immer wieder zu der Überzeugung, daß ihm seine Gesundheit nicht erlaube, den Beruf zu wechseln. Dann aber wurde er wieder ärgerlich auf seinen Chef, weil dieser seine Fähigkeiten nicht anerkennen und ihn nicht befördern wolle, was jeweils zu neuen Magenbeschwerden führte. Einen anderen Beruf, der ihm das Gefühl hätte geben können, gefordert zu sein und Erfüllung zu finden, durfte er nicht haben, die Armee schied als Möglichkeit des Abenteuers aus, seine Ehe brachte ebensoviel Angst wie Beglückung, obwohl er eine relativ fürsorgliche Ehefrau gefunden hatte, und die Aussicht, Vater zu werden, war eher die auf eine Zeit schwerer Mühsal und Belastung als auf die der Erfüllung. Man kann sich nur zu gut all den kleinen täglichen Ärger und die Reibereien vorstellen, durch die die Störung seiner Magenfunktion aufrechterhalten wurde, und da seine defensive Lebensentwicklung darauf gerichtet war, die vollkommene Sicherheit und Geborgenheit zu finden, was unrealistisch und unerreichbar blieb, mußte sie ihn immer wieder von neuem in Angst und Frustration stürzen.

Gelegentlich führt die defensive Lebensentwicklung in Situationen ernsthafter emotionaler Traumen, die eine verheerende Wirkung auf die emotionale Stabilität des Menschen und seine physiologischen Funktionen haben können. Die dem Mann unseres Beispiels drohende Einberufung zur Armee war mehr als nur eine angstauslösende Episode, denn sie gefährdete den Kern seiner Maßnahmen und Strebungen um Sicherheit und Geborgenheit. Bei der Armee würde er nicht länger eine Mutter oder eine bemutternde Figur in seiner Nähe haben, seine Phobie gegen Reisen würde ihn nicht mehr davor bewahren können, von ihnen getrennt zu werden. Er würde hinausgeworfen sein in eine harte Welt, in der er, allein und auf sich gestellt, aller fürsorglichen Geborgenheit würde entbehren müssen. Und da er weder Vertrauen in seine Fähigkeit, für sich selbst zu sorgen und selbständig zu leben, noch die Abwehrmechanismen entwickelt hatte, die ihm hätten helfen können, seine Angst zu mildern und vielleicht auch die Wahrnehmung der Gefahr so zu verändern und zu entstellen, daß sie ihm beherrschbar würde, reagierte er auf die ihm drohende Einberufung mit aller physiologischen Intensität eines Kindes, das seine Mutter verliert oder einer überwältigenden Gefahr ausgesetzt wird. Genau zu diesem kritischen Zeitpunkt seines Lebens bekam dieser Mann sein Magengeschwür und begann daraus zu bluten. In ähnlicher Weise wird jene Frau, die sich gegen Gefühle, von ihrer Mutter verlassen zu werden, dadurch sichert, daß sie die Rolle des einzigen treuen Kindes übernimmt, das auch dann bei der Mutter zu bleiben bereit sein wird, wenn die anderen Kinder sie verlassen haben, schließlich ihre Mutter durch Tod oder allein schon dadurch verlieren, daß diese als alte, hilflose Frau ihr zu einer schwer zu ertragenden Bürde wird. Wenn die Mutter ihrerseits in der Folge ihrer spezifischen Lebensentwicklung ein Kind durch überschwengliche und überfürsorgliche Liebe, die sie sich selbst als Kind von ihrer eigenen Mutter gewünscht hatte, an sich zu binden versucht, dann wird sie das Kind wohl eher dazu bringen, daß es verzweifelte Anstrengungen unternimmt, um die eigene Freiheit und Identität zu finden und von der Mutter abzurücken, als daß es ihr gelingen wird, ihr Kind in der Kind-Mutter-Bindung bei sich zu halten. Wenn dann das seit der Kindheit befürchtete Trauma eintritt, wird auch sie mit einer tiefgreifenden und bisweilen verheerenden physiologischen Reaktion wie auf eine sie überwältigende Gefahr antworten, möglicherweise so, wie dies in ihrer Kindheit geschah, als das sensibilisierende Ereignis zum ersten Male aufgetreten war. Genau zu diesem kritischen Zeitpunkt im Leben entwickelte eine Frau in einer solchen Situation eine Hyperthyreose.

Das Versagen von Abwehrmechanismen

Wir müssen in diesem Zusammenhang auch erwähnen, daß die Abwehrmechanismen, die zwar in der Regel dem Ziel dienen, die physiologische Reaktion auf Situationen, die besonders angstauslösend wirken könnten, abzuschwächen und abzuwehren, die Vulnerabilität eines Menschen auch verstärken können. Wenn z. B. ein spezifischer Abwehrmechanismus das Bewußtwerden einer im Grunde gefährlichen Situation verhindert, dann kann unter Umständen die Realität zur Anerkennung eines ernsthaften Dilemmas zwingen, wobei die physiologische Reaktion auf den Schock der Erkenntnis der Gefahr oft außerordentlich intensiv ist. Ein Mann, dessen gesamtes Leben auf seine Frau und die Kinder gerichtet war, war zwar bereit gewesen, seiner Frau zu vergeben, als diese ihm ein Verhältnis gestanden hatte, aber er hatte dabei ausdrücklich erklärt, daß eine erneute Untreue zu einer Scheidung führen würde. Einige Jahre später setzte er die verschiedensten Abwehrmechanismen ein, um sich selbst vor der Erkenntnis zu bewahren, daß seine Frau sich jenem Sinnspruch von la Rochefoucauld gemäß verhielt, der besagt, daß es viele Frauen gibt, die niemals, aber keine, die nur einmal untreu gewesen ist. Als er dann plötzlich und unerwartet dazu gezwungen war, die wirkliche Situation zu erkennen, erlitt er einen schweren Herzanfall.

Darüber hinaus können Abwehrmechanismen sozusagen in die Irre gehen und zum Ursprung tiefgreifender Ängste werden. So war es z. B. einer Frau gelungen, ihre feindselige Einstellung gegenüber ihrem Ehemann und ihre Wünsche, das Kind loszuwerden, das sie an ihre Ehe band, mit Hilfe verschiedener Abwehrmechanismen wie Ungeschehen-Machen, Reaktionsbildung und einer zwanghaft übertriebenen Fürsorglichkeit für ihr Kind zu verdrängen. Allmählich geriet sie so in eine unerträgliche Situation. Sie hatte zunehmend Angst, ihr Kind allein zu lassen, konnte nicht schlafen, wenn nicht das Kind neben ihr schlief, war ängstlich, es allein auf den Schulweg zu schicken, und kaum in der Lage, seine Rückkehr in Ruhe abzuwarten, vor lauter Furcht, daß ihm etwas zugestoßen sein könnte, und sie war auch unfähig, irgendeine längere Trennung von ihrem Sohn zu ertragen, worüber es schließlich zu Konflikten mit ihrem Ehemann kam. Als es für sie notwendig wurde, im Krankenhaus zu bleiben, bestand sie darauf, sofort entlassen zu werden, um ihren Sohn zu einem Picknick zu begleiten, da dieser ja beim Schwimmen ertrinken könnte, wenn sie nicht aufpassen würde, obwohl sie selbst überhaupt nicht schwimmen konnte. Solcherart dekompensierte Abwehrmechanismen sind nicht ungewöhnlich und können, wenn sie chronisch werden, sich zu einem entscheidenden Faktor in der Ätiologie psychosomatischer Erkrankungen entwickeln.

Die Alarmreaktion und das allgemeine Adaptationssyndrom

Widrige Lebensumstände und ernsthafte emotionale Störungen können noch auf verschiedene andere Weise die physiologische Funktion sowie die Integrität des Organismus beeinträchtigen, ohne daß dabei eine Dysfunktion des autonomen Nervensystems im Vordergrund stehen muß. Bei einem der wichtigeren Muster wechselseitiger physiologischer Reaktionen gegenüber schweren Streß-Situationen werden in erster Linie die Nebennierenrindenhormone zur Abwehr eingesetzt. Diese Hormone bereiten den Organismus nicht so sehr auf die gezielte Reaktion gegenüber Gefahren durch Flucht oder Kampf vor, sondern sie bewirken in erster Linie eine Stärkung der physiologischen Abwehr gegen körperliche Schädigungen. Diese Reaktionen spielen aber auch bei emotionalen Streß-Situationen, zumindest aber bei dem schweren emotionalen Trauma eine wichtige Rolle. Die Ausschüttung von Adrenalin löst die Sekretion des adrenocorticotropen Hormons (ACTH) in der Hypophyse aus, durch die dann die Ausschüttung von Nebennierenrindenhormonen (Cortison und verwandte Hormone) stimuliert wird. Ein Fortbestehen traumatischer Reize kann die physiologischen Abwehrmechanismen überstimulieren und zu bleibenden Veränderungen in verschiedenen Organsystemen oder zu einer Erschöpfung der Abwehrmechanismen führen, was dann ebenfalls eine tiefgreifende Schädigung der Struktur zur Folge haben kann. Der Physiologe Selye, der als erster diese Reaktionsformen gegenüber Streß-Situationen untersucht hat, nannte die eine Form der Reaktion *Alarmreaktion* und bestimmte dauerhaftere physiologische Folgezustände das *allgemeine Adaptationssyndrom.*[10] Die eintretenden Verände-

10 Selye (11) interessierte sich für die physiologischen Reaktionen, wie sie bei vielen Erkrankungen, aber auch bei Verletzungen auftreten können, z. B. Veränderungen in der Zahl weißer Blutkörperchen und der Zusammensetzung des weißen Blutbildes, Fieber, Veränderungen des Blutdrucks und des Blutvolumens, der Gefäßpermeabilität etc. Viele dieser Reaktionen sind von der Sekretion von Nebennierenrindensteroiden abhängig. Allgemein gesehen ist die primäre Reaktion auf ein Trauma die Alarmreaktion, in deren Folge der ansteigende Cortisonspiegel im Blut die Gefäßpermeabilität einschränkt und die Flüssigkeitsverluste aus dem Kreislauf in die Gewebe reduziert, was zusammen mit anderen Mechanismen einem Schock entgegenwirkt. In der Folge der Alarmreaktion kommt es zu einem Zustand der Hemmung, der von Gewebsveränderungen begleitet ist und, wenn das Trauma schwerwiegender Natur ist, schließlich zum Tode führen kann. Art und Ausmaß dieser defensiven Gewebsveränderungen beruhen auf Faktoren wie Schwere und zeitliche Dauer des Traumas sowie auf konstitutionellen Faktoren. Aber sogar schon in einem relativ frühen Stadium der Anpassungsreaktion kann es zu einer Hemmung des körperlichen Wachstums und zu einer Involution der Gonaden kommen, bei stillenden Müttern versiegt die Milch-

rungen scheinen zur Klärung der Ätiologie mancher Erkrankungen wie der rheumatischen Arthritis, einiger Nierenleiden und verschiedener Formen von »Kollagenosen«, das sind bestimmte Erkrankungen des Bindegewebes, beitragen zu können. Auch wenn das Adaptationssyndrom vielleicht in erster Linie der Abwehr gegen physischen Schaden dient, kann es doch auch bei schweren emotionalen Traumen auftreten. So fand Selye z. B., daß sich bei der Ratte die durch Erschöpfung der Nebennierenrinde zum Tode führenden Reaktionen in ihrem gesamten Ablauf dadurch reproduzieren lassen, daß man den Tieren die Beine zusammenbindet, – was mit extremen Schrecken und Todesängsten verbunden ist. Der Tod tritt bei diesen Tieren infolge typischer Veränderungen in den verschiedenen Organsystemen ein, die sich auch nicht dadurch verhindern lassen, daß man die Tiere in ihrem frustranen Ringen vor Verletzungen schützt. Mit diesen adrenocorticalen Abwehrmechanismen und ihren endokrinen, neuroanatomischen und neurophysiologischen Zusammenhängen beschäftigen sich heute zahlreiche Forscher.
Obwohl es Anhaltspunkte dafür gibt, daß emotionale Faktoren auch die Widerstandsfähigkeit gegenüber Krankheiten, einschließlich der Infektionskrankheiten, beeinflussen, ist doch diese Frage bisher kaum einer eingehenden Erforschung zugänglich gewesen.

Physiologische Reaktionen auf Hoffnungslosigkeit und Hilflosigkeit

Engel und seine Mitarbeiter (8) haben sich vor allem mit den physiologischen Reaktionen beschäftigt, die mit dem Verlust emotionaler Beziehungen, vor allem bei dem Verlust einer signifikanten Person, auftreten können, und sie versuchten dabei, zwischen einer Reaktion auf Hilflosigkeit und einer Reaktion auf Hoffnungslosigkeit zu unterscheiden. Nach ihrer Ansicht haben diese Reaktionen zum Ziel, einer Einbuße von Energie entgegenzuwirken und vor den emotionalen und physiologischen Folgen unerträglichen Ver-

produktion und im Gastrointestinaltrakt kommt es zu Ulzerationen. In einem noch späteren Stadium treten Gewebsveränderungen auf, wie man sie bei den verschiedensten »Kollagenosen« finden kann. Im Verlauf der gesamten Reaktion wird das Gleichgewicht des neuroendokrinen Systems tiefgreifend verändert, worauf wir jedoch an dieser Stelle nicht ausführlich weiter eingehen können.

lustes oder überwältigender Bedrohung zu schützen. Die Reaktionsmuster sind mit jenen der Apathie und Depression verwandt. Zum gegenwärtigen Zeitpunkt gibt es jedoch noch immer nur indirekte Beweise für dabei auftretende physiologische Veränderungen, so daß diese ihrem Wesen nach ungeklärt bleiben.

Wir haben die Zusammenhänge zwischen Emotionen und physiologischen Funktionen untersucht und gezeigt, wie die Persönlichkeitsentwicklung auf die physiologischen Funktionen des Individuums Einfluß hat. Wir haben dabei unser Augenmerk vor allem auf die automatischen Abwehrmechanismen gegen Gefahr, die durch das autonome Nervensystem gesteuert werden, gerichtet, obgleich es sich dabei nur um Einzelaspekte eines komplexen Ganzen handelt, und dargestellt, wie diese Notfallfunktionen mit den homöostatischen Funktionen kollidieren und eine Vielzahl von Dysfunktionen herbeiführen können. Die individuelle Lebensentwicklung, insbesondere die defensive Lebensentwicklung, kann zu einem repetitiven Auslösen der physiologischen Abwehr gegen Gefahr, und eine Unterhöhlung der im Verlauf der Lebensentwicklung entstandenen Reaktions- und Verhaltensmuster kann zu einem nachhaltigen emotionalen Streß führen, der zu einer schwerwiegenden Belastung für die Integrität des Organismus werden kann. Die psychischen Abwehrmechanismen stehen nicht nur im Dienst des Ichs zur Verteidigung und Wahrung des Selbstwertgefühls, sondern sie bewahren zugleich auch vor Ängsten, die die physiologische Abwehr gegen Gefahr auslösen. Bisweilen können diese allerdings ihrem eigentlichen Ziel zuwiderlaufen und einen emotionalen Zustand entstehen lassen, der die physiologische Abwehr ernsthaft belastet.

Kapitel 21

Die therapeutische Beziehung

Mit diesem Kapitel wollen wir den Themenkreis der Persönlichkeitsentwicklung und ihrer Dynamik verlassen, um noch über einige wesentliche Aspekte der therapeutischen Beziehung zu sprechen. Der Arzt und der Psychotherapeut, aber auch die Krankenschwester, der Sozialarbeiter und der klinische Psychologe bedürfen für ihre Arbeit im Umgang mit Patienten einer grundlegenden Menschenkenntnis. Dieses Buch hat versucht, einen Führer an die Hand zu geben, der helfen soll, die Menschen besser zu verstehen und aus dem Umgang mit ihnen zu lernen. Eine der großen Schwierigkeiten der medizinischen Arbeit, vor allem in jenen Arbeitsgebieten, die sich mit den Lebensproblemen von Menschen befassen, ergibt sich allein schon aus der Tatsache, daß der Therapeut selbst sein wichtigstes Instrument ist. Der gute Arzt hat schon immer, auch als er zugleich noch Medizinmann und Priester war, seinen persönlichen Einfluß bei der Heilung seiner Patienten wirksam werden lassen, und er war deshalb von jeher darum bemüht, von den Menschen zu lernen. Die Fortschritte der medizinischen Wissenschaft, durch die im Laufe der letzten 100 Jahre so viele Krankheiten praktisch ausgerottet werden konnten, haben die Bedeutung des Arztes als Mensch nicht geringer werden lassen, vielmehr haben sie es möglich gemacht, daß der Arzt seine Zeit und Aufmerksamkeit heute weniger auf die Erhaltung und Bewahrung des Lebens richten muß. Dadurch, daß in den vergangenen Jahrzehnten die Probleme der Persönlichkeitsfunktionen und -dysfunktionen zunehmend in den Mittelpunkt gerückt sind, wuchs die Möglichkeit, auf dem Boden einer mehr rationalistischen Einstellung mit dem Irrationalen zu arbeiten und damit die Leitlinien für eine erfolgreichere therapeutische Beziehung zu erarbeiten. Da wir uns in diesem Buch nicht in erster Linie mit Pathologie und Therapie beschäftigt haben, wollen wir in dem vorliegenden letzten Kapitel nur einige wesentliche Aspekte der therapeutischen Beziehung zwischen Therapeut und Patient herausstellen, die aus der Persönlichkeitsentwicklung verständlich werden, und zwar vor allem die *Übertragungsbeziehung* zwischen Patient und Therapeut; wir wollen näher untersuchen, welche Bedeutung sie für die klinische Arbeit in allen Bereichen der Medizin, vor allem aber für die psychotherapeutische Arbeit hat.

»Übertragung«

Der Begriff »Übertragung« steht für die unbewußten Tendenzen, mit einem anderen Menschen wie in einer früheren Beziehung umzugehen, in erster Linie wie in der Kindheitsbeziehung zu den Elternpersonen, wobei auf den anderen Menschen Eigenschaften der Eltern oder einer anderen signifikanten Bezugsperson, mit der dieser identifiziert wird, »übertragen« werden. Solche Übertragungen gibt es in allen wichtigen zwischenmenschlichen Beziehungen: der andere wird in seinen Charaktereigenschaften nicht so gesehen, wie er wirklich ist, sondern im Lichte desjenigen, der ihn sieht. In der medizinischen Praxis, wo der Arzt für den Patienten eine einzigartige Bedeutung hat, sowie in der therapeutischen Beziehung, bei der der Patient gegenüber seinem Therapeuten abhängig ist und ihm gegenüber bald ein gewisses Abhängigkeitsverhalten zeigt, spielt die Übertragung eine ganz besonders wichtige Rolle.

Bevor wir uns näher mit der Übertragungsbeziehung beschäftigen, wollen wir zwei recht typische und eindeutige Situationen schildern, wie sie sich in einem Universitätskrankenhaus in der medizinischen Versorgung der Patienten immer wieder ergeben können. Ein Medizinstudent im dritten Ausbildungsjahr hat gerade mit seiner Famulaturzeit in der inneren Medizin begonnen. Seine Stellung ist im wesentlichen die des »assistant« oder »intern«, wobei er durch aktive Mitarbeit unter fachlicher Aufsicht bei der medizinischen Versorgung der Patienten lernen soll. Ihm wird eine junge Patientin zugeteilt, von der er eine ausführliche Vorgeschichte ihrer jetzigen Krankheit und der vorangegangenen Krankheiten erhebt, der er Blut für verschiedenste Laboratoriumsuntersuchungen abnimmt und die er einer eingehenden körperlichen Untersuchung unterzieht. Wie alle Studenten, die mit der Famulaturzeit beginnen, ist er etwas verlegen und unsicher, da er noch wenig entschlossen und in der Ausübung seiner Pflichten ein wenig ungeschickt ist. Nach einigen Tagen stellt er dann aber fest, oder er hört es von anderen, daß es seiner jungen Patientin besser zu gehen scheint, zumindest hat sie sich aufgerafft und genügend Energie gewonnen, um sich wieder mit Lidschatten und Lippenstift zu schminken und ihr Haar am Morgen sorgfältig zu kämmen. Sie läßt sich von ihrer Schwester ihr seidenes Nachthemd und den neuen Morgenrock mitbringen und begrüßt den Studenten jetzt mit einem freundlichen Lächeln und erinnert noch einige kleine Einzelheiten aus ihrer Vorgeschichte, die sie ihm nachträglich mitteilt. Sie wünscht, seine Meinung über eine Herzoperation zu hören, die man bei ihr in Erwägung zieht, und als er sie fragt, was denn der Professor dazu gesagt habe, entgegnet sie, daß sie kaum Vertrauen in die Meinung des Professors habe, da dieser doch so sehr beschäftigt sei und kaum Zeit habe, um sich über ihr Herz Gedanken zu machen, so daß sie seinem, des Famulanten Urteil ein größeres Gewicht beimesse. Der Student vermag kaum seine Freude darüber zu beherrschen, daß er eine Patientin zugewiesen bekam, die so klar seine großen Fähigkeiten erkannt hat, und teilt ihr seine abgewogene Meinung zu ihrem Fall mit, – die sich auf die Erfahrung mit einem anderen, ähnlich gelagerten Fall und auf das aus seinem (von seinem Professor geschriebenen) Lehrbuch gewonnene Wissen stützt.

Ein anderer Student dagegen hat nicht das gleiche Glück bei der Zuteilung seines Patienten. Er hat bei der medizinischen Versorgung eines Lastwagenfahrers zu helfen, der am späten Abend mit einer schweren Lebererkrankung aufgenommen wird. Der Student muß fast die ganze Nacht aufbleiben und im Laboratorium mit anderen Mitarbeitern des Krankenhauses Urinproben untersuchen, muß Blut abnehmen, Infusionen anlegen, den Kopf des Patienten halten, wenn dieser erbricht, etc. Am nächsten Morgen kommt er nach wenigen Stunden Schlaf kaum aus seinem Bett und muß sofort zur Station laufen, wo er sich freut zu hören, daß es seinem Patienten jetzt etwas besser geht. Zufrieden geht er an dessen Bett, um erneut Blut abzunehmen, und muß zu seiner Enttäuschung sehen, daß sein Patient nichts als Schimpfworte für ihn übrig hat, allein gelassen zu werden wünscht und ihm gegenüber schnauzend äußert, daß man ihm wohl in der vergangenen Nacht genügend Blut abgezapft hätte, um davon einen ganzen Monat leben zu können. Jegliche freundliche Entgegnung wird von ihm mit einer neuen Schimpfkanonade erwidert, in der der Patient zum Ausdruck bringt, daß ihm der Student auf die Nerven fällt. So muß der Student das Gefühl haben, daß alle Anstrengung der vergangenen Nacht falsch war, daß dieser Mann es nicht verdiente, gerettet zu werden, und er läßt dies seinen Patienten fühlen.

Obwohl diese beiden Beispiele ein wenig übertrieben gezeichnet sind, handelt es sich doch um wirkliche Begebenheiten, die in der Erzählung nur ein wenig »frisiert« worden sind. Es ist manchmal für den Arzt schwer möglich, dem Rat von Osler zu folgen und immer Gleichmut zu bewahren (1), aber in dem geschilderten Beispiel hätte ein Erkennen der sowohl in der Bewunderung der jungen Frau als auch in der Feindseligkeit des Lastwagenfahrers zum Ausdruck kommenden Übertragung den Studenten geholfen, mit beiden Füßen auf der Erde zu bleiben und aus solchen Situationen die Menschen, die sie zu behandeln hatten, besser kennenzulernen. Keiner der beiden Patienten kannte die Studenten, und weder die Frau noch der Mann hatten Grund für ihre Zuneigung beziehungsweise Abneigung gegenüber ihren jungen Famuli. Beide Patienten verhielten sich im Grunde wie gegenüber Symbolfiguren, entsprechend früheren Beziehungen zu signifikanten Personen. Die junge Frau mit dem Herzklappenfehler suchte unbewußt in ihrer Situation der Abhängigkeit und Hilflosigkeit nach Geborgenheit, indem sie verführerisch den Mann umwarb, der für sie sorgte, fast ebenso, wie sie ihren Vater für ihre Ziele umschmeichelt hatte. Der Lastwagenfahrer dagegen war zutiefst beleidigt, denn er hatte das Gefühl, daß er ausgenutzt und gequält würde, wenn er von einem Mann abhängig sein und sich auf ihn verlassen müßte, so ähnlich, wie er als Junge von seinem Vater zur Arbeit gezwungen und von ihm um seinen Verdienst gebracht worden war, bis er sich dieser Situation durch Davonlaufen entzogen hatte. Keine der Reaktionen dieser beiden Patienten war dem Verhalten der Studenten angemessen, aber dadurch, daß beide krank und abhängig waren, waren alte Reaktionsmuster reaktiviert worden. Wenn der Therapeut bei seinen Patienten Tendenzen erkennt, aufgrund derer er von diesen mit einer früheren, signifikanten Person aus ihrem Leben identifiziert wird, so braucht er solche Reaktionen nicht persönlich zu nehmen, sondern kann leidenschaftslos die Art und Weise, in der der Patient sich ihm gegenüber verhält, beobachten und das Verständnis, das er daraus gewinnt, für seine therapeutische Arbeit mit dem Patienten nutzen.

Die Fähigkeit, das Selbst als Instrument zu benutzen, um Verständnis und Einsichten in die Art und Weise der Reaktionen und Beziehungen des Patienten zu gewinnen und damit die therapeutische Arbeit zu beeinflussen, erfordert eine Objektivität gegenüber den eigenen Gefühlen, Verhaltensweisen und Kenntnissen, die sich nur allmählich mit wachsender Erfahrung einstellt. Sie gehört mit zu den schwierigsten Anforderungen, die an den Therapeuten gestellt sind. In den geschilderten Beispielen ist allerdings wohl für jeden Außenstehenden offenkundig, daß die Frau keinen logisch begründbaren Anlaß hatte, ihren Famulus für den besten Arzt zu halten, der ihr zur Verfügung stand, und der Student hätte seinerseits erkennen müssen, daß er weder Sean Connery noch Rex Morgan, aber auch nicht Sir William Osler ist; und daß der Mann keinen Grund hatte, eine so heftige Abneigung gegenüber einem Menschen zu entwickeln, der ihm nur helfen wollte, sein Leben zu retten.

In jeder zwischenmenschlichen Beziehung, vor allem wenn sie neu begründet wird, sind Elemente früherer Beziehungen enthalten, und jedes Urteil, das man über einen neuen Bekannten fällt, gründet sich auf Erlebnisse mit anderen Menschen, an die der neue Bekannte einen erinnert. Wir bewerten diese neuen Bekannten, indem wir sie bewußt und sehr viel mehr noch unbewußt an einem einzelnen Menschen oder einer Klasse von Menschen, die wir gekannt haben, messen. Stereotype können selbstverständlich sehr viele Energien sparen, aber uns auch daran hindern, andere Menschen so zu kennen und zu erkennen, wie sie sind, nämlich als Individuen. Der aufmerksame Beobachter wird allerdings sehr viel von einem Menschen erfahren, indem er subtile Ähnlichkeiten mit anderen Menschen herausfindet. Übertragungssituationen sind in der Regel stärker emotional aufgeladen. Die intensiven Beziehungen zu den Elternfiguren in der Kindheit werden zum festen Bestandteil der Persönlichkeit und nehmen Einfluß auf das gesamte Verhaltensmuster eines Menschen. Verzerrungen und Störungen in den Beziehungen zu den Eltern sowie in den Gefühlen ihnen gegenüber werden zum Teil korrigiert, wenn der Mensch Reife und eine stabile Ich-Identität erlangt. Einige dieser Gefühle und Wahrnehmungen der Kindheit bleiben jedoch bestehen, andere werden in Zeiten emotionaler Unsicherheit reaktiviert. Die Muster, die in den Interaktionen innerhalb der Ursprungsfamilie entstehen, lassen den Menschen neue signifikante Personen nach den gleichen Mustern einordnen, wobei diese entsprechend verändert werden, falls nicht nur die Personen ausgewählt werden, die sich in das Muster auch einordnen lassen. Wie wir in den zwei vorangegangenen Kapiteln gezeigt haben, besteht im Verlauf des ganzen Lebens die Grundtendenz, dem

Neuen die alte Form zu geben, mit anderen Menschen entsprechend früheren Erlebnissen umzugehen. Solche Wiederholungstendenzen treten gewöhnlich bei emotional gestörten Patienten oder in Zeiten emotionaler Störung stärker hervor.

Die Stellung und Rolle des Therapeuten

Der Therapeut ist für den Patienten nicht einfach nur ein anderer Mensch, und die Beziehung zu ihm ist nicht ohne besondere Bedeutung. Der Patient kommt mit Beschwerden zum Arzt, die er nicht allein aus der Welt schaffen kann, gleichgültig, wie reif und eigenständig er sonst in nichtmedizinischen Dingen auch sein mag. Ebenso bitten Menschen um psychotherapeutische Hilfe oder Beratung, weil sie mit ihren Problemen allein nicht länger fertig werden. Diese Probleme und Schwierigkeiten sind gewöhnlich quälend, beeinträchtigen die Lebensmöglichkeiten des Patienten und bedrohen sein Wohlergehen. Der Patient erwartet, wenn er sich in die Hände des Therapeuten begibt, daß für diesen seine Gesundheit und sein Wohlergehen von primärer Bedeutung sein wird. Die therapeutische Beziehung gründet sich auf die Tradition der Arzt-Patient-Beziehung früherer Zeiten, wo der Arzt in der Gesellschaft eine besonders angesehene Stellung innehatte, da von ihm erwartet wurde, daß er wie der Priester das Wohlergehen des Patienten mit dem seinen gleichsetze, ja man erwartete von ihm sogar, daß er in der Sorge für die Kranken immer wieder sein Leben aufs Spiel setzen werde, und tatsächlich konnte er, bis man in den letzten Jahrzehnten die schweren Infektionskrankheiten unter Kontrolle gebracht hatte, bei der Versorgung seiner Patienten nur sehr wenig an seine eigene Sicherheit denken. Er tut auch weiterhin alles, was er kann und was in seinen Kräften steht, nicht etwa wegen seiner eigenen Bedürfnisse oder wegen einer besonderen persönlichen Beziehung zum Patienten, sondern einfach deshalb, weil der Patient bei ihm, der er die Rolle des Arztes innehat, Hilfe sucht. Aber auch andere Berufe, die mehr und mehr zu Heilberufen geworden sind, oder medizinische Hilfsberufe haben mehr oder weniger diese Rolle übernommen. Eines der großen Probleme ist jedoch, daß bei nur wenigen dieser Berufe – abgesehen von denen der Krankenpflege – in der Ausbildung eine ähnliche Beziehung zur Frage von Leben und Tod begründet wird wie beim Arztberuf, eine Beziehung, die die besonderen Schwierigkeiten und Belastungen ärztlicher Pflicht und Verantwortung mit begründet. Der Patient erwartet aber auch von jedem nichtärztlichen Therapeuten, daß dieser sich um sein Wohlergehen ebenso kümmert, wie ein Arzt es tun würde oder sollte.

Die Übertragungsbeziehung

Die mit der Rolle und dem Status des Arztes verbundenen Konventionen determinieren mit die Natur der Übertragungsbeziehung in der Therapie. Der Patient muß den Therapeuten als eine Autorität ansehen, wenn er sich sicher und geborgen fühlen will, und er ordnet ihm zugleich auch so viele Attribute der Allwissenheit und Omnipotenz zu wie nur möglich. Er sucht den Therapeuten mit den Eigenschaften einer Elternperson auszustatten, die für ihn sorgt und die ihn beschützt. So wird sehr viel mehr als in jeder anderen zwischenmenschlichen Beziehung der Therapeut als Elternperson angesehen, auf die vielfach persönliche Merkmale und Eigenschaften eines oder auch beider Eltern übertragen werden – ein Prozeß, der Reaktionsmuster reaktiviert, die früher in der wechselseitigen Beziehung zu den Eltern eingesetzt wurden. Das Alter und Geschlecht des Therapeuten haben dabei nur eine geringe Bedeutung. Der männlichste aller Therapeuten kann von einem Patienten in vieler Hinsicht wie seine Mutter wahrgenommen werden, und eine ältere Frau sieht in dem jungen Intern mitunter eine Vaterfigur. Das Erkennen solch allgemeiner Tendenzen, die so oft in die therapeutische Beziehung Eingang finden, gibt dem Therapeuten eine allgemeine Orientierungsmöglichkeit an die Hand, die ihm dabei helfen kann, sich selbst sinnvoll einzusetzen, während eine Verkennung dieser Beziehung zu Schwierigkeiten führen muß.
Wir wollen in diesem Zusammenhang ein Beispiel anführen, das nicht ganz so kraß ist wie jenes unserer beiden Famuli. Eine Frau war schwer erkrankt und bedurfte intensiver Pflege und Überwachung durch Arzt und Pflegepersonal. Trotz ihres schweren Leidens war sie verständnisvoll und klagte nur wenig. Als dann aber ihre Erkrankung beherrscht werden konnte, wurden ihre Klagen nicht etwa weniger, sondern nahmen sogar noch zu, und zwar so weit, daß die Frau sich zeitweilig wie ein weinerliches Kind

verhielt, bis die Stationsschwester kaum noch ihren Unmut verbergen konnte und ihr aus dem Wege zu gehen begann. Die Ärzte waren erneut über ihren Zustand besorgt und wiederholten mehrere kostspielige Untersuchungen, um sicherzugehen, daß der Genesungsprozeß tatsächlich weiter voranschreiten werde. Der Stationsschwester fiel schließlich auf, daß die Beschwerden der Patientin im Verlauf des Tages schwankten, und zwar weniger in Übereinstimmung mit ihrer Fieberkurve als mit dem Wechsel des Stationspersonals. Als die Patientin noch schwer krank gewesen war, hatte eine ältere Schwester sich viel mit der Patientin beschäftigt. Wenn jetzt diese Schwester auf die Station zum Dienst kam, zur Patientin hereinschaute und sich mit ihr einige Minuten unterhielt, war alles gut. Wenn sie sich aber zunächst mit anderen Patienten beschäftigte, hatte die Frau, bis die Schwester bei ihr angelangt war, über eine Unzahl von Beschwerden zu klagen. Für die sehr aufmerksame Stationsschwester wurde alles noch klarer, als die Frau den Raum mit einer anderen, sehr schwer kranken Patientin teilen mußte. Wenn jetzt die ältere Schwester sich mehr mit dieser Patientin beschäftigte, kam es immer wieder zu Schwierigkeiten, unsere Patientin wurde ungeduldig, reizbar und kindisch. Wenn ihr weniger Aufmerksamkeit als der anderen zuteil wurde, reagierte sie zwar bei jeder der Schwestern wie ein böses Kind, am deutlichsten aber trat dies bei ihrer Lieblingsschwester zutage. Wie das folgende Gespräch mit dem Psychiater aufdeckte, war die Patientin wieder zum Kind geworden, war, wie viele schwerkranke Patienten dies tun, erheblich regrediert. In der Lieblingsschwester hatte sie die gutmütige, liebevolle Mutter gefunden, die um sie besorgt war und sie mit aller Sorgfalt pflegte. Als es ihr dann besser ging, wurde sie wieder – wie viele Jahre zuvor, als ihre Mutter sich mehr für die jüngere Schwester zu interessieren schien, die mehrere Monate lang mit einer chronischen Erkrankung hatte das Bett hüten müssen und der intensiven Pflege und Fürsorge bedurfte – zum eifersüchtigen Kind. Wie in der Kindheit suchte die Patientin jetzt die mütterliche Zuwendung dadurch wiederzugewinnen, daß sie ihre eigenen Bedürfnisse auf hypochondrische Weise in den Vordergrund spielte.

Mißbrauch von Übertragungsphänomenen

Die Kenntnis der Übertragungsaspekte im Verhalten von Patienten, vor allem wenn das Wissen über Übertragungsphänomene nur gering ist, kann zum Mißbrauch der Übertragung durch den Therapeuten führen, der sich ihrer bedient, um sich vor der Kritik seiner Patienten zu schützen. Nicht alle Mißverständnisse, Gegensätzlichkeiten und Wünsche, den Therapeuten zu wechseln oder den Behandlungsversuch ganz abzubrechen, ergeben sich einfach nur aus Übertragungsproblemen, und man sollte die durch ein Versagen des Therapeuten in seinem Verständnis für den Patienten, durch Gedankenlosigkeit, Fehler oder Mißachtung entstehenden Schwierigkeiten nicht von vornherein auf Übertragungsprobleme zurückführen. Das Krankenhaus selbst kann z. B. beim bettlägerigen Patienten erheblichen Ärger und Verstimmung provozieren, wenn er sich über die gefühllose Krankenhausroutine, über allzu langes Warten auf die Bettpfanne, über ein kaltes, kaum genießbares Krankenhausessen etc. aufregen muß. Der Therapeut kann sich zwar mit dem Patienten darüber unterhalten, warum bei ihm diese Unbequemlichkeiten zu solch exzessiven Reaktionen führen, aber er sollte lieber Zeit und Aufregung sparen und Übertragungsprobleme nur bei signifikanten Situationen mit inadäquaten Verhaltensweisen des Patienten in Erwägung ziehen, für die das Verhalten des Therapeuten oder Umweltgegebenheiten wahrscheinlich nicht verantwortlich gemacht werden können. In den meisten Fällen werden in der medizinischen Praxis Übertragungsprobleme vor allem dann diskutiert, wenn das Verhalten eines Patienten ungewöhnlich, übertrieben oder von Mißverständnissen geprägt erscheint.

Übertragung in der Psychotherapie

In der medizinischen Praxis, in der allgemeinen Sozial- und Fürsorgearbeit sowie in anderen Situationen, für die ein Therapeut nicht in der Anwendung der Übertragungsphänomene gesondert geschult ist, dienen die Übertragungsphänomene in erster Linie als Leitfaden, an dem sich der Therapeut in seiner therapeutischen Beziehung zum Patienten orientieren kann. In der Psychotherapie dagegen ist die Übertragung eines der wesentlichen Mittel, um die grundlegenden Einstellungen und Verhaltensweisen eines Patienten zu verstehen, häufig auch ein entscheidender Hebel, über den Veränderungen in den Einstellungen des Patienten und seiner Art und Weise, andere zu verstehen, in Gang gesetzt werden können.

Ein Psychiater, der eine psychoanalytisch orientierte Psychotherapie praktizierte, mußte wegen Erkrankung für einen Tag allen seinen Patienten absagen. Am nächsten Morgen erzählte ihm seine erste Patientin, daß sie froh gewesen sei, diese eine Stunde am Vortag für sich gehabt zu haben, denn sie sei beruflich beschäftigt gewesen und hätte Überstunden machen müssen, wenn sie zur Stunde gekommen wäre. Im Grunde sei die ausgefallene Sitzung für sie sogar nützlich gewesen, da sie endlich die Zeit gefunden habe, um mit ihrem Chef über einige ihrer Schwierigkeiten zu sprechen; dieser habe sich ihr gegenüber sehr verständig gezeigt und ihr so manchen guten Rat gegeben. Da der Psychiater die Arbeit in seiner Praxis, obwohl er noch nicht ganz gesund war, wieder aufgenommen hatte, weil er der Meinung war, daß gerade diese Patientin eine längere Unterbrechung der Therapie nicht ertragen werde, hätte er sehr ärgerlich sein können über ihre Äußerung, daß sie über die ausgefallene Stunde froh gewesen sei und ihr Chef ihr den Rat habe geben können, den der Psychiater ihr zu geben anscheinend nicht gewillt oder fähig war. Er hörte ihr jedoch einfach nur zu, und es wurde bald deutlich, daß die Patientin versuchte, sich und ihrem Psychiater vorzumachen, daß sie sich nicht getroffen fühlen würde, wenn jemand, den sie dringend brauchte, sie versetzte, womit sie ihm zu verstehen geben wollte, daß er für sie nicht so wichtig sei. Dies war aber bei ihr ein altes Muster, das sie bisher immer daran gehindert hatte, eine engere Beziehung zu einem anderen Menschen einzugehen, einer der Gründe, weswegen sie noch unverheiratet war und eine alte Jungfer zu werden drohte. Der Psychiater bemerkte schließlich wie beiläufig, er sehe, daß sie sich nicht über die ausgefallene Stunde am Vortage ärgere, und es sei wohl gleichgültig, ob er oder jemand anders sich für sie interessiere oder nicht. Daraufhin liefen ihr Tränen über die Wangen, und als sie versuchte zu sprechen, sah sie sich schluchzend eingestehen, daß sie dies eigentlich gar nicht so gemeint habe; in diesem Augenblick empfand sie zum ersten Mal die Bedeutung der Verleugnung ihrer Wünsche und Bedürfnisse, von einem anderen versorgt zu werden, in seiner Fürsorge und Geborgenheit zu stehen – eine Erkenntnis, die sie bisher in der Therapie zu umgehen gewußt hatte, mit Ausnahme von intellektualisierenden Gesprächen, die sie von ihrem emotionalen Kontext wohl zu isolieren verstanden hatte. Sie erinnerte sich dann ihrer Einsamkeit als Kind und daß ihr Vater sich nur für ihre Brüder interessiert hatte, mit denen er immer fischen und jagen gegangen war.

Eine Patientin hatte davon gehört, daß der Psychiater krank gewesen war. Sie brachte am Anfang der Stunde ihre Besorgnis über seine Gesundheit zum Ausdruck und erzählte dann von einer Phantasie, die sie an jenem Morgen, als sie dem Psychiater gesagt hatte, daß sie ihn liebe, gehabt hatte. In ihrem Tagtraum war der Psychiater sehr krank, voller Sorge, sterben zu müssen, und er bedurfte der Tröstung und Liebe, die sie ihm zu geben bereit war. Der Psychiater glaubte jedoch nicht, daß die Patientin ihn wirklich liebte, noch sah er eine Notwendigkeit, ihr zu sagen, daß er nur wegen einer relativ harmlosen Grippe zu Hause geblieben war. Ihm fiel auf, daß die Patientin, die bereits seit einem Jahr bei ihm in Behandlung war, erst jetzt und nur unter diesen Umständen in der Lage war, sich der Phantasie, dem Psychiater nahe zu sein, hinzugeben: sie konnte es offensichtlich nur dann, wenn sie das Gefühl hatte, gebraucht zu werden und sich nützlich zu machen, weil der Mann schwach und hilflos war, wagen, ein Gefühl der Zuneigung zu empfinden. Da sie mit einem Halbinvaliden verheiratet war, überlegte sich der Psychiater, ob es sich jetzt möglicherweise um ein Wiederholungsphänomen handeln könnte und auf welche Weise es wohl entstanden war. Schließlich erkannte er, wie die Situation für das therapeutische Gespräch nutzbar zu machen sei, und fragte einfach nur: »Sie hatten das Gefühl, daß ich Sie brauchte?« Dies ließ die Patientin schließlich über ihr Bedürfnis sprechen, gebraucht zu werden, ehe sie Zuneigung zu empfinden fähig sei.

Wie auch sonst in der Psychotherapie muß dem Erkennen von Mißverständnissen und unbewußten Motiven des Patienten nicht unmittelbar die Interpretation folgen, und viele erfahrene Therapeuten geben überhaupt nur selten intellektuelle Interpretationen, sondern versuchen, den Patienten zu einem Verständnis seiner selbst zu führen, vor allem durch Empfindungen und Gedanken, die aus der Übertragungsbeziehung mit dem Psychiater hervorgehen. Falsch verstandene Übertragungsvorgänge lassen sich am besten dadurch für die therapeutische Arbeit nutzbar machen, daß man sie gegen die Realität durcharbeiten läßt.

Ein Psychiater, der seine Praxis in seiner Wohnung hatte, erhielt eines Tages einen dringenden Telefonanruf von einer Studentin, die wegen Suizidgedanken dringend einen Psychiater zu sprechen wünschte. Obwohl es schon Abend war, ließ der Psychiater die Patientin sofort zu sich kommen. Als sie bei ihm eintraf, öffnete seine 16jährige Tochter die Tür und führte sie in das Wartezimmer. Nach mehreren Sitzungen begann die Patientin ihren Psychiater in eine psychoanalytische Therapie zu nehmen. Ein wenig zu seiner Überraschung sprach sie von seiner hübschen Geliebten. Er tat aber nichts, um ihren Irrtum aufzuklären, der naturgemäß zu einer etwas merkwürdigen Vorstellung vom Psychiater und seiner Lebensweise führte. Sie nahm auf die angebliche Geliebte immer wieder und zunehmend häufiger Bezug und zeigte damit, daß diese in den Problemen der jungen Frau eine zentrale Stellung einnahm. Es handelte sich dabei um eine Übertragung ihrer Enttäuschung über ihren Vater, um ihre Eifersucht auf seine Geliebte, ihre Enttäuschung über ihre Mutter und viele andere derartige Probleme mehr, die lange Zeit ihr Phantasieleben beherrscht und zu falschen Vorstellungen ihrer selbst geführt hatten. Es dauerte ungefähr 18 Monate, bis sie eines Tages erkannte, daß ihre Vorstellung von der Geliebten ihres Analytikers jeglicher Grundlage entbehrte, und sie begann zu verstehen, wie nachhaltig und tiefgreifend ein zentrales Motiv ihrer Kindheit ihr Leben bestimmte.

Gegenübertragung

Die Übertragung des Patienten ist die eine Seite der therapeutischen Beziehung. Die *Gegenübertragung* – die Tendenz des Therapeuten, dem Patienten gegenüber gemäß seinen eigenen früheren, signifikanten Beziehungen zu reagieren – ist in vieler Hinsicht noch wichtiger. Zweifellos muß der Therapeut seinen Patienten so realistisch und frei von Entstellungen wie nur irgend möglich sehen. Der Patient muß, recht verstanden, wegen seiner Probleme behandelt werden und nicht wegen der Schwierigkeiten eines anderen, einschließlich des Therapeuten. Wenn ein Therapeut z. B. einen Alkoholiker zum Vater hatte, durch den das Familienleben nachhaltig gestört und belastet worden war, dann kann unter Umständen der alte Groll gegen den Vater in deletärer Weise seine Beziehungen zu trunksüchtigen Patienten färben, und wenn ein Therapeut seine Mutter und Mutterfiguren idealisiert hat und bereit gewesen ist, sich selbst für ein Zeichen der Zuneigung von mütterlichen Frauen zu opfern, dann wird sein Urteil bei der Behandlung älterer Frauen möglicherweise falsch sein.

Gegenübertragungsphänomene finden auf vielfältigem Wege Eingang in die Einstellungen des Therapeuten gegenüber seinen Patienten einfach und allein schon dadurch, daß der Therapeut auch nur ein Mensch ist, der seine eigenen Gefühle und interpersonellen Beziehungen niemals vollkommen aus der therapeutischen Beziehung heraushalten kann. In dem Maße aber, wie Gegenübertragungsphänomene in die Beziehung hineingetragen werden, wird die Aktualität der Situation verwischt. Allerdings gibt es bestimmte Gegenübertragungsempfindungen, die von Vorteil sind, denn ohne eine gewisse Verbindung der augenblicklichen mit früheren signifikanten Beziehungen wäre der Therapeut möglicherweise allzu distanziert und unfähig, sich in seine Patienten einzufühlen. Psychoanalytiker müssen selbst eine gründliche Eigenanalyse absolviert haben, in erster Linie, um genügend Einsichten in ihr eigenes Leben zu gewinnen und um sich dadurch der unbewußten Komponenten ihrer eigenen Reaktions- und Beziehungsmuster und ihrer persönlichen Art und Weise, andere Menschen zu verstehen, bewußt zu werden, damit sichergestellt ist, daß durch Gegenübertragungsphänomene ihre Arbeit mit Patienten nicht beeinträchtigt wird. Selbsterkenntnis und Selbstkenntnis, wie auch immer sie gewonnen sein mögen, sind die unentbehrlichen Grundlagen für jeden, der andere Menschen psychotherapeutisch behandeln will. Ein guter Therapeut lernt, ob er nun eine Eigenanalyse absolviert hat oder nicht, praktisch von jedem Patienten, den er behandelt, etwas hinzu, vor allem über seine eigenen Schwächen und Tendenzen, die Patienten und das, was sie erzählen, mißzuverstehen. Die Psychoanalyse wird, wenn sie zweckmäßig und sinnvoll sein soll, mit dem Ziel durchgeführt, die Übertragungseinstellungen zu stärken und zu vertiefen und die dabei hemmenden Einstellungen der Gegenübertragung möglichst gering zu halten. Der Patient auf der Couch kann den Analytiker, der hinter ihm sitzt, nicht sehen, und kann sich nicht leiten lassen von seinem Gesichtsausdruck, von seinen Bemerkungen, die vor allem in den Anfangsstadien der Analyse spärlich und ungerichtet sind – womit der freiere Fluß der Assoziationen beim Patienten gefördert werden soll. Der Patient, der auf diese Weise nur wenig über den Analytiker und seine Einstellungen erfährt, versucht nun, Vorstellungen und Empfindungen aus früheren signifikanten Beziehungen auf ihn zu übertragen, die schließlich in den Mittelpunkt der analytischen Arbeit rücken. Die geringe Aktivität des Analytikers vermindert so den Einfluß von Gegenübertragungsphänomenen auf die Therapie, denn wenn der Patient für den Analytiker erst einmal zu einem spezifischen Individuum geworden ist, dann werden Übertragungsphänomene nicht mehr so leicht interferieren können.

Nur relativ wenige Analytiker halten sich jedoch absolut streng daran, für den Patienten und seine Übertragungen und Projektionen das »unbeschriebene Blatt« zu bleiben. Viele analytisch orientierte Therapeuten versuchen, wie Sullivan es genannt hat, sich als »partizipierender Beobachter« zu verhalten, der auf die Assoziationen und die vergangenen und gegenwärtigen Erlebnisse des Patienten hört (2), während er ihn zu einem objektiveren und weniger entstellten Wahrnehmen und Verstehen führt, wobei er kurze Bemerkungen macht und im geeigneten Augenblick Fragen oder fragende Laute einwirft. Solcherart psychotherapeutische Interventionen von seiten des partizipierenden Beobachters erfordern eine noch größere Selbstkenntnis und Fähigkeit, Gegenübertragungsphänomene zu bewältigen, als bei den klassischen psychoanalytischen Techniken. Wahrscheinlich folgen die meisten Analytiker in ihrer Arbeit einem Modell, das beide Techniken einschließt, wobei sie ihr Vorgehen dem jeweiligen Patienten und dem Stadium der Therapie anpassen. Eine gründliche Psychoanalyse ist für den Therapeuten zwar die wirksamste und erfolgversprechendste Art und Weise, zu einem grundlegenden Verständnis seiner selbst zu gelangen, aber sie kann dies leider nicht garantieren, und es hat begnadete Therapeuten gegeben, einschließlich Freuds und anderer früher Analytiker, die über ein tiefes Einfühlungsvermögen in ihre Patienten und über tiefe Einsichten in ihre eigene Person verfügten, zugleich aber auch Schwächen hatten, die formal nicht analysiert worden waren.

Gegenübertragungsphänomene lassen sich nicht vollständig vermeiden oder ausschließen. In der normalen Beziehung zwischen dem Arzt, der Krankenschwester, dem Sozialarbeiter und dem Patienten ist es das Übermaß an Gegenübertragung, die beherrscht werden muß. Der Therapeut muß aufmerken, wenn er sich z. B. bewußt wird, daß die Schwierigkeiten und Probleme des Patienten in ihm heftige Emotionen wecken, oder wenn er erkennt, daß er sich in einen Patienten verliebt, oder wenn er das Gefühl hat, einem Patienten gegenüber eine feindselige Einstellung zu haben. In solchen Augenblicken besteht die Gefahr, daß die Behandlung beeinflußt oder sogar darauf gerichtet wird, die Empfindungen des Therapeuten statt die Schwierigkeiten des Patienten zu mildern. Gleichmut ist zwar nicht mit Desinteresse gleichzusetzen, impliziert aber, daß der Therapeut fähig sein muß, eine den Problemen des Patienten angemessene Perspektive zu wahren, und daß diese und nicht die emotionalen Bedürfnisse des Therapeuten die therapeutische Beziehung zwischen beiden bestimmt.

Gegenübertragungsphänomene sind in gewisser Hinsicht Teil des allgemeineren, vom Therapeuten zu bewältigenden Problems, sich bei der Behandlung des Patienten nicht in seinen eigenen Bedürfnissen zu verstricken. Sie können sogar die Berufswahl mitbestimmen. Der Arzt, aber auch jeder andere Therapeut, hat mitunter insgeheim den Wunsch, in seinem Beruf Macht zu erlangen und Gelegenheit zu haben, diese auszuspielen, so daß er unter Umständen unfähig ist, irgendeinen Eingriff in seine ärztlichen Entscheidungen zu ertragen. Oder er sucht vielleicht die Liebe seiner Patienten, was ihn sich in exzessiver Weise für sie aufopfern läßt, oder er versucht unbewußt, seine Patienten sich von ihm abhängig oder ihm zu Dank verpflichtet fühlen zu lassen, was mit seinen therapeutischen Zielen, die Entwicklung von Autonomie bei seinen Patienten zu stärken, kollidieren muß. Vielleicht wünscht er sich auch mehr den Beifall seiner Kollegen als die Heilung seiner Patienten, oder er bedient sich in autoritärer Weise seiner Stellung, um sich an Mutter- oder Vaterfiguren zu rächen. Der Therapeut muß fortwährend versuchen, sich genügend Objektivität und Gleichmut zu bewahren, die ihm den optimalen Einsatz seiner Kenntnisse und Fertigkeiten zum Nutzen seiner Patienten erlauben. Er muß dazu die Fähigkeit haben, nicht nur jeden Patienten als spezifisches Individuum anzusehen und die Übertragungsprobleme eines jeden zu erkennen, sondern er muß auch sich selbst, seine Stärken und Schwächen, seine Bedürfnisse und Wiederholungsphänomene so gut wie irgend möglich kennen.

Für den Arzt ist es häufig schwer, sich selbst objektiv einzuschätzen, wenn er mit der Verantwortung über Leben und Tod betraut ist.

Gleiches gilt für jeden Therapeuten, der mit Recht glauben kann, daß er mit seiner Entscheidung häufig den Ablauf eines Lebens in eine andere Richtung lenkt. Wenn der Arzt und Therapeut vom Patienten idealisiert wird, besteht die Gefahr, daß er die rechte Perspektive verliert und die Person zu sein glaubt, die der Patient in ihm sieht. Solcherart Selbstüberschätzung kann zurückschlagen und zu tiefer Traurigkeit und Verstimmung führen, wenn man Unmögliches von sich selbst erwartet und sich nur schwer die eigenen Irrtümer und Fehleinschätzungen verzeihen kann. Das Übersehen oder eine Fehleinschätzung der Übertragungseinstellungen des Patienten führt zu gewissen Schwierigkeiten; aber wenn der Therapeut sich selbst gemäß den Übertragungsreaktionen des Patienten ihm gegenüber sieht, dann fordert er damit eine Katastrophe heraus.

Die Fähigkeit, Gegenübertragungsphänomene adäquat zu beurteilen, und die Einsichten in die eigene Person, die für jeden Psychotherapeuten unentbehrlich sind, können nicht von einem in anderen ärztlichen Disziplinen oder in ärztlichen Neben- und Hilfsberufen Tätigen erwartet werden. Wir wollen dennoch an einem Beispiel zeigen, wie man die Interferenz der Gegenübertragung in der therapeutischen Beziehung verhindern kann. Ein jüngerer Psychiater, der in seiner Ausbildung bereits weit fortgeschritten war, begann eine Patientin unter Aufsicht zu behandeln. In seiner ersten Kontrollstunde verbrachte er einen großen Teil der Zeit damit, über seine erste Begegnung mit der Patientin und die dabei in ihm aufgerührten Empfindungen und Erinnerungen zu sprechen. Als er seine Patientin zum ersten Mal gesehen hatte, hatte er ein starkes Herzklopfen verspürt. Er bemerkte diese Reaktion und erkannte, daß das Äußere der Patientin ihn überrascht hatte. Er hatte erwartet, eine junge Frau zu sehen, die wegen ehelicher Schwierigkeiten Hilfe sucht, und war deshalb kaum auf die bildhübsche, lebendige und gutgekleidete Frau, die nun vor ihm stand, vorbereitet. Er erkannte, daß sie genau jenem Typ entsprach, den er in seiner College-Zeit so sehr verehrt hatte, und daß sie ihn in ihrer Art zu gehen und zu sprechen in gewisser Weise an seine eigene Frau erinnerte. Als er seine Reaktion auf sie noch durchdachte, erkannte er plötzlich, daß in ihrer äußeren Erscheinung etwas war, das sie mit seiner älteren Schwester verband, die er in seiner Kindheit vergöttert hatte. Er erkannte aber auch, daß etwas in der Patientin in ihm eine unangenehme Empfindung auslöste, die ihn, wie er glaubte, früher oder später eine Abneigung ihr gegenüber entwickeln lassen würde. Rückblickend glaubte er sagen zu können, daß diese Empfindung etwas mit der blasierten Selbstgefälligkeit seiner Patientin zu tun haben müsse, eine Einstellung, wonach jeder ihre Schönheit bewundern und glücklich sein müsse, sie in seiner Nähe zu haben. Der junge Psychiater ärgerte sich, weil er tatsächlich ihr Äußeres anziehend fand und sich zu ihr hingezogen fühlte. Die Details sind an diesem Beispiel nicht so entscheidend wie die Tatsache, daß der junge Therapeut sich der Empfindungen, die in ihm geweckt worden waren, bewußt wurde, und daß er sich bemühte, vom ersten Augenblick der therapeutischen Beziehung an gegenüber einer möglichen Entstellung der Beziehung durch Gegenübertragungen sowohl positiver als auch negativer Art wachsam zu sein.

Die Anwendung der Übertragungsbeziehungen außerhalb der Psychotherapie

In der allgemeinen medizinischen Praxis und in anderen Beziehungen, in denen gewisse therapeutische Absichten und Ziele bestehen, werden Übertragungsbeziehungen nicht mit dem gleichen Vorsatz und weniger gezielt und planmäßig verwendet als in der Psychotherapie. Aber sie haben dennoch häufig auf die therapeutischen Beziehungen in negativer und positiver Hinsicht Einfluß, auch wenn mancher Therapeut sich dessen nicht gewahr wird. Ohne Zweifel kann der Therapeut sich selbst und die therapeutische Beziehung für die therapeutische Arbeit mit größerem Erfolg nutzbar machen, wenn er sich der Bedeutung der Übertragung und ihrer Wirkung auf den Patienten bewußt ist. Die einfache Erkenntnis, daß der Therapeut für den häufig regressiv abhängigen Patienten eine Art elterliche Autoritätsperson ist (oder zumindest sein kann), die dem Patienten Halt zu geben vermag, kann bei der Überwindung von Krisen des Patienten sehr hilfreich sein. Der Therapeut kann durch die ihm vom Patienten mit der Übertragung verliehene Macht als eine Person, die fähig ist, dem internalisierten Über-Ich entgegenzutreten, den Verlust an Selbstwertgefühl beim Patienten auffangen. Wenn Krankheit regressive Bedürfnisse nach Abhängigkeit geweckt und gefördert hat, dann kann der Arzt dem Patienten

Sicherheit und Geborgenheit dadurch geben, daß er ihn, bis die Umstände es anders erlauben, sich von ihm abhängig fühlen läßt. Der Patient, der sich einer schweren Operation unterziehen muß, fühlt sich unter Umständen weitaus sicherer und geborgener, wenn sein Hausarzt, den er seit Jahren kennt, bei der Operation zugegen ist. Er weiß vielleicht, daß der Chirurg und seine Assistenten weit besser ausgebildet sind als der Hausarzt, der im Operationssaal nur wenig tun könnte, um ihm zu helfen; aber der Hausarzt ist eine Elternfigur, von der der Patient das Gefühl hat, daß sie ihn schützen wird. Dies mag nicht rational begründbar sein, aber es ist eine verständliche und emotional sinnvolle Verwendung des Irrationalen in der medizinischen Arbeit. So können auch Menschen, die, weil sie invalidisiert sind, nicht mehr für sich selbst sorgen können, aufgrund des Interesses und der Achtung, die ein Therapeut ihnen entgegenbringt, ihr Selbstwertgefühl wiedererlangen. Solcher Beispiele gibt es viele. Es sind im Grunde genommen diese Übertragungsphänomene, ob absichtlich herbeigeführt oder zufällig entstanden, die für viele unerwartete Heilungen, wie sie in ähnlicher Form von Wunderheilern berichtet werden, verantwortlich gemacht werden können.
Gelegentlich kann man die Bedürfnisse eines Patienten, gegen dessen Krankheit nur wenig Spezifisches getan werden kann, durch eine kontrollierte Anwendung einer Übertragungsbeziehung mit überraschendem Erfolg erfüllen. So war z. B. eine junge Frau mit einer schweren, akuten Arthritis ins Krankenhaus eingeliefert worden. Sie hatte keine Hoffnung und fühlte sich einsam und verloren ohne Familie, an die sie sich hätte wenden können. Ihr Vater, wenn es überhaupt ihr richtiger Vater war, hatte die Mutter kurz nach ihrer Geburt verlassen. Ihre Mutter war eine Prostituierte gewesen, eine an sich ungewöhnliche Frau, die sich auch für Literatur interessierte, ein Interesse, das sie an ihre Tochter weitergegeben hatte. Sie befand sich jetzt jedoch wegen einer chronischen Psychose in einer psychiatrischen Anstalt. Die Patientin hatte ihre spätere Jugendzeit in Erziehungsheimen verbracht, war dann aber wegen ihres anziehenden Äußeren und vor allem wegen ihrer hervorragenden Intelligenz und ihres Arbeitseifers von einer kirchlichen Gruppe aufs College geschickt worden. Immer wieder hatte sie sich bemüht, sich an eine andere, mütterliche Frau zu binden, hatte versucht, durch außerordentlich harte Arbeit zum »Lieblingskind« zu werden und sich unentbehrlich zu machen, hatte aber immer wieder das Pech gehabt,

daß sie allzusehr in die Familie der anderen Frau eindrang oder aber auf homosexuelle Frauen stieß, deren Annäherungsversuche sie zurückwies, so daß es ihr nie gelungen war, ein beständiges Zuhause zu finden. Sie war an ihrer Arthritis erkrankt, als sie in einer Missionsschule in den Southern Mountains arbeitete, und zwar nachdem sie ihren Platz als Schützling der Missionarin verloren hatte und von ihr aufgefordert worden war, ihr Haus zu verlassen und andernorts zu wohnen. Dies war für sie ein schwerer Schlag gewesen, da sie geglaubt hatte, bei der Missionarin endlich ein Zuhause, eine Mutter und den richtigen Beruf gefunden zu haben.

Der behandelnde Arzt interessierte sich für die Patientin und schlug ihr vor, Beschäftigungstherapeutin oder Krankenschwester zu werden. Er besuchte sie täglich und sprach mit ihr über ihr Leben und ihre zahlreichen interessanten Erlebnisse. In der Folge kam es zu einer schnellen Besserung ihrer Krankheit, die schließlich, sehr zur Überraschung ihrer Ärzte, ohne bleibende Deformität ausheilte. Der Arzt, der ihr eine längere Weiterbehandlung nahegelegt hatte, bestellte sie immer wieder in regelmäßigen Zeitabständen zur »Kontrolle«, wobei sie dann über ihr Vorankommen in der Krankenpflegeschule berichtete und ihre Zukunftspläne mit ihm besprach. Er gab ihr das Gefühl, daß jemand sich für sie interessiere, und tatsächlich hatte er sich auch für sie zu interessieren begonnen. Da er die Beziehung zu ihr bewußt aufgebaut hatte, um die Eigenständigkeit der Patientin zu fördern, nicht aber, um sie von sich abhängig zu machen, war er weder überrascht von ihrem Versuch, sich an ihn zu binden, noch von ihrem Vorschlag, daß sie sich seiner Frau sehr nützlich machen könne, wenn es ihr nur erlaubt sei, in seiner Familie der Mutter zur Hand zu gehen. Er konnte sich auch weiterhin für sie interessieren, ohne sich von ihren Versuchen, in sein Leben einzudringen, erschrecken zu lassen, denn er hatte solche Strebungen bereits aufgrund ihrer Lebensgeschichte vorhergesehen. Und so war es ihm möglich, ihre Energie allmählich in Kanäle zu lenken, die hoffnungsvolle Aussichten für ihre Zukunft eröffnen konnten.

Der Arzt, aber auch jeder andere Therapeut kann häufig wegen seiner Übertragungsstellung sehr viel tun, um seinen Patienten zu helfen, auch wenn vielleicht nur wenig mehr geschieht, als daß er den Patienten in seiner Praxis empfängt und aufmerksam und einfühlend dem zuhört, was er ihm zu sagen wünscht. So kann ein Mann, der vielleicht bei Frau und Kindern nur wenig Verständnis findet, oder ein älterer Mensch, der keinen ihm nahestehenden Menschen mehr hat, aus einem solchen therapeutischen Interesse, aus der Möglichkeit, zu jemandem zu sprechen, der ruhig und unparteiisch zuhört und nicht nachtragend ist, viel für sich gewinnen. Nur allzuoft ist der Arzt der Meinung, daß er seine und des Patienten Zeit vergeudet, wenn er einfach nur zuhört, in der Vorstellung, daß er doch irgend etwas *tun* müsse – ein Medikament, eine Diät, eine Kur verschreiben oder dem Patienten sagen, er solle sein Geld nicht mit solch unnötigen Besuchen in der Sprechstunde vergeuden. Vielleicht ist ihm nicht ganz wohl zumute, weil er dem Patienten für dessen unlösbare Probleme keinen entsprechenden Rat geben kann. Der Patient hingegen weiß, daß seine Probleme nicht entschieden werden können, ist aber oft froh, eine Gelegenheit zu haben, um seine Gefühle, die er vor anderen verbergen muß, äußern und über sie sprechen zu können, und sein Selbstwertgefühl wird vielleicht dadurch gestärkt, daß der Therapeut ihn für einen Menschen hält, der es wert ist, daß man ihm zuhört.

Das Verständnis der Übertragungs- und Gegenübertragungsphänomene eröffnet Möglichkeiten, die die Beziehung zwischen dem Therapeuten und seinem Patienten erheblich erweitern und vertiefen können. Weitergehende Erkenntnisse lassen sich mit Hilfe von besonderen Techniken des therapeutischen Gesprächs gewinnen, die dem Therapeuten helfen, den Patienten über sich selbst sprechen zu lassen. Die Anamnese des Patienten – sein Bericht über seine Erkrankung sowie relevantes Material aus seinem bisherigen Leben – ist das wichtigste diagnostische Instrument der Medizin, und sie ist die Grundlage jeglicher Form psychotherapeutischer Arbeit. Die verschiedenen Techniken, mit deren Hilfe man den Patienten zum Sprechen bringen kann, stellen ein Thema für sich dar, das nicht zum Themenkreis dieses Buches gehört. Die Fähigkeit, zuzuhören und zu verstehen, was ein Mensch mitzuteilen versucht, und gewahr zu werden, was er nicht sagt oder nicht sagen kann, sind wesentliche Voraussetzungen für das erfolgreiche therapeutische Gespräch. Wenn der Patient erkennt, daß der Therapeut ihm zuhört und ihn versteht, dann spornt dies ihn an, das mitzuteilen, was er für bedeutsam hält. Diese Fähigkeit, zu hören und zu verstehen, was im Leben eines Menschen von Bedeutung war und ist, gründet sich auf die Kenntnis der Psychodynamik: auf die Erkenntnis der epigenetischen Natur der Persönlichkeitsentwicklung, auf die Kenntnis der wesentlichen Aufgaben jeder einzelnen Phase des Lebenszyklus, auf das Wissen von dem, was für den betreffenden Menschen in seinem gegenwärtigen Lebensstadium im Vordergrund steht, auf die Erkenntnis der entscheidenden Bedeutung interpersoneller Beziehungen für jeden Menschen, aber auch auf die Fähigkeit, Lebensmotive und Wiederholungsphänomene herauszufinden. Dieses Buch hat versucht, einen Wegweiser an die Hand zu geben, der dabei helfen soll, zu diesen Erkenntnissen und zu diesem Wissen zu gelangen. Dies läßt sich jedoch nicht allein mit Hilfe von Büchern erreichen, denn dazu sind auch Verantwortung in der Beschäftigung mit anderen Menschen und ebenso die Bereitschaft, sich selbst zu erkennen, erforderlich. Was der Therapeut von seinen Patienten hört, kann unter Umständen beunruhigend für ihn sein, denn einiges davon wird sicherlich auch auf ihn zutreffen. Aber ein Großteil der Befriedigung, die man aus der ärztlichen Tätigkeit, ja aus jeglicher Form von Therapie gewinnen kann, ergibt sich aus der Bereitschaft und Fähigkeit zu hören und zu verstehen. Sie erlaubt dem Therapeuten, aus jeder einzelnen Beziehung etwas für sich zu gewinnen und an ihr zu wachsen, wodurch im Grunde jeder Patient zu einem neuen Abenteuer wird. Da in der therapeutischen Beziehung nicht nur der Patient, sondern auch der Therapeut empfängt, vermag dieser zu geben, bereitwillig und ohne das Gefühl, dabei zu verlieren.

Literaturverzeichnis

Kapitel 1 (S. 27-81)

1 David F. Aberle, *The Psychosocial Analysis of a Hopi Life-History*, Comparative Psychology Monographs. Vol. 21, No. 1, Serial No. 107. Berkeley 1951.
2 Robert Ardrey, *The Territorial Imperative. A Personal Inquiry into the Animal Origins of Property and Nations.* New York 1966.
3 Francis Bacon, »The Great Instauration« (1625), in: *Selected Writings of Francis Bacon.* New York 1955. (Vgl. *Essays oder praktische und moralische Ratschläge.* Reclams Univ.-Bibl. Bde. 8358-8360.
4 Gregory Bateson und Margaret Mead, *Balinese Character: A Photographic Analysis.* New York 1942.
5 Ruth Benedict, *Patterns of Culture.* New York 1934, S. 235. Deutsch: *Urformen der Kultur.* Hamburg 1955, 1959.
6 Norman Brown, *Love's Body.* New York 1966.
7 Lewis Carroll, *Through the Looking-Glass* (1871). London 1963, S. 114. Deutsch: *Alice im Wunderland. Alice hinter den Spiegeln.* Frankfurt a. M. 1963.
8 Morris G. Carstairs, *The Twice Born: A Study of a Community of High-Caste Hindus.* London 1957.
9 C. M. Davis, »Self-Selection of Diet by Newly Weaned Infants«, *American Journal of Diseases of Children*, 36 (1928), S. 651 bis 679.
10 José M. R. Delgado, Warren Roberts und Neal Miller, »Learning Motivated by Electrical Stimulation of the Brain«, *American Journal of Physiology*, 179 (1954), S. 587-593.
11 John Dewey, *Experience and Nature.* London 1925.
12 George L. Engel, *Psychological Development in Health and Disease.* Philadelphia 1962, S. 72-304.
13 Erik H. Erikson, *Childhood and Society.* New York 1950. Deutsch: *Kindheit und Gesellschaft.* Stuttgart [4]1971.
14 Sigmund Freud, »Das Unbehagen in der Kultur«, in: Ges. Werke Bd. XIV.
15 Arnold Gesell, *Wolf Child and Human Child.* New York 1941.
16 Jane Goodall, »My Life among Wild Chimpanzees«, *National Geographic*, 124 (1963), S. 272-308.
17 Jane Goodall, »New Discoveries among Wild Chimpanzees«, *National Geographic* 128 (1965), S. 802-831.

18 Knut Hamsun, *Sult*. Kopenhagen 1890. Deutsch: *Hunger*. Frankfurt a. M. 1965.
19 Heinz Hartmann, *Ich-Psychologie und Anpassungsproblem* (1939). Stuttgart [2]1970.
20 Ives Hendrick, »The Discussion of the ›Instinct to Master‹«, A Letter to the Editor, *Psychoanalytic Quarterly*, 12 (1943), S. 561-565.
21 Herodotus, *Euterpe*, Band II, Kapitel 2.
22 Abram Kardiner, *The Psychological Frontiers of Society*. New York 1945.
23 Gottfried Keller, »Der grüne Heinrich«, in: *Gesammelte Werke*. Zürich 1918.
24 Helen Keller, *The Story of my Life* (1902). New York 1964.
25 Konrad Lorenz, *Über tierisches und menschliches Verhalten*, Ges. Abhandlungen Bd. II. München 1967.
26 Konrad Lorenz, *Das sogenannte Böse – Zur Naturgeschichte der Aggression*. Wien 1963.
27 Paul D. MacLean, »The Limbic System (›Visceral Brain‹) in Relation to Central Gray and Reticulum of the Brain Stem«, *Psychosomatic Medicine*, 17 (1955), S. 355-366.
28 James Olds, »Self-Stimulation of the Brain«, *Science*, 127 (1958), S. 315-324.
29 John Randall jr., *The Making of the Modern Mind*. Boston 1940.
30 James Robinson, *The Mind in the Making*. New York 1921.
31 Salimbene, zitiert in: James B. Ross und Mary M. McLaughlin, *A Portable Medieval Reader*. New York 1949, S. 366.
32 B. C. Schiele und Josef Brozek, »›Experimental Neurosis‹ Resulting from Semistarvation in Man«, *Psychosomatic Medicine*, 10 (1948), S. 33.
33 George Simpson, *The Meaning of Evolution. A Study of the History of Life and of Its Significance for Man*. New Haven 1950.
34 Philip Solomon, Philip E. Kubzansky, P. Herbert Leiderman, Jack H. Mendelson, Richard Trumbull und Donald Wexler (eds.), *Sensory Deprivation*. Cambridge, Mass., 1961.
35 René A. Spitz, »Hospitalism: An Inquiry into the Genesis of Psychiatric Conditions in Early Childhood«, *The Psychoanalytic Study of the Child*, Vol. I. New York 1945, S. 53-74. Deutsch in: *Erziehung in früher Kindheit*. München 1968.
36 Robert Waelder, *Basic Theory of Psychoanalysis*. New York 1960, S. 130-153.
37 Beatrice Whiting (ed.), *Six Cultures: Studies of Child Rearing*. New York 1963.
38 Benjamin L. Whorf, »The Relation of Habitual Thought and Behavior to Language« (1939), in: John Carroll (ed.), *Language, Thought, and Reality: Selected Writings of Benjamin Lee Whorf*.

New York 1956. Deutsch: *Sprache — Denken — Wirklichkeit, Beiträge zur Metalinguistik und Sprachphilosophie.* rowohlts deutsche enzyklopädie 174. Reinbek 1971.

Empfohlene Lektüre

Ruth Benedict, *Patterns of Culture.* New York 1934. Deutsch: *Urformen der Kultur.* Hamburg 1955, 1959.

Roger Brown, *Words and Things.* Glencoe, Ill. 1958.

Theodore Lidz, »The Family, Language, and Ego Functions«, in: *The Family and Human Adaptation: Three Lectures.* New York 1963. Deutsch: *Familie und psychosoziale Entwicklung.* Frankfurt a. M. 1971.

Edward Sapir, *Selected Writings of Edward Sapir in Language, Culture and Personality.* Berkeley 1949. Vgl.: Edward Sapir, *Die Sprache.* München 1961.

Sol Tax (ed.), *Evolution After Darwin. The Evolution of Man: Mind, Culture and Society,* Vol. II. Chicago 1960.

Lev S. Vygotsky, *Myšlenie i reč'.* 1934. Moskau 1956. Deutsch: *Denken und Sprechen.* conditio humana. Frankfurt a. M. [3]1971.

Kapitel 2 (S. 82-114)

1 David F. Aberle, *The Psychosocial Analysis of a Hopi Life-History,* Comparative Psychology Monographs. Vol. 21. No. 1., Serial No. 107. Berkeley 1951.

2 Nathan Ackermann, *The Psychodynamics of Family Life.* New York 1958.

3 Elizabeth Bott, »Urban Families: Conjugal Roles and Social Network«, *Human Relations,* 8 (1955), S. 345-384.

4 Roger Brown, »Language: The System and Its Acquisition«, in: *Social Psychology.* New York 1965.

5 Hilde Bruch, »Transformation of Oral Impulses in Eating Disorders«, *Psychiatric Quarterly,* 35 (1961), S. 458-481.

6 Irvin Child, *Italian or American? The Second-Generation Conflict.* New Haven 1943.

7 *Daedalus,* Journal of the American Academy of Arts and Sciences, Titel: »The Negro American«, Herbst 1965.

8 Erik H. Erikson, *Childhood and Society.* New York 1950. Deutsch: *Kindheit und Gesellschaft.* Stuttgart [4]1971.

9 E. Franklin Frazier, *The Negro Family in the United States.* Chicago 1939.

10 Anna Freud und Dorothy Burlingham, *Infants Without Fami-*

lies. New York 1944. Deutsch: *Heimatlose Kinder. Zur Anwendung psychoanalytischen Wissens auf die Kindererziehung*. Frankfurt a. M. 1971.

11 August B. Hollingshead und Fredrick C. Redlich, *Social Class and Mental Illness*. New York 1958.

12 Alfred C. Kinsey, Wardell Pomeroy und Clyde Martin, *Sexual Behavior in the Human Male*. Philadelphia 1948. Deutsch: *Das sexuelle Verhalten des Mannes*. Fischer Taschenbuch 6003. Frankfurt a. M. 1970.

13 Theodore Lidz, »Family Organization and Personality Structure«, in: *The Family and Human Adaptation: Three Lectures*. New York 1963.

14 Theodore Lidz, »The Family, Language, and Ego Functions«, in: *The Family und Human Adaptation: Three Lectures*. New York 1963. Deutsch: *Familie und psychosoziale Entwicklung*. Frankfurt a. M. 1971.

15 Theodore Lidz, Stephen Fleck und Alice R. Cornelison, *Schizophrenia and the Family*. New York 1965.

16 Talcott Parsons, »The Incest Taboo in Relation to Social Structure and the Socialization of the Child«, in: *Social Structure and Personality*. New York 1964. Deutsch: »Das Inzesttabu in seiner Beziehung zur Sozialstruktur und zur Sozialisierung des Kindes«, in: *Beiträge zur soziologischen Theorie*. Neuwied 1964.

17 Talcott Parsons und Robert F. Bales, *Family, Socialization and Interaction Process*. Glencoe, Ill. 1955.

18 Leo W. Simmons, *Sun Chief: The Autobiography of a Hopi Indian*. New Haven 1945.

19 René A. Spitz, »Hospitalism: An Inquiry into the Genesis of Psychiatric Conditions in Early Childhood«, in: *The Psychoanalytic Study of the Child*, Vol. I [vgl. S. 763, Anm. 4]. New York 1945, S. 53-74.

20 William Thomas und Florian Znaniecki, *The Polish Peasant in Europe and America*. New York 1927.

21 United States Department of Labor, Office of Policy Planning and Research, *The Negro Family: The Case for National Action*. Washington, D. C. 1965.

22 G. Varga, *Little Novels of Sicily*. New York 1953.

23 Benjamin Lee Whorf, »Discussion of Hopi Linguistics« (1937), in: John Carroll (ed.), *Language, Thought, and Reality: Selected Writings of Benjamin Lee Whorf*. New York 1956. Deutsch: *Sprache — Denken — Wirklichkeit. Beiträge zur Metalinguistik und Sprachphilosophie*. rowohlts deutsche enzyklopädie 174. Reinbek 1971.

24 Benjamin Lee Whorf, »The Relation of Habitual Thought and Behavior to Language« (1939), in: John Carroll (ed.), *Language, Thought, and Reality: Selected Writings of Benjamin Lee Whorf*.

New York 1956. Deutsch: *Sprache — Denken — Wirklichkeit. Beiträge zur Metalinguistik und Sprachphilosophie.* rowohlts deutsche enzyklopädie 174. Reinbek 1971.
25 Benjamin Lee Whorf, *Language, Thought, and Reality: Selected Writings of Benjamin Lee Whorf,* ed. John Carroll. New York 1956. Deutsch: *Sprache — Denken — Wirklichkeit. Beiträge zur Metalinguistik und Sprachphilosophie.* rowohlts deutsche enzyklopädie 174. Reinbek 1971.
26 Mark Zborowski und Elizabeth Herzog, *Life Is with People: The Jewish Little-town of Eastern Europe.* New York 1952.

Empfohlene Lektüre

Norman Bell und Ezra Vogel (eds.), *A Modern Introduction to the Family.* Glencoe, Ill., 1960.
Gerald Handel (ed.), *Psychosocial Interior of the Family.* Chicago 1967.
Theodore Lidz, *The Family and Human Adaptation: Three Lectures.* New York 1963.
Talcott Parsons und Robert F. Bales, *Family, Socialization and Interaction Process.* Glencoe., Ill., 1955.
George Simpson, *People in Families.* New York 1960.

Kapitel 3 (S. 115-142)

1 Phillipe Ariès, *Centuries of Childhood.* New York 1962.
2 Jerome Bruner, Jacqueline Goodnow und George Austin, *A Study of Thinking.* New York 1956.
3 Erik H. Erikson, *Childhood and Society.* New York 1950. Deutsch: *Kindheit und Gesellschaft.* Stuttgart [4]1971.
4 Erik H. Erikson, »Growth and Crises of the ›Healthy Personality‹«, *Psychological Issues,* Vol. 1, No. 1, Monograph No. 1. New York 1959, S. 89. Deutsch: »Wachstum und Krisen der gesunden Persönlichkeit«, in: *Identität und Lebenszyklus,* Frankfurt 1966.
5 W. Ronald D. Fairbairn, *Psycho-Analytic Studies of the Personality.* London 1952.
6 John H. Flavell, *The Developmental Psychology of Jean Piaget.* Princeton, N. J., 1963.
7 Sigmund Freud, *Vorlesungen zur Einführung in die Psychoanalyse,* Ges. Werke Bd. XI.
8 Roy Grinker sr., Roy Grinker jr. und James Timberlake, »›Mentally Healthy‹ Young Males (Homoclites)«, *Archives of General Psychiatry,* 6 (1962), S. 405-453.
9 Heinz Hartmann, *Ego Psychology and the Problem of Adaptation.* New York 1958. Deutsch: *Ich-Psychologie und Anpassungsproblem* (1939). Stuttgart [2]1970.

10 Heinz Hartmann, *Essays on Ego Psychology: Selected Papers on Psychoanalytic Theory*. New York 1964.
11 Heinz Hartmann, Ernest Kris und R. Loewenstein, »Comments on the Formation of Psychic Structure«, in: *The Psychoanalytic Study of the Child*, Vol. 2. New York 1946.
12 Jerome Kagan und Howard Moss, *From Birth to Maturity*. New York 1962.
13 Jean Piaget, *La Naissance de l'intelligence chez l'enfant*. Paris 1959. Deutsch: *Das Erwachen der Intelligenz beim Kinde*. Stuttgart 1969.
14 Harry Stack Sullivan, *The Interpersonal Theory of Psychiatry* (1946-1947), ed. Helen Perry and M. Gawel. New York 1953.
15 Lev S. Vygotsky, *Myšlenie i reč'*. 1934. Moskau 1956. Deutsch: *Denken und Sprechen*. conditio humana. Frankfurt a. M. [3]1971.

Empfohlene Lektüre

Erik H. Erikson, »The Problem of Ego Identity«, *Journal of the American Psychoanalytic Association*, 4 (1956), S. 56-121. Deutsch: »Das Problem der Ich-Identität«, in: *Identität und Lebenszyklus*. Frankfurt a. M. 1966.

Erik H. Erikson, »Growth and Crises of the ›Healthy Personality‹«, *Psychological Issues*, Vol. 1, No. 1, Monograph No. 1. New York 1959. Deutsch: »Wachstum und Krisen der gesunden Persönlichkeit«, in: *Identität und Lebenszyklus*. Frankfurt a. M. 1966.

John H. Flavell, »Basic Properties of Cognitive Functioning«, in: *The Developmental Psychology of Jean Piaget*, Princeton, N. J. 1963.

Sigmund Freud, *Neue Folge der Vorlesungen zur Einführung in die Psychoanalyse*, Ges. Werke Bd. XV.

Kapitel 4 (S. 145-175)

1 C. Anderson Aldrich, »The Advisability of Breast Feeding«, *Journal of the American Medical Association*, 135 (1947), S. 915-916.
2 Raymond De Saussure, »J. B. Félix Descuret«, in: *The Psychoanalytic Study of the Child*, Vol. 2. New York 1946, S. 417-424.
3 Milton Diamond, »A Critical Evaluation of the Ontogeny of Human Sexual Behavior«, *Quarterly Review of Biology*, 40 (1965), S. 147-175.
4 Sibylle Escalona, »The Study of Individual Differences and the Problem of State«, *Journal of the American Academy of Child Psychiatry*, 1 (1962), S. 11-37.
5 G. W. Greenman, »Visual Behavior of Newborn Infants«, in:

Albert J. Solnit und Sally A. Provence (eds.), *Modern Perspectives in Child Development*. New York 1963, S. 71-79.
6 Grantly Dick Read, *Childbirth Without Fear: The Principles and Practice of Natural Childbirth*. New York 1944.
7 Lester W. Sontag, »The Significance of Fetal Environmental Differences«, *American Journal of Obstetrics and Gynecology*, 42 (1941), S. 996-1003.
8 Lester W. Sontag, »Differences in Modifiability of Fetal Behavior and Physiology«, *Psychosomatic Medicine*, 6 (1944), S. 151 bis 154.
9 David K. Spelt, »The Conditioning of the Human Fetus in Utero«, *Journal of Experimental Psychology*, 38 (1948), S. 338 bis 346.
10 Celia Stendler, »Sixty Years of Child Training Practices«, *Journal of Pediatrics*, 36 (1950), S. 122-134.
11 Clark E. Vincent, »Trends in Infant Care Ideas«, *Child Development*, 22 (1951), S. 199-209.
12 William Young, Robert Goy und Charles Phoenix, »Hormones and Sexual Behavior«, *Science*, 143 (1964), S. 212-218.

Empfohlene Lektüre

Therese Benedek, »Psychological Aspects of Mothering«, *American Journal of Orthopsychiatry*, 26 (1956), S. 272-278.
Grete L. Bibring, Thomas F. Dwyer, Dorothy S. Huntington und Arthur F. Valenstein, »A Study of the Psychological Processes in Pregnancy and the Earliest Mother-Child Relationships: Some Propositions and Comments«, in: *The Psychoanalytic Study of the Child*, Vol. 16. New York 1961, S. 9-72.
Sylvia Brody, *Patterns of Mothering: Maternal Influence During Infancy*. New York 1956.
Benjamin Spock, John Reinhart und Wayne Miller, *A Baby's First Year*. New York 1955.
Herbert Thoms, *Childbirth with Understanding*. Chicago 1962.
Peter H. Wolff, »The Courses, Controls, and Organization of Behavior in the Neonate«, *Psychological Issues*, Vol. 5, No. 1, Monograph 17. New York 1960.

Kapitel 5 (S. 176-233)

1 Mary Satter Ainsworth, *Deprivations of Maternal Care: A Reassessment of Its Effects*, Public Health Papers No. 14. Genf 1962.
2 C. Anderson Aldrich und Edith S. Hewitt, »A Self-Regulating Feeding Program for Infants«, *Journal of the American Medical Association*, 135 (1947), S. 340-342.

3 C. Anderson Aldrich, M. Norval, C. Knop und F. Venegas, »The Crying of Newly Born Babies. IV. Follow-up Study after Additional Nursing Care Had Been Provided«, *Journal of Pediatrics,* 28 (1946), S. 665-670.
4 Gregory Bateson und Margaret Mead, *Balinese Character: A Photographic Analysis.* New York 1942.
5 Therese Benedek, »The Psychosomatic Implications of the Primary Unit: Mother-Child Relatedness«, *American Journal of Orthopsychiatry,* 19 (1949), S. 642-654.
6 John Bowlby, »The Nature of the Child's Tie to His Mother«, *International Journal of Psycho-Analysis,* 39 (1958), S. 350-373.
7 John Bowlby, »Grief and Mourning in Infancy and Early Childhood«, *The Psychoanalytic Study of the Child,* Vol. 15. New York 1960, S. 9-52.
8 Sylvia Brody, *Patterns of Mothering: Maternal Influence during Infancy.* New York 1956.
9 Hilde Bruch, *Don't Be Afraid of Your Child: A Guide for Perplexed Parents.* New York 1952.
10 Hilde Bruch und G. Touraine, »Obesity in Childhood: V. The Family Frame of Obese Children«, *Psychosomatic Medicine,* 2 (1940), S. 141-206.
11 Erik H. Erikson, »Growth and Crises of the ›Healthy Personality‹« in: Milton J. E. Senn (ed.), *Symposium on the Healthy Personality,* Vol. 2: *Problems of Infancy and Childhood.* New York 1950. Deutsch: »Wachstum und Krisen der gesunden Persönlichkeit«, in: *Identität und Lebenszyklus.* Frankfurt a. M. 1966.
12 Sibylle Escalona, »Feeding Disturbances in Very Young Children«, *American Journal of Orthopsychiatry,* 15 (1945), S. 76-80.
13 Anna Freud und Dorothy Burlingham, *Infants Without Families,* New York 1944. Deutsch: *Heimatlose Kinder. Zur Anwendung psychoanalytischen Wissens auf die Kindererziehung.* Frankfurt a. M. 1971.
14 G. W. Greenman, »Visual Behavior of New-born Infants«, in: Albert J. Solnit und Sally A. Provence (eds.), *Modern Perspectives in Child Development.* New York 1963.
15 Harry F. Harlow, »The Nature of Love«, *American Psychologist,* 13 (1958), S. 673–685.
16 Harry F. Harlow und Margaret Harlow, »Learning to Love«, *American Scientist,* 54 (1966), S. 244-272.
17 G. Klackenberg, »Thumbsucking: Frequency and Etiology«, *Pediatrics,* 4 (1949), S. 418-424.
18 Melanie Klein, *Die Psychoanalyse des Kindes.* München [2]1971.
19 D. M. Levy, »Fingersucking and Accessory Movements in Early Infancy: An Etiologic Study«, *American Journal of Pediatrics,* 7 (1928), S. 881-918.
20 James Clark Moloney, »Psychiatric Observations in Okinawa

Shima: The Psychology of the Okinawan«, *Psychiatry*, 8 (1945), S. 391-399.

21 N. R. Newton, »The Relationship Between Infant Feeding Experience and Later Behavior«, *Journal of Pediatrics*, 38 (1951), S. 28-40.

22 N. R. Newton und M. Newton, »Relationship of Ability to Breast-Feed and Maternal Attitudes Toward Breast Feeding«, *Pediatrics*, 5 (1950), S. 860-875.

23 Jean Piaget, *La Construction du réel chez l'enfant*. Neuchâtel 1950.

24 J. Piaget, *La Naissance de l'intelligence chez l enfant*. Paris 1959. Deutsch: *Das Erwachen der Intelligenz beim Kinde*. Stuttgart 1969.

25 Sally A. Provence, »Some Aspects of Early Ego Development: Data from a Longitudinal Study«, in: Rudolph Loewenstein, Lottie Newman, Max Schur und Albert J. Solnit (eds.), *Psychoanalysis: A General Psychology*. New York 1966.

26 Sally A. Provence und Rose C. Lipton, *Infants in Institutions: A Comparison of Their Development with Family-Reared Infants during the First Year of Life*. New York 1962.

27 Margaret A. Ribble, *The Rights of Infants: Early Psychological Needs and Their Satisfaction*. New York 1943.

28 Samuel Ritvo, Audrey McCollum, Eveline Omwake, Sally A. Provence und Albert J. Solnit, »Some Relations of Constitution, Environment and Personality as Observed in a Longitudinal Study of Child Development: Case Report«, in: Albert J. Solnit und Sally A. Provence (eds.), *Modern Perspectives in Child Development*. New York 1963.

29 H. R. Schaffer, »Objective Observations of Personality Development in Early Infancy«, *British Journal of Medical Psychology*, 31 (1958), S. 174-183.

30 Robert S. Sears und Georges W. Wise, »Relation of Cup Feeding in Infancy to Thumb-Sucking and the Oral Drive«, *American Journal of Orthopsychiatry*, 20 (1950), S. 123-138.

31 Philip F. D. Seitz, »Infantile Experience and Adult Behavior in Animal Subjects: II. Age of Separation from the Mother and Adult Behavior in the Cat«, *Psychosomatic Medicine*, 21 (1959), S. 353-378.

32 René A. Spitz, »Hospitalism: An Inquiry into the Genesis of Psychiatric Conditions in Early Childhood«, in: *The Psychoanalytic Study of the Child*, Vol. 1. New York 1945, S. 53-74.

33 René A. Spitz, *La première année de la vie de l'enfant*. Paris 1958. Deutsch: *Nein und ja. Die Ursprünge der menschlichen Kommunikation*. Stuttgart 1959. *Die Entstehung der ersten Objektbeziehungen*. Stuttgart 1960.

34 D. W. Winnicott, »Transitional Objects and Transitional Phenomena: A Study of the First Not-Me Possession«, *International Journal of Psycho-Analysis*, 34 (1953), S. 89-97.

35 Peter H. Wolff, »Observations on Newborn Infants«, *Psychosomatic Medicine*, 21 (1959), S. 110-118.
36 Peter H. Wolff, »The Developmental Psychologies of Jean Piaget and Psychoanalysis«, *Psychological Issues*, Vol. II, No. 1, Monograph No. 5. New York 1960.

Empfohlene Lektüre

John Bowlby, *Child Care and the Growth of Love*. Baltimore 1953.
Sylvia Brody, *Patterns of Mothering: Maternal Influences during Infancy*. New York 1956.
Arnold Gesell, *The First Five Years of Life: A Guide to the Study of the Pre-school Child*. New York 1940.
Julius B. Richmond und Bettye E. Caldwell, »Child-Rearing Practices and Their Consequences«, in: Albert J. Solnit und Sally A. Provence (eds.), *Modern Perspectives in Child Development*. New York 1963.
René A. Spitz, *The First Year of Life: A Psychoanalytic Study of Normal and Deviant Development of Object Relations*. New York 1965.

Kapitel 6 (S. 234-274)

1 Karl Abraham, »Contributions to the Theory of Anal Character« (1923), in: *Selected Papers of Karl Abraham*. London 1942.
2 Roger Brown, »Language: The System and Its Acquisition. Part I. Phonology and Grammar«, in: *Social Psychology*. New York 1965.
3 Roger Brown und Ursula Bellugi, »Three Processes in the Child's Acquisition of Syntax«, in: Eric H. Lenneberg (ed.), *New Directions in the Study of Language*. Cambridge, Mass. 1961. Deutsch: *Neue Perspektiven in der Erforschung der Sprache*. Frankfurt a. M. 1972.
4 Hilde Bruch, »Transformation of Oral Impulses in Eating Disorders: A Conceptual Approach«, *Psychiatric Quarterly*, 35 (1961), S. 458-481.
5 Jerome S. Bruner, Jacqueline Goodnow und George Austin, *A Study of Thinking*. New York 1956.
6 Erik H. Erikson, *Childhood and Society*. New York 1950. Deutsch: *Kindheit und Gesellschaft*. Stuttgart ^{4}1971.
7 Sigmund Freud, »Charakter und Analerotik«, in: Ges. Werke Bd. VII.
8 Dan Greenberg, *How to Be a Jewish Mother*. New York 1965.
9 Jean-Marc-Gaspard Itard, *Rapports et mémoires sur le sauvage de l'Aveyron*. Paris 1894. Deutsch: »Gutachten und Bericht über Victor von Aveyron«, in: Malson/Itard/Mannoni, *Die wilden Kinder*. suhrkamp taschenbuch 55. Frankfurt a. M. 1972.

10 Roman Jakobson, Einleitung zu: Ruth Weir, *Language in the Crib.* Den Haag 1962.
11 Morris M. Lewis, *Language, Thought and Personality in Infancy and Childhood.* New York 1964.
12 Jean Piaget, *Le jugement et le raisonnement chez l'enfant.* Neuchâtel 1956. Deutsch: *Urteil und Denkprozeß des Kindes.* Düsseldorf 1972.
13 Jean Piaget, *La formation du symbole chez l'enfant.* Neuchâtel 1959. Deutsch *Nachahmung, Spiel und Traum. Die Entwicklung der Symbolfunktion beim Kinde.* Stuttgart 1969.
14 Ruth Weir, *Language in the Crib.* Den Haag 1962.

Empfohlene Lektüre

Roger Brown, *Words and Things.* Glencoe, Ill. 1958.
Sigmund Freud, *Drei Abhandlungen zur Sexualtheorie,* Ges. Werke Bd. V.
Mabel Huschka, »The Child's Responses to Coercive Bowel Training«, *Psychosomatic Medicine,* 4 (1942), S. 301-308.
Morris M. Lewis, *Language, Thought and Personality in Infancy and Childhood.* New York 1964. Deutsch: *Sprache, Denken und Persönlichkeit im Kindesalter.* Düsseldorf 1970.
Dorothea McCarthy, »Language Development in Children«, in: Leonard Carmichael (ed.), *Manual of Child Psychology.* New York 1946.
Robert R. Sears, Eleanor Maccoby und Harry Levin, *Patterns of Child Rearing.* Evanston, Ill. 1957.
U. S. Children's Bureau, *Your Child from One to Six.* Washington o. J.

Kapitel 7 (S. 275-340)

1 William D. Altrus, »Birth Order and Its Sequelae«, *Science,* 151 (1966), S. 44-49.
2 Gregory Bateson, Don D. Jackson, Jay Haley und John Weakland, »Toward a Theory of Schizophrenia«, *Behavioral Science,* 1 (1956), S. 251-264, Deutsch: »Auf dem Weg zu einer Schizophrenie-Theorie«, in: *Schizophrenie und Familie.* Frankfurt a. M. 1969.
3 Mabel B. Cohen, »Personal Identity and Sexual Identity«, *Psychiatry,* 29 (1966), S. 1-14.
4 Milton Diamond, »A Critical Evaluation of the Ontogony of Human Sexual Behavior«, *Quarterly Review of Biology,* 40 (1965), S. 147-175.
5 Erik H. Erikson, Growth and Crises of the ›Healthy Personality‹«, in: *Psychological Issues,* Vol. 1, No. 1, Monograph No. 1.

New York 1959. Deutsch: »Wachstum und Krisen der gesunden Persönlichkeit«, in: *Identität und Lebenszyklus,* Frankfurt a. M. 1966.
6 Sigmund Freud, *Vorlesungen zur Einführung in die Psychoanalyse,* Ges. Werke Bd. XI.
7 Sigmund Freud, »Einige psychische Folgen des anatomischen Geschlechtsunterschieds«, in: Ges. Werke Bd. XIV.
8 Sigmund Freud, »Über die weibliche Sexualität«, in: Ges. Werke Bd. XIV.
9 Sigmund Freud, »Die Weiblichkeit«, in: *Neue Folge der Vorlesungen zur Einführung in die Psychoanalyse,* Ges. Werke Bd. XV.
10 Sigmund Freud, Ebenda.
11 Hector Garcia, Digamber Borgaonkav und Frederick Richardson, »XXYY Syndrome in a Prepubertal Male«, *Johns Hopkins Medical Journal,* 121 (1967), S. 31-37.
12 Jane Goodall, »My Life among Wild Chimpanzees«, *National Geographic,* 124 (1963), S. 272-308.
13 Jane Goodall, »New Discoveries among Wild Chimpanzees«, *National Geographic,* 128 (1965), S. 802-831.
14 Radclyffe Hall, *The Well of Loneliness.* Garden City, N.Y. 1928.
15 David A. Hamburg und D. Lunde, »Sex Hormones in the Development of Sex Differences in Human Behavior« (unveröffentlicht).
16 John L. Hampson und Joan G. Hampson, »The Ontogenesis of Sexual Behavior in Man«, in: William C. Young (ed.), *Sex and Internal Secretions,* Vol. 2. Baltimore ³1961.
17 Karen Horney, »Feminine Psychology«, in: *New Ways in Psychoanalysis.* New York 1939.
18 Ernest Jones, *Hamlet and Oedipus.* New York 1949.
19 E. Kent, »A Study of Maladjusted Twins«, *Smith College Studies of Social Work,* 19 (1949), S. 63-77.
20 Helen L. Koch, *Twins and Twin Relations.* Chicago 1966.
21 Edmund Leach, »Anthropological Aspects of Language: Animal Categories and Verbal Abuses«, in: Eric H. Lenneberg (ed.), *New Directions in the Study of Language.* Cambridge, Mass. 1964. Deutsch: *Neue Perspektiven in der Erforschung der Sprache.* Frankfurt a. M. 1972.
22 Theodore Lidz, Alice Cornelison, Dorothy Terry und Stephen Fleck, »The Transmission of Irrationality« (1958), in: T. Lidz, S. Fleck und A. Cornelison, *Schizophrenia and the Family.* New York 1965.
23 Theodore Lidz, Sarah Schafer, Stephen Fleck, Alice Cornelison und Dorothy Terry, »Ego Differentiation and Schizophrenic Symptom Formation in Identical Twins«, in: T. Lidz, S. Fleck und A. Cornelison, *Schizophrenia and the Family.* New York 1965.
24 A. A. Milne, *Winnie the Pooh,* rev. ed.; New York 1961.

25 John Money, »Psychosexual Differentiation«, in: John Money (ed.), *Sex Research, New Developments.* New York 1965.
26 John Money, Joan G. Hampson und John L. Hampson, »Imprinting and the Establishment of Gender Roles«, *Archives of Neurology and Psychiatry*, 77 (1957), S. 333-336.
27 Talcott Parsons, »The Incest Taboo in Relation to Social Structure and the Socialization of the Child«, in: *Social Structure and Personality.* New York 1964. Deutsch: »Das Inzesttabu in seiner Beziehung zur Sozialstruktur und zur Sozialisierung des Kindes«, in: *Beiträge zur soziologischen Theorie.* Neuwied 1964.
28 Jean Piaget, *La Formation du symbole chez l'enfant.* Neuchâtel 1959. Deutsch: *Nachahmung, Spiel und Traum. Die Entwicklung der Symbolfunktion beim Kinde.* Stuttgart 1969.
29 Watty Piper (ed.), *The Little Engine That Could.* New York o. J.
30 Margaret T. Singer und Lyman C. Wynne, »Thought Disorder and Family Relations of Schizophrenics: III. Methodology Using Projective Techniques«, *Archives of General Psychiatry*, 12 (1965), S. 187-200.
31 Margaret T. Singer und Lyman C. Wynne, »Thought Disorder and Family Relations of Schizophrenics: IV. Results and Implications«, *Archives of General Psychiatry*, 12 (1965), S. 201-212.
32 James M. Tanner, *Growth at Adolescence.* Oxford ²1961.
33 Lev S. Vygotsky, *Myšlenie i reč'.* 1934. Moskau 1956. Deutsch: *Denken und Sprechen.* conditio humana. Frankfurt a. M. ³1971.
34 Heinz Werner, *Einführung in die Entwicklungspsychologie.* München 1953.
35 Benjamin L. Whorf, »Languages and Logic« (1941), in: John B. Carroll (ed.), *Language, Thought, and Reality: Selected Writings of Benjamin Lee Whorf.* New York 1956. Deutsch: *Sprache – Denken — Wirklichkeit. Beiträge zur Metalinguistik und Sprachphilosophie.* rowohlts deutsche enzyklopädie 174. Reinbek 1971.
36 Cynthia Wild, Margaret Singer, Bernice Rosman, Judith Ricci und Theodore Lidz, »Measuring Disordered Styles of Thinking in the Parents of Schizophrenic Patients on the Object Sorting Test«, in: T. Lidz, S. Fleck und A. Cornelison, *Schizophrenia and the Family.* New York 1965.
37 Lyman C. Wynne und Margaret T. Singer, »Thought Disorder and Family Relations of Schizophrenics: I. A. Research Strategy«, *Archives of General Pychiatry*, 9 (1963), S. 191-198.
38 Lyman C. Wynne und Margaret T. Singer, »Thought Disorder and Family Relations of Schizophrenics: II. A. Classification of Forms of Thinking«, *Archives of General Psychiatry*, 9 (1963), S. 199-206.
39 William Young, Robert Goy und Charles Phoenix, »Hormones and Sexual Behavior«, *Science*, 143 (1964), S. 212-218.

Sigmund Freud, »Über infantile Sexualtheorien«, in: Ges. Werke Bd. VII.
Sigmund Freud, *Vorlesungen zur Einführung in die Psychoanalyse*, Ges. Werke Bd. XI.
Frank O'Connor, »My Oedipus Complex«, in: *Stories of Frank O'Connor*. New York 1952. Deutsch: *Mann und Weib*. rowohlts deutsche enzyklopädie Bd. 69/70. Hamburg 1958.
Margaret Mead, *Male and Female*. New York 1939.
Jean Piaget, *La Formation du symbole chez l'enfant*. Neuchâtel 1959. Deutsch: *Nachahmung, Spiel und Traum. Die Entwicklung der Symbolfunktion beim Kinde*. Stuttgart 1969.

Kapitel 8 (S. 341-373)

1 Jacob A. Arlow und Charles Brenner, »Psychoanalytic Concepts and the Structural Theory«, *Journal of the American Psychoanalytic Association*, Monograph Series, No. 13. New York 1964.
2 Charles Fisher, »Psychoanalytic Implications of Recent Research on Sleep and Dreaming«, *Journal of the American Psychoanalytic Association*, 13 (1965), S. 197-303.
3 Anna Freud, *Das Ich und die Abwehrmechanismen*. München o. J.
4 Sigmund Freud. *Die Traumdeutung*, Ges. Werke Bd. II.
5 Sigmund Freud, *Zur Psychopathologie des Alltagslebens*, Ges. Werke Bd. IV.
6 Sigmund Freud, *Vorlesungen zur Einführung in die Psychoanalyse*, Ges. Werke Bd. XI.
7 Erich Fromm, *The Forgotten Language: An Introduction to the Understanding of Dreams, Fairy Tales, and Myths*. New York 1951.
8 Merton M. Gill, »Topography and System in Psychoanalytic Theory«, *Psychological Issues*, Vol. 3, No. 2, Monograph 10. New York 1963.
9 J. W. von Goethe, »Die Natur« (1782), in: *Schriften zur Naturwissenschaft*. J. W. Goethe, *Werke*. Hamburger Ausgabe. Hamburg 1948-1959.
10 Edmund Leach, »Anthropological Aspects of Language: Animal Categories and Verbal Abuses«, in: Eric H. Lenneberg (ed.), *New Directions in the Study of Language*. Cambridge, Mass. 1964. Deutsch: *Neue Perspektiven in der Erforschung der Sprache*. Frankfurt a. M. 1972.
11 Hans W. Loewald, »The Superego and the Ego-Ideal. II. Superego and Time«, *International Journal of Psycho-Analysis*, 43 (1962), S. 264-268.

12 George H. Mead, *Mind, Self, and Society: From the Standpoint of a Social Behaviorist.* Chicago 1934. Deutsch: *Geist, Identität und Gesellschaft,* suhrkamp taschenbuch wissenschaft Bd. 28. Frankfurt a. M. 1973.
13 Jean Piaget, *La Formation du symbole chez l'enfant.* Neuchâtel 1959, S. 207. Deutsch: *Nachahmung, Spiel und Traum. Die Entwicklung der Symbolfunktion beim Kinde.* Stuttgart 1969.
14 Henri Poincaré, »Mathematical Creation«, in: James R. Newman (ed.), *The World of Mathematics,* Vol. 4. New York 1956. S. 2041-2050.
15 David Rapaport, »The Structure of Psychoanalytic Theory, a Systematizing Attempt«, *Psychological Issues,* Vol. 2, No. 2, Monograph No. 6. New York 1960, S. 128.
16 Ernest G. Schachtel, »Memory and Childhood Amnesia«, in: *Metamorphosis: On the Development of Affect, Perception, Attention, and Memory.* New York 1959.
17 Louis J. West, Herbert H. Janszen, Boyd K. Lester und Floyd S. Cornelison jr., »The Psychosis of Sleep Deprivation«, *Annals of the New York Academy of Sience,* 96 (1962), S. 66-70.

Empfohlene Lektüre

Charles Brenner, *An Elementary Textbook of Psychoanalysis.* New York 1955.
Anna Freud, *Das Ich und die Abwehrmechanismen,* München o. J.
Sigmund Freud, *Die Traumdeutung,* Ges. Werke Bd. II.
Sigmund Freud, *Zur Psychopathalogie des Alltagslebens,* Ges. Werke Bd. IV.

Kapitel 9 (S. 374-419)

1 Ruth Benedict, *Patterns of Culture.* New York 1934. Deutsch: *Urformen der Kultur.* Hamburg 1955, 1959.
2 Basil Bernstein, »Social Class, Speech Systems and Psychotherapy«, *British Journal of Sociology,* 15 (1964), S. 54 ff.
3 Isidor Chein, Donald Gerard, Robert Lee und Eva Rosenfeld, *The Road to H: Narcotics, Delinquency, and Social Policy.* New York 1964.
4 Erik H. Erikson, *Childhood and Society.* New York 1950. Deutsch: *Kindheit und Gesellschaft.* Stuttgart [4]1971.
5 John H. Flavell, *The Developmental Psychology of Jean Piaget.* Princeton 1963.
6 Sigmund Freud, *Massenpsychologie und Ich-Analyse,* Ges. Werke Bd. XIII.
7 Bärbel Inhelder und Jean Piaget, *De la logique de l'enfant à la*

logique de l'adolescent. Paris 1955. Englisch: *The Growth of Logical Thinking from Childhood to Adolescence*. London 1968.
8 William James, *A Moral Equivalent for War*. Belmont, Mass.
9 Morris M. Lewis, *Language, Thought and Personality in Infancy and Childhood*. New York 1964, S. 203-228. Deutsch: *Sprache, Denken und Persönlichkeit im Kindesalter*. Düsseldorf 1970.
10 George H. Mead, *Mind, Self, and Society: From the Standpoint of a Social Behaviorist*, ed. Charles W. Morris. Chicago 1934. Deutsch: *Geist, Identität und Gesellschaft*. Mit einer Einleitung von Charles W. Morris. suhrkamp taschenbuch wissenschaft Bd. 28. Frankfurt a. M. 1973.
11 Talcott Parsons, »The School Class as a Social System: Some of Its Functions in American Society«, *Harvard Educational Review*, 29 (1959), S. 297-318.
12 Jean Piaget, *Le Jugement et le raisonnement chez l'enfant*. Neuchâtel 1956. Deutsch: *Urteil und Denkprozeß des Kindes*. Düsseldorf 1972.
13 Jean Piaget, *Le Jugement moral chez l'enfant*. Paris 1957. Deutsch: *Das moralische Urteil beim Kinde*. suhrkamp taschenbuch wissenschaft Bd. 27. Frankfurt a. M. 1973.
14 Jean Piaget, *La Construction du réel chez l'enfant*. Neuchâtel 1950.
15 Jean Piaget, *La Psychologie de l'intelligence*. Paris 1967. Deutsch: *Psychologie der Intelligenz*. Freiburg ^{5}1972.
16 Robert Rosenthal, *Experimental Effects in Behavioral Research*. New York 1966.
17 Harry Stack Sullivan, *The Interpersonal Theory of Psychiatry*. New York 1953.

Empfohlene Lektüre

Talcott Parsons, »The School Class as a Social System: Some of Its Functions in American Society«, in: *Social Structure and Personality*. New York 1964, S. 129–154.
Jean Piaget, *Le Jugement moral chez l'enfant*. Paris 1957. Deutsch: *Das moralische Urteil beim Kinde*. suhrkamp taschenbuch wissenschaft Bd. 27. Frankfurt a. M. 1973.
Harry Stack Sullivan, *The Interpersonal Theory of Psychiatry*. New York 1953, S. 217—262.
U. S. Children's Bureau, *Your Child from Six to Twelve*. Washington, D. C. o. J.

Kapitel 10 (S. 420—507)

1 Therese Benedek u. Boris B. Rubenstein, »The Setual Cycle in Women: The Relation Between Ovarian Function and Psycho-

dynamic Processes«, *Psychosomatic Medicine*, Monographs, Vol. 3, No. 1 u. 2 National Research Council 1942.
2 Eric Dodds, *The Greeks and the Irrational.* Berkeley 1951.
3 D. J. Duche, W. Schonfeld und S. Tomkiewicz, »Physical Aspects of Adolescent Development«, in: G. Caplan und S. Lebovici (eds.), *Psychiatric Approaches to Adolescence*, International Congress Series, No. 108. New York 1966.
4 Erik H. Erikson, »The Problem of Ego Identity«, *Journal of the American Psychoanalytic Association*, 4 (1956), S. 56–121. Deutsch: »Das Problem der Ich-Identität«, in: *Identität und Lebenszyklus.* Frankfurt a. M. 1966.
5 Bärbel Inhelder und Jean Piaget, *De la logique de l'enfant à la logique de l'adolescent.* Paris 1955. Englisch: *The Growth of Logical Thinking from Childhood to Adolescence.* London 1968.
6 Kenneth Keniston, *The Uncommitted: Alienated Youth in American Society.* New York 1965.
7 Alfred Kinsey, Wardell B. Pomeroy und Clyde Martin, *Sexual Behavior in the Human Male.* Philadelphia 1948. Deutsch: *Das sexuelle Verhalten des Mannes.* Frankfurt a. M. 1964.
8 Alfred Kinsey, Wardell B. Pomeroy, Clyde Martin und Paul Gebhard, *Sexual Behavior in the Human Female.* Philadelphia 1953. Deutsch: *Das sexuelle Verhalten der Frau.* Frankfurt a. M. 1967.
9 Hans Loewald, »Ego and Reality«, *International Journal of Psycho-Analysis*, 32 (1951), S. 1–9.
10 Léo Apostel, Benoît Mandelbrot, Jean Piaget, *Logique et équilibre.* Paris 1957.
11 William A. Schonfeld, »Primary and Secondary Sexual Characteristics: Study of Their Development in Males from Birth through Maturity, with Biometric Study of Penis and Testes«, *American Journal of Diseases of Children*, 65 (1943), S. 535–549.
12 *Lev S. Vygotsky, Myšlenie i reč'.* 1934. Moskau 1956. Deutsch: *Denken und Sprechen.* conditio humana. Frankfurt a. M. [3]1971.

Empfohlene Lektüre

Peter Blos, *On Adolescence: A Psychoanalytic Interpretation.* Glencoe, Ill., 1962.
Helene Deutsch, »Selected Problems of Adolescence«, *Psychoanalytic Study of the Child*, Monograph No. 3. New York 1967.
Anna Freud, »Adolescence«, *The Psychoanalytic Study of the Child*, Vol. 13. New York 1958, S. 255–278.
Irene M. Josselyn, *The Adolescent and His World.* New York 1952.
Kenneth Keniston, *The Uncommitted: Alienated Youth in American Society.* New York 1965.

Sandor Lorand und Henry I. Schneer (eds.), *Adolescents: Psychoanalytic Approach to Problems and Therapy.* New York 1961.

Kapitel 12 (S. 517–537)

1 Phillipe Ariès, *Centuries of Childhood.* New York 1962.
2 Richard Byrd, *Alone.* New York o. J.
3 Eli Ginzberg, S. Ginzberg, S. Axelrod und J. Herma, *Occupational Choice: An Approach to a General Theory.* New York 1951.
4 John L. Holland, *The Psychology of Vocational Choice.* Waltham, Mass. 1966.
5 Jeremy Morris, J. A. Heady, P. A. B. Raffle, C. G. Roberts und J. W. Parks, »Coronary Heart-Disease and Physical Activity of Work«, *Lancet,* 265, (1953), S. 1111–1120.
6 Edward K. Strong jr., *Vocational Interests of Men and Women.* Stanford, Calif. 1943.

Empfohlene Lektüre

Eli Ginzberg, S. Ginzberg, S. Axelrod und J. Herma, *Occupational Choice: An Approach to a General Theory.* New York 1951.
John L. Holland, *The Psychology of Vocational Choice.* Waltham, Mass. 1966.

Kapitel 13 (S. 538–568)

1 James H. S. Bossard, »Residential Propinquity as a Factor in Marriage Selection«, *American Journal of Sociology,* 38 (1932 bis 1933), S. 219–224.
2 Ernest Burgess und Harvey Locke, *The Family: From Institution to Companionship.* New York 1945, S. 390.
3 Winston Ehrmann, *Premarital Dating Behavior.* New York 1952.
4 Sigmund Freud, »Zur Einführung des Narzißmus«, in: Ges. Werke Bd. X.
5 G. Hamilton, *A Research in Marriage.* New York 1929.
6 Alvin M. Katz und Reuben Hill, »Residential Propinquity and Marital Selection: A Review of Theory, Method, and Fact«, *Marriage and Family Living,* 20 (1958), S. 27–35.
7 Alfred C. Kinsey, Wardell B. Pomeroy, Clyde Martin und Paul Gebhard, *Sexual Behavior in the Human Female.* Philadelphia 1953. Deutsch: *Das sexuelle Verhalten der Frau.* Frankfurt a. M. 1967.

8 United States Government, *Population, Marriages, Divorces and Rates with Percent Changes from Preceding Year. United States 1920–1959.* Vital Statistics of the United States, 1959. Washington, D. C.

Empfohlene Lektüre

Lee G. Burchinal, »The Premarital Dyad and Love Involvement«, in: Harold T. Christensen (ed.), *Handbook of Marriage and the Family.* Chicago 1964.

Winston Ehrmann, *Premarital Dating Behavior.* New York 1952.

P. Jacobsohn und A. P. Matheny, »Mate Selection in Open Marriage Systems«, *International Journal of Comparative Sociology,* 3 (1962), S. 98-123.

Kapitel 14 (S. 569–609)

1 Jessie Bernard, »The Adjustments of Married Mates«, in: Harold T. Christensen (ed.), *Handbook of Marriage and the Family.* Chicago 1964.

2 E. Bott, »Urban Families: Conjugal Roles and Social Networks«, *Human Relations,* 8 (1955), S. 345–384.

3 Dudley Fitts (Übers.), *Poems from the Greek Anthology.* New York 1938.

4 Sigmund Freud, *Drei Abhandlungen zur Sexualtheorie,* Ges. Werke Bd. V.

5 William Goode, *After Divorce.* Glencoe, Ill. 1956.

6 Mirra Komarovsky, *Blue Collar Marriage.* New York 1964.

7 J. Landis, »Length of Time Required to Achieve Adjustment in Marriage«, *American Sociological Review,* 11 (1946), S. 666–677.

8 Bronislaw Malinowski, *Sex and Repression in a Savage Society.* New York 1955. Deutsch: *Geschlechtstrieb und Verdrängung bei den Primitiven.* rowohlts deutsche enzyklopädie Bd. 139/140. Reinbek 1962.

9 Judd Marmor, »Some Considerations Concerning Orgasm in the Female«, *Psychosomatic Medicine,* 16 (1954), S. 240–245.

10 William Masters und Virginia Johnson, »Orgasm, Anatomy of the Female«, in: Albert Ellis und Albert Abarbanel (eds.), *The Encyclopedia of Sexual Behavior,* Vol. 2. New York 1959.

11 William Masters und Virginia Johnson, *Human Sexual Response.* Boston 1966. Deutsch: *Die sexuelle Reaktion.* Frankfurt a. M. 1967.

12 Lee Rainwater und Karol Weinstein, *And the Poor Get Children.* New York 1960.

13 Mary Jane Sherfey, »The Evolution and Nature of Female Sexuality in Relation to Psychoanalytic Theory«, *Journal of the American Psychoanalytic Association*, 14 (1966), S. 28–128.

Empfohlene Lektüre

Jessie Bernard, »The Adjustments of Married Mates«, in: Harold T. Christensen (ed.), *Handbook of Marriage and the Family*. Chicago 1964.

William Masters und Virginia Johnson, *Human Sexual Response*. Boston 1966. Deutsch: *Die sexuelle Reaktion*. Frankfurt a. M. 1967.

Lee Rainwater und Karol Weinstein, *And the Poor Get Children*. New York 1960.

John P. Spiegel, »The Resolution of Role Conflict within the Family«, *Psychiatry*, 20 (1957), S. 1–16.

Kapitel 15 (S. 610–631)

1 Therese Benedek, »Parenthood as a Developmental Phase: A Contribution to Libido Theory«, *Journal of the American Psychoanalytic Association*, 7 (1959), S. 398–417.

2 L. T. Doi, »Amae – A Key Concept for Understanding Japanese Personality Structure«, *Psychologia*, 5 (1962), S. 1–7.

Empfohlene Lektüre

Therese Benedek, »Parenthood as a Developmental Phase: A Contribution to the Libido Theory«, *Journal of the American Psychoanalytic Association*, 7 (1959), S. 398–417.

Hilde Bruch, *Don't Be Afraid of Your Child: A Guide for Perplexed Parents*. New York 1952.

Theodore Lidz, »The Effects of Children on Marriage«, in: Salo Rosenbaum und Ian Alger (eds.), *The Marriage Relationship: Psychoanalytic Perspectives*. New York 1968.

Kapitel 16 (S. 632–655)

1 Helene Deutsch, *The Psychology of Women*. Vol. 2: *Motherhood*. New York 1945, S. 473.

2 Eva Deykin, Shirley Jacobson, Gerald Klerman und Naida Solomon, »The Empty Nest: Psychosocial Aspects of Conflicts Between Depressed Women and Their Grown Children«, *American Journal of Psychiatry*, 122 (1966), S. 1422–1426.

3 William Masters und Virginia E. Johnson, *Human Sexual Response.* Boston 1966. Deutsch: *Die sexuelle Reaktion.* Frankfurt a. M. 1967.

Empfohlene Lektüre

Therese Benedek, »The Climacterium«, in: *The Psychosexual Functions in Women.* New York 1952.
Helene Deutsch, *The Psychology of Women.* Vol. 2: *Motherhood.* New York 1945.
Barbara Fried, *The Middle-Age Crisis.* New York 1967.

Kapitel 17 (S. 656–681)

1 Kurt Goldstein, *The Organism.* Boston 1963.
2 Group for the Advancement of Psychiatry, »Psychiatry and the Aged: An Introductory Approach«, Report No. 59, 1965.
3 Theodore Lidz, James R. May und Christopher Tietze, »Intelligence in Cerebral Deficit States and Schizophrenia Measured by Kohs Block Test«, *Archives of Neurology and Psychiatry,* 48 (1942), S. 568–582.
4 Hans Ruesch, *The Top of the World.* New York 1959.
5 Leo W. Simmons, *The Role of the Aged in Primitive Society.* New Haven 1945.
6 United States Bureau of the Census, »Current Population Reports«, Series 25, No. 241, Interim Revised Projections of the Population of the United States by Age and Sex, 1965 and 1970. Washington, D. C., 1962.

Empfohlene Lektüre

Maxwell Gitelson, »The Emotional Problems of Elderly People«, *Geriatrics,* 3 (1948), S. 135-150.
Alvin I. Goldfarb, »Patient-Doctor Relationship in Treatment of Aged Persons«, *Geriatrics,* 19 (1964), S. 18–23.
Group for the Advancement of Psychiatry, »Psychiatry and the Aged: An Introductory Approach«, Report No. 59, 1965.
Paul H. Hoch und J. Zubin (eds.), *Psychopathology of Aging.* New York 1961.
Sidney Levin und Ralph J. Kahana (eds.), *Psychodynamic Studies on Aging: Creativity, Reminiscing, and Dying.* New York 1968.
Edward J. Stieglitz, *Geriatric Medicine.* Philadelphia [3]1954.

Kapitel 18 (S. 682–694)

1 Herman Feifel, *The Meaning of Death*. New York 1959.
2 Sigmund Freud: »Zeitgemäßes über Krieg und Tod«, in: Ges. Werke Bd. X.
3 Sigmund Freud, *Jenseits des Lustprinzips*, Ges. Werke Bd. XIII.
4 Sigmund Freud, »Warum Krieg«, in: Ges. Werke Bd. XVI.
5 Group for the Advancement of Psychiatry, »Death and Dying: Attitudes of Patient and Doctor«, Symposium No. 11, 1965.
6 Theodore Lidz, »Nightmares and the Combat Neuroses«, *Psychiatry*, 9 (1946), S. 37–49.
7 Michael E. de Montaigne, *Les Essais de Michel de Montaigne*. Paris 1965. Deutsch: *Essais*. Zürich 1953 und Reclams Univ.-Bibl. Bde. 8308–8312.
8 Robert Waelder, *Basic Theory of Psychoanalysis*. New York 1966.

Empfohlene Lektüre

Herman Feifel, *The Meaning of Death*. New York 1959.
Group for the Advancement of Psychiatry, »Death and Dying: Attitudes of Patient and Doctor«, Symposium No. 11, 1965.

Kapitel 19 (S. 697–714)

1 Sigmund Freud, »Der Familienroman der Neurotiker«, in: Ges. Werke Bd. VII.
2 Sigmund Freud, *Totem und Tabu*, Ges. Werke Bd. IX.
3 Ernest Jones, *Hamlet and Oedipus*. New York 1949.
4 C. G. Jung, *Psychologische Typen*, Ges. Werke Bd. VI.
5 Ernst Kretschmer, *Körperbau und Charakter*. Berlin 1926.
6 Donald W. MacKinnon, »The Structure of Personality«, in: J. McV. Hunt (ed.), *Personality and the Behavior Discorders*, Vol. 1. New York 1944.
7 Gilbert Murray, *Hamlet and Orestes: A Study in Traditional Types*, The Annual Shakespeare Lecture of the British Academy. New York 1914.
8 David Riesman, *The Lonely Crowd*. Garden City, N. Y. 1954. Deutsch: *Die einsame Masse*. Hamburg 1956.
9 Abraham A. Roback, *The Psychology of Character. With a Survey of Temperament*. New York 1927.
10 W. Sheldon und S. Stevens, *Varietes of Temperament*. New York 1942.
11 William Stern, *General Psychology from the Personalistic Standpoint*. New York 1938.
12 Frederick Wertham, *Dark Legend*. New York 1941.

Empfohlene Lektüre

Helene Deutsch, *Neuroses and Character Types.* New York 1965.
Ernest Jones, *Hamlet and Oedipus.* New York 1949.
Carl Jung, *Psychologische Typen,* Ges. Werke Bd. VI.
Donald W. MacKinnon, »The Structure of Personality«, in: J. McV. Hunt (ed.), *Personality and the Behavior Disorders,* Vol. 1. New York 1944.
Otto Rank, *Der Mythus von der Geburt des Helden.* Kraus Reprint. Nendeln 1970.

Kapitel 20 (S. 715–737)

1 Franz Alexander, *Psychosomatic Medicine: Its Principles and Applications.* New York 1950. Deutsch: *Psychosomatische Medizin. Grundlagen und Anwendungsgebiete.* Berlin 1969.
2 William Beaumont, *Experiments and Observations on the Gastric Juice and the Physiology of Digestion.* Plattsburgh, N. Y., 1833.
3 Frederic M. Blodgett, »Growth Retardation Related to Maternal Deprivation«, in: Albert J. Solnit und Sally A. Provence (eds.), *Modern Perspectives in Child Development.* New York 1963.
4 Hilde Bruch und Grace Touraine, »Obesity in Childhood: V. The Family Frame of Obese Children«, *Psychosomatic Medicine,* 2 (1940), S. 141–206.
5 Walter B. Cannon, *The Wisdom of the Body.* New York 1963.
6 George Engel, *Psychological Development in Health and Disease.* Philadelphia 1962.
7 George Engel und Franz Reichsman, »Spontaneous and Experimentally Induced Depressions in an Infant with a Gastric Fistula: A Contribution to the Problem of Depression«, *Journal of the American Psychoanalytic Association,* 4 (1956), S. 428–542.
8 Günter Grass, *Die Blechtrommel.* Neuwied 1953.
9 Theodore Lidz, »General Concepts of Psychosomatic Medicine«, in: Silvano Arieti (ed.), *American Handbook of Psychiatry,* Vol. 1. New York 1959.
10 Theodore Lidz und John C. Whitehorn, »Life Situations, Emotions and Graves' Disease«, *Psychosomatic Medicine,* 12 (1950), S. 184–186.
11 Hans Selye, »The General Adaptation Syndrome and the Diseases of Adaptation«, *Journal of Clinical Endocrinology,* 6 (1946), S. 117–230.
12 Eric Whittkower and Robert Cleghorn (eds.), *Recent Developments in Psychosomatic Medicine.* Philadelphia 1954.
13 Stewart Wolf und Harold G. Wolff, *Human Gastric Function.* New York 1943.

Empfohlene Lektüre

Franz Alexander, *Psychosomatic Medicine: Its Principles and Applications.* New York 1950. Deutsch: *Psychosomatische Medizin. Grundlagen und Anwendungsgebiete.* Berlin 1969.
Association for Research in Nervous and Mental Diseases, *Life Stress and Bodily Disease.* Baltimore 1950.
Walter B. Cannon, *The Wisdom of the Body.* New York 1963.
Leon J. Saul, *The Bases of Human Behavior: A Biologic Approach to Psychiatry.* Philadelphia 1951.
Hans Selye, *The Stress of Life.* New York 1956.

Kapitel 21 (S. 738–758)

1 William Osler, *Aequanimitas and Other Papers.* New York 1963.
2 Harry Stack Sullivan, *The Interpersonal Theory of Psychiatry.* New York 1953.

Empfohlene Lektüre

Michael Balint und Enid Balint, *Psychotherapeutic Techniques in Medicine.* Springfield, Ill. 1962. Deutsch: *Psychotherapeutische Techniken in der Medizin.* München 1970.
Carl Binger, *The Doctor's Job.* New York 1945.
Frieda Fromm-Reichmann, *Principles of Intensive Psychotherapy.* Chicago 1950.

Sachwortverzeichnis

Abstillen 216 ff
Abwehrmechanismen 354, 365 ff, 414 ff, 480 ff, 733
Abwehrtriebe 65 ff
ACTH (adrenocorticotropes Hormon) 735
Adoleszenz, frühe 428
– mittlere 453
– späte 483
s. Kapitel 10, S. 420 ff
Adrenalin 720
äußeres Bestimmtsein (Stern) 707
Affekte 71
Aggression 65 ff, 279
Akkommodation, in der kognitiven Entwicklung (Piaget) 135
Akkulturation, und Persönlichkeit 92
Aktivierungssystem der *formatio reticularis* 55, 72, 725
Alarmreaktion (Selye) 734 ff
Alexander, Franz 716, 731
Alienation 377, 492
Aliment, in der kognitiven Entwicklung (Piaget) 135
Alter, s. Kapitel 17, S. 656 ff
– Ruhestand 663
– Seneszenz 667
– Senilität 669
amaeru 631
Ambivalenz 261, 167, 321
anale Charakterzüge 266 ff, 704
analer Charakter 268, 704
anale Phase, der psychosexuellen Entwicklung (Freud) 125 ff, 236, 263
Analerotik 263
Androgene 303
Angst 65–69
– und Abwehrmechanismen 365 ff
– und physiologische Reaktionen 721
Animismus 294
Anlehnungsverhalten, zwischen Mutter und Kind 195
Anorexia nervosa 719
Anpassung in der Ehe, s. Kap. 14, S. 569 ff, 579, 702, 733
Apathie 73
Artifizialismus 294
Asketizismus 482
Assimilation, in der kognitiven Entwicklung (Piaget) 135
Asthma 716, 729
Auflehnung, und Konformismus des Jugendlichen 455 ff
Autonomie 131, 236
autonomes Nervensystem 69, 727

Babinskireflex 150
Balinesen 44, 190
»Beförderungsdepression« 638
behavioristische Psychologie 155–156
Besetzung 127, 345
besonderer Freund (Sullivan) 409
Berufswahl, s. Kapitel 12, S. 517 ff
Bettnässen 704
bewußtes Denken 355 ff

»Charakter und Analerotik« (Freud) 237
charakterologische Typen 705 ff
cathexis 127
Colitis ulcerosa 716

Daumenlutschen 215, 284
Defäkation 62, 262 ff
Denken, bewußtes, vorbewußtes, unbewußtes 355 ff
Depression 71, 73, 354, 414, 630, 638, 642, 674, 708
Dezentrierung (Piaget) 135, 443
Diabetes 651
Dionysische Religion 493

Distanzierung (Erikson) 132
Egozentrizität 135, 292, 399, 481, 506
Ehe, s. Kapitel 13, 14 und 15, S. 538 ff, 569 ff, 610 ff
Eifersucht 319, 320, 327
Einfühlungsvermögen 364
Ejakulation 596
– vorzeitige 597, 600
Elternschaft, s. Kapitel 15, S. 610 ff, s. a. Familie
elterliche Koalition 100
Emotionen 71
– und physischer Schaden 724
Enkulturation 54
– und Familie 104
epigenetisches Prinzip (Freud) 128
Erektion 441, 592, 600
Erikson, Erik H. 44, 130 ff, 162, 277, 422, 486
Es 140, 344 ff, 351, 353–355, 373, 425, 442, 464, 467, 476, 723
Euphorie 72
Evolution 29 ff
– und selektive Paarung 32
Existenzangst 683
extrovertiert 530, 707

Familie, s. Kapitel 2, S. 82 ff
Fettsucht 541, 718
Fixierung 119
– und Lebensentwicklung 703
formale Operationen, in der kognitiven Entwicklung (Piaget) 135 ff, 443 ff
formatio reticularis, Aktivierungssystem 55, 72, 725
Frau, und Fortpflanzung 613, s. a. Menstruation, Menopause
Freud, Anna 208, 210
Freud, Sigmund 41, 49, 63, 121, 124 ff, 140, 237, 302, 310, 313, 327, 329, 334, 344, 350, 356, 357, 359, 376, 392, 423, 442, 587, 594, 685, 687, 688, 710
Frigidität 599, 600
Frontalhirn 149
Fröhlich-Syndrom 718
funktionelle Symptome 722
Furcht 65 ff, 722 ff
Füttern auf Verlangen 193

»gang«, in der späten Kindheit 405 ff
– in der Adoleszenz 470
gastro-colischer Reflex 264
Geburt, natürliche Geburt 161 ff
– Phantasien des Kindes 317
Gedächtnisstörungen, des alten Menschen 670 ff
Gegenbesetzung 386
Gegenübertragung 749 ff
Gehirn 34, 50 ff
– senile Veränderungen 658, 669 ff
Geist 50 ff
Geister 688
»genitaler« Charakter 704
genitale Phase der psychosexuellen Entwicklung (Freud) 127
genetische Ausstattung 77–79
Generativität (Erikson) 132
Geschlecht, und biologische Faktoren 305
Geschlechtschromosom 305
Geschlechtsidentität 302 ff, 315, 424, 496, s. a. psychosexuelle Entwicklung
Geschwister 318–325
Gewissen 277, 398 ff, s. a. Über-Ich
Gleichaltrigengruppe, im ödipalen Alter 282
– in der Präadoleszenz 405
– in der Adoleszenz 430, 468
gonadotrope Hormone 329
Greifreflex 149

Halluzinationen, und Über-Ich 347
Hamlet und Ödipus (Ernest Jones) 338
Hauterotismus 188
Hermaphroditismus 307
Hippokrates 707
Hochdruck (Hypertonie) 716, 724
Hoffnungslosigkeit und Hilflosigkeit, physiologische Reaktionen auf 736
Homosexualität 304, 315, 407, 505, 560, 602, 653, 724–727
Hopi-Indianer 44, 85 ff

Hunger 61
Hyperthyreoidismus 727, 716
Hypophyse 719
Hypothalamus 71–72
hysterische Persönlichkeit 706

Ich 140, 328, 344 ff, 355, 373, 398, 513, 737
– Abwehrmechanismen 365, 414, 480
Ich-Diffusion (Erikson) 492
Ich-Funktionen 106, 140
Ich-Grenzen 369
Ich-Ideal 349, 409
Ich-Identität 130 ff, 302, 422, 485 ff
Identitätsbildung 485 ff
Identitätskrise, in der späten Adoleszenz 484
Identität und Selbstbeherrschung 490
Identitätsprobleme des Mädchens 494
Identität und Intimität 496
Ideen, Ideale, Ideologien, in der Adoleszenz 445, 481
Identifikation 138, 330, 333, 416
– der Eltern mit dem Kind 624
– zwischen Geschwistern 321
Imitation des Kindes 298
Impotenz 592
Inferiorität (Erikson) 131, 376
Initiative (Erikson) 131, 235, 236
inneres Bestimmtsein (Stern) 707
Integration, in der Kindheit, s. Kap. 8, S. 341 ff
– des jungen Erwachsenen 508 ff
Integrität (Erikson) 132
Intelligenzentwicklung, s. kognitive Entwicklung
Intelligenzquotient 395
Intelligenz, und familiäres Milieu 396
Intellektualisierung 446, 480, 706
Internalisierung elterlicher Gebote 343, s. a. Über-Ich-Bildung
Intimität (Erikson) 131
Intimität und Liebe 500
Introjektion 365 ff, 706
introvertiert 530, 707
Intuition 364, 472
Isolierung 365 ff, 414 ff, 706

Jung, Carl 707
Junge, im ödipalen Alter 302 ff
– in der Präadoleszenz 382, 405
– in der Adoleszenz 439, 472 ff, s. a. ödipale Phase, Adoleszenz
junger Erwachsener, s. Kapitel 11, S. 508 ff

Kastrationsangst 124 ff, 313 ff, 327, 475, 684
Katastrophenreaktion (Goldstein) 673
Kausalität, des Kleinkindes 258, 293 ff
Kibbutz 83
Kindererziehung, und Familie 95 ff
Klassifizierung (Piaget) 388
Kleinkind, s. Kapitel 6, S. 234
klitoraler Orgasmus 594
kognitive Entwicklung, Piagets Theorie der 133 ff
– des Säuglings 198 ff, 206 ff, 212 ff, 217 ff
– des Kleinkindes 241 ff, 248 ff, 260 ff
– des Kindes im ödipalen Alter 285 ff
– des Kindes im Schulalter 385 ff
– des Adoleszenten 443 ff
Koitus 592–598
– interruptus 597
kollektiver Monolog, des Kindes im Vorschulalter 283
Kommunikation 37
– verbale 285 ff
s. a. Sprache, kognitive Entwicklung, Symbol
Konformismus, des Jugendlichen 455, 481
konkrete Operationen, in der kognitiven Entwicklung (Piaget) 133 ff, 185 ff
Konservation (Piaget) 387
Konversion 706
Kretschmer, Ernst 707
Kristallisation, der Interessen und Intentionen auf ein berufliches Ziel 528
Kultur 37 ff, 41, 42
Kultur und Persönlichkeit 44

Lächelreaktion 197
latente Trauminhalte 359
Latenzphase 124 ff, s. a. Kapitel 9, S. 374 ff
Lebensentwicklung, s. Kapitel 19, S. 697 ff
– defensive 708
– und Familie 709
– und Fixierung 708
– und physiologisches Ungleichgewicht 730
Lebenserwartung 656, 662
Lebenszyklus, s. Kapitel 3, S. 115
»Leeres-Nest-Syndrom« 639
Lehrerrolle 391 ff
Leib-Seele-Problem 50 ff
Libido, psychoanalytische Theorie der 124 ff, 241, 327, 345, 704
Liebe 477, 478, 542 ff, 550–552, 580 ff
Liebesobjekt, primäres 327
limbisches System des Gehirns 71
Logik, und formale Operationen (Piaget) 389, 443 ff
s. a. kognitive Entwicklung
LSD 493
Lust, Lustprinzip 72, 140, 351, 399

Mädchen, – im ödipalen Alter 302 ff
– in der Präadoleszenz 383
– in der Adoleszenz 431 ff, 472 ff
s. a. ödipale Phase, Adoleszenz
männlicher Stolz 312
manifeste Trauminhalte 359
Marihuana 493
Masochismus 564, 698, s. a. Sadismus
Masturbation 215, 312, 327, 407, 441–443, 479–480, 672
Matriarchat, in der amerikanischen Negerfamilie 93 ff
Menarche 431 ff
Menopause 640 ff
menstrueller Zyklus 431 ff, 436, 640
Merkfähigkeitsstörung des alten Menschen 671
Meyer, Adolf 14, 16, 442
mittleres Lebensalter, s. Kapitel 16, S. 632
Monolog, kollektiver 283 ff
Moral, – des Zwangs 400 ff
– der Kooperation 400 ff
Moral der Jugendlichengruppen 470 ff
moralisches Urteilsvermögen, Entwicklung 398
Mororeflex 150
Multiplikation, s. konkrete Operationen (Piaget) 388
Mutation 29 ff, 32
Mutter 100 ff, s. a. Kapitel 4, 5, 6, 7, 9, 10, 15

»natürliche« Geburt 161
Narzißmus 292, 470, 647
Negativismus, des Kleinkindes 261, 266
Neocortex 71
Neugeborenes, s. Kapitel 4 und 5, S. 145 ff und 176 ff
Neutralisierung 368
Noradrenalin 720

Objekt,
– primäres Liebesobjekt 327
– primäres, der Identifikation 327
Objektbeziehungen, Theorie der (Fairbairn) 141
Objekt Sorting Test 294
obsessive Persönlichkeit 706
ödipale Bindung, Lösung der 326 ff
ödipale Fixierung 337 ff
Ödipuskomplex 124 ff, 326 ff
Ödipusmythos 616
ödipale Phase der psychosexuellen Entwicklung (Freud) 124 ff, s. a. Kap. 7, S. 275 ff
orale Phase, der psychosexuellen Entwicklung (Freud) 124 ff, 186, 227, s. a. Säuglingszeit
orale Charakterzüge 124, 227 ff, 704
oral-genitale Kontakte 604
Orestes, Mythos 713
Orgasmus 585, 592–598, s. a. Koitus, Sexualität
orgastische Manschette (Masters) 592

paranoide Persönlichkeit 705
Partnerwahl, s. Kapitel 13, S. 538
Patient-Therapeut-Beziehung, s. therapeutische Beziehung, Kap. 21, S. 738
Penis 592, 593, 594, 596, 598, 599, 600
Penisneid 310, 313, 315 ff
peptisches Magengeschwür 277 ff, 716, 717
»permissiveness« 244
Persönlichkeit,
– und Akkulturation 92
– und Berufswahl 517 ff
– und Ehe 569 ff
– und Elternschaft 610 ff
– und Körperbau 718 ff
– und Kultur 44
– und Wiederholungsphänomene 702
– hysterische 706
– paranoide 706
– zwanghafte 706
– männliche und weibliche, Prägung der 302 ff, 472 ff
Persönlichkeitseinengung 370
Persönlichkeitsentwicklung 124 ff, 128, 130, s. a. Kapitel 3, S. 115 ff
– und physiologische Funktion, s. Kapitel 20, S. 725 ff
Persönlichkeitsstörungen 716
Petting 502
phallische Phase der psychosexuellen Entwicklung (Freud), s. ödipale Phase
phallischer Charakter 704
»phallische« Frauen 704
Phantasie, – in der Kindheit 285
– in der Adoleszenz, s. a. Tagträume
Piaget, Jean 133 ff, 198 ff, 204 ff, 212, 217, 241, 248, 260, 285 ff, 353, 385 ff, 443 ff
Plantarreflex 150, s. a. Babinskireflex
Pneumonie 716
Pollutionen 440
Polynesier 76
Präadoleszenz, s. Kapitel 9, S. 374
präoperationale Periode, der kognitiven Entwicklung (Piaget) 133 ff, 293 ff
»Prägung« 196
primäre und sekundäre psychische Prozesse, 356 ff, s. a. Kapitel 8, S. 341 ff
Progression 119
Projektion 365 ff, 705
Prostitution 548
Psyche 50 ff
– strukturalistische Theorie 357, 373, 425, 572, 698
– topographische Theorie 357, 425 s. a. Kapitel 8, S. 341 ff
psychosexuelle Phasen der Persönlichkeitsentwicklung (Freud) 124 ff
psychosoziale Phasen der Persönlichkeitsentwicklung (Erikson) 130 ff
psychosomatische Störungen 731
Pubertät, – des Mädchens 431
– des Jungen 439

Rapaport, David 344
Rasse und physische Ausstattung 75
Reaktionsbildung 320, 365 ff, 414, 705
Realitätsprinzip 140, s. a. Lustprinzip
Realitätsprüfung 298, 332, 356 ff
Reflex, – Babinski 150
– gastro-colischer 264
– greif 149
– plantar 150
– saug 186
– schreck 186
Regression 119, 365 ff, 414, 417, 667, 745
Reifung 74, 116 ff, 124 ff, 508
– in der Pubertät 431, 439
Reinlichkeitserziehung 262 ff
Religion 450, 676, 685
REM-Schlaf 360
Repression 156
Reversibilität, und präoperationales Denken 387
Riechhirn 71
Ruhestand 663 ff

Sadismus 70, 304, 332, 564 ff
Saugreflex 186
Säuglingszeit, s. Kapitel 5, S. 176 ff
Schamgefühl 130 ff, 588, s. a. Schuld, Schuldgefühl

Schema, in der kognitiven Entwicklung (Piaget) 133 ff
Schizophrenie 300, 302, 336, 425, 493
Schlaf 62, s. a. REM-Schlaf
Schreckreflex 186
Schuld, Schuldgefühle 131, 236, 273, 277, 312, 327, 441, 459, 589
Schule 390 ff, s. a. Das Kind im Schulalter, Kapitel 9, S. 374 ff
Schwangerschaft, s. Kap. 4, S. 145 ff, sowie Kapitel 15, S. 610 ff
Seele 50 ff, s. a. Geist, Psyche
Sekundärprozeßdenken 356
sekundäre Geschlechtsmerkmale, s. Pubertät
Selbstabsorption (Erikson) 130 ff
Selbstbewußtsein 403 ff
Selbstwertgefühl 347, 417, 463, 560, 722, 737, 757
Selye, Hans 734
Seneszenz 667 ff
Senilität 669 ff
senso-motorische Periode der kognitiven Entwicklung (Piaget), 198 ff
sensorische Deprivation 70
Seriation, s. konkrete Denkoperationen Piaget 388
Sexualtrieb 63
Sexualität, – prägenitale, genitale 423, s. a. Koitus, Geschlechtsidentität, Ehe, Orgasmus, psychosexuelle Entwicklung
Sexualmoral 502, 587, 604
Spannungslösung 62, 140
Spannungskopfschmerz 722
Spiel, – symbolisches 287 ff
– der Jungen in der Präadoleszenz 382, 402 ff
– der Mädchen in der Präadoleszenz 383, 402 ff
Spieltherapie 352
Spitz, René 197, 209
Sprache 33, 37, 45 ff, 104
Sprachentwicklung 248–260, 285
Stagnation (Erikson) 130 ff
Stillen 164, 191 ff
Stottern 272, 352
Streß-Erkrankungen 729
strukturalistische Theorie der Psyche 357, 373, 425, 572, 698
Sublimierung 365, 450, 480
Sullivan, Harry, Stack 130 ff, 370, 409, 751
Suizid 685
Symbole 285 ff, s. a. kognitive Entwicklung, Kommunikation, Sprache
synpraktisches Sprechen 280

Tabu 356, 357, 713
– und Inzest 336
Tagträume 416, 449, 480, s. a. Phantasie
Thanatos (Todesinstinkt) 69, 682
Therapeut, Stellung und Rolle 743
Therapeut als partizipierender Beobachter (Sullivan) 751
therapeutische Beziehung, s. Kap. 21, S. 738
Tod, s. Kapitel 18, S. 682
topographische Theorie der Psyche 357, 373
Torschluß, -panik 647
Träume 357–360
Trauminhalte,
– latente 359
– manifeste 359
transduktive Logik 293, 295
Trennungsangst 302, 683, 708
Triebe 57 ff
– Abwehr- 65, 344
– assimilatorische 70
– homöostatische 58, 344
– orale 72
– sexuelle 63, 344, 423, 439–442, 480, 551, s. a. Sexualität

Über-Ich 124, 140, 322, 328 ff, 343, 347 ff, 355, 357, 365 ff, 398 ff, 507, 531, 572, 723, s. a. Gewissen
Über-Ich Bildung 347 ff
Übertragung 739–749, s. a. Gegenübertragung
Überwindung der sexuellen Verdrängung in der Adoleszenz 457

unbewußte Prozesse, Unbewußtes 51, 139, 350 ff, 478, 542
Unfallneigung 716
Ungeschehen-Machen 565 ff, 706
Unlust 72, 140
Unterdrückung 366
Ur-Vertrauen 130 ff, 185 ff
urethraler Charakter 704

Vagina 476, 592, 601
vaginaler Orgasmus 594
Vater 100, 610 ff, s. a. Kapitel 4, 5, 6, 7, 9, 10, 15
Vaterschaft 615 ff
Verantwortungsbewußtsein 377, 405
verbale Kommunikation 285 ff, s. a. Sprache, kognitive Entwicklung
– Vertrauen in die 298 ff
Verdrängung 343, 351, 354, 365 ff, 457, 475, 705
Verleugnung 368
Verlobung 555
vernix caseosa 147
Verschiebung von Affekten 705
Verstand 50 ff, s. a. Geist, Seele, Psyche
Vertrauen, in das Selbst (Erikson) 130 ff, 185, 235
– in andere (Erikson) 130 ff, 235, s. a. Ur-Vertrauen
Verzweiflung (Erikson) 132
viszerales Gehirn (MacLean) 71
vorbewußtes Denken 355 ff
vorbegriffliches Denken 293, s. a. kognitive Entwicklung
vorzeitige Ejakulation 597, 600

Wahrnehmungsentstellung, s. Abwehrmechanismen 365 ff, 371
WAIS (Wechsler Adult Intelligence Scale) 670
werdende Mutter 145
Werkzeuge und Sprache 33

X-Chromosom

Y-Chromosom
Yale-Child-Study-Center 177, 228
Yurok-Indianer 140

Zahndurchbruch 208
Zirkulärreaktionen, in der kognitiven Entwicklung (Piaget) 135 ff, 200 ff
Zorn 65 ff
Zugehörigkeitsgefühl (Erikson) 377
zwanghafte Persönlichkeit 704, 707, s. a. analer Charakter
Zweifel, und Verlust des Selbstwertes (Erikson) 131, 722, 723

Von Theodore Lidz
erschienen im Suhrkamp Verlag

Das menschliche Leben. Die Entwicklung der Persönlichkeit im Lebenszyklus. Aus dem Amerikanischen von Ludwig Haesler. 1970

Schizophrenie und Familie. Beiträge zu einer neuen Theorie von J. Bateson, D. D. Jackson, Th. Lidz, H. F. Searles, L. C. Wynne u. a. Aus dem Englischen von Hans-Werner Saß. 1969